国家社会科学基金重点项目"国有企业法律制度重构研究"(12AFX011)阶段性成果

Selected Foreign Laws of State-owned Enterprises

当代主要国家 国有企业法

顾功耘 主编

北京大学出版社
PEKING UNIVERSITY PRESS

图书在版编目(CIP)数据

当代主要国家国有企业法/顾功耘主编. —北京：北京大学出版社,2014.9
ISBN 978-7-301-24789-1

Ⅰ.①当… Ⅱ.①顾… Ⅲ.①企业法—研究—中国 Ⅳ.①D922.291.914

中国版本图书馆 CIP 数据核字(2014)第 209295 号

书　　　名：	当代主要国家国有企业法
著作责任者：	顾功耘　主编
责 任 编 辑：	丁传斌　王业龙
标 准 书 号：	ISBN 978-7-301-24789-1/D·3671
出 版 发 行：	北京大学出版社
地　　　址：	北京市海淀区成府路 205 号　100871
网　　　址：	http://www.pup.cn　新浪官方微博:@北京大学出版社
电 子 信 箱：	sdyy_2005@126.com
电　　　话：	邮购部 62752015　发行部 62750672　编辑部 021-62071998
	出版部 62754962
印 　刷 　者：	三河市博文印刷有限公司
经 　销 　者：	新华书店
	730 毫米×980 毫米　16 开本　32 印张　645 千字
	2014 年 9 月第 1 版　2014 年 9 月第 1 次印刷
定　　　价：	88.00 元

未经许可，不得以任何方式复制或抄袭本书之部分或全部内容。
版权所有，侵权必究
举报电话:010-62752024　电子信箱:fd@pup.pku.edu.cn

前　言

　　翻译并出版当代主要国家的国有企业法,是很多人盼望已久的事。无论是国有企业改革实践还是国有企业立法、执法,均有必要看看国外尤其是西方发达国家的做法。尽管我们不能简单地采取"拿来主义",但了解和掌握域外国家所走过的道路、所积累的经验和教训,总是有益的。更何况,无论何种体制下的国有企业,均是由政府投资并承担了一定经济功能的组织,不可能没有相通或相似之处。

　　新中国建立后至改革开放前,国有企业可谓是"一统天下",成为高度集权的计划经济体制生存的基础。但三十年的实践也使得国有企业效益普遍低下,整个国民经济发展实际上已难以为继。此时,改革成为被迫的选择。改革开放后,我国的国有企业又走过了三十多年的历史。这三十多年的改革探索,可以说是有着浓厚的"自闭"倾向。我们总是固执地认为,中国的国有企业制度与西方的国有企业制度完全不同;我们坚信,依靠自身的力量不仅能够将国有企业发展好,而且能够超越西方。这种自强不息的努力给我们带来了部分成功。然而,今天当我们将国有企业放在市场经济条件下、放在经济全球化的背景下考察时会发现,诸多问题依旧困扰着我们:国资监管关系没有理顺,国资投向及规模缺乏硬预算约束,国企治理机制仍不健全,国企、民企、外企无法展开平等竞争,国企技术开发能力不足、缺乏核心竞争力,等等。2013年,党的十八届三中全会作出《中共中央关于全面深化改革若干重大问题的决定》,重启了新一轮国有企业改革。该决定要求完善产权保护制度,积极发展混合所有制经济;同时,积极推动国有企业完善现代企业制度。面对这样的任务,我们无法再故步自封。要说产权制度,别人比我们更为完善;要说混合所有,别人比我们实践的时间更长、经验更丰富;要说现代企业制度,别人那里本就是缘起。所以,再不学习,谈何超越?! 翻译这本《当代主要国家国有企业法》的初衷,就是让国人更多、更快地了解国外国有企业运作的基本规则,借鉴国外有益的制度经验。

　　带着这种美好的初衷,我们开始翻译的历程。然而,我们深知这绝非一件易事。之所以会感觉困难,首先是来自多语种的障碍。如果是单一语种,我想早就有人完成了此事。所幸的是,近年我所主持的国家社会科学基金重点项目"国有企业法律制度重构研究"(12AFX011),依托上海市经济法重点研究基地,依托华东政法大学法学博士后流动站来自海内外著名学府的众多经济法博士后研究人员,组建了一个有精通英语、法语、德语、日语以及韩语等各种语言能力的专家翻译小组,期望通过这个小组翻译一些相关的法律文献。好在翻译小组的每位成员都非常重视、非常敬业、非常刻苦,很快就协助我完成了本次翻译工作。其次是法律文本查找与选择的困难。由于各国法律体系不同,有关国有企业的法律名称很不统一,有的名称还相当复杂。我们利用国有企业法、政府投资企业法、公共企业法、特别公司法、公营事业法等多个相近或相似概念认真搜寻、反复比较,才最终筛选出了我们所需要的文本。对于那些涉及内容较为宽泛的法律,我们也作了精心节选,重点翻译与国有企业运营有直接关系的章节或条目。最后,各国法律文本的体例不一,格式不一(包括章、节、条、款、项、目的序号不一),语言表述风格不一,给翻译工作带来了一定压力。作为一本法律翻译的汇集,似乎应当将它们统一起来。翻译小组也是多次研讨,难以定夺。最后的考虑,还是尊重各国文本的本来风格和体例,译文不再强求格式的统一性。

本书所翻译的文本,是我们研究当代主要国家国有企业以及相关法律的重要依据。这些国家国有企业法的内容,不仅仅涉及我们传统意义上所说的企业组织法,更多的涉及国有企业在国民经济生活中如何定位、发挥何种功能以及如何经营,还涉及政府如何管理国有企业、如何确定国有企业营运的外部条件以及如何保证国有企业的竞争中立。尤其值得我们关注的是,西方主要国家所规范的国有企业主要是公共企业,这些企业是政府实施政策的工具,提供的是公共产品和公共服务。有的国家尽管允许国有企业参与市场竞争,但是在政府与国有企业间设置了合理的隔离,以保证国有企业的独立;另外,有的国家的公共企业还运用法律与政策吸引私人资本进入,以解决政府与国有企业公共品供给不足的问题。毋庸讳言,当代主要国家国有企业的发展经验,正是我们今天全面深化改革所急需了解的。可以说,深入研究国外的国有企业以及相关法律大有裨益。

本书的翻译分工如下:美国、加拿大部分由伍巧芳博士、教授(曾于英国访学)完成;欧盟及列支敦士登部分由翟巍博士后(于德国获得博士学位)完成;英国部分由龚博博士后(于英国获得博士学位)完成;德国部分由王东光博士、副研究员完成;法国部分由姜影博士后(于法国获得博士学位)完成;澳大利亚、新西兰部分由宋丽珏博士后完成;新加坡部分由胡改蓉博士、副教授和在英国留学的梁程研究生完成;日本部分由受聘于华东政法大学的"东方学者"、任教于日本冈山大学的张红博士、教授(于日本获得博士学位)和于剑华老师(曾于日本访学)完成;韩国部分由崔吉子博士、教授(于韩国获得博士学位)完成。除了译者相互审校外,全书译稿还由胡改蓉博士作了文字的核校,最终由我统审定稿。

最后，我要感谢以上所列的专家翻译小组全体成员，没有你们的共同参与和精诚合作，要完成本书各法律文本的翻译和出版是不可想象的。你们的辛勤汗水，将会凝结成未来我国国有企业改革和经济发展的成果。所有从《当代主要国家国有企业法》汲取养分的人，都不会忘记你们的贡献！

顾功耘
2014 年 8 月 20 日于上海·华政园

CONTENTS 目 录

美国
美国联邦注释法典(节选) 3
美国联邦法典(节选) 10

加拿大
国有企业一般规定 33
金融管理法 37

欧盟
作为提供公共服务补偿的国家补贴共同框架 101
欧洲经济共同体委员会向成员国发出的关于在加工工业领域适用《欧洲经济共同体条约》第92条和第93条以及有关公共企业的第80/723/EWG号委员会指令第5条的通知 107
欧盟运作条约(节选) 121
欧洲经济共同体委员会于1980年6月25日发布的关于成员国与公共企业之间财政关系透明化的欧洲经济共同体第80/723号指令 122
欧洲共同体委员会为了改变欧洲经济共同体委员会关于成员国与公共企业之间财政关系透明化的欧洲经济共同体第80/723号指令而于2000年7月26日发布的欧洲共同体第2000/52号指令 124

CONTENTS 目 录

英国

1973 年水法（节选）   131
1989 年水法（节选）   140
1991 年水产业法（节选）   156
2003 年水法（节选）   161

德国

关于实施欧共体第 2000/52 号指令（委员会 2000 年 7 月 26 日发布的为了改变欧洲经济共同体委员会有关成员国与公共企业之间财政关系透明化的欧洲经济共同体第 80/723 号指令的指令）之法律   173
关于德国联邦邮政企业转制为股份公司的法律   176

法国

2004 年 9 月 9 日第 2004-963 号关于建立国家参股局的法令   185
2004 年 10 月 11 日有关国家参股局的组织机构的法令   189
关于国家参股局和国家参股企业之间关系的管理规则   191
2004 年 10 月 11 日有关在国家参股局内部建立常设招标委员会的法令   196
1953 年 8 月 9 日第 53-707 号有关国家对国有公共企业和一些有关经济秩序或社会秩序的组织进行监管的法令   197
1983 年 7 月 26 日第 83-675 号有关公共部门民主的法律   200
1994 年 7 月 12 日第 94-582 号关于公共机构、公共领域企业和一部分私人企业的管理机构和管理人的法令   213

CONTENTS 目 录

1955年5月26日第55-733号有关国家经济与财政
  监督的法令   216
2004年6月7日第2004-503号将欧盟80/723/CEE
  关于成员国和公共企业财政关系透明度的指令引入
  法国法的法令   219
经济、财政与工业部2002年7月18日第02-060-M95号
  指令：工商性质的国有公共机构的预算、财务和会计
  的规章   221

列支敦士登
关于控制与监督公共企业的法律（公共企业控制法）   243

澳大利亚
联邦机构及联邦公司法   253

新西兰
1986年国有企业法   289
1988年金融法（第2部）（节选）   307
1988年邮政银行法修正案   309
1990年金融法（节选）   310
1990年国有企业法（第2号修正案）（节选）   311
1990年国有企业法（第3号修正案）（节选）   312
1990年国有企业法修正案（3号）（节选）   313
1992年国有企业法修正案（节选）   314
1996年国有企业法修正案   315

CONTENTS 目 录

1999年国有企业法修正案(针对新西兰气象服务有限公司
　　和新西兰车辆测试有限公司) 　　　　　　　　316
2002年地籍调查法(节选)　　　　　　　　　　　　318

新加坡
新加坡宪法(节选)　　　　　　　　　　　　　　　325
法定机构及政府公司(秘密保护)法　　　　　　　　330
法定公司(资本投资)法　　　　　　　　　　　　　331
裕廊镇公司法(节选)　　　　　　　　　　　　　　335
公用事业法　　　　　　　　　　　　　　　　　　347
电力法(节选)　　　　　　　　　　　　　　　　　380

日本
日本地方公营企业法　　　　　　　　　　　　　　413
独立行政法人邮便储金和简易生命保险管理机构法　425
日本邮便股份有限公司法　　　　　　　　　　　　439
日本邮政股份有限公司法　　　　　　　　　　　　448

韩国
地方公企业法　　　　　　　　　　　　　　　　　457
公共机构运营法　　　　　　　　　　　　　　　　479

美 国

美国联邦注释法典(节选)

31 U.S.C.A. § 1105
生效日期:2011年1月4日

第31编 货币与财政

第Ⅱ子编 预算程序

第11章 财政和预算

第1105节 预算编制及提交

(a) 每年一月份第一个星期一和二月份第一个星期一之间,总统应当提交下一财政年度的美国政府预算。每份预算中应包括一份预算咨文、预算总汇表以及辅助材料。在总统提交的每份预算中应包括:

(1) 政府活动和职能信息。

(2) 在切实可行范围内政府项目的成本和完成情况。

(3) 其他必要的分类信息。

(4) 对拟拨款支出汇总情况的核对。

(5) 除了本节条款(b)中的规定,总统决定的预计支出和拟议拨款应足以支撑政府在预算递交之财政年度和随后四个财政年度的支出。

(6) 在预算递交之财政年度及其后四个财政年度中政府的预计收入,其依据为:

(A) 预算递交时的有效法律;

(B) 预算中增加收益的提案。

(7) 政府在上一财政年度的拨款、支出和收入。

(8) 当前财政年度政府的预计支出和收入、实际拨款和拟议拨款。

(9) 资产负债表:

(A) 财政部在上一财政年末的情况;

(B) 财政部在当前财政年末的预计情况;

(C)若采纳预算中的财务方案,财政部在预算递交之财政年末的预计情况。

(10)政府债务的基本信息。

(11)总统所决定的有利于详细并切实可行地解释政府的财政情况的其他财政信息。

(12)对于预算中每个可能确立或扩大政府行为或职能的立法提案,应建立一个表格显示:

(A)根据本财政年度递交的预算提案,预算中拟作拨款和支出的金额;

(B)提案生效之年起,根据四个财政年度每年提案所需的预计拨款金额。

(13)预算递交财政年度之额外预算支出和拟议拨款的准备金。

(14)当年非预期及非可控支出的准备金。

(15)《1974年国会预算法》(2 U.S.C. 632(a)(1)—(5))中第301(a)(1)—(5)条中列出的每项条款之独立声明。

(16)预算递交之财政年度中,在现行法规定下税收支出预算中的税收支出水平(按照《1974年国会预算法》第3(a)(3)条的定义),应考虑到预计的经济因素以及现有支出水平基于预算提案的变化。

(17)当上个财年还不具有拨款义务,而该财年的授权拨款已被列入拨款法案时,根据每个在下一财年具有拨款授权的计划递交资助、合约及其他款项预算的财政年度的下一财年的预计拨款信息。

(18)上一财政年度的预算支出总额和递交该年之预算预计支出总额之比较,鉴于每个重大项目相对于当年的总支出会有非可控的支出变化。

(19)比较前一财政年度预算递交当年所预计的收入总额和当年实际收入。同时,对于收入的每项重要来源,须比较预算中所预计收入金额与当年实际从该来源所获得的收入金额。

(20)分析和解释本款第(18)和(19)项中所比较的每项金额差异。

(21)一份包含以下内容的横向预算:

(A)气象方案以及在《国家气候计划法》(15 U.S.C. 2904)第5节中规定的国家气候方案;

(B)每个机构方案的特点及获得的拨款;

(C)预期目标和财政要求。

(22)对于预算授权、拟议预算授权、预算支出和拟议预算支出的声明,以及下列说明信息:

(A)详细的国家需求结构,即各个机构的任务及方案(见本编第101节的定义);

(B)任务以及基本方案。

(23)根据《1970年职业健康和安全法》(29 U.S.C. 651以及下列各项)和《1977年联邦矿山安全与健康法》(30 U.S.C. 801以及下列各项)规定的独立拨款。

(24)总统认可的关于让混合所有制企业(见本编第9101(2)条的定义)将政府资金归还国库的建议。

(25)根据《1978年监察长法》第11(2)条规定的发放给每个监察长办公室的独立拨款。

(26)国家毒品控制政策办公室和国家毒品控制计划方案中所需拨款金额之独立声明。

(27)联邦财务管理办公室所需拨款金额之独立声明。

(28)1999财政年度开始,根据第1115条规定的联邦政府绩效计划之整体预算。

(29)有关减少暴力犯罪信托基金的情况,包括该信托基金金额的独立声明。

(30)根据《1994年联邦雇员重组法》第5条,由机构作出的对拟议的全职职位减少情况和本年度实际职位情况之分析。

(31)总统行政办公室首席财务官所需拨款金额之独立声明。

(32)被认为会超过第257(b)(2)(A)条规定的基准线的每个项目和根据《1985年平衡预算和紧急赤字控制法》第257(b)(2)(C)条规定要增加的消费税,关于以上项目和消费税的预算授权范围和经费数额的声明。

(33)向监察长廉正和效率委员会提供拨款之独立拨款报告,该报告中包括该委员会所管理的研究院所需的拨款总额之独立声明。

(34)至于美国进出口银行所需的拨款金额,对所需项目预算金额、行政支出金额以及行政支出金额中所需的技术支出需提供一份独立声明。

(35)(A)(i)通过预算职能、机构和举措(由行政机构所决定),详细且独立地分析上一财政年度、本财政年度、预算递交之财政年度和随后财政年度所确认的为国土安全所用的净拨款金额、全责拨款授权和支出金额,同时单独列明强制性和自主性金额,包括:

(I)国土安全所需的此类拨款总金额或新全责拨款授权和经费的总汇;

(II)对国土安全支出当前服务水准的估算;

(III)对每一个首创区域(由行政机构所决定)的最新风险评估以及国土安全的需求总汇;

(IV)联邦政府为了国土安全活动所筹集的用户费用之估算额。

(ii)条款(i)中的(I)到(IV)中的金额,应提供每一个项目、计划和活动的账户。

(iii)州政府、地方政府以及私营部门在上一财政年度和本财政年度中在国土安全活动上支出金额之估算。

(B)与预算管理办公室在2002年6月公布的"国会打击恐怖主义年度报告"一致,本段中"国土安全"是指侦查、阻止、防止并应对发生在美国境内和领土上的恐怖袭击。

(C) 为实施本条中的内容,包括确定预算分类中国土安全这一项由哪些联邦行动或者账户构成,预算管理办公室应至少每年一次定期咨询参众两院预算委员会、参众两院拨款委员会和国会预算办公室。

(36) 独立分析所有的过往财政年度、当前财政年度、预算递交之财政年度以及随后的财政年度中财政部部长已采取的行动或根据《2008年紧急经济稳定法案》的规定其拟行使的职权之预算效果,以作为补充材料,包括:

(A) 根据《2008年紧急经济稳定法案》的规定,运用《1990年联邦信贷改革法》和本法典第12编第5232节规定的方法,对当前所有已购、出售和抵押资产的现值所作的估算;

(B) 运用《1990年联邦信贷改革法》和本法典第12编第5232节所规定的方法,对赤字、公众持债和联邦负债总额所作的估算;

(C) 根据《2008年紧急经济稳定法案》的规定,基于现金计算,对当前所有已购、出售和抵押资产的现值估算;

(D) 赤字、公众持债和联邦负债总额之预算修正,以(C)款中基于现金的预算金额替代(A)款中依照《1990年联邦信贷改革法》和本法典第12编第5232节所计算的预算金额;

(E) 根据《2008年紧急经济稳定法案》的规定,财政部长依职权采取的行动所产生的部分赤字及采用《1990年联邦信贷改革法》和本法典第12编第5232节规定的方法进行的最新一次估算导致的赤字在一定程度的变化。

(37)① 在预算提交之财政年度的下一财政年度,对于下列退伍军人健康管理局的医保账户以及退伍军人事务部账户拨款预算的信息:

(A) 医疗服务;

(B) 医疗支持和服务;

(C) 医疗器械。

(38) 根据《2010年乌鸦部落水权处理法》第411条规定设立的乌鸦部落结算基金的独立声明,其中应包括基金存款的预计金额、债务以及基金支出金额。

(37)② 根据第1125条的规定,机构确认排除或者合并的计划和报告名单,由于此类计划和报告已被确认过时或是与其他规定的计划和报告重复。

(b) 根据(a)(5)之规定,立法机关和司法机关的预计支出和拟议拨款应在每年10月16日之前递交给总统,且总统应毫无改动地写入其预算中。

(c) 当预算递交之财政年度的预计收入(依照预算递交之时所生效的法律)和当年财政年末时财政部预计金额中可支出金额少于当年支出预算时,总统在预算中应提出应对预计赤字所采取的合理行动。总统应根据公共利益的需求,在财政部的

---

① 如原法条。第(38)之后设置另外一则第(37)条。参见2010年和2011年本条项下的修正注释。
② 同上。

预计收入和预计金额超出预计支出时作出建议。

(d) 当总统递交一份预算或该预算的辅助资料时,总统必须对预算或辅助资料递交之前本财政年度所作的改变附交一份声明。

(e)(1) 总统应递交自 1985 年 1 月 1 日起根据(a)条中所送交的各预算相关材料。在随后财政年度中,对可能被归为公共民间资本投资或军事资本投入的重大项目所需拨款、新全责拨款授权和支出的分析,其中应包括对于公共民间资本投资以及军事资本投入项目所需拨款、新全责拨款授权和支出金额的总汇。此外,本条中的分析还应包括:

(A) 当前公共民间资本投资和军事资本投入服务水平的预算,以及以现值美元计算十年间和以定值美元计算五年间金额不等的投资水平;

(B) 以标准格式,对十年中每个重大项目公共和民营资本投资需求的最新评估分析和总汇;

(C) 确认和分析主要政策问题可能对每个重大项目预计公共和民营资本投资需求的影响;以及

(D) 确认并分析每个重大项目中影响公共民间资本投资预计需求的因素,包括但不限于下列因素:

(i) 经济预期;

(ii) 技术标准;

(iii) 运营费和维护费的预算;

(iv) 州政府和地方政府类似投资的支出预算;及

(v) 此类资本投资产生的公共服务需求的预算及此类投资服务能力的估量。

在某种程度上,本条中所规定的任何分析都与联邦政府资助项目有关,这些项目的资助都是按照法律所规定的方法来分配的。须由各州来组织此类分析且在各州数据可得的大都市区域进行。

(2) 在这一条款中,任何拨款、新全责拨款授权或是支出都应归为公共民间资本投资,只要此类拨款、授权或支出是被用来建设、购买或是修复有形资产,且该类资产能够在若干年中提供服务或是其他福利并且不属于第(3)段中规定的军事资本投资。此类资产应包括(但不限于):

(A) 道路或大桥;

(B) 机场或飞行设施;

(C) 公共交通系统;

(D) 污水处理或是相关设施;

(E) 水资源计划;

(F) 医院;

(G) 资源回收设施;

(H) 公共建筑;

(I）太空或通讯设施；

(J）铁道；及

(K）联邦资助住房供给。

(3）在这一条款中,任何拨款、新全责拨款授权或支出都应归为军事资本投入,只要此类拨款、授权或支出是被用来建设、购买或是修复有形资产,且该类资产能够在若干年中为国防和领土安全提供服务或是其他福利。此类资产应包括军事基地、岗位、装置以及设备。

(4）用于确认、辨别公共民营资本投资和军事资本投资的标准和指导,应经由预算管理办公室主任与总审计长和国会预算办公室商讨后发布,以区别公共民营资本投资和军事资本投资以及重大资本投资和非重大资本投资计划。根据本款递交的分析应同时附有一份对此标准和指导的解释。

(5）在这一条款中：

(A）"建设"包括设计、规划和建造新建筑物和设施,扩张现有的结构和设施,在现有地点或毗邻处重建一个项目,以及在此类结构和设施上安装原始设备或者更换新设备；

(B）"购买"包括土地、场所、器具、结构、设备的增加,或车辆的购买、租赁购买、贸易或是捐赠；

(C）"修复"包括变换或是修正现存建筑物或者设施的缺陷以延长其使用寿命或是提高其使用效率,对现有建筑物或设施的更新或替换,及对车辆零件的更新或替换。

(f）依照(a)条递交的财政年度预算,必须按照《1985年平衡预算和紧急赤字控制法案》中规定的方式起草,该法案适用于当年及后续财政年度的预算。

(g）(1）预算管理办公室主任应对每一个部门和机构所需的咨询和援助服务设立基金,作为预算中的独立项目,递交给国会。

(2）(A）在第(1)款中,除了(B)项的规定,"咨询和援助服务"是指社会资源所提供的下列服务：

(i）管理和专业辅助服务；

(ii）研究、分析和评估；

(iii）工程和技术服务。

(B）在第(1)款中,"咨询和援助服务"不包括以下服务：

(i）常规的自动数据处理和电信服务,除非此类服务作为获得咨询和援助服务合同的组成部分；

(ii）根据第40编第1102节所定义的农业和技术服务；

(iii）对基础数学、医药、生物、物理、社会学、心理或其他现象的研究。

(h）(1）根据《2003年医疗保险处方药改进和现代化法》第801(a)(2)条的规定,如果当年发生医疗基金预警,那么总统根据(a)条的规定,应在预算递交国会之日起15日内,向国会提交立法建议以应对此类预警。

（2）如果在提出预警的当年颁布立法消除7个财年报告期内过剩的一般收入医保资金(定义见《2003年医疗保险处方药改进和现代化法》第801(C)条)，且每个医疗保险信托基金理事会(定义见该法案第801(C)(5)条)在不迟于该法案颁布之日起的30天内作出保证，则上款不适用。

美国联邦法典(节选)

01/03/2012（112-90）

第31编　货币与财政

第4卷　杂　　项

第91章　政府公司

第9101节　定　　义

本章中：
(1)"政府公司"是指政府混合所有权公司和政府全资公司。
(2)"政府混合所有权公司"是指：
(A) 中央银行合作社；
(B) 联邦存款保险公司；
(C) 联邦住房贷款银行；
(D) 联邦居间信贷银行；
(E) 联邦土地银行；
(F) 国家信用社管理局中央流动资金贷款机构；
(G) 地区银行合作社；
(H) 农村电话银行，其所有权、管理权和经营权根据《1936年农村电气化法》第410(a)条(7 U.S.C. 950(a))已发生转变；
(I) 融资公司；
(J) 重组信托公司；
(K) 重组基金公司。
(3)"政府全资公司"是指：
(A) 商品信贷公司；

(B) 社区发展金融机构基金;

(C) 美国进出口银行;

(D) 联邦农作物保险公司;

(E) 联邦监狱工业公司;

(F) 国家和社区服务公司;

(G) 美国政府国民抵押贷款协会;

(H) 海外私人投资公司;

(I) 宾夕法尼亚大道发展公司;

(J) 养老金福利担保公司;

(K) 农村电话银行,其所有权、管理权和经营权根据《1936年农村电气化法》第410(a)条(7 U.S.C. 950(a))未发生转变;

(L) 圣劳伦斯航道发展公司;

(M) 住房和城市发展部部长,若其履行职责和行使权力涉及联邦住房管理局基金;

(N) 田纳西河流域管理局;

(O) 已废止(Pub. L. 104-134, title III, Sec. 3117(a), Apr. 26, 1996, 110 Stat. 1321-350);

(P) 巴拿马运河委员会;

(Q) 千年挑战公司;

(R) 国际清洁能源基金会。

第1条存在的原因是本章的一些条款适用于政府混合所有权公司和政府全资公司。而且,以"政府公司"同时指称这两种形式的公司。

第2条A项中,遵照《铁路客运服务法》第103(1)节(45 U.S.C. 502(1)),"美铁"(Amtrak)指代"国营铁路客运公司"。

第2条H项中,遵照《美国联邦法典》第7:943(c)节和第950(a)节,添加了"农村电话银行,其所有权、管理权和经营权根据《1936年农村电气化法》第410(a)条(7 U.S.C. 950(a))已发生转变"这段话。

第3条中,"地区农业信贷公司"一词被删除,因为华盛顿特区的地区农业信贷公司对其进行了合并和清算,而该公司又于1949年4月16日解散。"农民之家公司"一词被删除,因为该公司从未开始运营。

"联邦剩余物资公司"一词被删除,因为该公司与市场营销和营销协定部被并入剩余物资营销管理部,该部后与农业营销管理部合并,最终于1947年3月14日解散。

"复兴金融公司"一词被删除,因为该公司于1957年6月30日被撤销。

"国防工厂公司、国防物资供应公司、金属储备公司、橡胶储备公司"被删除,因为这些公司于1945年7月1日解散。

"战争损害公司"一词被删除,因为该公司已于1947年1月22日被撤销。

"RFC抵押公司"一词被删除,因为该公司被转让给"复兴金融公司",并于1957年6月30日被撤销。

"灾难贷款公司"一词被删除,因为该公司已于1945年7月1日解散。

"内河航运公司"一词被删除,因为该公司已于1963年7月19日被清算。

"武士河码头公司"一词被删除,因为该公司被转让给"内河航运公司",并于1963年7月19日被清算。

"维尔京群岛公司"一词被删除,因为该公司已于1966年7月1日解散。

"美国云杉生产公司"一词被删除,因为该公司已于1946年12月12日解散。

"美洲事务研究所"一词被删除,因为该所被转让给"海外工作总署",并于1955年5月9日被撤销。

"美洲运输研究所"一词被删除,因为该所已于1949年8月24日解散。

"泛美教育基金公司"一词被删除,因为该公司被"美洲事务研究所"取代,而后被转让给"海外工作总署",并于1955年5月9日被撤销。

"泛美导航公司"一词被删除,因为该公司已于1947年2月25日被撤销。

"无线电广播公司"一词被删除,因为该公司已于1949年5月10日解散。

"货物公司"一词被删除,因为该公司已于1945年4月30日解散。

"美国进出口银行"一词被"华盛顿进出口银行"取代,依据为1968年3月13日的法案第1(a)节(Pub. L. 90-267, 82 Stat. 47)。

"石油储备公司"一词被删除,因为该公司被转让给经济战处,随后被并入对外经济管理局,而后又被转让给复兴金融公司,更名为战争资产公司。战争资产公司于1946年3月25日刚开始运营就解散了。

"橡胶发展公司"一词被删除,因为该公司的公司资格证照于1947年6月30日期满。

"美国商业公司"一词被删除,因为该公司在1948年6月30日之后被清算。

"小型兵工厂组织"一词被删除,因为该组织于1957年6月30日被废除。

"防御之家公司"一词被删除,因为该公司在1948年6月30日之后被清算。

"房主贷款公司"一词被删除,因为该公司已于1954年2月3日解散。

"美国房屋公司"一词被删除,因为该公司已于1952年9月8日关闭。

"巴拿马铁路公司"(其后遵照1950年9月26日的法案第2(a)(2)节更名为"巴拿马运河公司")一词被删除,依据为22∶ch.51。

"田纳西河流域联合合作社"一词被删除,因为该公司已于1950年1月18日解散。

第3条K项中,遵照《美国联邦法典》第7∶943(c)节和第950(a)节,添加"农村电话银行,其所有权、管理权和经营权根据《1936年农村电气化法》第410(a)条(7 U.S.C. 950(a))尚未发生转变"这段话。

根据《住房和城市发展部法》(Pub. L. 89-174, 79 Stat. 669) 第 5 节, (M) 款被"联邦住房管理局"取代。

1983 年法案

本法案修正《美国联邦法典》第 31:9101(2) 节是因为国家消费者合作银行不再是一个政府混合所有权公司。《1981 年综合预算调节法》(Pub. L. 97-35, 95 Stat. 440) 第 396(h)(1) 和(i)节规定, 在政府股权最终回收日之后, 银行将不再是政府混合所有权公司。

1981 年 12 月 23 号法案的第 501(36)节(Pub. L. 97-101, 95 Stat. 1440)规定, 股权回收日为 1981 年 12 月 31 日。

修 正 案

2007—Par. (3)(R). Pub. L. 110-140 添加 subpar. (R)项。

2004—Par. (3)(Q). Pub. L. 108-199 添加 subpar. (Q)项。

2002—Par. (3)(Q). Pub. L. 107-171 删除 subpar. (Q)项, 即"可供选择的农业研究商业化和公司"。

1997—Par. (2). Pub. L. 105-134 分别将 subpars. (B)至(L)项重新编排为(A)至(K)项, 删除了之前的 subpar. (A)项, 即:"美铁"。

1996—Par. (2)(J)至(M)项. Pub. L. 104-287, Sec. 4(2)(A)(B), 分别将 subpars. (K)至(M)项重新编排为(J)至(L)项, 删除了之前的 subpar. (J)项, 即:"美国铁路协会"。

Par. (3)(B). Pub. L. 104-287, Sec. 4(2)(C), 句末用分号代替了句号。

Par. (3)(N). Pub. L. 104-127, Sec. 722(b)(1), Pub. L. 104-287, Sec. 4(2)(D), 修改了 par. (3) 款, 同样地, 将与铀浓缩公司有关 subpar. (N)项重新指定为(O)项。

Par. (3)(P). Pub. L. 104-106 添加了 subpar. (P)项。

Par. (3)(Q). Pub. L. 104-127, Sec. 722(b)(2), 添加了 subpar. (Q)项。

1994—Par. (2)(K). Pub. L. 103-272 用"The"替代了"the"。

Par. (3)(B)到(N). Pub. L. 103-325 添加了 subpar. (B), 分别将之前的 subpars. (B)—(M)项重新编排为(C)—(N)项。

1993—Par. (3)(E). Pub. L. 103-82 添加了 subpar. (E)项。

1992—Par. (3)(N). Pub. L. 102-486 添加了与铀浓缩公司有关的 subpar. (N)项。

1989—Par. (2)(L). Pub. L. 101-73, Sec. 501(d), 添加了 subpar. (L)项。

Par. (2)(M). Pub. L. 101-73, Sec. 511(b)(1), 添加了 subpar. (M)项。

Par. (3)(E). Pub. L. 101-73, Sec. 307(e), 删除了与联邦储蓄贷款保险公司

有关的 subpar.（E）项。

1987—Par.（2）(K). Pub. L. 100-86 添加了 subpar.（K）项。

1983—Par.（2）(K). Pub. L. 97-452 删除了已被 Pub. L. 97-258 删除的 subpar.（K）项。详见下面的 1982 修正案。

1982—Par.（2）(K). Pub. L. 97-258, Sec. 2(1)(1),删除了与国家消费者合作银行有关的 subpar.（K）项。

2007 修正案生效日期

Pub. L. 110-140 的修正案于 2007 年 12 月 19 日后第一天起开始生效,详见 Pub. L. 110-140 的第 1601 节,《美国联邦法典》第 2 编"议会"之第 1824 节规定其为生效日期。

1996 修正案生效日期

Pub. L. 104-134 第 3117(a)节规定,本节制定的修正案生效日期与私有化日期一致,即 1998 年 7 月 28 日。该条款的定义,参见《美国联邦法典》第 43 编"公共健康与福利"之第 2297h(9)节。

1993 修正案生效日期

Pub. L. 103-82 修正案于 1993 年 10 月 1 日生效,参见 Pub. L. 103-82 的第 202(i)节。遵照《美国联邦法典》第 42 编"公共健康与福利"之第 12651 节将其设定为生效日。

1983 修正案生效日期

修正案于 1982 年 9 月 13 日生效,参见 Pub. L. 97-452 的第 2(i)节。本编第 3331 节规定其为生效日期。

1982 修正案生效日期

Pub. L. 97-258 的第 2(1)节规定本节的修正案于 1982 年 1 月 1 日生效。

简　　称

本章又称为《政府公司控制法》。该法先前是 1945 年 12 月 6 日法案(ch. 557, 59 Stat. 597)的官方简称,一般归类在原第 31 编"货币与金融"之第 14 章(Secs. 841, 846-852, 856-859, 866-869)。Pub. L. 97-258, Sept. 13, 1982, 96 Stat. 877 在本编第 91 章废除并重述了该法,其中第一节制定了本编称号。1945 年 12 月 6 日法案在《美国联邦法典》的完整分类,参见法典目录。原第 31 编的法条在本编的排列情况,参见本编第 101 条之前的编排目录。

宾夕法尼亚大道发展公司解散

宾夕法尼亚大道发展公司于1996年4月1日或之前解散,其资产、责任、债务、公司未承付和未用结余已被转让,参见修订版 Pub. L. 92-578, Sec. 3, Oct. 27, 1972, 86 Stat. 1267, 在被 Pub. L. 107-217, Sec. 6(b), Aug. 21, 2002, 116 Stat. 1304 废除之前划归于原第40编"公共建筑、房地产和工程"之第872节。

铁路协会的废止与职能转变

美国铁路协会废止生效于1987年4月1日,遵照《1973年区域铁路重组法》(45 U.S.C. 701 et seq.)。该协会涉及"统一铁路公司"的一切权力、职责、权利和义务于1987年1月1日全部转移至联邦交通运输部,而且,该协会持有公司的任何证券均于1986年10月21日转移至联邦交通运输部,参见《美国联邦法典》第45编"铁路"之第1341节。

政府公司补偿办法

由本节第2款和第3款列明的政府混合所有权公司和政府全资公司支付的特定奖金,其相关条款参见 Ex. Ord. No. 12976, Oct. 5, 1995, 60 F. R. 52829, 依据《美国联邦法典》第5编"政府组织与员工"第4501节制定。

第9102节 公司创设与收购

非经美国法律特别授权,任何机构不得创设或收购一个公司作为其代理机构。

—来源—

(Pub. L. 97-258, Sept. 13, 1982, 96 Stat. 1042.)

历史与修订记录

修订章节	来源(《美国联邦法典》)	来源(法令汇编)
9102	31:869(a).	Dec. 6, 1945, ch. 557, Sec. 304(a), 59 Stat. 602.

为了与修订编第101节保持一致,同时,因为政府公司是"美国政府的媒介","机构"一词替换"联邦政府或任何政府公司的官员或机构"和"美国机构或媒介"。"创设"一词替换"被创造的,被组织的"以删除不必要的词语。删除"于或晚于1945年12月6日"。"美国法律"替换"国会法案"以保持一致性。

第9103节　政府全资公司预算

(a) 每个政府全资公司,应每年在一定日期之前,以某种方式编制并向总统提交一份业务性预算,总统依法规定预算方案。

(b) 每个政府全资公司的预算方案应当——

(1) 包含当前和下一财年公司的财务状况及经营状况的估计,以及上一财年的经营状况及经营业绩。

(2) 包含财务状况、收入与支出和资金来源与使用的报表,盈余或赤字的分析报告,以及有利知悉财务状况和营运的附加报表与信息,包括重大活动运营的预算、行政支出、借款、本财政年度需退还给财政部的美国政府资本的金额、恢复资本减损所需的拨款。

(3) 规定应对紧急和突发等事件的灵活措施,便于公司开展活动。

(c) 根据本编第1105节,总统应当把政府全资公司提交的预算方案(经过总统修改)作为预算的一部分提交给国会。此后,总统应向国会提交公司预算方案的随时变更情况。

—来源—

(Pub. L. 97-258, Sept. 13, 1982, 96 Stat. 1042.)

历史与修订记录

修订章节	来源(《美国联邦法典》)	来源(法律汇编)
9103(a)	31:847(1st sentence).	Dec. 6, 1945, ch. 557, Sec. 102, 59 Stat. 598; Sept. 12, 1950, ch. 946, Sec. 105, 64 Stat. 834.
9103(b)	31:847(2d-last sentences).	
9103(c)	31:848.	Dec. 6, 1945, ch. 557, Sec. 103, 59 Stat. 598.

在(a)款中,"总统"一词替换了"管理与预算部",因为1970年2号重组计划(1970年7月1日生效,84 Stat. 2085)的第101和102(a)节将预算局指定为管理与预算部,并且将该局所有职能转移至总统。"应每年在一定日期之前,以某种方式编制并向总统提交一份业务性预算,总统依法规定预算方案"这段话替换了"遵照法律规定,总统应根据提交日期制订表格、内容、数据分类以及编制和提交预算方案的方式",以此删除不必要的词语。

在(b)款中,在第(1)条款前,"预算方案"替换了"预算方案应为业务性预算,或营运计划",以保持一致并删除不必要的词语。在第(1)条款中,"实际的"

和"完全的"作为多余单词被删除。在第(2)条款中,"如必要或合适""类型""与……一起"作为多余词语被删除。在第(3)条款中,"法律授权"作为多余词语被删除。

在(c)款中,"修改"一词替换了"修改、修正、修订"以删除不必要的词语。"提交"替换了"转交"以保持一致。"每年的"作为多余单词被删除。"此后"被添加以表述更清楚。因为没有必要,31:848(last par.)被删除。

第9104节 国会对政府全资公司预算的规定

(a)国会应当——
(1)考虑总统提交的政府全资公司预算方案;
(2)在法律授权下拨付必要款项;
(3)保证资金来源足以满足公司日常运作与行政支出;
(4)规定资金偿还与股息支付。
(b)本节并不——
(1)妨碍政府全资公司根据另一项法律授权开展融资活动;
(2)影响《1933年田纳西河流域管理局法》(16 U.S.C. 831y)第26节的适用;
(3)影响政府全资公司不受财年限制作出承诺的权力。

—来源—
(Pub. L. 97-258, Sept. 13, 1982, 96 Stat. 1043.)

历史与修订记录

修订章节	来源(《美国联邦法典》)	来源(法令汇编)
9104(a)	31:849(1st sentence).	Dec. 6, 1945, ch. 557, Sec. 104, 59 Stat. 598; restated July 30, 1947, ch. 358, Sec. 307, 61 Stat. 584.
9104(b)	31:849(2d, last sentences).	

在(a)款中,为了表述清楚和一致,"政府全资公司的预算方案"替换了"预算方案"。"法律……被颁布""可能""支出经费""公司基金或其他""或者限制其使用""如国会决定""基金"这些词语因为多余被删除。

在(b)款中,"现存"因为多余被删除。第(1)条款中,为了表述更清楚添加了"另一个"一词。第(3)条款中,"合同或其他"和"涉及"因为多余被删除。

第9105节 审 计

(a)(1)政府公司的财务报表应当由根据《1978年总监察长法》(5 U.S.C. App.)或其他联邦法律任命的公司总监察长,或者由总监察长确定的外部独立审计员进行审计,如果公司未设总监察长,则由公司负责人确定。

(2)根据本节规定,应按照适用的、公认的政府审计准则进行审计。

(3)按照本款规定完成审计后,报表审计人员应提交一份审计报告给政府公司负责人、众议院政府行动计划委员会主席、参议院政府事务委员会主席。

(4)美国总审计长——

(A)审查所有总监察长或外部审计员依据本款规定完成的财务报表审计;

(B)应当就审查结果向国会、管理与预算部部长、编制报表的政府公司负责人提交报告,并提出总审计长认为合适的建议;

(C)可以以总审计长的名义或应国会委员会的要求审计政府公司财务报表。

总审计长根据本款规定执行的审计应当取代由本款第(1)项另行规定的审计。在执行审计之前,总审计长应与编制财务报表机构的总监察长进行协商。

(5)政府公司应偿付美国总审计长根据本款的规定进行任何审计的全部费用。根据本条收到的所有偿款应作为杂项收入存入国库。

(b)根据美国总审计长的要求,政府公司应向其提供账簿、账目、财务记录、报告、档案、工作报告和该公司所属或正在使用的财产以及总审计长认为遵照本节执行任何审计或审查必不可少的审计员。

(c)美国总审计长根据本节规定执行的审计取代其根据任何其他法律须对政府公司的财务往来作出的任何审计。

—来源—

(Pub. L. 97-258, Sept. 13, 1982, 96 Stat. 1043; Pub. L. 100-86, title IV, Sec. 403, Aug. 10, 1987, 101 Stat. 609; Pub. L. 100-233, title VII, Sec. 703, Jan. 6, 1988, 101 Stat. 1706; Pub. L. 100-399, title VI, Sec. 602, Aug. 17, 1988, 102 Stat. 1006; Pub. L. 101-73, title V, Sec. 511(b)(2), Aug. 9, 1989, 103 Stat. 406; Pub. L. 101-576, title III, Sec. 305, Nov. 15, 1990, 104 Stat. 2853; Pub. L. 103-82, title II, Sec. 202(e)(2), Sept. 21, 1993, 107 Stat. 888.)

历史与修订记录

修订章节	来源(《美国联邦法典》)	来源(法令汇编)
9105(a)	31:850 (1st sentence 1st-16th, 30th-46th words, 4th-last sentences).	Dec. 6, 1945, ch. 557, Sec. 105, 59 Stat. 599; Aug. 30, 1964, Pub. L. 88-518, Sec. 2(a), 78 Stat. 698; Jan. 2, 1975, Pub. L. 93-604, Sec. 601(a), 88 Stat. 1962.
	31:857 (1st sentence 1st-26th, 39th-last words, 4th-last sentences).	Dec. 6, 1945, ch. 557, Sec. 202, 59 Stat. 600; Aug. 30, 1964, Pub. L. 88-518, Sec. 1(a), 78 Stat. 698; Jan. 2, 1975, Pub. L. 93-604, Sec. 601(c), 88 Stat. 1962.
9105(b)	31:866(a)(last proviso), (b).	Dec. 6, 1945, ch. 557, Sec. 301, 59 Stat. 601.
9105(c)	31:850 (1st sentence 17th-29th words, 2d, 3d sentences). 31:857 (1st sentence 27th-38th words, 2d, 3d sentences).	
9105(d)	31:850(1st sentence proviso).	
9105(e)	31:866 (a) (words before 1st comma, 1st proviso), (d).	
9105(f)	31:866(c).	
9105(g)	31:866 (a) (words between 1st comma and 1st proviso).	

  在本节,"总审计长"替换了"总审计局"以保持一致性。

  在(a)款,"规则和……美国的"因多余被删掉。添加"美国"一词以保持一致性。法律文本31:850(第4句)和857(第4句)以及"1974年7月1日生效"因已执行而被省略。

  在(b)(1)款,"依据法律"因多余被删除。

  在(b)(2)款,"可能订立一个合同"替换"被授权在他的自由裁量权范围内通过合同聘用",以删除不必要的词语。

  在(c)(1)条款之前,"在那个地方或那些地方"和"分别的公司"因多余被删除,添加了"一个政府公司应当"以表述更清楚。在第(1)款,"使可用于……审计所有记录"替换"……的代表应当可获得所有账簿、账目、财务记录、报告、档案和其他所有文件",以保持一致性并避免重述。"物品,或者"被删除因为它们被涵盖在"财产"中。在第(2)条款,"全部"因多余被删除。

  由于重述,(d)款替换了31:850条(第七个逗号之前的第一个句子)。

  在(e)款,"总审计长应当支付审计费用"替换了"根据本编第850和857条规定,审计政府全资和混合所有权公司的金融交易的费用,应由总审计局拨款支付",以删除不必要的词语。"全部"和"否则……任何基金……被用于……部门"因多余被删除。"除了1945年4月25日之前承诺并签约的审计费用"因已执行而被省略。

(g)款替换了31:866(a)(在第一条但书与第一个逗号之间的词语),以保持一致性和清晰地表述。

文本参考

(a)(1)款所提及的《1978年总监察长法》指 Pub. L. 95-452, Oct. 12, 1978, 92 Stat. 1101,已修订,载于第5编"政府组织与雇员"的附录中。

名字的变更

2004年10月9日,第108次国会会议通过第445号参议院决议,参议院政府事务委员会改为参议院国土安全与政府事务委员会,于2005年1月4日生效。

Pub. L. 104-14 第1(a)条,第2编"国会"之第21条前的注释,将众议院政府运作委员会指定为众议院改革与监督委员会。

1999年1月6日,第106次国会会议通过第5号众议院决议,众议院政府改革与监督委员会更名为众议院政府改革委员会。

2007年1月5日,第110次国会会议通过第6号众议院决议,众议院政府改革委员会更名为众议院监督与政府改革委员会。

1993年修正案生效日期

Pub. L. 103-82 修正案于1993年10月1日生效,详见 Pub. L. 103-82 第202(i)条,载于第42编"公共健康与福利"之第12651条的生效日期注释。

1998年修正案生效日期

Pub. L. 100-399 修正案在1988年1月6日通过的 Pub. L. 100-233 颁布之后立即生效,详见 Pub. L. 100-399 第1001(a)条,载于第12编"银行与银行业"之第2002节的注释。

偿付给总审计长的资金应存入政府问责局的拨款经费

Pub. L. 108-271, Sec. 8(b), July 7, 2004, 118 Stat. 814 对 Pub. L. 106-57, title II, Sept. 29, 1999, 113 Stat. 426 作了修订,部分规定:"依据《美国联邦法典》第31编第9105节,偿付给总审计长的金额无论多少都应当存入政府问责局的拨款经费,保证其可用性直至被花费"。

相似条款包含在以下先前拨款法案中:

Pub. L. 105-275, title II, Oct. 21, 1998, 112 Stat. 2450.

Pub. L. 105-55, title II, Oct. 7, 1997, 111 Stat. 1196.

Pub. L. 104-197, title Ⅱ, Sept. 16, 1996, 110 Stat. 2411.
Pub. L. 104-53, title Ⅱ, Nov. 19, 1995, 109 Stat. 534.
Pub. L. 103-283, title Ⅱ, July 22, 1994, 108 Stat. 1440.

第9106节　管理报告

（a）（1）政府公司应当每年向国会提交管理报告，不迟于政府公司财务年度结束后180天。

（2）根据本小节，管理报告应当包括——

（A）财务状况报告；

（B）营运报告；

（C）资金流向报告；

（D）如适用，政府公司预算调整报告；

（E）公司管理层撰写关于内部会计和行政监管系统的报告，应符合《1982联邦管理者财务廉洁法》修正案（公共法97-255）规定的关于内部会计与行政监管系统的机构报告的要求；

（F）根据本编第9105节对该公司的财务报表进行审计而得出的报告；

（G）其他任何能使国会知悉公司运营与财务状况的必要评论与信息。

（b）政府公司在向国会提交管理报告的同时，应当向总统、管理与预算办公室主任、美国总审计长提供一份管理报告的副本。

—来源—

（Pub. L. 97-258, Sept. 13, 1982, 96 Stat. 1044; Pub. L. 101-576, title Ⅲ, Sec. 306 (a), Nov. 15, 1990, 104 Stat. 2854.）

历史与修订记录

修订章节	来源（《美国联邦法典》）	来源（法令汇编）
9106(a)	31:851(1st-3d sentences).	Dec. 6, 1945, ch. 557, Sec. 106, 59 Stat. 599; Aug. 30, 1964, Pub. L. 88-518, Sec. 2(b), 78 Stat. 698; Jan. 2, 1975, Pub. L. 93-604, Sec. 601(b), 88 Stat. 1962.
	31:858(1st-3d sentences).	Dec. 6, 1945, ch. 557, Sec. 203, 59 Stat. 600; Aug. 30, 1964, Pub. L. 88-518, Sec. 1(b), 78 Stat. 698; Jan. 2, 1975, Pub. L. 93-604, Sec. 601(d), 88 Stat. 1963.
9106(b)	31:851(last sentence).	
	31:858(last sentence).	

在(a)款的第(1)条款之前,添加"政府公司的"以表述更清楚。在第(5)条款中,"计划、支出或其他""在审计过程中观察"和"法律"因多余被删除。

在第(6)条款中,"情况说明"替换"报告",以保持一致性。"在审计中记录"因多余被删除。"签订"替换"完成",以保持一致性。在第(7)条款中,添加"其他"以表述更清楚并避免重复。"关于"因多余被删除。

在(b)款,添加"总审计长"以表述更清楚。

文本参考

(a)(2)(E)款所提及的《1982 联邦管理者财务廉洁法》是指 Pub. L. 97-255, Sept. 8, 1982, 96 Stat. 814,其在前第 31 编"货币与财政"的第 66a 条增加了(d)款。Pub. L. 97-258, Sec. 5(b), Sept. 13, 1982, 96 Stat. 1068 废除了前第 31 编的第 66a 条并由本编第一条重新颁布,为第 3512 条。涉及关于内部会计和行政监管制度报告的条款重列于本编第 3512(d)(2)款和 3512(d)(3)款。

修 正 案

1990—Pub. L. 101-576 将本条标题中的"审计"换成"管理",在总体上对本条的正文作了修订。在修正案之前,该节表述如下:

(a)总审计长应向国会提交根据本编第 9105 节规定对政府公司进行审计的每一份审计报告,应不迟于上个审计年度结束之后的 6.5 个月。该报告应当注明审计范围,包括——

(1)资产、负债、资本、盈余或赤字(说明公司之间的关系)报告;

(2)盈余或赤字分析报告;

(3)收入与支出报告;

(4)资金来源与使用报告;

(5)总审计长明确认定在无法律授权情况下执行或完成的每一笔财务交易或行动;

(6)总审计长认为国会需要知悉的有关政府公司运营与财务状况的评价与信息,包括受损资金公告和美国政府资金回流建议的报告,或者总审计长认为应当支付的股息;

(7)总审计长认为值得提出的其他建议。

(b)总审计长在向给国会提交报告的同时应当向总统、财政部长和政府公司提交一份报告副本。

第 9107 节 账 目

(a)在总审计长批准的情况下,政府公司可以将其资金统一存入一个账户,只要该公司依法可以动用这笔资金。

(b)财政部长应备存政府公司的账目。如财政部长批准,联邦储备银行或被指定为美国政府存托或财务代理的银行可以备存政府公司的账目。财政部长可豁免本款的规定。

(c)(1)本节(b)款不适用于在一家银行持有不超过5万美金的临时账户。

(2)本节(b)款不适用于不含政府资金的政府混合所有权公司。

(3)本节(b)款不适用于联邦中间信贷银行、中央合作银行、区域合作银行、联邦土地银行。然而,这些银行负责人应每年向财政部长报告备存政府公司账目的储蓄机构的名称。财政部长收到年度报告后,若认为适当,可以向公司、总统和国会提交书面报告。

—来源—

(Pub. L. 97-258, Secs. 1, 2(1)(2), Sept. 13, 1982, 96 Stat. 1044, 1062; Pub. L. 97-452, Sec. 1(27), Jan. 12, 1983, 96 Stat. 2478.)

历史与修订记录

1982 法案

修订章节	来源(《美国联邦法典》)	来源(法令汇编)
9107(a)	31:870.	Aug. 24, 1949, ch. 506, Sec. 309, 63 Stat. 662.
9107(b)	31:867(1st sentence less last proviso).	Dec. 6, 1945, ch. 577, Sec. 302, 59 Stat. 601; July 26, 1956, ch. 741, Sec. 201(a)(4), 70 Stat. 667; Aug. 20, 1978, Pub. L. 95-351, Sec. 301(b), 92 Stat. 514; Aug. 13, 1981, Pub. L. 97-35, Sec. 396(h)(2), 95 Stat. 440.
9107(c)(1)	31:867(1st sentence last proviso).	
9107(c)(2)	31:868(d)(1st sentence related to 31:867).	Dec. 6, 1945, ch. 577, Sec. 303(d)(1st sentence related to Sec. 302), 59 Stat. 602.
9107(c)(3)	31:867(last sentence).	

在(a)款,"1949年6月30日之后"因已执行被删除。根据修订编第9101(1)款,"政府公司"替换了"遵守本章规定的组织或机构"。"尽管其他任何法律的条款""或更多……出于银行业务和检查目的"和"包括拨出的款项数目,无论其来源是何处"因多余被删除。"依法可以动用该资金"替换31:870条,以删除不必要的文字。

在(b)款和(c)款中,"银行业务或检查"因多余被删除。

在(b)款,根据修订编第321(C)款重述的源条款,"财政部长"替换了"美国财长"。"完全所有制和混合所有制"和"在该种情况下他可以决定"因多余被删除。

在(c)(1)款,"设立"和"在任何一家银行"因多余被删除。

在(c)(3)款,添加了"每一个负责人"以保持一致性。

1983 年法案

该法案修正了 31:9107(c)(3) 和 9108(d)(2) 条款,因为国家消费者合作银行已经不再是政府混合所有制公司。《1981 年综合预算调节法案》(Pub. L. 97-35, 95 Stat. 440)第 396(h)款第(2)、(3)项和第(i)款规定,最终政府股权赎回日期后的第二天,《政府公司控制法》第 302 和 303(d)款(第 2 句)中涉及银行的条款被删除。1981 年 12 月 23 日法案(Pub. L. 97-101, 95 Stat. 1440)第 501(36)款规定,赎回日为 1981 年 12 月 31 日。

更　　正

1983—Subsec. (c)(3)在"区域合作银行"被 Pub. L. 97-258 删除之后,Pub. L. 97-452 删除了"国家消费者合作银行"。详见下方 1982 年修正案。

1982—Subsec. (c)(3). Pub. L. 97-258, Sec. 2(l)(2)在删除"区域合作银行"之后删除了"国家消费者合作银行"。

1983 年修正案生效日期

修正案于 1982 年 9 月 13 日生效,详见 Pub. L. 97-452 第 2(i)款,载于本编第 3331 节注释。

1982 年修正案生效日期

Pub. L. 97-258 第 2(l)款规定本节修正案于 1982 年 1 月 1 日生效。

第 9108 节　债　　券

(a)在政府公司发行债券和向公众提供债券前,财政部长应当规定——

(1)债券的形式、面额、到期日、利率和该债券应遵守的条件;

(2)债券发行的方式与时间;

(3)债券卖出的价格。

(b)政府公司可以买卖美国政府直接发行的债券,或者一种仅由财政部长批准买入或卖出的,本金、利率或两者都有担保的,金额超过 100000 美金的债券。如有必要,财政部长可以豁免本款的规定。

(c)若机构负责人同意,财政部长可以指定机构的一名官员或雇员执行本节条款。

(d)(1)本节不适用于不含政府资金的政府混合所有权公司。

(2)本节(a)款和(b)款不适用于农村电话银行(根据《1936年农村电气化法案》的规定,银行的所有权、控制权、运营权均被转移(7 U.S.C. 950(a)))、联邦中间信贷银行、中央合作银行、区域合作银行、联邦土地银行。

但是,以上银行的负责人在采取本节(a)款或(b)款规定的行动之前,应与财政部长协商。若不能达成一致意见,财政部长会向公司、总统和国会提交一份书面报告说明其不同意的原因。

—来源—

(Pub. L. 97-258, Secs. 1, 2(1)(2), Sept. 13, 1982, 96 Stat. 1045,1062; Pub. L. 97-452, Sec. 1(27), Jan. 12, 1983, 96 Stat. 2478.)

历史与修订记录
1982 法案

修订章节	来源(《美国联邦法典》)	来源(法令汇编)
9108(a)	31:868(a).	Dec. 6, 1945, ch. 557, Sec. 303(less (d)(1st sentence related to Sec. 302)), 59 Stat. 601; July 26, 1956, ch. 741, Sec. 201(a)(4), 70 Stat. 667; May 7, 1971, Pub. L. 92-12, Sec. 5, 85 Stat. 37; Aug. 20, 1978, Pub. L. 95-351, Sec. 301(c), 92 Stat. 514; Aug. 13, 1981, Pub. L. 97-35, Sec. 396(h)(3), 95 Stat. 441.
9108(b)	31:868(b).	
9108(c)	31:868(c).	
9108(d)	31:868(d)(less 1st sentence related to 31:867).	

在(a)款和(b)款中,"1945年12月6日或之后"因已执行被删除。根据修订编第9101(1)款规定,删除"完全所有制或混合所有制"。

在(a)款,在第(1)条款前,"之前"替换了"哪些是"以表述更清晰。"债券、票据、公司债券或其他类似证券"因多余被删除。"已完成"因已执行被删除。在第(1)条款中,"条款和"因多余被删除。源条款的重述不影响其他现存法律。

在(b)款中,添加"政府"以保持一致性。"为其自身原因及其自身权益,在任何时间聚集"和"他的批准,就遵守规定的任何交易或交易种类……一段时间"因多余被删除。

在(c)款中,根据修订编第101节的规定,"机构"替换"联邦机构"。
"赋予他的任何职能"和"为此目的"因多余被删除。

在(d)(2)款中,依据7:943(c)和950(a)条款,添加"(根据《1936年农村电气化法案》的规定,银行的所有权、控制权、运营权均被转移(7 U.S.C. 950(a)))"。添加"每位负责人"以保持一致性。"被要求"因多余被删除。

1983 年法案

该法案修正了 31:9107(c)(3) 和 9108(d)(2)条款,因为国家消费者合作银行已经不再是政府混合所有制公司。《1981 年综合预算调节法案》(Pub. L. 97-35,95 Stat. 440)第 396(h)款第(2)、(3)项和第(i)款规定,最终政府股权赎回日期后的第二天,《政府公司控制法》第 302 和 303(d)款(第 2 句)中涉及银行的条款被删除。1981 年 12 月 23 日法案(Pub. L. 97-101, 95 Stat. 1440)第 501(36)款规定,赎回日为 1981 年 12 月 31 日。

更　正

1983—Subsec. (c)(3)在"区域合作银行"被 Pub. L. 97-258 删除之后,Pub. L. 97-452 删除了"国家消费者合作银行"。详见下方 1982 年修正案。

1982—Subsec. (c)(3). Pub. L. 97-258, Sec. 2(l)(2)在删除"区域合作银行"之后删除了"国家消费者合作银行"。

1983 年修正案生效日期

修正案于 1982 年 9 月 13 日生效,详见 Pub. L. 97-452 第 2(i)款,载于本编第 3331 节注释。

1982 年修正案生效日期

Pub. L. 97-258 第 2(l)款规定本节修正案于 1982 年 1 月 1 日生效。

第 9109 节　豁免于本章的政府全资公司

若总统认为切实可行且符合公共利益,总统应在根据本编第 1105 节规定向国会提交的预算中提出以下建议,即政府全资公司应被视为本编第 11 章所规定的机构(而非公司)来开展财务事项。如果国会批准这一建议,该公司被视为第 11 章所规定的机构(而非公司),在财年批准之后开始本财年的财务事项,该公司不受本章限制。该公司法人实体不受本节条款影响。

—来源—

(Pub. L. 97-258, Sept. 13, 1982, 96 Stat. 1045.)

历史与修订记录

修订章节	来源（《美国联邦法典》）	来源（法令汇编）
9109	31:852.	Dec. 6, 1945, ch. 577, Sec. 107, 59 Stat. 599.

"总统"替换了"管理与预算办公室主任"，因为《1970年二号重组计划》(1970年7月1日生效，84 Stat. 2085)的第101和102(a)节指定预算局为管理与预算办公室，并将该局的所有职能均转移至总统。"总统批准"因重复被删除。"认为"替换"视为"以保持一致性。"与该公司的预算计划相关"因多余被删除。添加"根据本编第1105节规定向国会提交"以表述更清晰。"被视为"替换"把它当做……一样对待"为了保持一致性。根据修订编第101节规定，"机构"替换了"政府机构"和"建立"以保持一致性。"如果""拨款、花费、收据、账目及其他"和"与任何会计年度的预算计划相关"因多余被删除。"被视为"替换"被认为"以保持一致性。

第9110节　代顾客持有政府资助公司证券的存款机构的标准

(a) 财政部长应根据监管标准规定证券的安全保障及使用条款，该证券是指《1934年证券交易法》第3(a)(42)款的(B)项或(C)项条款所规定的政府证券。此种规定应仅适用于非政府证券经纪商或非政府证券交易商的储蓄机构，并为客户的账户，而非自己的账户，承担诸如受托人、保管人等义务。此种规定应强制所持有证券的充分区隔，包括需转售或回购证券的买卖。

(b) 根据《联邦修正法律》(12 U.S.C. 93(a) or (b))第5239(a)或(b)款、《联邦存款保险法》第8(b)或8(c)款、《1933年房主贷款法》第5(d)(2)或5(d)(3)(1)款、《美国国家住房法》第407(e)或407(f)(1)款、《联邦信贷联盟法》第206(e)或206(f)款的规定，违反本条(a)款的规定应构成充分的理由而发布命令。涉及存款机构的命令可以由相应的监管机构发布，涉及受联邦保险的信用联社的命令可以由国家信用社管理局发布。

(c) 本节中的任何内容都不应被解释为可以根据任何其他法律规定，以任何方式影响这些机构的权力。

(d) 财政部长在采取本节规定之前，应确定对于每个相应的监管机构和国家信用社管理局董事会，其规则和标准是否充分满足本节所颁布法规的目的，若财政部长确定如此，应当豁免任何受本节所颁布规定的有关规则与标准管制的储蓄机构。

(e) 本节中所使用的——

(1) "储蓄机构"的含义在《联邦储备法》第19(b)(1)(A)款的(i)到(vi)项已

明确规定,还包括外国银行、外国银行的机构或分支、外国银行所有或控制的商业借贷公司(正如《1978年国际银行业法》对这些条款的规定)。

(2)"政府证券经纪人"的含义规定于《1934年证券交易法》第3(a)(43)款。

(3)"政府证券经销商"的含义规定于《1934年证券交易法》第3(a)(44)款。

(4)"相应监管机构"的含义规定于《1934年证券交易法》第3(a)(34)(G)款。

—来源—

(添加的 Pub. L. 99-571, title Ⅱ, Sec. 201(b)(1), Oct. 28, 1986, 100 Stat. 3223;修正的 Pub. L. 103-272, Sec. 4(f)(1)(AA), July 5,1994, 108 Stat. 1363.)

文 本 参 考

本节(a)和(e)(2)—(4)款所涉及的《1934年证券交易法》第3(a)(34)(G)、(42)(B)(C)、(43)、(44)款归类于第15编"商业与贸易"第78c(a)(34)(G)、(42)(B)(C)、(43)、(44)款。

本节(b)款涉及的《联邦储蓄保险法》第8(b)、8(c)款,归类于第12编"银行与银行业"第1818(b)、1818(c)款。

本节(b)款涉及的《1933年房主贷款法》第5(d)(2)或5(d)(3)(1)款,归类于第12编1464(d)(2)、(3)款,但是主要由 Pub. L. 101-73, title Ⅲ, Sec. 301, Aug. 9, 1989, 103 Stat. 282 修订,不再涉及命令的发布。参见第12编第1464(d)(1)款。

本节(b)款涉及的《美国国家住房法》第407节,归类于第12编第1730节,被 Pub. L. 101-73, title Ⅳ, Sec. 407, Aug. 9, 1989, 103 Stat. 363 废除。

本节(b)款涉及的《联邦信贷联盟法》第206(e)、206(f)款,归类于第12编1786(e)、1786(f)款。

本节(e)(1)款涉及的《联邦储备法》第19(b)(1)(A)款的(i)至(vi)项归类于第12编第461(b)(1)(A)款(i)至(vi)项。

本节(e)(1)款涉及的《1978年国际银行业法》,是指 Pub. L. 95-369, Sept. 17, 1978, 92 Stat. 607, 此法颁布了第32章(3101节及以下条款)和第12编"银行与银行业"的第347d 和611a节,修订了第12编的第72、378、614、615、618、619、1813、1815、1817、1818、1820、1821、1822、1823、1828、1829b、1831b和1841节,颁布了条款,载于第12编的第36、247、601、611a节和第3101节的注释。

本法案在法典中的完整归类,见第12编第3101节的简称和目录。

修 正 案

1994—Subsec. (e)(1). Pub. L. 103-272 用"节"替换了"项"。

生效日期和法规的颁布

本章节在1986年10月28日之后270天生效,此外,财政部长及每一相关监管机构应在1986年10月28日之后120天之内公布通知和公众意见,1986年10月28日之后210天作为暂行规定生效,首次实施条例、最终法规不得迟于1986年10月28日之后270天生效。参见Pub. L. 99-571第4编,详见第15编"商业与贸易"第780-5节注释。

暂行规定和保留条款

Pub. L. 99-571的暂行规定和保留条款,参见Pub. L. 99-571的第301节,详见第15编"商业与贸易"第780-5节注释。

加拿大

国有企业一般规定

P. C. 1995-711
1995 年 5 月 2 日

在财政部长和财政委员会的建议下，内阁总理根据《金融管理法》第 93 条第 2 款、第 99 条第 4 款、第 108 条第 3 款、第 114 条第 4 款以及第 127 条第 4 款规定，同意废除根据 1984 年 8 月 31 日颁发的 P. C. 1984-3093 号国会令所制定的《国有企业借贷规则》和根据 1984 年 8 月 31 日颁发的 P. C. 1984-3094 号国会令制定的《国有企业一般规定》，并代之以修订的《关于受限交易、财产处置、薪酬、公司章程、视为借贷业务以及〈金融管理法〉对于国有企业借贷业务豁免的规定》。

简　　称

1. 这些法规可引为 1995 年《国有企业一般规定》。

释　　义

2. 在这些法规中，"法案"是指《金融管理法》；"工作日"是指非周六和节假日的日期。

通　　知

3. 法案第 93 条第 1 款规定，
　（a）应当通知的规定人员为国有企业母公司的相关部长和财政部部长；
　（b）规定的通知方式为国有企业母公司向上述人员提交后续的公司计划或者公司计划修订书。

法人代表财产处置权

4. 法案第 99 条第 2 款规定,法人代表即国有企业的母公司或者国有企业母公司的全资子公司,在日常业务过程中能够以公平的市场价值进行交易,且该交易符合国有企业母公司最新批准的企业计划与修订后的企业计划,在这种情况下,法人代表可以出售或者以其他方式处置公司财产。

5. 法案第 99 条第 2 款规定,法人代表,即在法案附表 3 中列明的国有企业母公司或者附属于国有企业母公司的全资子公司可以出售或者以其他方式处理:
 (a) 公平市场价值不超过 200000 美元的不动产。
 (b) 公平市场价值超过 200000 美元的不动产。前提是,在日常业务过程中以至少不低于公平市场的价值进行交易,且该交易符合国有企业母公司最新批准的企业计划与修订后的企业计划。

SOR/99-103,s. 1.

6. 法案第 99 条第 2 款规定,法人代表,即国有企业母公司或者国有企业母公司的全资子公司,可以保留或者使用任何财产处置所得的全部款项或任何部分款项,其处置方式需符合国有企业母公司最新批准的企业计划与修订后的企业计划。

薪　　酬

7. 法案第 108 条规定,"薪酬"是指工资、服务费、津贴或任何其他形式的货币补偿,根据《所得税法》制定的注册退休金计划条款应支付的货币补偿除外。薪酬应在聘用时或聘用期间支付或者在终止聘用时支付。

SOR/99-103,s. 2.

8.(1)法案第 108 条第(2)款规定,国有企业母公司董事会就董事、主席或首席执行官在任职期间的工作所确定的所有福利的总价值不得超过公共和私营部门其他企业通常提供的标准福利的总价值:
 (a) 这些企业从事的商业活动与国有企业母公司所从事的商业活动相似;
 (b) 这些企业不与国有企业母公司从事相似的商业活动,其提供标准福利给那些与国有企业母公司的董事、主席或首席执行官承担相似责任的人员。
 (2) 不得向国有企业母公司的董事、主席或首席执行官提供低息或无息贷款的福利,除非该贷款旨在协助支付由于搬迁产生的费用。
 (3) 法案第 108 条第(2)款规定,
 (a) "低息贷款"是指贷款或抵押贷款的利率低于类似用途的贷款或抵押贷款的商业利率;
 (b) "因拆迁产生的费用"是指归因于拆迁的费用,单独用作国有企业母公司的拆迁目的。

（4）国有企业母公司董事会根据法案第108条第2款确定福利分配或者对它们进行修改，董事会应该向相关部长或者向枢密院委员会提交报告：

（a）在确定福利分配之后的15日之内，向相关部长或者向枢密院委员会提交确定或者修改该福利分配方式的决议副本或其他文件；

（b）首席执行官的任命，应在任命生效之日起六个月内提交一份详述首席执行官应得的整体福利的报告，包括注册退休金计划的规定。

（5）【废止，SOR/99-103，s.3】
SOR/99-103，s.3.

公司章程

9．国有企业母公司应在其董事会正式采纳关于批准公司章程的制定、修改或者废止的决议之后15个工作日之内将公司章程的副本提交给相关部长和财政委员会主席。
SOR/99-103.s.4

借贷业务

10．根据法案第十部分，以下交易类型被视为借贷业务：

（a）国有企业向个人、合伙企业或关联交易商发行和销售定期优先股；

（b）根据不时修订的《加拿大注册会计师协会手册》的规定，个人、合伙企业和关联交易商向国有企业提供的租赁资本超过10万美金与国有企业总资产的1%之间的较小金额；

（c）达成卖方信贷协议，即国有企业与个人、合伙企业和关联交易商的借贷业务在超过连续12个月之后到期，个人、合伙企业或者关联交易商延长国有企业的信贷期限，卖方信贷协议涉及的租赁资本超过10万美金与国有企业总资产的1%之间的较小金额；

（d）国有公司，加拿大存款保险公司除外，就以下业务提供担保：

（i）票据、债券或公司债券；

（ii）定期优先股；

（iii）贷款；

（iv）银行承兑汇票；

（v）资本租赁；

（vi）卖方信贷协议。

借贷审批

11. 根据法案第 127 条第 3 款的规定,应向国有公司授予书面形式的批准文书,准予其进行借贷业务。

借贷豁免

12. (1)国有企业母公司豁免适用法案第 127 条第 3 款关于借贷业务的规定,若贷方为该公司的全资子公司;

(2)国有企业母公司的全资子公司豁免适用法案第 127 条第 3 款关于借贷业务的规定,若贷方为国有企业母公司或其他全资子公司。

13. 以下国有企业豁免适用法案第 127 条第 3 款的规定,若涉及第 10(d)项列举的任何一类借贷业务:

(a)加拿大国家住房抵押贷款公司;

(b)加拿大出口发展公司;

(c)加拿大农业信贷公司;

(d)联邦商业发展银行。

2001, c. 22, s. 22, c. 33, s. 30.

14. (1)在本条中,"地方港口公司"是指依据《加拿大港口公司法》第 25 条设立的公司。

(2)根据《加拿大港口公司法》第 57 条第 2 款的规定,加拿大港口公司向地方港口公司借款时豁免适用法案第 127 条第 3 款。

(3)根据《加拿大港口公司法》附表 1 第 27 条的规定,地方港口公司向加拿大港口公司借款时豁免适用法案第 127 条第 3 款。

金融管理法

R. S. C., 1985, c. F-11
最新修订于 2012 年 10 月 9 日

　　本法规定了加拿大政府的金融管理、加拿大政府账目的建立与维护以及对加拿大国有企业的监管。

简　　称

1. 此法可引为《金融管理法》。

释　　义

2. 在本法中，
"相关部长"是指：
　　(a) 对于附表 1 中列明的部门，其负责人为部长；
　　(a.1) 对于附表 1.1 第 1 栏所列出的联邦公共管理部门的分部或分支机构，其部长列在该附表第 2 栏；
　　(b) 对于《调查法》中涉及的委员会，其相关部长由内阁总理下达指令进行指定；
　　(c) 对于参议院及参议院道德监督员办公室，其相关负责人为参议院议长；众议院的负责人为内部经济委员会；而利益冲突和道德专员办公室，由众议院议长负责；对于议会图书馆，则由参议院与众议院共同负责；
　　(c.1) 对于国家部属企业，其相关部长由内阁总理下达指令进行指定；
　　(d) 对于国有企业，其相关部长在第 83(1) 条中有明确规定。
"拨款"是指议会用综合收入基金进行支付的任何权力。
"加拿大审计长"是指根据《审计长法》第 3(1) 条所任命的官员。
"授权代理人"是指由部长授权为其代理进行认购或出售证券的人。
"综合收入基金"是指存储在税务局账户上所有公共款项的总额。
"国有企业"的释义在本法案第 83(1) 条中有明确定义。
"部门"是指：

(a) 在附表1中列明的所有部门；

(a.1) 在附表1.1第一栏列明的所有联邦公共管理的部门或分支机构；

(b)《调查法》中涉及的委员会,内阁总理根据本法下达指令指定其为政府部门；

(c) 参议院、众议院、议会图书馆、参议院道德监督员办公室、利益冲突和道德专员办公室；

(d) 所有国家部属企业。

"国家部属企业"是指附表2中列明的公司。

"财政代理人"是指根据本法第四部分规定所任命的财政代理人或机构,包括加拿大银行。

"财政年度"开始于当年4月1日,至次年3月31日结束。

"部长"是指财政部部长。

"现金"包括可转让票据。

"可转让票据"包括支票、国内汇票、旅行支票、国外汇票、邮汇单、邮政汇票和所有其他类似的票据。

"无证书证券"包括未经过认证的证券和在证券清算及结算系统内由保管人或代理人代为保管的经过认证的证券。

"国有企业母公司"的解释在本法案第83(1)款中有明确定义。

"公共款项"是指税务局或其他政府部门在其行政权限内征收的款项,或某些被授权的个人执行征收行为所征集得到的款项,包括：

(a) 关税和税收；

(b) 向他国借得的款项或通过发行、出售国家债券所得款项；

(c) 由国家出面征收所得款项；

(d) 所有由公职人员依法依权依职责所征收到的财政款项,以及根据相关规定所用于一些特定目的的支出款项。

"公职人员"是指为国家工作,受雇于联邦公共管理部门的人。

"公共财产"是指女王在加拿大的所有财产,不仅仅指钱财、货币。

"证券登记员"是指根据本法案第四部分的规定所任命的登记员,包括加拿大银行。

"证券"是指加拿大的注册证券和无证书证券,包括债券、票据、存单、无息存单、国库券、国库票据以及其他代表部分加拿大公共债务的证券。

"证券证书"是指由加拿大政府开出的,或者由其他机构获得加拿大政府许可后开出的,代表着部分加拿大公债,能够证明证券所有权的有形证明书。

"短期国库券"是指一种由加拿大政府或政府代表发行的、经过认证或无证书的短期债券,在不迟于该债券发行日期之后的12个月内向指定收款人或持票人支付该债券规定的票面价格。

"政府票据"是指一种由加拿大政府或政府代表发行的、经过认证或无证书的债券,在不迟于该票据发行日期之后的 12 个月内向指定收款人或持票人支付该票据规定的票面价格。

R. S., 1985, c. F-11, s. 2; R. S., 1985, c. 1 (4th Supp.), s. 25; 1991, c. 24, s. 50(F); 1992, c. 1, ss. 69, 143(E); 1995, c. 17, s. 57; 1999, c. 31, s. 98(F); 2003, c. 22, s. 224(E); 2004, c. 7, s. 8; 2006, c. 9, s. 7

附表的修改

3. (1) 内阁总理通过发布指令允许:

(a) 在附表 1.1 第一栏中增加有关任何联邦公共管理部门和分支机构的名称,在第二栏中与上述名称对应的位置增加所涉及的相关部长的名字;

(a.1) 在附表 2 中增加根据《议会法》建立的,履行政府性质的管理、调查、监督、咨询或监管等职能的所有法人(团体)的名称;

(b) 附表 3 的第一或第二部分增加所有国有企业母公司的名称。

(1.1) 内阁总理通过发布指令,允许在附表 1.1 中删除第二栏中对应于有关联邦公共管理部门和分支机构的相关部长的名字并代之以另外负责人的名字。

(1.2) 内阁总理通过发布指令,允许从附表 1.1 中删除被更换的所有联邦公共管理部门或分支机构的名称,随后应该增加新的部门或分支机构的名称。

(1.3) 内阁总理通过发布指令,允许从附表 1.1 中删除已经不复存在或并入其他部门的联邦公共管理部门或分支机构,删除不再是单独的联邦公共管理部门或分支机构,同时删除以上部门或分支机构的相关部长。

(2) 内阁总理通过发布指令,允许:

(a) 删除附表 2 中所有已经更换的法人(团体)的名称,应以相同的顺序,将新的法人(团体)名称添加到附表 2 中;

(b) 删除来自附表 3 第一和第二部分中所有被更换的国有企业母公司的名称,将新的公司名称添加到这两部分。

(3) 内阁总理通过发布指令,允许删除附表 3 第一和第二部分中应该出现在本附表其他部分的所有国有企业母公司的名称。应以相同的顺序,将新的公司名称添加到该部分。

(4) 若内阁总理相信某国有企业母公司符合本法第(1)(a.1)款规定的标准,则该公司的名称不应加入附表 3。

(5) 国有企业母公司的名称不得加入附表 3 的第二部分,除非内阁总理相信:

(a) 该公司:

(i) 经营环境具有竞争力;

(ii) 其经营宗旨一般情况下不依赖拨款;

(ⅲ) 通常能赚取股本回报。
(b) 存在一个合理预期,即公司会支付股息。
(6) 内阁总理通过法令,允许:
(a) 从附表2中删除所有已经被解散或者依据第(1)(a.1)款规定已经不存在的公司的名称;
(b) 删除附表3第一和第二部分中所有已经被解散或已经不存在的国有企业母公司的名称。
(7) 内阁总理通过发布指令,允许将所有联邦公共管理机构的名称加入附表4或附表5;
(a) 《加拿大劳工法》的第一部分不适用此条款;
(b) 内阁阁员、财政委员会或者内阁总理有权确立或者批准聘用条款和条件。
(8) 内阁总理通过发布指令,允许从附表4或附表5中删除任一联邦公共管理机构的名称。在这种情况下,内阁总理须将该机构名称加入以上两个附表中的另一份附表。但内阁总理不必如此做,如果该机构存在以下情况:
(a) 不再有任何雇员;
(b) 是排除在《加拿大劳工法》第一部分实施范围之外的法人(团体)。
(9) 如果法人(团体)的名称被从附表4或者附表5中删除,且并未添加到对应的另一份附表中,则其免于实施《加拿大劳工法》第一部分的状况将被终止。
(10) 内阁总理通过发布指令,允许:
(a) 将载于附表1的任何部门的名称添加到附表6的第一部分中;
(b) 将任何部门的名称及该部门相应的财务主管添加到附表6的第二或第三部分中;
(c) 修改附表6的第二或第三部分,以新财务主管替代前相关主管;
(d) 将部门的名称及该部门相应的财务主管从附表6第二部分移至第三部分,或者从第三部分移至第二部分;
(e) 修改附表6的第一、二或第三部分,以部门新名称替代其旧称;
(f) 若部门被撤销或者并入其他部门时,删除附表6第一、二或者第三部分中该部门的名称及该部门相应的财务主管的名字。

4. (1) 依照本法第3(3)节将法人的名字从附表3第一部分删除并添加到附表3第二部分的每一项指令都必须在颁布后15天内议会参众两院首次召开会议时提交审议。
(2) 根据第(1)小节规定将指令提交议会进行审议,其所涉及的审议委员会是两院为此目的的专门指定或设立的。
(3) 根据第(1)小节规定向议院提交的指令应在提交给两院后第31个开会日生效,除非该指令另行规定延后日期。
(4) 在本节中,"会议日"是指议会参众两院之一举行会议的日期。
R.S., 1985, c. F-11, s. 4; 1999, c. 31, s. 100(F).

第1部分 组织结构

财政委员会

成 立

5.（1）现设立加拿大女王枢密院委员会，称为财政委员会，其主席由掌玺委员会任命。

（2）除财政委员会主席外，财政委员会还包括部长和其他四名由内阁总理不定期指定的加拿大女王枢密院成员。

（3）内阁总理可提名额外的加拿大女王枢密院成员，若其被认为适合作为财政委员会成员的候补人选。

（4）财政委员会必须遵守本法和内阁总理的所有指令，并有权决定其规章及程序。

R. S., c. F-10, s. 3.

公 职 人 员

6.（1）财政委员会主席在接受授权期间任职，并主持财政委员会会议。

（2）内阁总理任命财政委员会大臣在接受授权期间任职，其拥有副部级的官衔及权力。

（2.1）内阁总理任命首席人力资源官在接受授权期间任职，其拥有副部级的官衔及权力。

（3）内阁总理任命加拿大审计长在接受授权期间任职，其拥有副部级的官衔及权力。

（4）财政委员会可将议会法案或内阁总理指令授予其行使的权力或职能委托给财政委员会主席、财政委员会大臣、加拿大审计长或任何联邦公共管理部门的首席执行官或副总裁。此类授权行为应遵循一切适当的条款和条件。

（4.1）在遵循一切适当的条款和条件的前提下，财政委员会向首席人力资源官委托：

（a）议会法案或内阁总理指令授予其行使的所有有关人力资源管理、官方语言、就业平等、价值观和道德等权力或职能；

（b）《公共服务就业法》授予其行使的所有有关就业的权力或职能。

（4.2）财政委员会主席负责协调财政委员会秘书处的各项活动。在遵守财政委员会主席规定的各项条款和条件的前提下，首席人力资源官和加拿大审计长可以委派财政委员会秘书处或财政委员会下属任何人员代理行使该等职责。

（5）第 4 款和第 4.1 款项下委托不得包括该项中的财政委员会所拥有的授权和制定规则的权力。

（6）任何根据第 4 款和第 4.1 款委派享有职权、履行职责的人可以，在其委派范围内，转委派其下属代为行使其所获得的权责。

（7）其他财政委员会正常运营所需的高级管理人员及雇员的任命将按照《公共服务劳动法》的规定进行。

职责和职权

7. （1）财政委员会可代理加拿大枢密院处理以下事务：

（a）联邦公共管理机构的一般管理政策；

（b）联邦公共管理机构或其任何部门的组织架构，及对设立该架构的管理和控制；

（c）财务管理，包括预测、支出、财政规划、账目、服务费，设施使用费、服务费或因使用设施、租借、许可、租赁而产生的费用，处分财产获得的收益，以及财政部门进行管理所用的程序和所有已收、应收收益的账目记录；

（d）年度或长期支出计划和部门项目的审查以及相关计划和项目优先级的确定；

（d.1）土地部门的管理和发展，但《加拿大土地调查法》第 24.1 款中的加拿大土地除外；

（e）公共管理部门的人力资源管理，包括制定雇用员工的条款和条件；

（e1）制定本法案、议会法案及枢密院颁令等任何规定中均未涉及的、就内阁总理任命人员事项的条文条款；

（e2）联邦公共管理部的内部审计工作；及

（f）其他内阁总理认为有必要的事项。

（2）除任命权外，财政委员会可以根据下列法案的规定，行使内阁总理的权力：

（a）《公共服务养老金法案》；

（b）《加拿大军队养老金法案》；

（c）《加拿大国防服务养老金发放延续法案》1970 年修订案 D-3 章规定；

（d）《加拿大皇家骑警养老金法》的第一部分和第二部分；

（e）《加拿大皇家骑警养老金延续发放法》1970 年修订案 R-10 章规定；

（f）由内阁总理确定的任何涉及本条第（1）款范围内事务的，并且使得财政委员会可以代为行使枢密院职权的法案规定。

（3）内阁总理可以通过下达指令，授权财政委员会行使全部或部分其在第 41 条、122 条中的第（1）项和第（6）项下的权力，并且对财政委员会可以行使该等权力的具体情况作出说明。

7.1 （1）财政委员会可以为联邦公共管理部的员工办理或变更团体保险项目

或其他福利项目,也可以指定任何个人或团体加入该项目;可以采取任何必要的措施以实现该目的,包括签订服务协议;可以就该福利项目设立任何条款和条件,包括对保费、保险金支付、收益、管理、控制和支出的规定;也可以对项目进行审计并支付项目费用,包括保费、保险金支付、收益以及其他支出。

(2) 本法案仅供本节使用,并不适用于任何因前款所述项目或因项目受益的个人而产生的需要由财政委员会支付的保费和费用,以及任何保险金的支付。

7.2 (1) 经国家公共服务联合委员会的推荐,财政委员会主席可以签发自所载之日起生效的特许状许可成立一家非股本法人,该法人负责对本法第7.1(1)项下团体保险和福利项目进行管理。

(2) 特许证必须载明:

(a) 法人名称;

(b) 法人参与的本法7.1(1)条项下的项目名称;

(c) 法人足以履行本条(1)款目的的法人宗旨和权力;

(d) 法人董事会的任命机制和运行模式;

(e) 法人的汇报义务;

(f) 法人聘请独立审计师审计法人账目和财务交易的义务;

(g) 法人董事和高级职员的行为准则;及

(h) 其他用于实现法人目标的必要条款。

(3) 财政委员会的主席,经国家公共服务联合委员会的推荐和董事会商议,可以签发自所载之日起生效的补充特许状对原有特许状进行修正。

(4) 法人特许状和补充特许状不属于《行政立法性文件法》所称规章。但是,该特许状仍需在《加拿大公报》上进行公示。

(5) 公司在特许状和本法规定范围内,拥有与自然人相同的行为能力。

(6) 法人既不是官方法人也不是女王的代理人。

7.3 法人董事会由下列人员组成:

(a) 一名董事经国家公共服务联合会的推荐由财政委员会主席任命,并担任董事会主席;

(b) 一名董事经国家公共服务联合会的推荐由财政委员会主席任命,按主席的意见代表退休人员的利益;

(c) 4 名由财政委员会主席任命的董事;

(d) 4 名由国家公共服务联合会任命并代表雇员利益的董事。

7.4 财政委员会可制定有关公司治理的规定,该规定适用《加拿大商业公司法》、《加拿大公司法》1970 年修订版第 C-32 章、《加拿大非营利性公司法》及任何根据上述法案制定的法规中与公司相关的规定。

8. 财政委员会行使本法案和其他议会法案项下之权力须服从内阁总理的指示,内阁总理通过发布命令修改或驳回委员会的任何行为。

9.(1)财政委员会可不时规定加拿大账目记账的方式和形式,各部门的账目应得到保存,财政委员会可以指示任何人接受、管理和支付公共资金以保存委员会认为有必要的账目或记录。

(1.1)财政委员会可以:

(a)要求各部门保存本法第7(1)(d.1)项下土地管理和开发的记录并制订管理、开发的计划;及

(b)规定记录和计划的保存方式和保存形式。

(2)财政委员会可以要求任何公职人员或女王代理人提供任何对其履行职责有必要的账目、报税单、报表、文件、报告或信息。

(3)财政委员会可要求任何公职人员或女王的代理人向某一部门提供其所需的账目、报税单、报表、文件和报告信息以便:

(a)找出任何需要偿还女王以加拿大名义取得的债权;或

(b)抵消女王以加拿大或加拿大某省名义产生的须由加拿大支付的已到期或应付债务。

10.在遵守任何议会法案的情况下,财政委员会可就如下事项制定规则:

(a)为确保部门间行政管理和行政服务的有效协调;

(b)为建立常规的行政管理标准,并得以据此评定联邦公共行政机关各部门的日常表现;

(c)对公共款项的收取、管理和核算;

(d)关于公共财产记录的保存;

(d1)向因本法第11(2)(g.1)条规定终止雇佣关系的员工和旧员工支付遣散费及其他费用,并规定支付费用的条件和方式;

(e)为满足本法条文目的而由财政委员会制定的法规;

(f)为保证联邦公共行政机关高效行政所必需的法规。

人力资源管理

11.(1)下列定义适用于本条及第11.1到13条。

"核心公管部门"指附表1中的部门和附表4联邦公共行政机关中其他部门。

"副职"指:

(a)附表1中任一部门的副部长;

(b)附表4中联邦公共行政机关各部门的首席执行官,若无,为其法定副职,若两者皆无,为根据本条第(2)款指定的该部门中掌管该职权的人;

(c)独立机构的首席执行官,若无,为其法定副职,若两者皆无,为根据本条第(2)款指定的该独立机构中掌管该职权的人;及

(d)以"公共服务"为目的的联邦公共管理机关各部门中的首席执行官,若无,为根据本条第(2)款指定的该部门中掌管该职权的人。

"公共服务"指以下各部门或其下属部门中的多个职位：
（a）附表1中的部门；
（b）附表4中联邦公共行政部门的其他部分；
（c）附表5中的独立机构；及
（d）联邦公共行政机关中因"公共服务"目的而由内阁总理指定的其他部门。
"独立机构"指附表5中联邦公共行政机关的某一部门。
"法定副职"指根据任何议会法案确定的副职或视为副职，或者拥有或视作拥有副职身份之人。
（2）内阁总理可在以下情况指定任何职位为副职之职位：
（a）附表4或5中的联邦公共行政机关中不含首席执行官一职的部门；及
（b）联邦公共行政机关中任一因"公共服务"目的而设立且不含首席执行官一职的部门。

11.1 （1）在执行本法第7(1)(e)项所述人力资源管理职责时，财政委员会可以：
（a）确定公共服务的人力资源需求，在公共服务中规定人力资源的有效利用和配置；
（b）规定公共服务中职位和员工的分类；
（c）决定和调整公共服务人员因提供服务、工作时间、休假或任何相关事宜获得的报酬；
（d）决定和调整可能需要支付给公共服务人员的旅费补贴或其他补贴，或者费用津贴及雇佣合同中涉及的其他津贴；
（e）根据《平等就业法》，为履行公共服务中的平等就业建立政策和方案；
（f）就核心公共行政机关副职履行本法案所赋予的权力及其行使权力的报告发布政策或指令；
（g）就以下事项发布政策或指令：
（i）核心公共行政机关副职根据《公共服务劳动关系法》处理纠纷的方式，及当该纠纷根据本法第209(1)款进行审判时的处理方式，及
（ii）副职就纠纷所提交的报告；
（h）就公共服务人员在公共服务过程中的非法行为的举报机制发布政策或指令，建立根据该政策指令对检举揭发人员的保护机制；
（i）发布政策或指令防止工作场所骚扰，及建立就此类骚扰引起的争端解决机制；
（j）规定任何其他事宜，包括在本节没有另外特别规定的就业之条款和条件，以符合公共服务中进行有效的人力资源管理所需。
（2）财政委员会对本条第(1)款所述事项的权力：
（a）不得扩大至任何已由任何法律明确决定、确定、规定、调整或确立的任何事

项,但是有关法案明确规定将该事项之权力授予任何机关或个人的除外;

（b）不得包括或扩大至：

（i）《公共服务就业法》明确赋予公共服务委员会的任何权力,或

（ii）《公共服务就业法》规定的或授权公共服务委员会采取的任何人力资源筛选程序。

11.2 （1）内阁总理可以授权内阁成员负责管理一个独立机构,或授权机构副职负责人在符合内阁总理要求前提下负责内阁总理或财政委员会在该独立机构中的人力资源管理职权职责。

（2）任何根据本条第（1）款取得职权的人可以在其授权范围内转授权其下属行使该职权。

2003, c. 22, s. 8

12. （1）根据第11.1(1)(f)和(g)项条款规定,核心公共行政部门的每一位副职就其负责的部分,可以：

（a）确定公共服务人员的教育、培训和发展要求,并且修正关于所进行的教育、培训和发展的条款。

（b）为公共服务人员的出色工作表现、工作方面其他卓越成就、发明创造或实用的改良建议等授予奖励。

（c）建立纪律标准并设置处罚手段,包括终止聘用、停职、降至薪酬最低的职位和经济处罚。

（d）终止聘用公共服务人员或降职至最低薪酬水平,若副职负责人认为其表现不能令人满意。

（e）终止聘用公共服务人员或降职至最低薪酬水平,若该公共服务人员出于违反纪律或不当行为以外的其他原因。

（f）终止聘用由于以下原因而聘任的人员,即核心公共行政部门将任何工作、任务或业务转移给任何不属于核心公共行政部门的机构或企业。

（2）根据内阁总理规定的条款,独立机构的每一位副职和依据第11(2)(b)款指定的每一位副职,就其在联邦公共行政部门负责的部分,可以：

（a）确定公共服务人员的教育、培训和发展要求,并且修正关于所进行的教育、培训和发展的条款。

（b）为公共服务人员的出色工作表现、工作方面其他卓越成就、发明创造或实用的改良建议等授予奖励。

（c）建立纪律标准并设置处罚手段,包括终止聘用、停职、降至薪酬最低的职位和经济处罚。

（d）终止聘用公共服务人员或降职至最低薪酬水平,若该公共服务人员出于违反纪律或不当行为以外的其他原因。

（3）根据第（1）(c)(d)或(e)项或者第（2）(c)或(d)项规定对任何人员的纪律

处分或者终止聘用或者降职都必须具备理由。

12.1 独立机构负责人行使本法第11.1款及第12(2)款规定的职权,必须遵守议会法案及根据议会法案制定的任何法规、指令或其他文件中关于独立机构职权的规定。

12.2 (1)副职可以在人力资源管理范围内制定并依据该条款条件授权任何人行使其部分或全部职权。

(2)根据本条第(1)款获得授权的被授权方可以在其授权范围内将该职权转授给其他任何人。

12.3 (1)尽管其他议会法案另有规定,公务人员根据本法第12(1)(f)项规定终止劳动合同的,国家联合委员会的协议(国联委关于人力调整的协议除外)在劳动合同终止前对该公务人员停止适用,但该劳动合同的终止是由于该公务人员因工作调动、部门兼并、业务变动从核心公共管理机关转到以下任意一种组织或公司的除外:

(a)一个独立机构;或

(b)由委员会主席指派的另外一个以本法第11(1)(d)项所述"公共服务"为目的的联邦公共行政机构。

(2)由财政委员会代表的女王在加拿大的权益,继续为各组织和公司的员工在本条第(1)款所述调职前所享受到的权利承担相应的义务。

12.4 【已废除,2012,c,19,s.218】

13. (1)除非发生本条第(2)款规定的情形,本法或其他任何议会法案均不得限制或影响内阁总理因安保评估原因终止或解雇公务人员劳动关系的权力。

(2)如果某一公务人员向根据《加拿大安全情报服务法》第34(1)款设立的情报安全审查局申诉某一个安全评估结果,则在该评估调查完成之前,内阁总理不得辞退该员工。

(3)根据本条第(1)款规定,内阁总理为保证加拿大及其同盟国、相联国的安全所作出的停职或解雇决定是终局性的。

财 政 部

14. 根据本法设立加拿大财政部,财政部由经国玺敲章任命的财务部部长掌管。

15. 财政部长任职期间,负责管理和领导财政部门、管理综合收入基金,并监督、控管、领导任何与加拿大财政制度相关但法律未明文委派财政委员会或其他部长的事项。

15.1 (1)财政部长可以设立咨询委员会和其他委员会,并为其成员资格、职责、功能与运作提供帮助。

(2)委员会成员可以就其提供的服务获得由内阁总理决定的薪酬和费用补贴。

16. 内阁总理可以委任一位财政部副部长担任财政部副职。

第1.1部分　内部审计与会计主管

16.1　各部门的副职或首席执行官负责确保该部门的内部审计能力符合部门需求。

16.2　根据本法第7(1)(e.2)项规定,除财政委员会另有命令,各部门副职或首席执行官应建立部门内部审计委员会。

16.21　(1)非联邦公共管理机关工作人员,若符合财政委员会规定的条件,可以经财政委员会主席推荐,由财政委员会任命其进入某审计委员会任职。

(2)审计委员会成员任期不得超过四年,连选可以连任。

(3)审计委员会成员的报酬与开支由财政委员会确定。

16.3　本法第16.4条与16.5条中,会计主管:

(a)对于附表6第一部分列明的部门,由副部长担任;及

(b)对于附表6第二、三部分列明的部门,为列于该职务名称对应表格中的人员。

16.4　(1)附表6第一部分所述部门的会计主管,根据其部长对其部门的管理和领导,在各部长职责和对议会负责范围内对议会参议院和众议院相关委员会就以下事项负责:

(a)以符合政府政策和法定程序的方式组织部门资源推进部门项目的措施;

(b)保持部门内控系统有效运转的措施;

(c)签署需要保存的账目以制作本法第64条规定的政府账目;及

(d)本法或其他法案委派给该会计主管的与本部门管理相关联的职责。

(2)附表6第二、三部分所述部门的会计主管,根据其部长对其部门的管理和领导,在各部长职责和对议会负责范围内对议会参议院和众议院相关委员会就以下事项负责:

(a)以符合政府政策和法定程序的方式组织部门资源推进部门项目的措施;

(b)保持部门内控系统有效运转的措施;

(c)签署需要保存的账目以制作本法第64条规定的政府账目;及

(d)本法或其他法案委派给该会计主管的与本部门管理相关联的职责。

(3)会计主管有义务接受参议院及众议院的当面质询并视具体情况回答委员提出的关于其履行本条第(1)、(2)款职责的相关问题。

16.5　(1)若本法附表6第一、二部分所列部门的部长和会计主管对财政委员会就其颁发的政策、指令和标准所作出的解释和适用有异议,则会计主管应就此事书面提请财政委员会秘书长指示。

(2)如果本条第(1)款指示仍未能解决该异议,该部长可以将争议提交财政委

员会裁决。

(3)财政委员会须以书面形式答复,同时向加拿大审计长提交一份副本。

(4)根据议会法案,提交给加拿大审计长的答复意见副本为加拿大枢密院的机密文件。

第 2 部分　公 共 款 项

17.(1)根据本部分规定,所有公共款项收入均存至税务局的账户。

(2)税务局局长以税务局的名义在下列机构设立公共款项储蓄账户:

(a)加拿大付款协会的任何会员;

(b)中央信用合作社会员中属于加拿大付款协会会员的地方信用合作社;

(c)部长指定的任何财务代理机构;及

(d)部长指定的任何加拿大境外的财务机构。

(3)任何收集或收取公共款项的人须按照财政委员会依法规定的形式和方式保存收款凭证和存单。

(4)根据本条第(5)款的规定,每一位受雇收集、管理、收取公共款项的员工,或任何收集或收取公共款项的人,须将所得公共款项悉数交入财政委员会的账户。

(5)财政委员会可以规定:

(a)公共款项支付至税务局账户的方式;

(b)授权第(2)(a)至(d)款所述任何人,其根据(a)款规定将钱款计入税务局账户以获取支付指令,若钱款计入税务局后支付指令遭到拒付,可以法律规定的方式向税务局退单;

(c)授权收集和接受公共款项的人从支付给税务局的钱款中扣除其费用或佣金。

17.1　(1)本条中"收款代理人"指以下人员,部门员工除外:

(a)从事为他人收债业务的人;

(b)在其从事收债业务的省内已注册登记成为法律工作者或收债人。

(2)根据财政委员会的指令,可以从综合收入基金中支付代收人因追收以下债务而产生的费用和报酬:

(a)加拿大为债权人的债务;或

(b)某省为债权主体的税款,或根据协议,加拿大代征的税款。

18.【已废除,1999,c.26,s.20】

19.(1)内阁总理,经财政委员会推荐可以:

(a)规定个人使用者或团体使用者接受或使用加拿大政府提供的服务或设施所应支付的服务费或设施使用费;

(b)授权相关部长在符合内阁总理所设定条件的前提下制定服务和设备使用

的收费规则。

（2）本条第（1）款规定的加拿大提供的或以加拿大名义提供的设备和服务收费或根据本法第19.2条规定的数额不得高于该设备和服务的成本费。

（3）为进一步确认，"使用者"包括：

（a）女王在加拿大的权益，而非政府部门；

（b）女王在加拿大各省的权益。

19.1 内阁总理经财政委员会推荐可以：

（a）规定个人或团体获得由加拿大或以加拿大名义颁发的证书、许可或授权的费用；

（b）授权相关部长在符合内阁总理设定的条款条件的前提下制定特别许可的收费规则。

19.2 （1）根据本法第19条或第19.1条制定的法规或指令可在规定的期间按照该条法律规定的金额或比例调节收费的数额制定规则，但该规则中未作规定的调节因素不予考虑。

（2）尽管有关于调整一段时期的费用或收费的规定或命令，但是，除非在该段期间，相关部长在加拿大政府公报上发布明确调整后的数额及其计算方式的公告，否则，该期间的数额与其在该期间之前的数额必须相等。

19.3 第19条和第19.1条涉及服务或设施的使用、权利或特权的法规和命令应遵守任何议会法案的规定，但可以更加明确，即使议会法案规定了服务或设施、权利或特权之赋予的条款。

20.（1）当公职人员从他人处获得了作为定金或保证金的钱款，用以确保完成任何行为或事情，该公职人员应根据财政委员会的条款持有或处置这些钱款。

（2）任何人向公职人员支付了钱款，却未达成任何目的，根据财政委员会的规定，该笔钱款可以返还给支付方。委员会认为，对已提供的任何服务扣除一定的费用是合适的。

（3）根据财政部的规定，支付给财政部的非公共款项可以被返还。

21.（1）第2（d）款中"公共款项"定义涉及的钱款，即代表或者由女王收取、用作特殊目的并存入综合收入基金的钱款，可以为该特殊目的从综合收入基金中支出，适用于任何有关法规。

（2）根据其他议会法案，关于第（1）款适用的钱款，可以从综合收入基金中支出利息，该利率由部长确定且获得内阁总理的批准。

22. 当参议院或众议院依据决议，或根据任何规则或现行命令，授权将有关议会处理之任何诉讼的已收取公共款项退还，财政部可以从综合收入基金中支付该笔退还金。

23.（1）在本条中，

"其他债务"是指除了税金或罚金，或者在第24.1（2）款提到适用的欠款之外的任何欠女王的债务。

"罚款"包括由任何议会法案因违反有关税收法律或违反可产生服务费或收入的公共工作之管理强制或授权强制的没收或现金罚款。尽管如此,这部分没收和现金罚款可以支付给检举者或告发人,或其他任何人。

"税"包括任何议会法案强制实施的或强制授权实施的,向女王支付的税款、关税、税负,如进口税、关税、通行费。

(2) 若内阁总理认为特定征税或罚款是不合理或不公正的,或从公共利益的角度考虑免除税款或罚款,在相关部长的推荐下,内阁总理可以免除任何税款或罚款,包括因之产生的已付或应付利息。

(2.1) 若内阁总理认为其他债务的征收是不合理或不公正的,或从公共利益的角度考虑免除其他债务,在相关部长的推荐下,内阁总理可以免除任何其他债务,包括因之产生的已付或应付利息。

(3) 本款所规定之免除可以是全部或部分有条件或无条件的,可以在以下情况获得:

(a) 追索已获准免除的税款、罚款或其他债务的诉讼或程序之前、之后或之中;

(b) 在支付或由程序或执行令强制支付任何欠缴的税款、罚款或其他债务之前或之后;

(c) 任何一个或一类特殊案件中涉及的税款或其他债务,在该案未产生责任之前。

(4) 获得本条规定的免除,可以通过:

(a) 对获得免除的税款、罚款或其他债务暂不提起追索的诉讼或程序;

(b) 延期、延缓或中断任何已提起的诉讼或程序;

(c) 暂不执行、延缓或放弃执行或处理任何判决;

(d) 偿清判决内容;或者

(e) 偿还需支付给财政部或由财政部追索的有关税款、罚款或其他债务的任何款项。

(5) 若根据本条规定获得的免除是有条件的,如未能达成该条件,则可以强制执行税款、罚款或其他债务的支付,或可以启动所有程序,就如同没有该免除一样。

(6) 若达成该条件,则执行有条件免除;若相关税款、罚款或其他债务被起诉或追索之后获准免除,则执行无条件免除。

(7) 支付给女王的任何货物的税款均不可免除,除非税款已缴纳且从海关或税务员处放行后,商品丢失或损毁。

(8) 凡由相关税收法律强制实施的任何罚款根据本款规定被全部并无条件地免除,则该免除对于造成罚款之违法行为具有豁免效力,并且该等违法行为对于享受免除利益者不会产生法律上的不利效果。

24.(1) 根据本法案或任何其他议会法案准许的减免可以从综合收入基金中

支出。

（2）在一个财政年度中根据本法案或任何其他议会法案准许的免除应当以财政部规定的方式报在该年的政府账目中。

24.1 （1）根据第（2）款规定，下列债务或责任，

（a）已列于第64（2）（2）（iii）项中涉及的加拿大资产负债表中，对其豁免会导致拨款的增加，

（b）国有企业对政府尚未偿还的债务或履行的责任，

不得被全部或部分地豁免，除非另有议会法案包括《拨款法》的其他规定。

（2）第（1）（a）款涉及的债务或责任不应被豁免，除非被豁免的金额已被列为《拨款法》或任何其他议会法案中的预算支出。

（3）依据第（1）款规定债务和责任被豁免，

（a）该豁免可以是有条件豁免或者无条件豁免；

（b）若是有条件豁免，如未能达成该条件，则可以强制偿还债务或承担责任，或可以启动所有程序，就如同没有该豁免一样；

（c）有条件豁免应根据条件达成情况进行豁免，无条件豁免令被豁免债务或责任者免于承担进一步的债务或责任之义务。

24.2 在一个财政年度中根据本法案或任何其他议会法案准许的债务或责任的豁免应当以财政部规定的方式报在该年的政府账目中。

25.（1）根据第（2）款，财政委员会可以制定关于部分或全部注销女王负债责任或索赔责任的规定，并且不用限制先前的概括性结论，可以签署条款规定：

（a）决定是否注销任何债务、责任或索赔的标准；

（b）在任何债务、责任或索赔被注销前，所需达到的要求和需遵循的程序；

（c）涉及被注销之债务、责任和索赔的信息和记录保存。

（2）第64（2）（a）（iii）项涉及的加拿大资产负债表所包含的债务、责任或索赔，若对其注销会导致拨款费用，则其不应被注销，除非该等债务、责任或索赔的注销列入《拨款法》或任何其他议会法案的预算费用中。

（3）根据该款，任何资产、责任和索赔的注销不影响女王征收或追索债务、责任或索赔的权力。

（4）在一个财政年度中根据本法案或任何其他议会法案规定的债务、责任或索赔的注销应当以财政部规定的方式报在该年的政府账目中。

（5）【已废除，1991，c. 24，s. 10】

第3部分 公 共 支 出

26. 根据《宪法》（1867年至1982年）规定，未经议会授权，不应从综合收入基金支出任何款项。

27. 所有提交至议会的支出估算都应该涉及财政年内的支出,而预算和支出都应该与该财政年有关。

28. 议会法案准许拨给女王任何款项,以支付财政年度中联邦公共行政管理各种费用,出于该目的的拨款不得从统一收益基金支出,除非出具依据内阁总理命令准备并由内阁总理签署授权拨款冲减支出的担保书,且支付的金额不得超过所授权的支出金额。

29.（1）当根据议会授权,由女王作出或以女王名义作出了关于支付任何债务的担保,依照授权该等担保的法令,由担保条款规定需支付的任何金额,可以从综合收入基金支出。

（2）第(1)款中所指的授权可能包含在《拨款法》中。

29.1（1）在一个财政年度期间,政府部属公司可以为自身之目的,支出其在该财政年度获得的任何运营收入。

（2）对于涉及其许可的项目或授权的支出,《拨款法》可以授权该部门：

（a）根据该法案之具体规定,在财政年度内支出公司自身运营所得的收入,以此抵消该年度内的开销；

（b）为了以上目的的以及该法案中规定的借款额限制,创立周转基金。

（3）第(2)款所涉及周转资金的目的和借款额限制可以通过《拨款法》予以修正。

（4）依据本法或任何其他议会法案进行的周转基金运营和收入支出,除遵守法规施加的任何限制外,还要服从财政委员会规定的相关条款和条件。

29.2（1）一个部门可以向一个或多个其他部门提供内部支持服务,或从一个或多个其他部门获得内部支持服务,这些服务的提供可以通过各部门间的合作完成。

（2）一个部门为另一个部门提供内部支持业务,必须与对方签订一个关于这些业务的书面协议。

（3）根据议会法案、内阁总理的命令或财政委员会的指令,第(1)款不可授权一个部门提供内部支持服务,如果：

（a）这些业务只能由另一个部门或机构提供；

（b）该部门必须从另外的部门或机构获取这些业务；

（c）该部门被阻止这样做。

（4）在本条,内部支持业务是指一些行政管理行为,而这些行为支持：

（a）人力资源管理服务；

（b）金融管理服务业务；

（c）信息管理服务业务；

（d）信息技术服务业务；

（e）沟通服务；

(f) 不动产服务;

(g) 材料服务;

(h) 合并服务;

(i) 任何其他由内阁总理指派的行政管理业务。

30. (1) 根据本条第(1.1)款,当某笔款项是为了公众利益而急需支付的,但这笔款项:

(a) 应发生在自议会解散之日起至收到举行解散后第一次大选之令状后60天的休会期内,且

(b) 该笔款项不能通过其他拨款方式支付,

则根据财政委员会主席的无它项可用拨款报告,以及有关部长的公益性和紧迫性报告,内阁总理可以命令方式要求准备需经内阁总理签署生效的特别拨款令,以授权从综合收入基金中拨款支付该款项。

(1.1) 内阁总理不得在本条第(1)款所涉及的60天议会休会期间发布前款所述特别拨款令。

(2) 根据本法案的规定,按本条签发的特别拨款令视为本财政年度内的拨款。

(3) 根据本条签发的特别拨款令须自签之日起30天内在《加拿大公报》上进行公示,财政委员会主席须在下一届议会召开之日起15天内向众议院递交(最新一期)包括根据本条签发的特别拨款令的内容和数量的说明。

(4) 若根据本条签发特殊付款令,则所支付的金额计入议会法案规定的该财政年度中允许女王用以抵扣联邦公共行政部门的费用,不另增额度。

(5) 【已废除,1997, c. 5, s. 1】

31. (1) 每财政年度开始或在财政委员会指定的任意时间,负责管理议会拨款或已计入众议院财政预算项目的副职或其他人,除非委员会另有规定,须以财务预算或财政委员会规定的方式就该拨款或项目进行表决,表决结果须提交给财政委员会。

(2) 本条第(1)款中表决结果一旦得到财政委员会批准,非经委员会同意不得作出任何修改。

(3) 负责管理本条第(1)款项下须表决项目的副职或负责人应保证健全的内部调控系统和审计机制以确保在这个分配中所提供的份额数是没有超额的。

31.1 如果根据《公共服务职位调整和转移法案》第2条取得(法院的)命令(拨款),所有因任何联邦公共行政机关组成部分职权、职责、功能、调控、监管目的申请且议会法案授权将要支付的未用完资金,如果已经根据该法第2、3条进行支付,则该笔款项须按照接受拨款部门的职权、职责、功能、调控、监管进行使用。

32. (1) 已获得议会拨款或者进入众议院财政预算的项目不得签订任何需要付款协议或有任何付款安排,除非该项目在统一财政年度内的拨款或财政预算的未支配余额足以承担该协议或安排所含的债务。

(2) 负责管理议会拨款项目或众议院财务预算项目的副职或其他负责人须根据财政委员会规定,就每个拨款或预算项目产生的财政承诺设立拨款程序并保存相关记录。

33. (1) 任何费用不得用以抵消拨款费用,除非该抵消是由该拨款项目部门的部长或是该部长书面委托的人所要求的。

(2) 综合收入基金的每一笔支出请求应依据财政委员会规定的方式和形式作出,并随请求附上相关文件。

(3) 本条第(1)款所称费用请求不包括或不能:

(a) 非法费用抵充;

(b) 导致拨款的超额支出;

(c) 减少拨款的可支付余额,以导致该余额不足以支付已承诺的费用抵充。

(4) 有关部长可以请求财政委员会对其提出的任何要求批复,财政委员会可以答复同意或拒绝该请求。

34. (1) 联邦公共行政机关的任何部门不得支付任何费用,除非该部门已获得所需的凭证或证明,且相关部长的代表人或者获得部长授权的人能够证明:

(a) 就执行工程、供应货物和提供服务所支付的费用而言,

(i) 根据情况决定工程已完成、货物已供应或服务已提供,且支付金额以合同规定为准,或合同未明确规定,但支付金额合理;

(ii) 根据合同规定,报酬应在工程完成前、货物交付前或服务提供前支付,该付款视为遵守合同规定;或者

(iii) 根据第(2)款规定的政策和程序,报酬应于确认完成之前支付,该付款主张视为合理的;或者

(b) 就其他支付款项而言,收款人有资格或有权获得该笔报酬。

(2) 财政委员会可以制定政策和程序以确保相关部门获得本条第(1)款中所需证明和确认书。

35. (1) 本条和第 36 条中的"付款命令"指付款的文件或其他指示,但不包括第 33 条所述请求。

(2) 从综合收入基金支出的每一笔款项,须在财政委员会的管控和指示下,且得到财政委员会按照财政委员会规定的形式和由其确认的方式所签发的付款命令后,方可予以支出。

(3) 综合收入基金可依本条第(2)款规定用于支付由下列主体提出的索赔,索赔金额须减去经本法第 36 条调解减免的金额:

(a) 加拿大付款委员会成员或财政委员会授权的人所提出的索赔;及

(b) 按照规定方式提出、必要证据齐全的索赔。

(4) 财政委员会可以就提出索赔的方式和必要证据作出规定。

36. (1) 如果综合收入基金需要因索赔支付款项,财政委员会须审查该索赔事

项,并就以下事项达成一致:
（a）索赔及其支持性证据；
（b）索赔及与之相关的付款命令。
（2）财政委员会可以,经财政委员会建议并得到加拿大审计长批准,制定法规管理:
（a）款项支付后,付款命令凭证的销毁,包括支付命令的文书；
（b）索赔记录的销毁；和
（c）交付生效后,对交付文书的销毁,包括部门间的交付指令文书。

37. 每个财政年度结束时或相关法律/议会法案规定的时段结束时,若该时段的拨款额度尚有结余,则经对已发生债务、到期债务和因本法第37.1条产生的债务进行调整后,该笔未使用余额作废。

37.1（1）根据财政委员会的指示,在某一财政年度结束前因女王执行的工程、获得的货物和服务而产生的债务或在财政年度结束之前签订履行但在该财政年度结束时尚未支付的任何合同、捐赠或其他类似安排而产生的债务,应记作相关拨款的抵消。
（2）在财政委员会明确规定的时间内,或在没有明确规定时间的情况下,在任何时间内,为清偿任何已计入本条第(1)款拨款抵消的未偿还债务的经费,可依本条第(3)款进行支付。
（3）根据本条第(1)款用作抵消拨款的全部或部分未清偿或到期债务,因超出余额而继续留在拨款中的部分:
（a）构成该抵消或清偿年度下一笔拨款的第一顺位清偿对象；和
（b）可对下一笔拨款的可用额度采取以下两种方式中较小的金额进行减额:
（i）清偿债务或抵消的数额,和
（ii）超出余额的数额。
（4）除了第33(3)(b)项规定,如果一笔支出的数额本身就超出拨款的数额,则:
（a）超出拨款金额未支付的金额构成下一财政年度随后一笔拨款的第一顺位清偿对象；及
（b）下一笔可用额度按超出未支付部分扣除。

38.（1）财政委员会可以制定规则:
（a）授权拨款项目服务的优先受偿权；及
（b）规定预付现金的偿还、核算和收回机制。
（2）任何按规定未清偿、核算或收回的预付现金可以从女王支付给该人的任何款项中予以支付,如清偿对象已死亡,则该笔款项视为该人遗产。
（3）任何截至该财政年度末尚未清偿、核算或补偿的预付现金需要上报至该年度的政府账目。

39. 根据财政委员会制定的相关规定,任何:
(a) 费用的退款;
(b) 提前还款;
(c) 超额偿付的退还或偿还;
(d) 贴现,包括退税或支付款项的价格调整;
(e) 分摊费用的偿还;
(f) 赔偿款项的偿还;或
(g) 对国家财产遭受损失所得的赔偿款,
都应计入拨款项目贷方而不是相关支出、预付款或交付命令。

第3.1部分　合　　同

40. (1) 女王签订任何支出或付款的合同中必须包含以下条款,即女王根据合同支付费用的前提为该支出项目在同一财政年度有项目拨款。

(2) 任何人与女王订立的每一份关于民意调查的合同条款应规定该人需提供一份书面报告。

40.1 加拿大政府致力于采取适当的措施,以促进在女王的执行工程、商品供应或劳务提供等合同的投标过程中的公平性、公开性和透明度。

41. (1) 内阁总理可以就该等协议签订的条件制定规范,即使在其他议会法案中另有规定,内阁总理可以:

(a) 发出指示,不得签订此类合同,若其条款规定的付款超过内阁总理规定的金额,或者,除非内阁总理或财政委员会批准订立该合同,否则其不具备任何效力;

(b) 就必须考虑的安全性制定规范,以女王的名义确保合约的妥善履行。

(2) 第(1)款不适用于国营企业或加拿大税务局。

42. (1) 内阁总理可以对女王或国营企业对外支付款项的合同、批量合同的重要条款作出规定,或对该等合同及其内容相关的文件中的重要条款作出规定,该等重要条款包括:

(a) 合同一方不得动用备用金向《联邦院外活动法》适用的对象付款;

(b) 工程、采购、服务招标过程中的贪污、勾结现象;

(c) 要求工程、采购和服务合同的投标人出具声明,承诺其并未从事过任何违反《刑法》第121、124或418条的行为;

(d) 关于信息数据和记录的规定,以保障加拿大审计长根据资金安排调查资金使用情况;及

(e) 要求公布国家签订的,金额超过10000美元的工程、采购和服务协议的基本信息。

(2) 本条第(1)款指定的规则不得损害《审计长法》第7.1条下审计长的权利。

（3）内阁总理可以对需要进行民意调查的合同制定规范：
（a）规定合同及本法第40（2）条所述书面报告条款的形式和内容；及
（b）要求报告根据规定的方式和要求进行制作并能够为公众所知。
（4）本条中，下列定义：

"资金协议"，对接受方而言，指接收方借以直接或通过中介从加拿大或国营企业法人处获得补助、捐赠或资金的书面协议，包括贷款，但不包括工程、采购和服务协议。

"接收人"是指在任何连续五个财政年度中，通过一个或多个资金合同获得总计达到或超过100万美元的自然人、法人团体、合伙企业或非法人组织，但是不包括：
（a）国营企业；
（b）政府部属公司；
（c）外国政府、省级政府或者市政当局，或者其他代理机构；
（c.1）印第安人，如《印第安人法》第2（1）款所定义，指印第安人理事会成员或印第安人代理机构，或加入由议会法案实施生效的政府自治协议的原住民机构或其任何代理机构；
（d）受加拿大政府以外的市政当局管制的公司；或
（e）国际组织。

42.1（1）根据财政委员会签发的指令，除非有例外规定，所有部门必须每五年就其负责的每个进行中项目的关联性和有效性制作报告。
（2）本条中的"项目"指为达到共同目标向一个或多个接受者支付补助或捐赠的，且获得拨款法令的支出许可的项目。

第4部分 国 债

43.（1）尽管其他议会法案中规定本法、本法任何部分或条文不能对其适用，（任何人）不得以加拿大或以加拿大名义发放债务，除非根据以下法案或得到以下法案许可：
（a）本法；
（b）其他议会法案中明文授权借款的；或
（c）其他议会法案中允许向加拿大或加拿大某省举债。
（2）在没有议会授权的情况下，女王在加拿大的权益不得发行或以其名义发行任何有价证券。

43.1 内阁总理可授权部长代表加拿大对外举债。

44.（1）在本法或其他议会法案授予女王对外筹资的权利时，内阁总理可以在符合授权筹资法案的前提下授权部长通过任何其认为恰当的方式借款。

(2) 部长根据本条规定在任何财政年度借款的总金额都不得超过内阁总理在该财政年度内明文规定的数额。

(3) 根据内阁总理制定的任何条款和条件,部长可以签订任何契约与协议,发行证券以及采取部长认为合适的、其他与借款相关的任何行动。

(4) 本条第(3)款适用于本条中与借款有关的任何事项,并优先于本条生效,即使是第(1)条所述借款行为也一样。

45. (1) 若该部长通过拍卖方式借款,则该部长可制定规则指导拍卖的进行,包括:

(a) 参与拍卖的主体资格;

(b) 部长认为参加者与参与拍卖相关的信息,包括持有证券的和证券交易的情况;

(c) 投标形式;

(d) 参加者所能进行投标的最大限额;以及

(e) 投标物的证书和证明。

(2) 管理拍卖行为的规则不属于《行政立法性文件集修订本》中的行政立法性文件。

45.1 内阁总理可以授权部长按照其规定的条款和条件签订任何融资性质的合同或协议,包括期权、衍生产品、互惠信贷以及期货协议,部长可以自行决定必要的条款条件。

46. 部长可在自认合理的任何条款和条件下,为合理、有效管理加拿大资产和负债(包括或有负债)进行如下行为:

(a) 购买或获得加拿大证券或其他证券,包括购买或获得正在发行的这些证券并持有、借出或出售加拿大证券或其他证券;以及

(b) 对由部长持有的加拿大证券或其他证券收费、设置权利或收取利息。

46.1 【已废除,2007,c.29,s.86】

47. 【已废除,2007,c.29,s.86】

48. (1) 任何根据本法案或任何其他议会法案授权获得的贷款,不论是一种还是多种货币、来自一个或者多个国家,都可用该一个或多个国家的一种或多种货币的形式偿还。并且在本法案或任何其他议会法案权威下以一个或多个国家的一种或多种货币发行的证券可以该一个或多个国家的一种或多种货币偿还。

(2) 当某议会法案,无论在本条之前或之后生效,授权:

(a) 通过贷款或债务发行筹集资金的具体或最大数额,或

(b) 保障以具体或最大数目的美元支付债务,

该经授权交易可以部分或全部使用加币之外的货币进行交易,为保障交易进行,该具体或最大数目的加元根据加拿大银行在借款发生前一日加元和汇兑币种的牌价进行等额换算,并根据情况收取收益或提供保证。

（3）为限制

（a）拟借款数额，

（b）发行债券数量，或

（c）本法或其他议会法案可能保证支付的数额，

已借入或已授权借入的借款本金，已发行或已授权发行的证券本金，以及保证或授权保证的金额，若需要以加币以外的币种支付，无论在证券售出时是否存在溢价或折扣，抑或发生提前偿还，其支付数额须根据本条第(2)款计算方式等价于相同数额的加币。

49.（1）政府账目经提交众议院商议，部长须自众议院审议之日起30天向各参议院提交报告阐明部长的下列活动：

（a）本财政年度内根据本法第43.1条借入的与政府账目相关的资金；及

（b）本财政年度与公共账户有关的公共债务的管理。

（2）每个财政年度，部长须向参议院提交部长就下列事项的计划报告：

（a）下一财政年度根据本法第43.1条借入的款项和借款目的；及

（b）下一财政年度公共债务的管理方案。

50.（1）证明持有已获得本部分授权发行的证券的凭证须经财政部副部长或内阁总理任命的代表财政部副部长的财政部官员签字，且需要得到该财政部官员或内阁总理指定的其他人的复签（尚可生效）。

（2）部长可以决定，本条第(1)款项下签署或复签人员的签名（均）可通过其合理签署后以传真复写方式代替手写。

51.（1）内阁总理可以：

（a）指定一个或多个登记员根据内阁总理的规定执行债务登记相关方面的事宜；

（b）指定一个或多个财务代理人根据内阁总理的规定处理债务相关业务；及

（c）确定根据本款指定的登记员或财务代理人的报酬或补偿。

（2）内阁总理可以授权部长在任何时间处理本条第(1)款(a)—(c)项中内阁总理认为合适的任何事项。

52.（1）部长应负责维护账目系统以：

（a）反映议会授权通过发行和出售证券所获得的所有借款；

（b）包含所有借款和已发行债券的描述与记录；及

（c）反映所有借用款项的本金及利息的偿还情况。

（2）每位财务代理人和登记员应当每年或在部长规定的时间，按照部长规定的方式和条件，向部长提交一份记录该官员在担任财务代理人或登记员期间所有交易的账单。

53.内阁总理可以就任何或全部已发行证券设立并管理偿债基金。

54.所有借款的偿还款项，包括议会授权由女王或以女王名义发行的证券的本金和利息,由综合收入基金承担并支付。

55. 经内阁总理授权,综合收入基金可用于支付:

(a) 所有本法第53条所需用于设立偿债基金或其他方式保障偿还证券的款项;

(b) 本法51条中财务代理人和登记员的报酬和补偿;

(c) 所有用于谈判和筹集贷款或在发行证券或贷款过程用于发行、赎回、劳务、偿还和管理的成本、支出和费用;

(d) 无论在这一条生效之前或之后,所有合同和协议中规定的支付款项。

56. (1) 如果部长授权签发的招股说明书或者其他官方声明允许认购者通过向授权机构出资或者从雇主处以薪资抵扣的方式认购证券,则该笔未支付认购款或未支付薪酬视为由该机构或该雇主代女王托管,该机构或雇主须根据本法第76条规定对女王负责。

(2) 如果本条第(1)款所称认购款或抵扣款未能在代理机构或雇主的资产上得以反映,该资产中等价于认购款或抵扣款的部分视为资产外的独立部分,为该机构或雇主代女王托管。

57. 加拿大账户应设立一个"投资者赔偿账户",该账户须存有$25000的余额,议会根据本款规定进行后续金额的拨款并追回第58条中所指的损失。

58. 在遵守法规前提下,部长可以按照规定从投资者账户中支出款项用以支付认购者在已支付部分或全部认购款但为获得相应证券或偿还款的情况下遭受的损失,以及任何人因赎回证券而遭受到的损失。

59. 女王以及财务代理人或登记员等相关职责人员,无义务负责执行任何证券必须遵守的明示信托或非明示信托。

60. (1) 内阁总理可以制定其认为有必要的法规以管理加拿大国债和国债利息支付事宜,内阁总理可以不受前述一般性规定约束,规定:

(a) 证券凭证的登记记录和登记,及该记录或登记的效力;

(b) 证券的交易、转让、偿还或涂销,及证券凭证的交换或销毁,以及不受前述一般性规定约束,

(i) 因判决或因(自然人)证券登记持有者死亡,(法人登记持有者)清算、破产而发生的证券交易、转让、偿还事宜,及

(ii) 对以婴儿、未成年人或没有完全民事行为能力的人的名义登记的证券进行转让或赎回,或以婴儿、未成年人或没有完全民事行为能力的人的名义登记的证券凭证进行交换的合同签订的条件;

(c) 证券凭证的发行,支付损坏、遗失、被盗或毁损的息票及从属支票,并规定发行及支付的条件;

(c.1) 发行以及持有无证证券;

(c.2) 无证证券的实益拥有人在何种条件下可获得债券证书或在何种条件下

有证券凭证的实益拥有人可获得无证证券债券；

（d）在登记员被授权进行任何注册登记之前，要求法律规定的注册方按规定的方式向登记员提供担保人；

（e）授权登记员，在法规规定的情况下，纠正登记过程中的错误，或者授权其修正登记簿中的错误；

（f）从投资者赔偿账户中提取用于赔偿损失的款项；

（g）将某一特定交易或某一类特定交易，包括证券的发行，视为第43条第（1）款所规定的贷款交易；及

（h）尽管有其他任何议会法案规定任何无须部长同意便可贷款的权利，内阁总理仍可规定某一或某一类特定贷款交易须得到部长授权方可实施。

（2）本条第（1）款所称登记册可以装订、活页、图片形式，或通过机械或电子信息处理系统，或存储于任何能够在合理时间内将所需信息复制成可理解的书面形式的信息存储装置内。

（3）依据第（1）项规定进行的登记被视为《加拿大证据法》所规定的记录，加拿大银行中负责监管证券登记记录的雇员根据该法视为加拿大银行的管理人员。

（4）若部长根据本条第（1）款第（g）、（h）项规定制定规则，则部长可按照其任何合适的条款和条件授权同意，

（a）一个特定交易；

（b）一类特定交易中部长指定的一个特定交易；

（c）一类特定交易中部长规定的子类交易；或

（d）特定种类的交易。

60.1 财政部长可以授权财政部任何官员其在本部分下的职权和职责，但根据本条授权的权力除外。

第4.1部分 财政系统的稳定和效率

60.2 （1）本条中名词定义如下：

"债务"指经营实体所持有的债券、公司债券、票据或其他债务，无论担保与否。

"经营实体"是指部长认可的，在加拿大境内经营的实体。

"金融市场"包括货币、债券、股票、衍生品、外汇和大宗商品市场。

"金融系统"包括《加拿大支付法案》第36条所称金融机构、金融市场和支付系统。

有价证券是指：

（a）就公司法人而言，指公司法人某一种或某一类股票、公司的债务，以及任何优先转换、交换公司股权，或对公司股权享有期权或其他权利的情况；及

（b）就其他经营实体而言，指该经营实体的任何所有权权益或债务。

(2) 在符合本条第(3)款规定的前提下,经内阁总理授权,部长可签订任何其认为对维护加拿大金融系统稳定和效率有裨益的协议,包括:
(a) 购买、收购、持有、出借或出售或以其他方式处置一个经营实体的证券;
(b) 在部长控制的经营实体的证券上设立质押或其他权利或利益;
(c) 向某一经营实体提供贷款;
(d) 向某一经营实体提供一个信用额度;
(e) 为某一经营实体提供债务、义务或金融资产担保;或
(f) 为某一经营实体的债务、义务或金融资产提供贷款保险或信用保险。
(3) 第(2)(a)款不适用于:
(a)《银行法》第973.2(15)项中定义的该法第2条所指的银行或银行控股公司的股票;
(b)《合作信用社法》第459.9(14)项中定义的该法第2条所指的社团的股票;
(c)《保险公司法》第1016.7(15)项中定义的该法第2(1)款所指的公司或保险控股公司的股票;或
(d)《信托和贷款公司法》第1016.7(15)款中定义的该法第2条所指公司的股票。
(4) 本法第90条不适用于部长购买、收购、出售或用其他方式处置本条第2(a)款所称股票的行为。
(5) 本法第61条和《皇家剩余资产法》不适用于部长持有、借贷、出售或以其他方式处置本条第(2)(a)项所称证券的行为。
(6) 任何因依据本条规定所签订的合同而产生或相关的应付款,经部长要求,可以在部长认为合适的时间以其认为合适的方式从综合收入基金中予以支付。
(7) 本条适用于任何签订于2008年11月30日(含11月30日)之后的合同。

第5部分 公共财产

61. (1) 受制于其他任何议会通过的法令,除了根据《联邦房地产法》和《联邦不动产法》,在前述法令所定义的联邦房地产或联邦不动产的情形中,或在其他公共不动产的情形之外,公共不动产不得转让、租赁或出租。
(2) 内阁总理,根据财政委员会的建议,可以授权或指定法规授权公共财产的转让、租赁或出借,但《联邦房地产法》和《联邦不动产法》中定义的联邦房地产和联邦不动产除外。
62. 每个部门的副职应对其部门负责的公共财产制作并保留足够的记录,且应该符合财政委员会关于公共财产监管和管控的法律规范。

第6部分　公　共　账　目

63．（1）根据财政委员会的规定，财政委员会应负责合理保存账目以使其能够反映：

（a）每项拨款的支出；

（b）加拿大的收入；及

（c）综合收入基金其他款项的流入和流出的情况。

（2）财政委员会应负责合理保存账目以使其能够反映加拿大资产、直接负债和或有债务的情况，并建立资产和负债的准备金以反映符合财政委员会主席和部长所认为的加拿大真实的财务状况。

（3）加拿大的账目应由加拿大的货币记录。

64．（1）税务局在每个财政年度应准备一份报告，称为政府账目，由财政委员会主席于该财政年度结束后下一年的12月31日当天或之前提交给众议院，若众议院处于休会期间，则在众议院开会之后的第一个15天之内任何一天进行提交。

（2）公共账目应按照财政委员会主席和部长指示的形式记录，内容应包括：

（a）以下内容的声明：

（i）本财政年度的财务交易；

（ii）本财政年度的加拿大开支与收入的情况；及

（iii）根据财政委员会主席和部长的意见，能够显示加拿大在本财政年度结束时的财政状况的资产和负债；

（b）加拿大的或有负债；

（c）根据《审计法》第6条要求的加拿大总审计署出具的意见；及

（d）财政委员会主席和部长认为需要的能够真实反映相关本财政年度中金融交易及财务状况的，或是本法案或加拿大其他议会法案要求在政府账目显示的其他账目和信息。

65．根据法令第63条制定加拿大账目和法令第64条制备公共账户的规定，税收部长根据财政委员会制定的法规应该不时通知每个有关部门的部长要求索取通知中规定的账目或陈述或其他信息，以及各部长应适当地在合理时间内通知税收部长的情况的记录。

（1）根据财政委员会提供的形式和方式，各部门应负责准备每个财政年度的前三个财政季度的财务报告。

（2）报告应包括：

（a）从本财政季度开始到本财政季度结束的财务报表；

（b）上一财政年度同期财务资料；

（c）一份关于运营、人事和项目结果、风险和重大变化的声明。

(3) 有关部门的部长负责在相应财政季度末结束之日起 60 天内向公众公布报告结果。

(4) 财务委员会可以通过行政法规免除某一部门在本条第(1)款项下的要求，或减少本条第(2)款要求的报告内容。

第 7 部分 国 债 转 让

66. 本部分中，

"相关支付人员"指国债中执行支付行为的支付人员；

"合同"指涉及国家债务支出的合同；

"国家/王室"指女王在加拿大的权益；

"国债"指任何既存或将来的到期或未到期的国家债务，和其他任何可以通过诉讼要求国家偿还的据法权产财；

"支付官"指法规指定执行此项义务的人；

"规定"指行政法规规定。

67. 除非本条或其他议会法案另有规定，

(1) 国债是不可转让的；

(2) 任何运用国债转让授予任何人权利或受偿权利的交易都是无效的。

68. (1) 根据本条规定，以下债务可转让：

(a) 以合同形式签署的已到期或将要到期的国债；和

(b) 其他规定种类的国债。

(2) 本条第(1)款所称转让仅在同时满足以下条件时有效：

(a) 该转让为无条件转让，且以转让方手写的书面形式作出；

(b) 其意图不仅仅在于收取费用；

(c) 转让通知已根据本法第 69 条规定递交给政府。

(3) 本条第(1)款和第(2)款项下所涉及的转让在法律上是有效的，如果该条尚未制定，则从转让通知生效之日起，持股方有权优先于受让人的权利通过或转让：

(a) 法律权利；

(b) 所有合法的国债债务和其他进行补救的权力债务；

(c) 在没有合作的转让人的情况下解除转让国债的资格。

(4) 符合本部分规定发生的转让受制于原始国债或原始合同中包含或附带的，与转让权利相关的所有条件和限制性条件。

(5) 尽管有第(1)款规定，任何由政府发行的到期或即将到期的国债，或者薪水、工资和报酬或者津贴是不可转让的，任何以该类债务为标的的转让交易均不得被视为有效交易，受让人不得在该债务上获得任何权利或者救济。

69. (1) 本法第 68(2)(c) 项所称通知应提交给政府，提交方式为将按照法定形式制作的转让通知、转让协议复印件和其他文件按规定的形式当面递交或以挂号信方式递交给财政委员会或负责付费的官员。

（2）本条第（1）款所称通知书的送达自适格付款官员通过挂号信方式将按法定形式制作的通知收悉回执送达至受让方时生效。

70. 这部分不适用于：
（1）任何可转让票据；
（2）由本法附表三所列公司产生的或以其名义发生的国债；
（3）本法第四部分提到的所有已发行的证券。

71. 内阁总理可以制定规则，
（1）为本部分目的指定人员作为负责支付的官员；
（2）为本法第68(1)款目的规定其他种类的国债；
（3）规定转让通知书和通知收悉回执的格式；
（4）规定随同转让通知提交的文件，及该等文件制作的格式的方式；
（5）为完成本部分目的和执行本部分条文的其他一般性规定。

第8部分 具有付款担保的国债转让

72. 在本部分中，
"王室/国家"指女王或其代理机构在加拿大的权益，还包括国有企业和政府部属公司；
"付款担保"是指政府持有的用以保障付款给特定人群的一种债券，该特定人群与政府和承包商签订合同提供体力劳务或者供应材料。

73.（1）根据支付担保规定，政府应付款时，以下几类人：
（a）涉及持付款担保，并签署合同提供体力劳务的人员和原材料供应者；
（b）持有付款担保以保障支付的人员；
（c）根据合同提供体力劳务或原材料，但在担保支付规定的时间内尚未得到偿付的人员，
无须任何官方通知或作为，为依照第（2）款支付担保规定的追索款项的官方权利受让人。

（2）在第（1）款中所涉人员追索的金额应为应支付给该人根据合同提供体力劳务或原材料的金额和根据付款担保应支付给政府的金额中较小之金额。

（3）依据支付担保规定追索款项的官方权利受让人可以自己的名义行使本属于政府的权力提起诉讼，要求强制执行符合担保规定条款的款项支付。在该诉讼中，政府应既不是当事方，亦不应承担任何相关费用。

74.（1）官方人员应开具一份由其认证、具备原始支付担保功能的支付担保副本给任何提交证明书的人，该证明书证明该人根据合同已提供劳务或原材料，而上

述劳务或原材料具有支付担保且尚未获得全部支付。

（2）一份由官方人员认证、具备原始支付担保功能的支付担保副本文件，即使没有官员的签字证明，在任何法庭可接纳为证据，或者，由任何人士在根据本部分规定所采取的任何行动中，依照法律或双方同意其有权听证、接受和审查证据，采纳为证据，并且，若以普通的方式加以证明，该文件与原始文件具有同等证明力。

75. 内阁总理根据财政委员会的建议可以为施行本部分的宗旨和规定制定法规。

第9部分　民事赔偿责任和犯罪行为

76.（1）若相关部长或者税收局长根据合理理由认为任何人：
(a) 已为女王收到钱款却未按时缴付，
(b) 已收到应付给女王的钱款却未及时入账，或者
(c) 已收到可用于各种用途的公共款项，却未及时使用，

相关部长或者税收局长可视情况向该人或其代表（在该人已去世的情况下）送达通知书，要求该人在通知书送达至其本人后的几天内，视情况而定，及时缴付、入账或者使用那笔钱款。并且，如通知书所规定，要将该人已经缴付、入账或使用该笔钱款的凭证传送给相关部长或者税收局长。

（2）若有人不遵守根据第(1)款规定所送达的通知书，相关部长或税收局长应视情况列明该人与女王之间的账户，以显示未及时缴付、入账或者使用的钱款数目。同时，可以自相关部长或税收局长确定的日期起就全部或任何部分金额收取利息，利率遵循第155.1(6)款的相关规定。

（3）在第(2)款所涉及钱款收回的任何程序中，相关部长或税收局长列明并认证的账目副本就是账目中所列的金额连同利息，已经到期且应付给女王的证明无须相关部长或税收局长或政府官方人员的签名证明。

（4）第(1)款中涉及的任何钱款以及相应的利息应视作女王的应收债务而予以收回。

77. 若通过从事收集或管理收入的任何人所记录的账本或账目，在该人的任何陈述或书面确认或供认状中，显示该人凭借其职务或工作收到属于女王的钱款，却拒绝或因疏忽而忘记将钱款在合适的时间支付给合适的人，则一份由了解该事实的任何人出具的宣誓证明书，在收回钱款的任何程序中，应当被接纳为证据，若没有任何相反证据，则是所述事实的证明。

78. 由于从事收集或者接收公共款项的任何人的渎职或者疏忽，导致女王失去任何数额的钱款，该人要对所有金额负责，并且所有这些钱款要从该人处收回。

79. 内阁总理根据财政委员会的建议，可以：
(a) 就女王导致或承受的钱款或公共财产方面的损失，规定需采取的措施；

（b）就由于拨款使女王遭受钱款损失制定规定；以及

（c）规定必须保存纪录，而且，必须在政府账目中报告(a)款涉及的每笔损失。

80．（1）其职务或工作与收集、管理或支出公共款项相关的每一位政府官员或个人：

（a）因履行政府职责而收受任何补偿金或者奖赏，法律规定除外；

（b）阴谋或密谋以欺骗女王，或者为他人制造任何机会以欺骗女王；

（c）特意允许他人违反法律的任何行为；

（d）蓄意在账簿中制造或签署任何虚假账目，或蓄意制造或签署虚假证明或回报，在以上情况中，该政府官员或个人负责记账、出具证明或回报资料；

（e）知道或了解有人违反该法案或法规或任何加拿大税法，或知道有人根据该法案或法规或任何加拿大税法欺骗女王，却未将此事以书面形式向高一级官员汇报；或者

（f）就和解、调解或解决有关任何违法行为或涉嫌违法行为的指控或投诉，直接或间接要求或接受或试图收集报酬或礼品或其他东西、任何数额的钱款或其他有价值的东西，

触犯可起诉罪行，一经定罪，可判不超过5000美元的罚款以及期限不超过5年的监禁。

（2）其职务或工作与收集、管理或支出公共款项相关的每一位政府官员或个人，通过欺骗、谎言或者其他欺诈手段欺骗女王以谋得钱款、证券、财产或者服务的行为均触犯可起诉罪行，一经定罪，

（a）若钱款、证券、财产或者服务的价值未超过5000美元，可判不超过5000美元的罚款以及期限不超过5年的监禁；

（b）若钱款、证券、财产或者服务的价值超过5000美元，可判不超过该数额的罚款以及期限不超过13年的监禁。

81．任何人：

（a）向其职务或工作与收集、管理或支出公共款项相关的任何政府官员或个人承诺、提供或者给予贿赂，意图

（ⅰ）影响该官员或个人就任何悬而未决的或者依照法律应由其公职权力进行处理的问题或事宜作出的决定或采取的行动，或者

（ⅱ）影响该官员或个人从事、援助或者教唆任何针对国家税收的诈骗犯罪，或者纵容、共谋、允许或准许任何获得此类诈骗佣金的机会，或者

（b）接受或收取任何此类贿赂，

触犯可起诉罪行，一经定罪，可判不超过所提供或收受贿赂的3倍金额的罚款以及期限不超过5年的监禁。

82．由从事收集或管理税收或税收核算的任何官员或个人因工作原因所保留、使用、收取或占有的所有账簿、文件、账目和票据均应视为属于女王的财产，该官员

或个人因工作原因收取或占有的所有钱款或证券均应视为属于女王。

第 10 部分　皇家公司/国有企业

释　义

83.（1）在本部分，
"代理公司"指由任何其他议会法案明确规定充当政府代理的国有企业；
"任命"包括选举和指定；
"相关部长"指：
（a）涉及国有企业母公司，
（i）根据任何其他议会法案规定或由其指定作为该公司部长的人员，或者
（ii）若第（i）项未指定部长，则由内阁总理下令指定女王枢密院的成员担任该企业的相关部长，
（b）涉及全资子公司，(a)款中规定的"相关部长"适用于拥有全资子公司的国有企业母公司；
"章程"指：
（a）原始或重申的公司章程、章程修订、章程的合并、章程的延续、章程的重组、章程的整理、章程的废除与恢复，并包括随附的任何修改，以及
（b）专利证书、公司设立章程及任何证明文件或其他文件，其性质类似于(a)款所涉及的文件，并包括随附的任何修改；
"审计师"包括审计师的合作伙伴；
"董事会"指公司的董事会，不管其名称为何，包括构成公司的一组人，政府部长除外；
"内部章程"是指公司的章程，不管其名称为何，包括章程的修正或废除；
"主席"指担任公司董事会主席职位的人士，不管其名称为何；
"宪章"指：
（a）设立该公司的议会法案，以及
（b）设立该公司的章程；
"公司"包括公司或其他法人团体，不论在何处或以何种方式组成公司；
"官方"是指行使加拿大国家权力的女王；
"国有企业"指国有企业母公司或全资子公司；
"董事"指担任公司董事职位的人士，不管其名称为何，包括构成公司的一组人，政府部长除外；
"主要业务或活动"，涉及国有企业母公司或者全资子公司，指根据第（10）款规定设立的公司或子公司的一类业务或活动，若不存在业务或活动分类，则该公司或

子公司的所有业务或活动即为主要业务或活动;

"国有企业母公司"是指直接由政府全部出资的公司,但不包括政府部属公司;

"条例"指根据本部分规定制定的条例;

"股份"包括公司成员的利益或者公司股东的利益;

"全资子公司"是指直接或间接由一个或多个国有企业母公司全额出资成立的公司,子公司数量不限,每一个子公司均为一个或多个国有企业母公司直接或间接全资所有。

(2)根据本部分规定,公司在下列情况下为政府直接全资拥有:

(a)本公司所有已发行的股份,董事必须持有的股份除外,均由政府或政府代表或政府委托机构所持有,股份的形式不仅仅为证券;

(b)公司所有的董事,当然董事除外,都由内阁总理或者政府部长在内阁总理批准下所任命。

(3)根据第(2)款规定,作为国有企业代理的公司所持有的股份:

(a)被视为非由政府所持有,或不代表政府;

(b)并非替政府代为保管的股份。

(4)根据本部分规定,公司在下列情况下为一个或多个其他公司直接全资拥有:

(a)本公司所有已发行的股份,董事必须持有的股份除外,均由一个或多个其他公司或公司代表或公司委托机构所持有,股份的形式不仅仅为证券;

(b)公司所有的董事,都由一个或多个其他公司的董事会任命;

(c)一个或多个其他公司的所有董事,凭借他们现行的董事身份,成为该公司的董事。

(5)根据本部分规定,

(a)若一公司是另一公司的子公司,或者两个公司都是同一公司的子公司,或者它们都由同一人控制,则该两个公司为联属公司;

(b)若两公司同时为另外一公司的联属公司,则该两家公司被视为相互附属公司。

(6)根据本部分规定,若一公司由另一公司管理,则该公司为另一公司的子公司。

(7)根据本部分规定,拥有股份资本的公司由一人管理,若

(a)该人持有公司高于百分之五十的用以选举董事的附带选票的股份,不仅限于证券;

(b)该等股份附带的选票已经足够,如果行使,选举公司董事的过半数。

(8)根据本部分规定,无股本的公司由一人管理,若该人能够任命公司董事的过半数,无论他任命与否。

(9)根据本部分规定,一人被视为由另一人或一组人任命,若该人的任命是根

据另一人或一组人的指令进行的,无论该人实际上是否由另一人或一组人任命。

（10）当内阁总理认为国有企业母公司,或国有企业母公司的全资子公司,或国有企业母公司及其任何全资子公司从事超过一种主营业务或活动时,国有企业母公司应在内阁总理批准下依据本部分规定将主营业务或活动分类。

适 用

84. 非常明确,本部分规定对官方具有约束力。

85.（1）第一至四节,第131.1和154.01条除外,并不适用于加拿大银行。

（1.01）第一至四节,第154.01条除外,并不适用于加拿大退休金计划投资委员会。

（1.1）第一至四节,第105（2）款、第113.1条、第119条、第131至148条和第154.01条除外,不适用于加拿大艺术委员会、加拿大广播公司、国际发展研究中心、国家艺术中心有限公司。

（1.2）第一至四节,第105（2）款、第113.1条、第119条、第131至148条和第154.01条除外,还要遵守《加拿大电视影片法案》的第21（2）款,不适用于加拿大影视管理局。

（2）第一至五节,不适用于任何获得相关部长授权成立或收购的公司,

（a）代表加拿大皇家骑警在加拿大法律下履行其职能；

（b）代表由议会法案确立的收集加拿大安全方面的信息和情报的服务。

（2.1）第一至四节,不适用于《加拿大存款保险公司法》第2条中所界定的会员机构,加拿大存款保险公司所持有会员机构的任何股份为该法第10.01条所涉及的予以豁免的结果。

（3）第一至四节不适用于：

（a）联邦会员机构,根据《加拿大存款保险公司法》第2条中所表达的含义,内阁总理根据该法案第39.13条规定将其股份归属于加拿大存款保险公司；

（b）加拿大存款保险公司,作为（a）款中规定的联邦会员机构这一全资子公司的国有企业母公司。

（4）第88条、第89.2至104条以及第二至四节不适用于：

（a）根据《加拿大存款保险公司法》第2条所界定的过渡机构；

（b）加拿大存款保险公司,作为过渡机构这一全资子公司的国有企业母公司。

86.（1）国有企业母公司都应该根据每个全资子公司的章程、内部章程和管理程序采取相应步骤,以确保子公司从事的业务、活动和其他事务符合本部分和条例的规定。

（2）内阁总理可宣布本部分中只适用于国有企业母公司的任何规定也适用于全资子公司,而且,该规定可根据情况进行修订,以适用于全资子公司。

87. 除非另有明文规定,本部分和任何其他议会法案的规定如有不一致之处,

以本部分的条款为准。

第一节 公 司 事 务

议 会 问 责

88. 每个国有企业通过相关部长最终向议会负责其经营活动。

指 令

89. (1) 内阁总理可以在相关部长的建议下,给任何国有企业母公司下达指令,若其认为如此做符合公共利益。

(2) 在给国有企业母公司下达指令前,相关部长应该向公司董事会咨询关于指令内容和效果的事项。

(3) [已废除]

(4) 在指令下达后上众议院开始议事的首个15天中的任意一天,相关部长应将下达给国有企业母公司的任何指令的复制件提交给议会。

(5) [已废除]

(6) 在执行指令并完成任何所要求采取的相关措施之后,国有企业母公司应即刻通知相关部长该指令已经得到执行。

(7) 不应向加拿大标准委员会下达以下指令:

(a) 自愿标准化被推进的方式;

(b) 为特定人或一群人的利益,或者为他们提供财政援助。

89.1 (1) 指令下达的对象即国有企业母公司董事应该确保指令以迅速和有效的方式被执行,且如果在这样做时他们根据第115条行事,就不必对由指令的执行产生的任何后果负责。

(2) 国有企业母公司遵守服从指令被视为该公司的最大利益。

(3) 在本条中,"指令"是指:

(a) 根据第89(1)、94(2)或114(3)款下达的指令;

(b) 根据《加拿大按揭和住房公司法》第5(2)款、《加拿大商业公司法》第9(2)款、《加拿大乳制品委员会法》第11(1)款或《企业布雷顿角法令》第34(3)款下达的指令;

(c) 根据《加拿大邮政公司法》第22(1)款下达的指令。

世界贸易组织协定的执行情况

89.2 (1) 除了第85(1)到(1.2)款的规定,内阁总理也可根据第89(1)款规定为履行世界贸易组织协定中任何有关国有企业的条款之目的,给任一国有企业母公司下达指令。

(2)内阁总理可以在财政委员会和相关部长根据国有企业要求提出的建议下,制定与该公司有关的规章,只要内阁总理认为有必要执行其中涉及该国有企业的世贸组织协定中的任何规定。

(3)在第(1)款和第(2)款中,"世贸组织协定"中的"协定"具有《世界贸易组织协定执行法》第2(1)条所赋予之内涵。

国内贸易协定的执行情况

89.3 除了第85(1)到(1.2)款,内阁总理也可依照第89(1)款,为了履行在《国内贸易协定执行法》第2节所规定协议中任何条款之目的,给任一国有企业母公司下达指令。

加拿大—智利自由贸易协定的执行情况

89.4 (1)除了第85(1)到(1.2)款的规定,内阁总理也可以依照第89(1)款,以执行其中涉及该国有企业的加拿大—智利自由贸易协定中的任何规定为目的,给任一国有企业母公司下达指令。

(2)为了执行加拿大—智利自由贸易协定中涉及国有企业的任何规定,只要内阁总理认为有必要,其可以在财政委员会和相关部长根据国有企业要求提出的建议下,制定与该公司有关的规章。

(3)在第(1)款和第(2)款中,"加拿大—智利自由贸易协定"中的"协定"具有《加拿大—智利自由贸易协定执行法》第2(1)款所赋予之内涵。

加拿大—哥伦比亚自由贸易协定的执行情况

89.41 (1)除了第85(1)到(1.2)款的规定,内阁总理也可以依照第89(1)款,以执行加拿大—哥伦比亚自由贸易协定中涉及国有企业的任何规定为目的,给任一国有企业母公司下达指令。

(2)为了执行加拿大—哥伦比亚自由贸易协定中涉及国有企业的任何规定,只要内阁总理认为有必要,内阁总理可在财政委员会和相关部长根据国有企业要求提出的建议下,制定与该公司有关的规章。

(3)在第(1)款和第(2)款中,"加拿大—哥伦比亚自由贸易协定"中的"协定"具有《加拿大—哥伦比亚自由贸易协定实施法》第2(1)款所赋予之内涵。

加拿大—哥斯达黎加自由贸易协定的实施

89.5 (1)除了第85(1)到(1.2)款的规定,内阁总理也可以根据第89(1)款,为加拿大—哥斯达黎加自由贸易协定中涉及国有企业的任何规定的实施,给任何母公司下达指令。

(2)为了执行加拿大—哥斯达黎加自由贸易协定中涉及国有企业的任何规定,

只要内阁总理认为有必要,内阁总理可在财政委员会和相关部长根据国有企业要求提出的建议下,制定与该公司有关的规章。

(3) 在第(1)款和第(2)款中,"加拿大—哥斯达黎加自由贸易协定"中的"协定"具有《加拿大—哥斯达黎加自由贸易协定实施法》第2(1)款所赋予之内涵。

加拿大—秘鲁自由贸易协定的实施

89.6 (1) 除了第85(1)至(1.2)款,内阁总理可以根据第89(1)款,为加拿大—秘鲁自由贸易协定中涉及国有企业的任何规定的实施,给任何母公司下达指令。

(2) 为了执行加拿大—秘鲁自由贸易协定中涉及国有企业的任何规定,只要内阁总理认为有必要,内阁总理可在财政委员会和相关部长根据国有企业要求提出的建议下,制定与该公司有关的规章。

(3) 在第(1)款和第(2)款中,"加拿大—秘鲁自由贸易协定"的"协定"具有《加拿大—秘鲁自由贸易协定实施法》第2条所赋予之内涵。

其他自由贸易协定的实施

89.7 (1) 除了第85(1)至(1.2)款,内阁总理可以根据第89(1)款,为载于附表7的自由贸易协定中涉及国有企业的任何规定的实施,给任何母公司下达指令。

(2) 为了执行附表七所载自由贸易协定中涉及国有企业的任何规定,只要内阁总理认为有必要,其可在财政委员会和相关部长根据国有企业要求提出的建议下,制定与该公司有关的规章。

限 制 交 易

90. (1) 除非经过议会法案的授权,任何人不得:

(a) 在一家企业设立的过程中获得其任何股票,而这些股票将由国有企业持有、代表国有企业的利益或为国有企业之利益而被托管;

(b) 在一家企业的并购中获得其股票,而这些股票将由国有企业持有、代表国有企业的利益或为国有企业之利益而被托管;

(c) 适用公司章程以增加或者以其他方式对母公司成立时的宗旨或目的造成重大变化,或者用章程中的内容限制母公司可以从事的业务或活动;

(d) 出售或以其他方式处置国有企业母公司的股份;或

(e) 促使国有企业母公司的解散或合并。

(2) 除非议会法案授权,国有企业母公司不得出售或处理公司所有或实质上所有的资产。

(3) 除非议会法案授权,根据第90条第(2)款的规定,如果这些待售或待处理资产构成或实质上构成集团用于该等业务或活动的全部资产,该集团中的一个或多个公司不得出售或以其他方式处置任何公司用于任何主营业务或活动的任何资产。

(4) 根据第(1)(a)和(b)项的规定,由代理官方的公司所持有的股份:

(a) 被视为由官方持有或代表官方持有;

(b) 实际上是官方信托持有的股份。

(5) 根据本条及第91至94条的规定:

(a) 所涉及的收购或出售或以其他方式处置,包括:

(i) 代理公司之间或官方与代理公司之间的收购或出售或以其他方式处置;或

(ii) 一个以上的关联交易或活动所导致的收购或出售或其他方式的处置;

(b) 一公司或数家公司的资产,包括该公司或数家公司或其代表所持有的另一公司的股份,或委托他人代管;

(c) "个人"包括官方的代理;

(d) "相关集团"是指由国有企业母公司及其全资子公司构成的一组公司;

(e) "股份"包括任何股份转换和交易特权、股票期权或收购权。

91. (1) 根据第90条规定,除非内阁总理授权,国有企业母公司及其所有全资子公司不得:

(a) 促成一公司的注册成立,公司注册成立时,任何股份均由母公司或子公司或其代表所持有或委托他人代管;

(b) 获得一公司的股份,这些股份是由母公司或子公司或其代表所持有或委托他人代管;

(c) 获得另一公司全部或实质上全部的资产;

(d) 出售或以其他方式处置国有企业全资子公司的任何股份;或者

(e) 促成国有企业全资子公司的合并或解散。

(2) 根据第90条和本条第(3)款的规定,除非经内阁总理授权,关联集团中的一家公司或数家公司不得出售或以其他方式处置公司用于主要业务或活动的任何资产,若被出售或以其他方式处置的资产构成集团用于主要业务或活动的所有或实质上所有的总资产。

(3) 根据第90条的规定,除非经内阁总理授权,全资子公司不得:

(a) 出售或以其他方式处置任何子公司的股份;

(b) 出售或以其他方式处置子公司全部或实质上全部的资产。

(4) 根据第90条的规定,除非经内阁总理授权,个人不得申请涉及国有企业母公司的章程。

(5) 国有企业母公司在根据第122条规定提交的公司计划中列出拟议交易的细节时,内阁总理除了依据该条规定批准计划之外,还可以授权个人依据该条规定进行交易。

(6) 任何人不得根据本条被授权进行交易,除非内阁总理认为该人有权进行交易。

（7）内阁总理可以在本条规定的授权中指定其认为合适的条款，并可以使授权一般适用或者具体适用于指定的交易。

92.（1）第90和91条不适用于以下情况：

（a）仅收购证券形式的股份或资产，或者仅销售或以其他方式处置证券形式的股份或资产；

（b）在提供财政援助的日常业务中股份或资产的收购或出售或其他方式的处置；

（c）股份或资产的收购或出售或其他方式的处置，若该收购或出售或处置涉及以下情况且作为国有企业母公司或全资子公司真正重组的部分，

（i）国有企业母公司和一个或以上该公司的全资子公司，或者

（ii）两个或以上全资子公司；

（d）通过行使任何转换或交易特权、期权或购买股份的权利进行股份的收购，若该特权、期权或权利的获得根据情况来看符合第90或91条的规定；

（e）公司收购国有企业母公司的股份；或者

（f）由全资子公司、全资拥有该子公司的国有企业母公司或该母公司的任何其他全资子公司收购该全资子公司的股份。

（1.1）第90（1）(b)和91（1）(b)项不适用于向董事会或公司提名或任命某人，除了以下情况：

（a）大多数董事或成员均由官方或官方代表或被官方或官方代表提名或任命的董事或成员来提名或任命；或者

（b）官方以其他方式取得公司的控制权。

（2）内阁总理可订立条例豁免指定的或指定类别的国有企业母公司或全资子公司，就一般交易或指定类别的任何交易免于适用第91条的规定。

93.（1）凡任何人从事第90或91条所指的交易，该人必须按照规定通知法定的人员。

（2）根据第（1）款规定，内阁总理应制定规则明确要被通知的人、通知的时间范围以及以何种方式通知该人。

94.（1）尽管有第90条的规定，若国有企业母公司在注册成立或收购后60天的期限内未在附表三中列明，则该公司的董事和股东须在该期限届满后立即采取一切必要措施，以解散公司。

（2）尽管有第91条的规定，内阁总理可针对以下情况下达指令：

（a）解散或以其他方式处置违反第91条规定的任何全资子公司；

（b）出售或以其他任何方式处置公司在违反第91条规定下所收购的任何股份；

（c）若章程与第91条规定存在冲突，则须逆转该章程产生的任何变化；

（d）出售或以其他任何方式处置违反第91条规定所获得的任何资产，

收到以上指令的公司之董事及股东应当立即采取一切必要措施以遵守该指令。

95. (1) 国有企业母公司或其全资子公司不得从事任何与其设立目标或目的不符的业务或活动,或公司宪章限制其从事的业务或活动。

(2) 第(1)款不能被理解为禁止或者限制国有企业母公司或者子公司继续进行在1984年9月1日之前进行的业务或活动。

王室代理机构的地位

96. 代理公司只能行使作为官方代理人的权力。

97. 一个代理公司可以以官方或者国有企业的名义签订合同。

98. 如果公司不是国有企业的代理,则在享有司法管辖权的任何法院,公司可以其自身的名义提起或采取与其无论是以国有企业的名义或是公司的名义获得或者承担的任何权利或义务有关的法律行动、诉讼或者其他法律程序。

99. (1) 由代理公司以其名义持有的不动产,是其所代理的国有企业的财产。

(2) 根据本条及第90、91和130条之规定,一家代理企业可以出售或以其他方式处置或出租其持有的不动产,并保留和使用由处置或出租所带来的利益,但仅限以下情况:

(a) 符合法律规定;或

(b) 获得内阁总理的授权。

(3) 第(2)款之规定不适用于涉及依据议会法案所设立的代理公司进行的出售或其他方式处置或出租不动产的行为,如果代理公司由该法案或其他议会法案特别授权:

(a) 出售或另行处置或出租不动产;或

(b) 以不超过即等于或小于指定金额为代价出售或以其他方式处理或租赁财产。

(4) 为施行第(2)款,议会内阁总理可制定以下规章:

(a) 规定代理公司可以出售或租赁或以其他方式处置财产的条款和条件;

(b) 规定代理公司可以在哪些情况下保留和使用全部或任何部分的所处置或出租之财产所得收益;以及

(c) 豁免指定的代理公司或一组代理公司适用第(2)(a)和(b)项的规定,既可以是一般豁免,也可以就任何指定财产或任何指定的一类财产进行豁免。

(5) 内阁总理可根据第(2)款的授权命令,明确内阁总理认为合适的任何条款和条件,包括涉及保留和使用代理公司处置或出租财产所获收益的条款和条件。

(6) 本法第61条、《国有企业剩余资产法》《联邦不动产》和《联邦房地产法》除第16(1)(G)和(H)和(2)(G)项和第18(6)款以外,不适用于代理公司。

100. 为保证支付债务或履行义务之目的,代理公司不得对其不动产或个人财产进行担保、抵押、转让和出让、质押或以其他方式创造利益或收取费用。

101. 代理公司不得向国有企业贷款,除非代理公司同时符合下列情况:

(a) 由议会法案授权；

(b) 由任何议会法案特别授权，包括拨款法案。

第 三 方

102. （1）国有企业不得断言处理公司事务或获得公司授权者的相关人员违反以下情况，除非该人员承认所主张的事实是真实的：

(a) 本部分规定或条例、公司章程或内部章程或任何下达给公司的指示未得到遵守；

(b) 由公司推举作为董事、高级管理人员或代表的人未得到正式的委派或授权以行使权力和履行职责，而这些权力和职责是公司日常经营业务所需的；或

(c) 由公司任何有表决权的董事、高级管理人员或代理人签发的文件仅因该等签发人员实际缺乏签发该等文件的权力而无效或不真实。

(2) 证书证明：

(a) 已获内阁总理依据第 91 或 99 条授权的，由内阁总理根据第 94 条之规定指示或未指示的，或由财政部长根据第 127(3) 款规定批准的任何特定交易；

(b) 任何合适于公司计划的特定交易或任何依照第 122 款批准的修正案；或

(c) 任何特定的资本支出或作出资本支出的承诺包含在根据第 124 条规定批准的资本预算、资本预算的项目或资本预算修正案中，

该等由国有企业总裁或首席执行官签署的证明对任何人而言是一种充分的确认，除非该人能出具相反的证明。

(3) 第(2)款中提及的指示和批准在没有授权的情况下，不会影响对其他人提供的权利和补救，除非该人知道没有该等授权。

(4) 国有企业的行为，包括转让财产，是有效的；除非该企业无能力或权力作出该等行为。

(5) 任何与一家国有企业或与任何已经从国有企业获得权利的人士进行交易的人士，不得仅因为一份有关公司内容的文件已被发表而被视为已注意到或了解该内容，除非该内容是根据《法定规范法》规定的必须在《加拿大公报》上刊登的议会法案或任何文件。

适　　用

103. 《加拿大商业公司法》第 268 条不适用于国有企业。

104. 《加拿大公司法》1970 年修订版第 C-32 章不适用于国有企业。

第二节　董事和高级管理人员

释　义

104.1　在本节中，无论适用何名称，凡涉及国有企业的"董事及高级管理人员"均指代公司总裁和首席执行官。

任　命

105.（1）国有企业各董事（这里所指并非"公司总裁和首席执行官"）应由相关部长在征得内阁总理同意后任命。各董事每届任期不得超过四年，以保证每年任期届满的董事不超过该公司所有董事人数的一半。

（2）除首席执行官外，国有企业及其联属公司的任何现任官员或雇员均不得成为公司董事。

（2.1）除首席执行官外，国有企业及其联属公司的任何现任官员或雇员，在该款法律生效前已担任该国有企业董事的，仍可继续担任。但其任期不得超过该款法律生效之日起六个月；若其固有董事任期少于六个月，则按其固有任期计算。

（3）国有企业董事在其任期届满后可连任。

（4）除条款（1）所列情况外，若在现任董事（除公司总裁及首席执行官）任期届满时，继任董事仍未被任命，则现任董事将继续履职，直至其继任者被任命。

（5）各国有企业总裁和首席执行官由内阁总理任命，并由其视情况决定合适的任期。

（6）相关部长在任命该国企总裁和首席执行官之前，应就任命问题咨询该公司的董事会。

（7）根据1984年9月1日生效的任何其他议会法案的规定，国企董事会仅负责任命除公司总裁及首席执行官外的其余董事。

（8）本条规定不得解释为对任何不符合议会法案中任命、再任命或继续履职条件的人的授权，其作为国有企业董事或高级官员的任命或再任命或其继续履行作为国有企业董事的职务。

（9）本条规定不适用于国有企业的当然董事、董事和高级管理人员。

（10）【被废止，1991，c.24，s.30】

106.　国有企业董事、总裁、首席执行官以及其他官员的行为并不单纯因为其任命程序或者任职资质的缺陷而无效。

辞　职

107.（1）国有企业董事、总裁或首席执行官的辞职自公司收到其书面辞呈或自其辞呈中所指定的离职时间到达时生效，不论两者时间先后。

（2）国有企业须于收到辞呈之日起15日内将辞呈复印件递交枢密院书记。

薪　酬

108.（1）任何支付给国有企业现任董事、总裁或者首席执行官的薪酬应由内阁总理根据其职务（公司或联属公司董事长、首席执行官或其他官员）及其履职情况决定。

（2）除薪酬以外，任何支付给国有企业现任董事、总裁或者首席执行官的福利，应由该公司的董事会根据其职务（公司或联属公司董事长、首席执行官或其他官员）及其履职情况，在符合相关规章制度的情况下决定。

（2.1）支付给不担任国有企业母公司总裁或首席执行官的全资子公司董事、董事长或首席执行官的薪酬应由该母公司董事会根据其职务与履职情况决定。

（3）根据本条规定，内阁总理可制定法规：

（a）界定"薪酬"这一术语；并且

（b）规定及确定董事、董事长或首席执行官除薪酬之外的福利。

管　理

109. 根据本部分规定，由国有企业的董事会负责管理该公司的经营、活动及其他事务。

110.（1）由在董事会或者董事委员会会议上对该决议有投票权的董事全体签署的书面决议，视情况而定，与董事会或董事委员会会议上通过的决议一样有效。

（2）任何根据第（1）款生效的决议的复印件，应视情况与董事会或者董事委员会会议纪要一同保存。

111.（1）任何出席董事会或者董事委员会会议的国有企业董事均被视为同意在该会议上通过的任何决议或采取的任何行动，除非该董事：

（a）要求将其反对的书面通知列入会议纪要或者其反对的书面通知已被列入会议纪要；

（b）在会议休会之前将其反对的书面通知交给会议秘书；

（c）在会议休会后立即用挂号信的方式或者亲自将其反对的书面通知提交给公司领导。

（2）国有企业董事对于其所同意或者投支持票的决议，若该决议是在符合条款（1）的情况下生效的，则其无权提出异议。

112. 任何为出席董事会或者董事委员会会议的国有企业董事，亦被视为同意在该会议上通过的任何决议或采取的任何行动，除非他知悉被通过决议或行动之后的七日内：

（a）使他反对的书面通知被列入会议纪要；或

（b）用挂号信的方式或者亲自将其反对的书面通知提交给公司领导。

113. 国有企业董事可以根据公司内部章程的规定,通过电话或者其他能使所有与会人员听到彼此声音的通讯工具参与董事会议或者董事委员会会议。同时,根据本部分规定,任何采用该方式参与会议的董事均被视为出席会议。

113.1 （1）国有企业母公司的董事会应在其召开第一次董事会后 18 个月内召开公开会议;或者在本条规定生效后,自董事会上一次召开公开会议之日起 15 个月内召开公开会议。

（2）会议应在加拿大以该公司内部章程规定的方式召开,若无相关规定,则适用董事会决定的方式。

（3）公司应在会议举行前至少 30 日内发布会议通知。该通知应告知会议召开的地点,如果已经确定,则还应告知会议召开的日期、与会方式以及获取公司最新年度报告副本的方式。

（4）公司的领导者及其首席执行官,无论他或她是否为董事,都应该参与公开会议,回答公众提出的问题。

公司内部章程

114.（1）国有企业母公司董事会可通过董事会决议的形式修改或废除涉及监管公司业务或事务的内部章程,公司章程或者其他公司内部章程另有规定的除外。

（2）国有企业母公司董事会在制定、修改或者废除某项公司内部章程后,应向相关部长和财政委员会主席提交一份该被修改章程的副本。

（3）内阁总理可以在指示中所规定的期限内指导国有企业母公司董事会制定、修改或废除某项公司内部章程。

（4）内阁总理可以制定法规:

（a）规定国有企业母公司内部章程的形式或内容以及提交其副本给相关部长和财政委员会主席的时间;并且

（b）规定一个或一类指定的国有企业母公司免于适用条款（2）的规定,既可以一般适用于公司的全部内部规章,也可以适用于一个或一类特定的内部规章。

（5）根据第（3）款规定,不得给加拿大标准委员会就下列情况下达指令:

（a）以何种方式促进自愿标准化;

（b）对特定人员或群体提供财政援助或者福利。

（6）《加拿大商业公司法》第 103 条不适用于任何依据该法成立的国有企业母公司。

义　务

115.（1）任何国有企业董事和高级管理人员在行使权力和履行义务时应该:

（a）为公司利益最大化而谨守忠实义务;

（b）在履行注意义务、勤勉义务及拥有相应能力方面应符合理性人的标准。

（2）任何国有企业母公司及其全资子公司的董事和高级管理人员应该遵守本部分的规定、相关法律法规、相应母公司及其附属子公司的章程和规范以及公司所下达的一切指示。

（3）董事或高级管理人员如果因善意信任以下文件而违反第（1）或第（2）款所规定的责任，不需承担法律责任：

（a）由公司高级管理人员提交给他的国有企业财务报告或者能合理反映公司财务状况的书面审计报告；

（b）由律师、会计师、工程师、估价师或其他专业人员提供的，因其地位和专业性而能使其陈述具有可信度的报告。

116.（1）若该国有企业董事或者高级管理人员：

（a）是该公司签订的重大合同或拟签订的重大合同的对方当事人；或者

（b）是该公司签订的重大合同或拟签订的重大合同的对方当事人的董事或高级管理人员，或者与对方当事人有重大利益关系的，

应当以书面形式向公司披露或者主动要求在董事会会议纪要中列入其所涉相关利益的性质和范围。

（2）就董事而言，第（1）款规定的披露应当在以下情况进行：

（a）合同草案被首次讨论的董事会议上；

（b）如果董事与合同草案形成之前无利害关系，则在其与合同草案形成利害关系后的第一次董事会议上；

（c）如果董事在合同签订后与之发生利害关系的，则在其与合同发生利害关系后的第一次董事会议上；

（d）如果董事在其成为董事之前已与合同存在利害关系的，则在其成为董事后的第一次董事会议上。

（3）就非董事的高级官员而言，第（1）款规定的披露应当在以下情况进行：

（a）在其意识到合同或者合同草案将在董事会议上被讨论或已经被讨论后立即披露；

（b）如果该高级管理人员在合同签订后与之发生利害关系，则在其与合同发生利害关系后立即披露；

（c）如果该高级管理人员在其担任现有职务前已与合同存在利害关系的，则在其担任现有职务之后立即披露。

（4）国有企业日常交易和活动中的重大合同或者重大合同草案一般不需经董事会同意。若所涉合同属于此类合同的，相关董事或者高级管理人员应当在意识到其与该合同或者合同草案有利害关系后立即向公司书面披露或者主动要求在董事会会议纪要中列明其所涉相关利益的性质和范围。

（5）第（1）款所涉及的任何董事不得参与任何批准该合同的表决，除非该合同：

（a）是确保借款安全的协议，或者是关于其所承担的以保障国有企业或其子公

司利益的义务的协议；

（b）主要是关于其作为国有企业及其子公司的董事、高级管理人员、雇员或代理人的薪水和福利；

（c）涉及第119条所规定的赔偿或保险；

（d）是与该国有企业的联属公司所签订。

（6）本条所称"披露与合同存在利害关系"亦指董事或高级管理人员自行向董事会发出一般性通知，声明其为利害关系方的董事或高级管理人员，或者其与对方当事人有重大利害关系，或者与和对方当事人签订的任何合同有利害关系。

（7）在本条和第117条中所称"董事会"包括董事委员会。

117. 国有企业与其董事或高级管理人员签订的重要合同，或者国有企业与另一法人签订的重要合同（该国有企业的董事或高级管理人员也是该法人的董事或高级管理人员，或者该法人在合同中存在重大利益关系），不能仅仅因为二者之间的关系或在合同中有利益关系的董事出席，或仅仅因为该董事被计入出席董事会会议的法定人数从而决定该合同的通过，就认为该合同是无效的或是可撤销的。若董事或高级管理人员根据第116条（2）、（3）、（4）或（6）款的规定披露其利益，并且董事会批准了合同，则对国有企业来说合同通过是公平合理的。

118. （1）如果国有企业的董事或高级管理人员未能按照第116条的要求披露其在重大合同中的利益，法庭可在他们认为合适的情况下，以国有企业或者政府的名义撤销合同。

（2）本条所称"法院"是指：

（a）爱德华王子岛省或纽芬兰省的省最高法院审判庭；

（a.1）安大略省的高等法院；

（b）魁北克省的高等法院；

（c）新不伦瑞克省、马尼托巴省、萨斯喀彻温省、艾伯塔省的省高等法院；

（d）新斯科舍省和不列颠哥伦比亚省的最高法院；

（e）育空地区或西北地区的最高法院和努纳武特地区法院。

赔　　偿

119. （1）在符合以下情况时，财政部应根据现有规则，对所涉现任或离任的国有企业董事或高级管理人员、应部长或国有企业要求担任其他国有企业董事或高级管理人员的人以及上述人员的继承人或法定代表人提供赔偿，以弥补因其担任或曾经担任董事或高级管理人员而成为任何由此合理产生的民事案件、刑事案件、行政案件或者调查、诉讼当事人而支付的诉讼费、罚金和其他开支，包括为完结诉讼或履行判决而支付的钱财：

（a）其表现诚实，并且对国有公司或其他公司的最佳利益绝对忠诚；

（b）在任何刑事、行政诉讼或者强制缴纳罚款的程序中，有正当理由相信其行为是合法的。

(1.1) 财政部应根据现有规则,向第(1)款中提及的个人就其因该款中所提诉讼或程序而支付的诉讼费、罚金和其他费用进行垫付,除非有理由相信其不符合第(1)(a)或者(1)(b)项的条件。如果不符合上述条件,则由其个人承担相关费用。

(2) 不论该条的规定如何,在符合下列情况时,第(1)款中提及的董事或高级管理人员,以及他们的继承人和法定代理人,都有资格根据现有规定向财政部要求赔偿,以弥补因其担任或曾经担任董事或高级管理人员而成为任何由此合理产生的民事案件、刑事案件、行政案件或者调查、诉讼当事人而与被告间所发生的任何诉讼费、罚金和其他开支:

(a) 其诉讼或法律程序中的辩护词有大量有效的法律依据;

(b) 其符合第(1)(a)和(b)项所列的条件。

(3) 财政部可制定法规:

(a) 规定该条所涉及的赔偿和垫付的条款和条件;

(b) 根据本条规定,界定本法案中未明确定义的任何词语或用语的定义;

(c) 规定在哪些情况下董事或高级管理人员未达成第(1)(a)项所载之条件;和

(d) 确定支付依据本条所规定的赔偿或垫付的金额。

(4) 任何在本条下支付的赔偿由综合收入基金支出。

第三节　金融管理与控制

定　义

120. 在本节中,"年报"是指根据第 150 条所作出的报告;

"检查官"是指根据第 142 条被指定或委派去执行特殊检验工作之人;

"目标"对国有企业母公司而言,是指在公司计划中所列的目标,或者是根据第 122 条被批准的公司修改计划;

"特别审查"是指第 138(1)款规定的审查。

财 政 年 度

121. (1) 除非内阁总理另有指示,国有企业母公司的财政年度一般指公历年。

(2) 尽管有条款(1),除非内阁总理另有指示,于 1984 年 9 月 1 号前已存在的国企财政年度继续有效。

公司计划与预算

122. (1) 任何国有企业母公司应每年向相关部长提交一份公司计划,并由该部长提交内阁总理批准。内阁总理的批准应考虑相关部长的建议,若法律要求,还应考虑财政部长的建议。

（2）国有企业母公司的公司计划应当包含该公司及其全资子公司所有的公司业务与活动，包括投资活动。

（3）国有企业母公司的公司计划必须包含以下内容：

（a）公司成立的目标与宗旨，或者其章程中明确的业务或活动范围；

（b）公司计划所涉时间段的总体计划和该期间每年的目标，以及公司为实现这些计划所制定的方针政策；

（c）法律规定应提交公司计划年度的预期业绩，与上一个公司计划或根据本条批准的修改计划中的目标进行比较。

（4）国有企业母公司的公司计划应清晰列明关于母公司及其全资子公司（若有）的主要业务或活动的信息。

（5）任何国有企业母公司或者其全资子公司在任何情况下都不得实施与其上个公司计划或根据本条修改的计划相违背的业务或活动。

（6）任何国有企业母公司或者其全资子公司，不论何时，若欲实施与其上个公司计划或根据本条修改的计划相违背的经营活动，必须在正式实施前向相关部长提交一份公司计划修正案，并根据第（1）款的规定获得批准。

（6.1）内阁总理可视具体情况对由其批准公司计划或者公司计划修正案的具体情况和条件作特殊规定。

（7）内阁总理可依据本条宗旨，制定规则规定在什么情况下应由财政部长向其提交请求批准的公司计划。

123.（1）附表3第一部分中所列国有企业母公司每年必须向相关部长提交一份下一年度的营业预算，并由该部长提交财政部批准。

（2）国有企业的营业预算应当包含该公司及其全资子公司的所有业务与活动，包括投资活动。

（3）国有企业母公司的营业预算编制应清晰列明关于母公司及其全资子公司（若有）的主要业务或活动的信息。

（4）当国有企业母公司预计财政年度中任何主要业务或活动的支出或承付额将与营业预算或本条批准的该年度预算的任何修正案中计划用于该主要业务或活动的总金额存在巨大差距，则应向相关部长提交一份预算修订案，并由该部长提交财政委员会并建议其批准。

（5）财政部可视具体情况对由其批准的公司营业预算或者公司营业预算修正案规定条款和条件。

124.（1）任何国有企业母公司每年必须向相关部长提交一份下一财政年度的资本预算，并由该部长提交财政委员会根据其建议予以批准。

（2）国有企业母公司的资本预算应当包含该公司及其全资子公司的所有业务与活动，包括投资活动。

（3）财政委员会可批准根据第（1）款提交的任何财政年度或者该财政年度后的任何财政年度的资本预算中的任何财务项目。

（4）国有企业母公司的资本预算编制应清晰列明关于母公司及其全资子公司（若有）的主要业务或活动的信息。

（5）国有企业母公司或者其全资子公司不应承担或承诺承担在依据本条规定该公司必须提交预算的任何财政年度的资本开支，除非：

（a）该年的预算已被认为是符合本条规定的；或

（b）该项开支或承兑：

（i）已作为去年预算的一部分包含在根据第（3）款规定批准的该年的一个项目中；

（ii）尽管属于资本预算，但根据本条规定获得特别批准；或

（iii）对于当前公司或附属公司，根据本条或第122或123条规定已批准的公司计划或预算中所载的业务或活动是至关重要的。

（6）若由于一个或数个拟议支出或承诺支出，国有企业母公司预计财政年度中任何主要业务或活动的支出或承付额将与营业预算或本条批准的该年度预算的任何修正案中计划用于该主要业务或活动的总金额存在巨大差距，则应当向相关部长提交一份预算修订案，并由该部长提交财政委员会并建议其予以批准。在未获得批准之前不得承担任何支出或承付。

（7）财政部长可以要求公司资本预算或者资本预算修正案在提交财政委员会批准前，除了要有相关部长的保荐，还要获得他的保荐。

（8）财政委员会可视具体情况对由其批准的公司资本预算或者其修正案规定条款和条件。

125.（1）在公司计划、营业预算或资本预算或相关修订案依据第122、123、124条规定被批准后，国有企业母公司应向相关部长提交一份关于该计划或预算及其修订案的概要，以获得批准。

（2）该概要必须包含该公司及其全资子公司所有的业务与活动，包括投资活动，并应列出公司作出的所有重大商业决定。

（3）国有企业母公司的概要应清晰列明关于母公司及其全资子公司（若有）的主要业务或活动的信息。

（4）相关部长应将其根据本条规定批准的每一份概要的副本提交给议会两院。

（5）根据第（4）款规定提交给议会的概要可由被指定或成立的议会委员会永久采用，以审核提交概要公司的有关业务及活动的事务。

126. 除了本法或其他议会法案就有关问题的一些规定，财政委员会还可制定规则：

（a）规定第122、123、124、125条项下的公司计划、预算、概要或修订所应具有的形式，其中应包含的内容以及应被提交给议会两院的时间截点；

(b) 规定第122条项下公司计划所涉及的时间,可以涉及全体国有企业,也可以是指定国有企业,或者指定的一类国有企业;和
(c) 依据该条款的宗旨,界定"巨大差距"的定义。

借　款

127.（1）当国有企业母公司或其全资子公司预备借款时,应在公司计划或者在第122条项下的修订案中表明借款期限,并应简要说明借款计划和公司该时间段内的方针政策。

（2）当国有企业母公司在其公司计划或公司计划修订案中表示出借款意向时,财政部长可要求该公司在提交内阁总理批准前,除了要有相关部长的保荐,还要获得他的保荐。

（3）国有企业在签订任何借款协议前,必须获得财政部长对该项协议相关期限、术语和条件的批准。

（4）内阁总理可在财政部长的建议下,制定以下法规:
(a) 使某一特定国有企业或者某一特定种类国有企业免于适用第(3)款的规定,本豁免规定既可一般适用于全部借款,也可适用于特定或特定种类的借款。
(b) 根据本部分规定,认定某一特定交易或者某一特定种类的交易为借款交易。
(c) 根据第(3)款规定指定批准方式以及在什么情况下国有企业的贷款被视为根据该款已经获得批准。

（5）本条规定不得解释为授权国有企业超出其他议会法案规定的限额进行借款。

银 行 账 户

128. 国有企业可直接或间接地在以下机构存款或收取存单:
(a) 任何加拿大支付协会会员;
(b) 隶属于中央信用合作社,并拥有加拿大支付协会会员资格的地方信用合作社;
(c) 不具有加拿大支付协会会员资格的境外金融机构,但必须获得财政部长批准。

129.（1）如果经相关部长同意直接由财政部长下达指令,或者,如果财政部长及相关部长批准,国有企业母公司应该或可以将该公司或其全资子公司的全部或部分钱款支付或促使支付综合收入基金,并以该公司或子公司的名义存入加拿大账户中的一个特别账户,税务局按照财政部长规定的条款和条件,可以支付或偿还该公司或子公司存入特别账户的全部或部分钱款。

（2）存款利息由综合收入基金划入符合第(1)款规定的特殊账户。利率由财政

部在获得内阁总理批准后确定。

盈　余

130. 在其他议会立法有规定的情况下,相关部长和财政部长可在内阁总理批准后,要求国有企业母公司为了其自身及其全资子公司利益向税务局支付或者促使支付他们认为超过该公司或其子公司所需支付的资金,该项支付的钱款可用于履行该公司或子公司对官方的任何义务,或者也可用作加拿大的收入。

股　息

130.1　附表 3 第二部分中的国有企业母公司应每年向相关部长提交一份股利分配方案。该方案应为依第 122 条提交的公司计划的一部分。

130.2　内阁总理可规定、免除或变更附表 3 中任何国有企业母公司的股息红利。

财务管理

131. （1）每个国有企业母公司应该:
（a）保存其自身以及全资子公司的相关账簿和记录;
（b）维持其自身以及全资子公司的资金、管理的控制和信息系统以及管理实践。
（2）应保存或维持第（1）款中所提的账簿、记录、系统和做法以保证:
（a）母公司与各子公司的资产受到保护与控制;
（b）母公司与各子公司的各项交易应符合本法规、其他法律法规、该公司及其子公司的公司章程与其他内部规定以及公司收到的任何指令;
（c）该公司与其子公司应高效运作,其财务、人力物力资源应得到经济有效的管理。
（3）国有企业母公司应对其自身及其全资子公司进行内部审计以评定其已达到第（1）款和第（2）款的要求,除非内阁总理认为该审计带来的利益无法弥补其成本。
（4）每个国有企业母公司每年都必须为其自身及其全资子公司编制财务报告。这些财务报告必须遵守根据第（6）款规定补充或加强的一般会计准则。
（5）国有企业母公司的财务报表编制应清晰列明关于母公司及其全资子公司（若有）的主要业务或活动的信息。
（6）根据第（4）款规定,财政委员会可就所有国有企业或者指定国有企业或者指定类型的国有企业的财务报表进行立法。但是,针对财务报表编制方面的立法只能是对一般会计准则的补充和加强。

131.1　（1）每个国有企业母公司都必须按财政委员会提供的形式和方式为其

自身及其全资子公司编制每财年前三季度的财务报表。
(2) 报表需包含：
(a) 该季度的财务报表以及自该财年开始至该季度末的财务报表；
(b) 上一财年的财务比较信息；
(c) 简单介绍有关运营、人员和计划方面的业绩、风险和重大变化的报告。
(3) 该财务报表应在该季度结束后60天之内对外公布。
(4) 财政委员会可依据相关法律法规，免除国有企业母公司在第(1)款项下应遵守的要求，或者规定其在报告中免于提供第(2)款所涉及的内容。

审计师报告

132.（1）每个国有企业母公司每年都应按照法律法规的要求为其自身及其全资子公司准备年度审计报告,该报告应涵盖：
(a) 第131条所提及的相关财务报表,以及第133条第(3)款所提及的财务报表修正稿；
(b) 第(5)款规定需审计的所有量化信息。
(2) 第(1)款所提及的报告应该提交给相关部长。其内容应该包括：
(a) 审计师对下列情况的单独报告：
(i) 财务报表是否是在与上一年度相同的基础上,依据一般会计准则编制的。
(ii) 所有重大方面的量化信息是否都是准确的。并且,如果适用的话,这些信息是否都是在与上一年度一致的基础上编制的。
(iii) 审计师在准备审查报告过程中所关注的公司及其各子公司的交易是否符合本部分的规定、其他条例、公司或子公司的章程和内部规定以及任何下达给公司的指令。
(b) 所有审计师认为应提请议会注意的,均属于其审查范围的事项。
(3) 财政委员会可立法规定第(1)款所涉及报告应具备的形式和方式。
(4) 虽然该法中的其他条款有规定,但若审计师认为单独的审计报告更为合适,其可以对第(1)(a)项所涉声明以及第(1)(b)项所涉信息另行出具报告。
(5) 财政委员会可要求对国有企业母公司依第150(3)款规定在其年报中应该涵盖的任何量化信息进行审查。
(6) 国有企业母公司的审计师应根据内阁总理的要求准备任何其他涉及该公司及其全资子公司的相关报告。
(7) 在依照第(1)款和第(6)款的规定准备相关报告的过程中,审计师可进行任何其认为需要的审查。
(8) 若其认为可行,审计师可信赖内部审计师依照第131条第(3)款的规定进行的审查。

133.（1）对于审计师或前任审计师根据第132条所准备的报告,公司董事或高级管理人员一旦发现有任何错误或者遗漏的,应该立即通知审计师和审计委员会。

(2) 对于审计师或前任审计师根据第 132 条所准备的报告,现任审计师一旦发现有其认为重大的错误或者遗漏的,应该立即通知公司董事。

(3) 对于现任审计师或者历任审计师依第(2)款的规定通知董事的相关财务报表中的错误和遗漏,视情况由公司制定财务报表修正稿,或者由现任审计师或历任审计师对报告作出修改。同时,修正稿的副本应向相关部长提交。

审 计 师

134. (1) 根据第(2)款的规定,国有企业的审计师应在相关部长咨询公司董事会后由内阁总理每年任命。并且,可随时由内阁总理在相关部长咨询董事会后罢免。

(2) 加拿大审计长应由内阁总理任命担任每一国有企业的审计师或联合审计师,除非审计长放弃如此任命的要求。

(3) 就任何国有企业母公司而言,第(1)和(2)款不适用于由任何其他议会法案指定其为加拿大审计长的审计师,但根据第(1)款规定,审计长有资格被任命为国有企业母公司的审计师或联合审计师。第 135 条不适用于审计长。

(4) 【被废止,2005,c.30,s.36】

(5) 根据第(1)款进行任命时,内阁总理可制定选拔审计师的标准。

(6) 国有企业的审计师有资格在任期届满后被再度委任。

(7) 虽然有第(1)款的规定,但若国有企业现任审计师的任期届满时下任审计师尚未被委任,则现任审计师将继续留任直到其继任者被委任。

135. (1) 与公司或其任何联属公司存在关联关系,或者为该公司或其任何联属公司董事者,不得按照第 134 条的规定被委任,或在任期届满后继续被委任为国有企业审计师。

(2) 根据本条规定:

(a) 独立性是一个事实问题,并且

(b) 某人将被视为缺乏独立性,如果此人或其任何商业伙伴:

(i) 是该国有企业或任何联属公司的商业伙伴、董事、高级管理人员或一般雇员,或者是该国有企业及其联属公司的董事、高级管理人员或一般雇员的商业伙伴;

(ii) 直接或者通过信托、法定代表人、代理或其他中介拥有或者控制该国有企业或其任何联属公司的股权或债权;或者

(iii) 在被任命为该国有企业审计师两年内在该国有企业或其任一联属公司破产程序中担任破产财产管理人、经理人、法定清算人或信托管理人者。

(3) 被取消资格的国有企业审计师,在知晓其丧失本条所规定的资格后,应当立即辞职。

136. 第 134 和 135 条不得解释为可在相关人员不符合其他议会法案所设定的

资格时委任、再度委任或留任其为国有企业审计员。

137. 国有企业审计师的辞职自公司收到审计师的书面辞呈或到达辞呈中列明的特定时间点时生效,以较迟者为准。

特 别 审 查

138. (1) 每个国有企业都应为其自身及其全资子公司安排特别审查,以确认第131(1)(b)项涉及的系统和商业惯例在审核期内是否以提供合理保证的方式得以维持,即保证上述系统和商业惯例符合第131(2)(a)和(c)项的要求。

(2) 特别审查至少每十年进行一次,并且应在内阁总理、相关部长或董事会需要时,或者在加拿大审计长要求时,额外展开审查。

(3) 在审查者着手特别审查之前,他应该调查被审查公司的体系和商业惯例,然后向公司审计委员会递交一份包含所适用的审查标准在内的审查计划。若审计委员会不存在,则递交给公司董事会。

(4) 审查者与审计委员会或公司董事会之间关于第(3)款项下的审查计划的所有分歧,都应按如下方式解决:

(a) 国有企业母公司的分歧,应由相关部长解决;

(b) 全资子公司的分歧,由其所属的国有企业母公司解决。

(5) 若其认为可行,审计师可信赖内部审计师依照第131条第(3)款的规定进行的审查。

139. (1) 审查者应该在完成特别审查后,就其所发现的问题向公司董事会递交一份报告。

(2) 第(1)款中的报告应该包括:

(a) 审查者出具的关于其认为根据138条第3款设定的标准是否能合理保证被检系统和商业惯例不存在重大漏洞的声明;

(b) 有关审查者所信赖的内部审计内容的报告。

(3) 董事会应当在收到报告后30日内,将其提交给相关部长及财政委员会主席。

(4) 董事会应当在收到报告后60日内,向公众公布。

140. 若国有企业母公司,或者国有企业全资子公司的审查人员认为第139条第(1)款项下的报告含有需相关部长特别注意的信息,则其应视情况在向该公司的董事会或者子公司及其母公司的董事会进行咨询后将该信息报告给相关部长,并将该报告的副本递交给相关董事会。

141. 若国有企业母公司,或者国有企业全资子公司的审查人员认为第139条第(1)款项下的报告含有需议会特别注意的信息,则其应视情况在向相关部长、该公司的董事会或者子公司及其母公司的董事会进行咨询后完成有关报告,将其列入下一年的公司年报中,并将该报告的副本递交给相关董事会、部长和加拿大审计长。

142. (1) 根据第(2)款的规定,应由国有企业的审计师开展第138条项下的特别审查。

(2) 若内阁总理认为应由国有企业审计师之外的人员进行特别审查,应由其在相关部长咨询该公司董事会后任命有资格的人代替审计师展开审查工作,并可在相关部长咨询公司董事会后,可以随时解除该合格审计师的职务。

(3)【已废止,2005,c.30,s.39】

(4) 根据第(5)款规定,第135条和第137条适用于审查员,就如其中涉及审计师的参考条文同样也适用于审查员的参考条文。

(5) 加拿大审计长有资格被任命为审查人员。第135条就此任命不适用于加拿大审计长。

咨询审计长

143. 国有企业审计师或者审查人员可以随时就任何与其审计或者特别审查相关的事项与加拿大审计长进行商议。并且,根据第132(2)(b)项和第141条的规定,就其认为应引起议会注意的任何事项,与审计长进行商议。

知 情 权

144. (1) 国有企业审计师和审查员可要求公司现任或前任董事、高级管理人员、一般雇员或代理人提供以下内容:

(a) 信息及解释,

(b) 公司或其子公司的访问记录、文件、账簿或其他账单和凭证,

若审计师或者审查员认为这是其按照本节规定准备相关报告所必需的,并且是相关董事、高级管理人员、雇员或者公司代理人能合理提供的。

(2) 应国有企业审计师和审查员的要求,公司董事会应当:

(a) 从现任或前任董事、高级管理人员、雇员或公司代理人处获得公司审计师或者审查员认为这是其按照本节规定准备相关报告所必需的,并且是相关董事、高级管理人员、一般雇员或者代理人能合理提供的相关信息和解释;

(b) 向审计师和审查人员提供获取的信息和解释。

(3) 国有企业审计师或审查员可以合理利用其他任何审计师或审查员的报告。

政 策

145. 本部分规定或条例不得被解释为授权国有企业审计师或审查员可对政策事宜的法律依据表达任何观点,这些法律依据包括:

(a) 公司章程中规定的公司宗旨和目标或者业务范围或经营范围;

(b) 公司的目标;

(c) 加拿大政府或者公司的一切商业或行政决策。

特 有 权

146. 由审计师、历任审计师、现任或历任审查员依本部分规定或条例作出的关于国有企业的一切口头或书面声明和报告享有有限特许权。

成 本

147. （1）向国有企业审查员或者审计师支付其根据第132条、139条、140条或141条规定编写报告的报酬应报告给财政委员会主席。

（2）若某国有企业审计师或审查员是由加拿大审计长担任,其在根据第132条、139条、140条或141条规定编写报告时的报酬应在总审计署下一年的年报中公开,并应由其办公室从拨款中支付。

审计委员会

148. （1）任何拥有四名以上董事的国有企业母公司都应设立由不少于三名董事组成的审计委员会。其中的任何董事都不得担任该公司或其联属公司的高级管理人员或其他一般职务。

（2）任何一家董事人数不足四人的国有企业母公司,其董事会构成审计委员会。该审计委员会应按照本部分的规定履行其职责和功能,并须按条文规定诠释。

（3）国有企业母公司的审计委员会应当：

(a) 审阅包含在公司年度报告中的财务报表,并向董事会提出建议；

(b) 查阅任何依据第131条第(1)款开展的公司内部审计工作；

(c) 审阅第132条第(1)款项下的公司年度审计报告,并向董事会提出建议；

(d) 公司在进行特别审查的情况下,审阅从第138条到第141条涉及的计划和报告,并就其向董事会提出建议；

(e) 履行董事会或者公司章程和公司内部章程所分配的其他职能。

（4）审计员和任何来自国有企业母公司的审查员有资格获得审计委员会每一次会议的公告,并且有资格由公司支付费用参加会议并在会上发言,如果审计委员会成员提出如此要求,他们则应当参加其任期内的每一场委员会举行的会议。

（5）国有企业母公司的任一审计员或审查员,或者是审计委员会的任一成员可以组织召开委员会会议。

（6）第132(1)款涉及的报告是为全资子公司单独准备的,第(1)至(5)款根据情况适用于子公司,

(a) 第(1)至(5)款所述的对国有企业母公司的参照条文同样也适用于子公司；

(b) 第(3)(a)项所述的公司年度报告的参考条文同样也适用于全资拥有子公司的国有企业母公司。

报 告

149. （1）国有企业母公司在被财政委员会或相关部门要求提供账单、预算、统计表、报表、文件、档案、账簿、报告或者其他信息时，应当向其提供。

（2）国有企业母公司的首席执行官应根据实际情况尽早通知相关部长、财政委员会主席和所有公司董事尚未知悉任何金融或其他方面的发展，在首席执行官看来可能对公司（包括其全资子公司）运营、公司的目标或公司的资金需求造成重大影响。

（3）每一国有企业母公司应当立即告知相关部长和财政委员会主席任何一个即将成为或者不再是公司全资子公司的公司名称。

150. （1）每一国有企业母公司应当尽可能快地在每个财政年度结束后三个月内提交一份关于公司运营的年度报告给相关部长和财政委员会主席。相关部长应在他收到报告之后于议会开会前15天之内将报告副本提交给议会两院。

（2）根据第（1）款规定提交给议会的年度报告可由被指定或成立的议会委员会永久采用，以审核提交报告公司的有关业务及活动的事务。

（3）国有企业母公司的年度报告应当包括：

（a）第131条所涉及的公司财务报表；

（b）第132条第（1）款所涉及的年度审计报告；

（c）一份有关公司在财政年度目标实现程度的报告；

（d）有关公司及其全资子公司运营的量化信息，以及财政委员会可能要求列入年度报告的公司目标；

（e）根据本法规定、议会法案或按相关部长、财政委员会主席、财政部长要求列入年度报告的其他信息。

以上报告应清晰列明关于母公司及其全资子公司（若有）的主要业务或活动的信息。

（4）除了本法或其他议会法案的其他规定外，财政委员会按照法律可规定年度报告所涉及的信息以及以何种形式准备信息。

财 务 管 理

151. （1）财政委员会主席应当尽可能快地在每财年的每个会计季度结束之后公开关于所有国有企业母公司交易和活动的综合季度报告，该报告基于在该会计季度中根据第131条第（1）款第3项规定已经公开的季度财务报表和第150条第（1）款规定呈递给议会的涉及该公司的年度报告。

（2）该综合季度报告应该包括：

（a）一份列有所有国有企业的名单；

（b）财政委员会主席认为合适的所有或任何公司的名称，其所有股份由官方或

国有企业持有,或者以官方或国有企业名义或以信托形式持有;

（c）国有企业母公司的财务数据,包括其借款总额;

（d）根据本部分规定在综合季度报告所涉及的会计季度内向议会各院提交的总结和年度报告,拟提交给议会的时间以及事实上所提交的时间之信息;

（e）一份列有未遵守第131条第（1）款第3项规定的所有国有企业母公司的名单,其在综合季度报告所涉及的会计季度中的60天期限结束时,尚未公开综合季度报告;

（f）财政委员会主席可能要求的其他信息。

152.【已废止,2012年c,19,s,220】

第四节 总 则

对商业不利的信息

153.（1）若相关部长认为任何信息的公布会损害国有企业母公司或其全资子公司的商业利益,则本部分规定和《法定规范法》不得被解释为必须向议会各院提交该信息。

（2）当指令中的信息未根据第1款规定提交时,相关部长应在获悉该指令已经开始实施后,在议会开会前15天内将指令中的信息呈递给各议院。

（3）在评定任何信息发布是否会如第（1）款所述具有损害之前,相关部长应视情况咨询有关国有企业母公司或其全资子公司的董事会。

（4）第（1）款的规定不适用于第132条第（1）款项下的年度审计报表以及第141条项下的审查员报告。

处 罚

154. 国有企业的董事、主席或首席执行官蓄意违反本部分规定或条例,或蓄意致使公司违反本部分规定或条例的,内阁总理可在其认为合理的期限内中止其职务,薪水保留或停发。

犯罪行为

154.01（1）国有企业的董事、高级管理人员或职员对于涉及公司资金的征收、管理或分配,以欺诈、虚假或其他欺骗手段,骗取公司资金、证券、财产或服务的,犯有可公诉的罪行,并依法定罪。

（a）如果犯罪资金数额或证券价值、财产或服务不超过5000美元,则处以5000美元以下罚款或5年以下监禁;

（b）如果犯罪资金数额或证券价值、财产或服务超过5000美元,则处以不超过犯罪金额或价值的罚款,并处以14年以下监禁。

(2)因违反第(1)款的规定而被定罪的人,在终审上诉期届满后,不能再成为公司雇员。

第五节　北美自由协定的实施

154.1(1)国有企业在行使其权利和履行其职责时,应当实施该公司相关协议中的条款。

(2)若内阁总理认为有必要,可以在国有企业的要求下由财政委员会和相关部长提出建议,制定关于该公司的法规,以实施该公司相关协议中的任何条款。

(3)在第(1)款和第(2)款中的"协议"具有《北美自由贸易协定实施法案》第2(1)款所赋予之内涵。

第 11 部 分　其 他 条 款

155.(1)任何人负债于,

(a)女王在加拿大的权益,

(b)女王在一省的权益对于应向其他省应付的税款,加拿大有权依协议以该省的名义征税,

负责回收或征收债务的相关部长可批准,公民对女王在加拿大的权益应付债务或财产以扣除或抵消的方式以此来保留债务。

(2)财政部长认为,

(a)任何人凡是接受了本不具资格享有的报酬,无论国家因何法律分配,应视为对该省负有债务,

(b)并且该省已做出合理努力去追偿该债务,

部长可要求通过扣除或抵消任何根据女王在加拿大的权益应支付给该人的金额以保留债务金额,扣除的金额中少部分在部长认为该由加拿大政府支付的,可由综合收入基金支付给全省。

(3)税务局可以收回任何从统一收益基金超额支付给个人的款项,包括薪水、工资、收入或津贴等款项。

(4)未经相关负有义务的部长同意,若非因第(1)款规定,不得对第(1)款所提述的已到期和未到期的应付款项进行留置。

155.1(1)根据第(4)款和第(5)款规定,除非另有规定或在根据任何其他议会法案、法规、法令、合同、安排等例外的情况下,女王依法对欠款收取应得的利息,如该利息:

(a)是由于超额支付或不当支付引起的;

(b)依据任何其他议会法案、法规、法令、合同、协议规定的。

金融管理法

（2）根据第（4）款和第（5）款规定,除非另有规定或任何其他议会法案、法规、法令、合同、协议等例外的规定,债务人在下列情况下依据法规向女王支付或清偿行政款项：

（a）正式提交文书,随后未能兑现的；

（b）已授权一个金融机构对一账户在指定时间进行存款账户直接借记,且借记并不是在指定时间进行的。

（3）根据本条款,女王对任何利息或行政收费具有债权。第155条法令或具有司法管辖权的法院可以追索这笔款项。

（4）根据本条款,如果有关部长按照规定宣布放弃利息或行政收费时,无需支付利息或行政费用。

（5）若有关部长按照规定减少了任何利息或行政费用,则减少的金额应为应付款项；否则将按照本条款支付。

（6）财政委员会可以实施以下规定：

（a）利率或利率计算方式,参照第（1）款；

（b）行政收费或行政收费计算方式,参照第（2）款；

（c）在本条款下应收的利息和行政费用的条款和条件；

（d）有关部长可以根据本条款宣布放弃或减少应付的利息或行政费用的条款和条件。

（7）涉及第（6）（a）至（d）项的任何事项可以是针对任何类别的债务或债务人或任何情况下引致的债务规定。

156.（1）负责索偿或收取到期或应支付给女王的债款或索赔款项的相关部长可以承兑任何涉及债务或索赔的证券,可以出售证券、转让或出售女王在证券中的利益,或者让渡、免除或以其他方式处置证券或女王在证券中的利益。

（2）根据本条行使对任何证券或女王在任何证券中的利益的处置权可以适用于该证券或利益的任何部分。

（3）财政委员会可以根据第（1）款的规定,就证券及女王在其中的利益的承兑及处置作出规定,包括以下两个方面：

（a）可以承兑的证券；

（b）有关承兑何种证券、出售或处置何种证券及女王在其中的利益的条款和条件。

157. 若内阁总理发现任何议会法案要求的或须提交至议会两院的账目、报表、申报单或文件所包含的内容,与政府账目或呈递至议会的任何开支预算所包含的内容相同或更少,内阁总理可以下达指令中止该账目、报表、申报单或文件,且此后无须编制并呈递至各议会。

158. 一份记录了财政委员会账目的复制文件,如果得到财政委员会部长、副部长、部长助理或加拿大审计长、副审计长、审计长助理的证明,那么即使该文件没有官方人物的签字证明,同样可以被任何法庭采纳,且与通过常规方式取得的原始文件具有相同的证明效力。

159. (1) 在本条中,"其他金融部门"是指:
(a) 加拿大支付协会会员、地方信用合作社、财务代理人或者税务局依据第17 (2) 款规定建立账户储存公共款项的金融机构;
(b) 认可并接受依据第35条发出的支付指令的其他金融机构。
(2) 任何银行或其他金融机构不能对以下情况进行收费:
(a) 以税务局或税务局在加拿大央行或任何其他银行或金融机构的账户为付款人的支票兑现或其他票据兑现;
(b) 履行或以其他方式执行根据第35条发出的任何其他支付指令;
(c) 涉及以税务局、加拿大政府、政府部门或具有公职权力的任何公职人员为收款人的支票或其他支付工具,并存入税务局的账户中。
(3) 本条第(2)款的规定不应视作禁止加拿大政府和银行或其他金融机构之间的任何安排,涉及银行或机构为加拿大政府进行服务的报酬或加拿大政府在该银行或机构的任何或所有存款之利息。

160. 内阁总理可制定法规以执行本法案的宗旨和条款。

161. (1) 相关部长、任何在政府部门就职的公职人员、国有企业的员工或任何代表政府部门或国有企业履行关于该部门或该国有企业计算机系统的管理或保护职责的人,应为本目的采取合理措施,包括依据刑法典第184条第2款第e项的在特定环境下窃听私人通话的规定。
(2) 根据第(3)款的规定,就第(1)款涉及的窃听,相关部长应采取合理措施,以确保只使用或保留用于识别、隔离或防止损害计算机系统必不可少的数据。
(3) 本条款不影响任何其他合法当局窃听、使用、保留、取得或披露私人通信。
(4) 根据本条规定,"计算机系统"是指一种装置或一组互连或相关的装置,其中一个或多个装置:
(a) 包括计算机程序或其他数据;
(b) 根据计算机程序;
(i) 执行逻辑运算和控制功能;
(ii) 执行任何其他功能。

欧盟

作为提供公共服务补偿的国家补贴共同框架

(2005/C 297/04)

1. 目的和适用范围

(1) 从欧共体法院的判决①中可以确定,如果满足特定的条件,对提供公共服务而给予的补偿不构成《欧共体条约》第87条第1款定义的国家补贴。相反,如果不满足该特定条件并且符合《欧共体条约》第87条第1款的事实,则对提供公共服务而给予的补偿构成国家补贴。

(2) 2005年11月28日欧盟委员会第2005/842/EG号裁定②,即《欧共体条约》第86条第2款适用于给予特定企业的作为其提供具有普遍经济利益的服务的补偿的国家补贴,就在何种条件下的特定补偿属于与《欧共体条约》第86条第2款一致的补贴以及满足该条件的补偿免于事先通知作出了解释。相反,构成国家补贴和不适用2005/842/EG号裁定的补偿必须事先通知。本共同框架将说明在何种条件下可以视《欧共体条约》第86条第2款的国家补贴与共同市场相一致。

(3) 共同框架适用于向提供具有普遍经济利益的服务的企业支付的补贴,只要其符合《欧共体条约》的规定,不包括交通领域和欧盟委员会在关于国家补偿之规定适用于公法广播电台的通知③中指明的公法广播电台。

(4) 共同框架的规定不改变在履行公共福利义务方面现有的更为严格的、在特定领域的欧共体法律规定。

(5) 有关政府公共采购和竞争方面(主要是《欧共体条约》第81条和82条)的共同体规定亦不因本框架协议而有所改变。

---

① 参见2003年7月24日在C-280/00 Altmark Trans GmbH 和 Magdeburg 行政区诉 Nahverkehrsgesellschaft Altkmark GmbH (Altmark) 的判决,2003年判例集,第I-7747页,以及2003年11月27日C-34/01至C-38/01 Enirisorse SpA 诉 Ministero delle Finanze,2003年判例集,第I-14243页。

② 参见2005年11月25日第L.312号公报,第67页。

③ 参见2001年11月15日第C.320号公报,第5页。

2. 构成国家补贴的补偿一致性准则

2.1 一般规定

（6）在 Altmark 案的判决中，法院阐述了在何种条件下为了补偿提供具有普遍经济利益的服务而进行的支付不构成国家补贴：

第一，受益企业必须是受托履行公共经济义务，并且该义务界定清楚。

第二，必须事先客观地、透明地设定据以计算补偿的参数，以防止该补偿给接受补偿的企业带来比竞争企业更得益的经济利益。因此，如果事后才说明经营履行公共经济义务范围内的特定服务不具有经济可行性，而成员国在没有事先确定参数的情况下补偿企业的亏损，就构成了《欧共体条约》第87条第1款的国家补贴概念上的财政介入。

第三，把从履行公共经济义务中获得的收入和适当的利润计算在内，补偿不能超过全部或部分弥补履行该义务成本的必要范围。

第四，在具体案件中，如果未按可以确保选出以最低的成本为公众提供该等服务的公共采购发布程序选择受托履行公共经济义务的企业，必要补偿的额度应当在分析一个平均水平的、经营良好的企业配备了适当的、可以满足公用经济要求的运输工具在履行相应的义务时产生的成本的基础上确定，此时还要考虑在履行义务当中获得的收入和合理的利润。

（7）如果满足了这四个条件，对提供具有普遍经济利益的服务而给予的补偿就不构成国家补贴，不适用《欧共体条约》第87条和88条之规定。如果不满足这些条件，并且符合《欧共体条约》第87条第1款的事实，提供具有普遍经济利益的服务而给予的补偿就构成国家补贴。

（8）委员会认为，如果国家补贴对于具有普遍经济利益的服务发挥功能是必要的，并且对商业交易的影响不至于达到违反共同体利益的程度，则在目前的共同市场发展水平下，可以将《欧共体条约》第86条第2款中的此类国家补贴视为符合《欧共体条约》。当然，还必须满足下面的条件。

2.2 《欧共体条约》第86条中的真正具有普遍经济利益的服务

（9）根据法院不断作出的判决，在何种服务属于具有普遍经济利益服务的问题上，成员国拥有很大的裁量权，除非涉及存在共同体专门规定的领域。因此，委员会的任务就在于监察在界定具有普遍经济利益的服务时裁量权不会出现明显的错误。

（10）第86条第2款表明，受托提供具有普遍经济利益的服务的企业是被委以

"特殊任务"的企业。① 在确定公共福利义务和审查企业是否履行了这些义务时,成员国应当尽可能广泛地征询意见,尤其是要考虑服务使用者的意见。

2.3 公共福利义务和补偿计算方式的有法律约束力的规定

（11）《欧共体条约》第 86 条具有普遍经济利益的服务的概念是,相关的企业受国家委托完成特殊任务。② 忽略存在欧共体特别规定的领域,提供此类服务的准则和条件由国家确定,与服务提供者的法律地位无关,与服务是否在竞争条件下提供亦无关。为了确定相关企业与国家之间的相互义务需要一份公共委托。这里的"国家"指的是中央政府、区域性和地方性政府。

（12）对于提供公共利益服务的公共委托必须经一个或多个行政或法律程序来实现,其形式可以由各成员国决定。其中必须包括下列内容:
　A）公共福利义务的确切形式和期间；
　B）受托企业和地域上的适用范围；
　C）赋予企业的专有的或特殊的权利的形式和期间；
　D）计算、监督和可能变更补偿的参数。

（13）在界定公共福利义务和审查企业是否履行了这些义务时,成员国应当尽可能广泛地征询意见,尤其是要考虑服务使用者的意见。

2.4 补偿的额度

（14）补偿额度不能超过为弥补因履行公共福利义务而产生的成本的必要限度,履行义务当中获得的收入和合理的利润率已经考虑在内。所有由国家或用国家资金以任何形式提供的利益都包括在内。合理利润率可以全部或部分包含相关企业在一个完全确定的、事先规定的期间内在不降低国家要求的质量的情况下所获得的生产性利润。

（15）在任何情况下,补偿都只能用于使相应的具有普遍经济利益的服务实现功能上。如果为使具有普遍经济利益的服务实现功能而给予的补偿被使用在其他市场的业务活动上,就是不合理的,并因此构成与共同市场不一致的国家补贴。而通过具有普遍经济利益的服务而赚取的合理利润可以由获得补偿的企业使用。

（16）需要考虑的成本包括所有的为提供具有普遍经济利益的服务而必需的支出。如果相应企业的业务活动限定在提供具有普遍经济利益的服务的范围内,可以

---

① 无论其法律地位和资金（产权）形式如何,任何从事经济活动的组织都视为企业。根据 1980 年 6 月 25 日委员会第 80/723/EWG 号指令"关于成员国与公共企业之间资金关系透明化以及特定企业内部财务透明化"（2000 年 7 月 26 日委员会第 2000/52/EG 号指令对其进行了修改）第 2 条第 1 款 b 项之规定,国家通过所有权、资金参与、章程或其他规范企业活动的规定能够直接或间接施加控制性影响的所有企业都视为公共企业。

② 参见法院在 C-127/73 诉讼中的判决,BRT 诉 SABAM,1974 年判例集,第 313 页。

考虑其所有的成本。如果该企业除此之外还从事其他领域的业务活动,则只能考虑可以计入相关服务的成本。其中包括全部因提供具有普遍经济利益的服务而产生的不确定成本、与服务有关的以及其他可能产生的固定成本的合理份额和自有资本可以计入相应的具有普遍经济利益的服务的合理利润率。① 如果对于具有普遍经济利益的服务实现功能是必要的,可能需要的投资(主要是基础设施)也可以考虑进去。与具有普遍经济利益的服务之外的其他业务活动相关的成本必须包括所有的不确定成本、共同固定成本中的合理份额和合理的资本利润率。这些成本决不能计入具有普遍经济利益的服务中。成本的计算必须根据事先确定的准则和通常可接受的记账原则进行,这些准则和原则应当在根据《欧共体条约》第 88 条第 3 款进行通报时告知委员会。

(17)在收入方面,至少所有因提供具有普遍经济利益的服务而产生的收益都要计算进去。如果相关企业在提供具有普遍经济利益的服务时拥有专有的或特别的权利,并因此获得超过合理利润率的利润,或者国家给予了企业其他的优惠,这些与根据《欧共体条约》第 87 条之规定进行的评估无关,也要一并考虑进去,并计入收入。成员国也可以决定,必须将非公用事业的业务活动所获得的利润全部或部分用于具有普遍经济利益的服务。

(18)合理利润率是在考虑因国家介入而给企业带来风险(如果确实存在)的情况下的合理的资本收益。在国家赋予专有的或特别的权利时尤为如此。通常,利润率不能超过相应行业在过去几年获得的平均利润率。对于缺少能够作为比较对象与受托提供具有普遍经济利益服务的企业进行比较的领域,可以参照其他成员国的企业,或者也可以在考虑相应领域特殊性的前提下出于比较的目的参照其他经济领域的企业。在确定合理利润率时,成员国也可以以能够促进所提供的服务质量和生产利润的准则为基础。

(19)如果具有普遍经济利益的服务只占企业经营活动的一部分,必须将与提供相应的具有普遍经济利益的服务相关的收入和支出和其他收支项目在账簿中单列。此外还需说明,收入和支出根据何种标准进行归类。收入和支出的归类标准亦须说明。如果一个企业受托提供多项具有普遍经济利益的服务也要进行账簿单列,因为这些服务的发布机构可能不同,这些服务的类型也可能不同,根据企业内部为每一项服务单列的簿记必须能够证明不存在过度补偿。这些原则不影响 80/723/EG 号指令之规定在其适用范围内的效力。

---

① 参见法院 2003 年在 C-83/01P 和 C-94/01P 诉讼中的判决,Chronopost SA,2003 年判例集,第 I-6993 页。

3. 过度补偿

(20) 国家必须定期检查或请人检查是否存在过度补偿。因为过度补偿对于具有普遍经济利益的服务实现功能是不必要的，构成与共同市场相悖的国家补贴，必须返还给国家。在这种情况下，必须重新确定符合实际情况的计算参数。

(21) 如果过度补偿额最高达到年补偿额的10%，可以将该金额计入下一年度。个别具有普遍经济利益的服务可能存在年度成本明显波动的情况，主要是在需要专门投资的时候。在这种情况下，为了使具有普遍经济利益的服务实现功能，在特定的几个年度内例外给予超过10%的过度补偿可能是必要的。在通报时要向委员会说明需要提供10%以上过度补偿的情形。在此类情形中，必须定期（根据相应经济领域的实际情况确定期间，但不应超过四年）实施决算。所有在决算中计算出的过多支付金额必须返还。

(22) 过度支付的补偿可以用于同一企业提供的其他具有普遍经济利益的服务，但资金的转支必须在相关企业的账簿中载明，并符合共同框架的规定与原则，尤其是在事先通报方面。成员国必须保证此类的资金转支处于常态的监督之下。此时适用80/723/EWG号指令的规定。

(23) 不能以所涉及的国家补贴符合《欧共体条约》（例如环境补贴、用工补贴、中小企业补贴等）为由而将过高的补偿留给企业。如果成员国计划提供此类补贴，必须遵守《欧共体条约》第88条第3款规定的事先通报程序。只有获得委员会许可后才能支付此类补贴。如果补贴适用集团豁免条例，则必须遵守豁免准则。

4. 委员会裁定所附加的条件和义务

(24) 根据1999年3月22日议会就《欧共体条约》第93条在适用上的特殊规定所作的659/1999号规范的第7条第4款[①]，委员会可以在其作出的肯定性裁定上附加条件和义务，使之能够确信补贴与共同市场具有一致性以及能够监督其裁定的执行。在具有普遍经济利益的服务领域，为了确保向相关企业所提供的补偿不会导致过度补偿，此类条件和义务可能是必要的。因此，在具体个案中根据不同状况可以要求提供定期报告或者设定其他义务。

5. 共同框架的适用范围

(25) 本共同框架的适用期间为在欧盟官方公报公布后六年。委员会可以根据

---

① 参见1999年3月27日第L83号公报，第1页。2003年因加入欧盟而变更。

与成员国的协商出于与共同市场相关的重要原因在其失效前变更。共同框架公布四年后，委员会可以根据主要在成员国提供的信息的基础上对广泛征询意见得出的事实和结论进行一次成果评估。评估结论应当告知欧洲议会、地区委员会、欧洲经济和社会委员会以及成员国。

（26）对于所有向委员会提出的、由其在官方公报公布共同框架之后作出裁定的补贴计划适用共同框架的规定，即使在公布之前进行了通报。对于没有通报过的补贴适用下面的规定：

A）如果补贴是在欧盟官方公报公布之后提供的，适用本共同框架的规定；

B）对于所有其他情形，适用提供补贴时有效的规定。

6. 目的性保障措施

（27）作为《欧共体条约》第88条第1款之目的的目的性保障措施，委员会建议成员国在共同框架于官方公报公布后的18个月内将各自对提供具有普遍经济利益的服务进行补偿的规范修改成与共同框架相一致。成员国要在共同框架于官方公报公布后的一个月内确认其同意该目的性保障措施。如果相关的成员国未予答复，则委员会将视其为拒绝。

欧洲经济共同体委员会向成员国发出的关于在加工工业领域适用《欧洲经济共同体条约》第92条和第93条以及有关公共企业的第80/723/EWG号委员会指令第5条的通知

I. 引 言

1. 为了成功做好国内市场,需要一贯的国家补贴政策。在这一问题上,公共企业值得特别关注。因此,公共企业补贴政策有必要提高透明度和继续发展,因为到目前为止公共企业没有受到足够的补贴监督:

——在很多情况下,补贴监督的全部范围仅及于资本输入,而不适用于其他形式的公共性财政支持;

——此外,这些补贴规定一般仅规范产生亏损的公共企业;

——再者,在委员会许可的补贴项目之外向公共企业提供的补贴(私营企业也可以获得)显然在非常大的范围内没有根据第93条第3款进行通知。

2. 这种情况将因本通知得以改善。首先,通知描述了条约的法律基础,对委员会、参议院、议会至今所遵循的补贴政策和与公共企业有关的法院判决进行了概述。此时,特别依据了关于成员国和公共企业之间财政关系的第80/723/EWG号指令,以及明确地阐述了长期以来所运用的原则,即只有当国家提供资本给企业时的条件对于投资者而言在通常的市场经济条件下是不可接受的,才会推定为国家补贴。最后,通知对委员会通过将该原则适用于所有形式的公共资金和所有情形下的企业来提高透明度的意见进行了解释。

3. 该通知并未涉及是否使用在条约中规定的例外许可的问题,因为在该政策领域并未作出任何变更。该通知仅限于加工工业领域。但这并不排除委员会将下面所描述的方案应用于加工工业之外的个案或领域,只要通知中的原则能够适用于这些例外的领域,并且根据其意见适用这些原则对于确定是否存在国家补贴至关重要。

II. 公共企业和竞争规定

4. 第222条规定,《欧洲经济共同体条约》不影响各成员国的财产法律。这意味着,该条约在成员国确定公共财产与私有财产方面是中立的,因此不影响成员国建立混合制度的权利。但该项权利并不表示竞争规则不适用于公共企业,因为建立保护共同市场内的竞争、防止虚假竞争的制度是条约的基础之一。确立此类制度的一般性规范也源自该条约(第85条至94条)。该条约还规定,这些一般性竞争规范也适用于公共企业(第90条第1款)。第90条第2款对第1款作了例外规定:对于受托提供具有普遍经济利益服务的企业或具有国家专营性质的企业,只要这些竞争规范的适用在法律上或事实上不妨碍其履行委托给他的特殊任务,就适用该竞争规范。对商业交易发展的影响不能达到违背共同体利益的程度。这在国家补贴规范(第92条、93条和94条)方面就意味着,向公共企业提供的补贴与向私营企业提供的其他所有国家补贴完全一样必须事先通知委员会(第93条第3款)。这样,委员会才能确定此类补贴是否受第92条第1款之约束,即是否损害成员国之间的贸易和竞争。如果补贴受第92条第1款之约束,委员会的任务就是确定是否适用在条约中规定的一般性例外规定,以至于该项补贴可能被认定为符合共同市场。因此,委员会的工作就是确保在适用竞争规则时不会在公共企业和私营企业之间造成歧视。

5. 为保证非歧视原则或者平等对待,委员会于1980年发布了关于成员国与公企业之间财务关系透明化的指令。① 按照发展趋势,国家机构与公共企业之间财务关系的复杂性将妨碍委员会履行确保不发放不符合共同市场的国家补贴的义务,这是委员会制定指令的指导准则。委员会进一步认为,只有当国家机构与公共企业之间的财务关系实现了透明,才能以公平的方式既适用于公共企业,也适用于私营企业。

6. 该指令为成员国设定了义务,即负责使所有输入到公共企业的公共资金和这些资金的使用透明化(第1条)。如果委员会认为有必要进行质询,成员国必须向其提供这些资料和所有必要的背景信息,尤其是所要达到的目标(第5条)。尽管透明化适用于所有公共资金,但下列特殊的财务关系明确属于该指令的适用范围:
——补偿经营亏损;
——提供资本;
——以优先条件提供的不要偿还的补助金和贷款;
——通过放弃利润或不收回债权的方式提供财政优惠;

---

① 80/723/EWG号指令,被85/413/EWG号指令修改,吸收了以前被排除的领域。

——放弃投入的公共资金的通常利息；
——补偿因政府而产生的财政负担。

7. 此外，委员会还认为，提供公共资金的种类和方式都必须保证透明化。因此，不仅由政府直接向公共企业提供的资金适用透明化指令，而且由政府通过其具有控制性影响的其他公共企业间接提供的资金也要适用透明化指令（第2条）。

8. 法院在其1982年6月6日的判决中[1]再一次确认了透明化指令的合法性。

9. 法院在透明化指令方面发展出的原则一直是此间不断作出的判决的组成部分。法院所作出的如下认定具有特殊的意义：
——将指令所涉及的信息透明化并在委员会需要时予以提供是必要的和合理的；
——通过该指令引起对对待公共企业和私用企业的平等原则的重视；
——为了能够检查第92条和93条是否得到了遵守，委员会对于知晓向公共企业输入公共资金的所有形式具有合法的利益；
——出于同样的原因，委员会对于知晓从政府直接流向公共企业或通过其他公共企业间接流向公共企业的公共资金具有合法的利益。

III. 用以确定补贴特性的准则

10. 在确定委员会对哪些企业和哪些资金具有第90条和92条上的合法利益之后，就需要对在审查是否存在补贴时所适用的准则进行研究。只有存在国家补贴时，才会涉及前面的通知问题。在已经提供了补贴的情形中，需要审查是否能够适用条约规定的例外规则。[2] 在审查是否涉及补贴以及这种补贴是否根据《欧共体条约》的例外规定可能是允许的，如果要做到完全透明，需要分两个阶段来完成。

11. 如果公共企业以与私营企业同样的方式从透明的、委员会许可的补贴项目中获得利润，则补贴的事实与委员会同意补贴项目的条件一样很明确。而对于在透明化指令中述及的其他形式的公共资金，情况就并非总是清晰明了的。如果国家超越其作为财产所有者的角色而向公共企业提供资金，公共企业可能在特定情况下为了自身利益而利用其与国家之间的特殊关系。根据平等性原则，如果国家向公共企业提供资金的条件与在一般市场经济条件下从事经营的私人投资者向私人企业提供资金的条件之间存在区别，就视为补贴（下文称为"市场化经营的投资者原则"）。正如委员会在其关于"在开放和以竞争为导向的领域的工业政策"的通知中所确定的，无论是在世界市场上的竞争，还是共同市场上的竞争，越来越具有全球性，同时也越来越强化。这种趋势对欧洲企业具有很大影响，例如在研发、投资战略和融资

---

[1] 参见188-190/80号诉讼。
[2] 参见第90条第2款，见脚注1和边码32和33。

方面。在相关领域从事经营的拥有相似经济和财务条件的企业,无论是公共企业还是私人企业,在融资形式方面必须得到同等对待。如果提供公共资金的条件优惠于私人财产所有者在相应的财务和竞争条件下向私人企业提供资金的条件,公共企业就获得了私人企业从财产所有权人处无法获得的好处。如果此类以优惠条件提供的公共资金不视为补贴,而适用共同体条约的例外规定,就违反了公共企业和私人企业的平等对待原则。

12. 作为确定和量化补贴的基础而适用的"在通常市场经济条件下从事经营的投资者原则"是由参议院和委员会为钢铁工业和造船业所规定,并经议会确认的。此外,委员会将该原则应用到一系列的具体案件中。法院在所有向其起诉的案件中都将该项原则作为判断是否提供补贴的标尺,该项原则由此也得到法院的确认。

13. 1981年参议院两次适用了市场化经营的投资者原则。第一次适用时,参议院一致认可了委员会作出的得以建立共同体在钢铁领域补贴规则①的裁定;第二次适用时,参议院以加重多数认可了"造船业惯例"。② 在这两个案件中,参议院认为,补贴的概念涵盖所有在成员国向其直接或间接控制的造船企业和船舶维修企业提供的财政支持措施中包含的补贴成分,这种补贴成分在市场经济下根据一般的企业实践不可能作为承担责任的资本而提供。由此,参议院不仅确认了市场经济原则,而且还赞同委员会提出的透明化指令不仅能适用于直接的还能适用于间接的资本捐助。

14. 参议院后来一直坚持该原则,最后一次是1989年在钢铁行业③以及1990年在造船业。④ 实际上,参议院在1989年的钢铁惯例中已经确认,所有的资本输入或者类似的财务支持必须事先通知,这样委员会才能审查是否捆绑了补贴,即是否属于"在市场经济下按照一般的投资行为提供承担责任的资本"(第1条第2款)。参议院最近一次是在委员会关于Finsider/ILVA⑤新补贴的裁定中再一次确认了该原则。

15. 在被要求就造船业指令中所包含的市场化经营的投资者原则发表意见时,议会同意了包含该原则的委员会草案。⑥

16. 市场化经营的投资者原则也是委员会对公共资本参与继续坚持其立场的基础。⑦ 委员会认为,"如果通过政府以参股形式向企业提供资本的情况不符合在

---

① 参见1981年8月7日第2320/81/EGKS号裁定。
② 参见1981年4月28日第81/363/EWG号参议院指令。
③ 参见1989年2月1日委员会第322/89/EGKS号裁定。
④ 参见1990年12月21日第90/684/EWG号参议院指令。
⑤ 参见1989年3月13日第L 86号官方公报,第76页。
⑥ 参见1981年2月9日第C 28号官方公报,第23页和1987年1月12日第C 7号官方公报,第320页。
⑦ 参见对成员国有关政府参股企业的通知——Bulletin EG 9-1984。

通常市场经济条件下提供责任资本的投资者的行为,就有必要根据《欧洲经济共同体条约》第92条作出评价"。如果"考虑到企业的财务状况,尤其是债务的结构和范围,期待在合理的期间内从投入的资本中获得通常的利润率(分红或资本增值的形式)看起来似乎并不现实",则尤其有可能属于提供补贴。

17. 此外,为了能够确定是否存在补贴,委员会在很多案件中适用了市场化经营的投资者原则。在每一个案件中,委员会都以一个市场化经营的投资者是否愿意以同等条件提供资金来审查获得公共资金的企业的财务状况。在 Leeuwarden 案件中,委员会得出的结论是,资本输入构成补贴,因为"该经济领域的生产能力过剩所带来的阻碍使得该公司很可能没有能力在私人资本市场上获得对企业存活所必需的资金。根据该市场的普遍情况,没有任何合理的理由让人相信一个必须紧急进行大范围重组的企业能够筹措足够的资金进行必要的替代性投资"①。多年来,该政策一直得以延续。委员会在最近一次的 CdF/Orkem 裁定②中认为,政府"以非市场经济条件向企业输入资本",实际上所涉及的企业"只有很小的机会从私人市场上获得可以确保其存活和长期稳定的足够资本"。委员会在 ENI-Lanerossi 裁定③中认为,"资金是以在通常市场经济条件下经营的私人投资者不能接受的条件提供的,因为在本案中鉴于亏损的持续性和范围,该企业的财务和经济状况已经到了这种境地,即对于投入的资本无法期望获得表现为分红和资本利润的一般利润率"。④ 还有一系列的案件,在这些案件中委员会清楚地表明,通过国家进行的资本捐助不构成补贴,因为通过分红或资本增值通常能够获得合理的资本利息。⑤

18. 委员会还在造船业指令和钢铁惯例范围内的很多案件中应用了市场化经营的投资者原则。在造船领域,例如在 Bremer Vulkan⑥ 案中,委员会认为,临时贷款和增资构成补贴,因为"其无法接受联邦政府的理由,即政府只是和私人投资者一样,对于未来市场的发展仅是偶尔能比其他人作出更好的预测"。委员会在钢铁领

---

① 1982年9月29日第L277号官方公报,第15页。
② 参见1990年8月7日第C198号官方公报,第2页。
③ 参见1989年1月20日第L16号官方公报,第52页。
④ 也可详细参见 Meura(1984年10月19日第L276号官方公报,第34页)、Leeuwarden(1982年9月29日第L277号官方公报,第15页)、Intermills(1982年10月2日第L280号官方公报)、Boch/Noviboch(1985年2月27日第L59号官方公报,第21页)、Boussac(1987年12月15日第L352号官方公报,第42页)、Alfa-Fiat(1989年5月31日第L394号官方公报,第9页)、Pinault-Isory(1988年5月7日第L119号官方公报,第38页)、Fabelta(1984年3月3日第L62号官方公报,第18页)、IdealSpun(1984年10月27日第L283号官方公报,第42页)、Renault(1988年8月11日第L220号官方公报,第30页)、Veneziana Vetro(1989年6月16日第L166号官方公报,第60页)、Quimigal(1990年7月28日第C188号官方公报,第3页)和 IOR/Finalp(尚未公布)等裁定,这些裁定中有同样的考虑。
⑤ 尤其可参见 CDF/Orkem(部分)、Quimigal(部分)、Intermills II(Bulletin EG 4-1990.1.1.34点)和 Ernaelsteen(18.竞争报告,212和213点)等裁定。
⑥ 尚未公布。

域作出的多项裁定中都将资本输入视为补贴。①

19. 值得注意的是,在上述许多情形中,公共企业的增资并不是直接通过国家而是间接通过国家控股公司或者其他的公共企业实现的。

20. 法院对委员会适用在1984年的通知中阐述的市场化经营的投资者原则的一系列裁定表明了态度。在所有向其起诉的案件中,法院都认为该项原则适合于确定是否存在补贴。法院还进一步审查了委员会的裁定在适用该项原则时是否充分地考虑了每个案件的特殊情况。例如法院在Boch判决中讲到(判决理由第13点):"为了判断此类措施是否构成国家补贴,开始适用了委员会在其裁定中所称的企业能否在私人资本市场上获得相应资金的标准。如果公司资本几乎全部由政府持有,尤其要审查在同等情形下基于盈利性预期并且不考虑所有的社会或地方政治因素或者产业政策方面的因素,一个私人股东是否愿意提供资本帮助"。② 法院在最近一次的Boussac判决③中重新确认了该项原则(判决理由第39至40点):"为了判断该措施是否构成国家补贴,必须适用委员会在其裁定中所称的企业能否在私人资本市场上获得相应资金的标准",并且"该企业处于这样的财务境况,即在可以接受的期间内无法期待从投资的资本中获得合理的利息,Boussac已无法在市场上获得必要的资金"。④ 不久前法院对市场化经营的投资者原则进行了进一步区分,即区分具有短期甚至投机眼光的私人投资者和具有长期展望的私人控股公司(Alfa/Fiat和Lanerossi)。⑤ "必须弄清楚的是,要和公共投资者的介入行为相比较的私人投资者(不一定是出于或多或少的短期利润期望而进行投资的一般投资者)的行为至少必须是一个遵循结构性、全球性或行业性投资政策并追求长期利益的私人控股公司或企业集团的行为"。基于本案的事实,"委员会可以得出相关结论,即私人投资者,即便其在存在广泛经济联系的集团的整体层面作出决定,在通常的市场经济条件下也无法从投入的资本当中期望合理的利润率(即使在较长的期间)"。"私人投资者喜欢提供新的资本,使得一个暂时处于困境当中但采取必要的重组措施后能够重新盈利的企业存活下来。同样,为了给予子公司以最优的条件退出业务领域的机会,母公司愿意在有限的期限内接受子公司的损失。此类决定不仅是基于直接利润的考虑,而且有可能有其他原因,例如维护整个集团的形象或者重新调整其业务活动。但是,如果新输入的资本即使长期来看也无任何获利可能性,这种输入肯定要视为

---

① 参见1983年8月19日第L 227号官方公报,第1页。也可参见在同一份公报中公布的关于Arbed、Sidmar ALZ(Belgien)、Hoogovoens、Irish Steel、Sacilor/Usinor和British Steel的裁定。在这些案件中,都认可了补贴一致性。不久前参议院在Finsider/ILVA案中一致确认了该项原则——见脚注26。
② 诉讼案40/85。
③ 参见诉讼案C-301/87(尚未公布)。
④ 也可参见Intermills 323/82诉讼案、Leeuwarden 296/318/82联合诉讼案、Meura 234/84诉讼案,在这些诉讼案中可见同样的考虑。
⑤ 参见诉讼案C-305/89以及C-303/88。

提供补贴。"

21. 在很多由法院作出裁决的案件中,资本的输入是间接地通过国家控股公司或其他公共企业,而不是直接通过国家进行的,这一事实不影响所涉及资金的补贴属性。法院一再就这种情况的经济真实性作出评价,以确定是否有国家资金参与。在 Steinicke 和 Weinlig 案[①]中,法院认为,"第 92 条包括全部私营企业和公共企业及其全部的生产部门","在适用第 92 条时主要应考虑补贴对受益企业或制造商的影响,而不是负责分配和管理补贴的机构的地位"。法院在 Credit Agricole 案[②]中确认了这一点。法院认为,"补贴不一定必须由国家资金支持才算国家补贴。没有必要区分补贴直接由国家提供还是通过国家为管理补贴而设立或指定的公共的或私人的机构提供"。

IV. 更加透明的补贴政策

22. 到目前为止,由参议院、委员会和法院处理的适用商人式的投资者原则的大多数情形都是向出现亏损甚至处于破产边缘的企业输入资本。本通知的目标之一就是通过将补贴规定系统适用于下述情形而提高透明度:
——所有状态下的公共企业,不仅是处于亏损状态下的公共企业;
——所有在透明化指令中述及的公共资金形式,特别是贷款、担保和资本利息,不仅仅是目前的资本输入。

23. 应当通过在透明化指令所包含的所有形式的公共企业和所有形式的公共资金上明确适用市场化经营的投资者原则来提高补贴政策的透明度。适用市场化经营的投资者原则是因为:

该原则是合适的标准,一方面能够确定公共企业相对于同级的私营企业获得了哪些财务优势,另一方面保证同等对待公共企业和私营企业;

对于委员会而言,该原则的实用性在很多案件中得到了证明;

该原则获得了法院的确认;以及

在钢铁工业和造船业参议院批准了该项原则。

如果不适用该项原则,不仅存在缺乏透明度的危险,而且还存在歧视私营企业的危险。私营企业既没有同样的政府关系,也不能同样获得公共资金。目前的建议是,与其开启全新的政策,不如符合逻辑地继续发展现有的政策,为了弄清该项原则在更多案件中和更分散的资金分配中的适用,继续发展现有政策也是必要的。事实上,法院、委员会和参议院已经在有限的案件中将市场化经营的投资者原则应用到

---

① 参见诉讼案 78/76。
② 参见诉讼案 290/83。

同样属于通知范畴的其他形式的公共资金上(除了资本参与),即担保、贷款、资本利息。①

24. **担保**:在 IOR/Finalp 案中,委员会认为,通过国家控股公司百分之百收购一个已经处于困境当中的企业(根据意大利商法该企业已因此须承担无限责任)等同于接受额外的风险,由此要承担无限担保。委员会就其已经长期适用的原则认为,如果作为结果必须对公司承担无限责任,一个市场化经营的投资者通常不会成为一个公司的唯一股东;他会确认额外的利润是否同时附随额外的风险。

25. **贷款**:在 Boch 案中,法院认为:"根据第 92 条第 1 款,《欧洲经济共同体条约》在该领域之规定包括国家补贴或者由国家资金提供的补贴,无论何种形式。在贷款形式的补贴和向企业参股形式的补贴之间原则上不作区分。为了判断此类措施是否属于国家补贴,尤其需要审查企业在私人资本市场上能否获得相应的资金"。

26. **投入资本的利息**:当委员会在 Finsider/ILVA 案中根据《欧洲煤炭和钢铁共同体条约》第 88 条启动程序时,其出发点是通过国家银行向相关企业提供贷款的条件对于一个私营的在通常市场条件下经营的投资者而言是不可接受的,这里的贷款捆绑了政府的(隐含的)担保,因此构成国家补贴。当偿还企业债务时,事实上隐含的担保后来就变成了明确的担保。

该程序的启动使得参议院一致批准了该裁定,②其理由在于确保企业重建存活能力和获得最低资本利润率。

V. 商人式投资者原则的适用性

27. 委员会在适用向公共企业提供补贴的规定时积累的经验以及在市场化经营的投资者原则方面获得的共同体机构的普遍支持强化了委员会的观点,即该项原则在判断是否存在国家补贴问题时是合适的依据。还可以确定的是,运用该项机制的大多数案件都具有特殊性质,进一步适用可能带来一定的困难。因此,另外公布了几个解释。同时,也有人质疑,即市场化经营的投资者原则的应用可能导致委员会代替投资者决定对投资项目的评价。反驳这种质疑的主要理由在于,该项原则已经在很多案件中被证明在确定公共资金是否构成国家补贴时是既合适又实用的标准。而且,代替投资者进行判断将来和过去一样很少会是委员会的目标。公共企业和公共投资者在有额外资本需求时必须和私营企业和私营投资者一样考虑投资计划的风险和预期收益。委员会清楚,公共企业的风险分析(同私营企业一样)需要

---

① 不可能列出所有的可能包含补贴的不同的财务支持形式。委员会将对向公共企业直接或间接提供的可能构成补贴的所有好处采取行动。

② 参见 1989 年 3 月 31 日第 L 86 号官方公报,第 76 页。也见 1988 年 10 月 25 日委员会向参议院发出的通知——SEC(88)最终版和第 14 竞争报告 207 点。事实上,钢铁惯例对于所有成员国的目标在于,根据市场经济原则通过获得最低利润率和自筹款项重建企业的存活能力。

运用企业家式的能力,并且当然包括了投资者可能作出的广泛的评价可能性。在这些广泛的评价可能性中,从投资者的决定不能推断出是否存在国家补贴。成员国应在审查提供公共资金的理由之后决定是否必须根据第93条第3款之义务进行通知。在这方面,1984年关于参股公共机构的通知是有用的。该通知规定,如果在财政资金从国家输送到公共控股公司时,可能被认定为提供补贴,需要事先通知委员会。根据对所获信息的审查,委员会将在15个工作日内就这些信息是否能够视为第93条第3款上的通知作出裁定。如果委员会不能得出相反的证明,即使项目全部或部分由公共资金支持,如果公共企业或政府有客观理由能够合理地期待投入的资本能够产生合理的利润率,在通常市场条件下经营的私营投资者也能接受该利润率。委员会并不打算对投资计划进行事先审查,除非该计划根据第93条第3款进行了事先通知。

28. 委员会在以往的裁定里从未仅仅因为实际获得的收益率不适当而断定输入的公共资金构成补贴。只有当委员会认为在作出投资或财政支持决定时不存在可以合理地期待与私营企业同等的利润率的客观的或真实的理由时,此类措施才能被视为补贴。只要在此类情形中提供使用的财政资金优惠于私营企业获得资金的条件,即存在补助。很显然,所有的投资决定都附带有风险,不是所有的投资计划都是成功的,很多只能获得低于平均水平的利润率或者是完全失败。私人投资者也存在这种情况。此外,委员会所选用的评估方式没有区分具有短期和长期盈利门槛的计划,只要风险是适当的和可以客观评估的,并在作出投资决定时可以折算。

29. 本通知将因此而降低在该领域的不确定性,即该通知使得委员会如何适用市场化经营的投资者原则和用于确定补贴的准则更加清楚。委员会不希望以教条的方式适用在本通知中所阐述的原则。委员会清楚,对于企业家式的投资决定需要一个大的决定空间。如果毫无疑问,对于提供使用的公共资金没有任何比其被视为提供补贴更加具有说服力的解释,则必须适用这些原则。

如果在一个国家控股公司中,通过盈利的企业部分补助不盈利的企业部分,则也应当适用该项原则。如果相关企业实施一项有望长期实现收益的战略计划或者如果横向补助对于作为一个整体的企业集团而言具有总体上的益处,这种情况也会发生在私营企业。在国家控股公司实施横向补助的情形中,委员会将考虑类似的战略目标。只有当委员会认为提供资金没有任何其他合理的理由时,此类横向补助才能被视为补贴。有些公共企业,也有私营企业往往因为税收或其他方面的原因分割成多个法律上相互独立的子公司。委员会通常都要求提供关于企业的法律上相互独立的子公司之间的资金输送的统一报告形式的信息。

30. 委员会同样清楚,一个商人式的投资者在持有公司少数股份的情形中,其行为有别于持有一个大的企业集团的多数股份的情形。在第一种情形中,参股更具有投机属性和仅具短期利益,而在第二种情形中,则基于长期利益。如果政府控制一个单一公共企业或者一个企业集团,通常很少会着眼于纯粹短期利益方面的考虑,而在没有控制权的少数持股时却可能是这种情况。相应的,其规划也是针对较长时期的。在和相应的商人式的投资者的行为进行比较时,委员会将考虑政府的参股种类。这也适用于判断额外的资本需求,视是否涉及企业的新财务整顿或者特定计划的财务支持而定。① 如果相关企业或企业集团过去获得了表现为分红或资本增值的合理的投资利润率,市场化经营的投资者通常都会对额外的资本需求作出肯定评价,委员会清楚该事实情况。相反,投资者对于与同等企业相比业绩较差的企业提出的财政支持申请会给出不信任的评价。如果为了获得总体上的投资价值而需要额外的资本,都期望政府和私人投资者一样在审查提供新的资金在经济上是否正确时能够考虑这种更大的利益关系。在因缺少资金或长期盈利希望而决定放弃某一业务领域时,公共企业集团会像私营企业集团一样顾及集团声誉和组织结构方面的后果,从而决定业务活动调整的时间和范围。

31. 在评价额外的资本需求时,股份所有人通常拥有必要的信息,以便能够判断满足需求是否是正确的。需要额外资本的企业所提供的信息的范围和内容可以根据所需资金的种类和范围、企业和股份所有人之间的关系甚至该企业过去所创造的利润率来确定。② 没有充足的信息,一个市场化经营的投资者通常不会提供额外的财务资金。类似的考虑通常也适用于申请财务资金的公共企业。如果委员会认为对于判断提供的财政支持是否构成补贴是必要的,应委员会的明确要求应向其提供财务资料。③ 委员会不得传播其所获得的信息,因为这些信息属于商业秘密。因此,委员会不事先审查投资计划,除非存在根据第93条第3款必须进行事先通知的补贴。如果有合理的理由推测向公共企业提供的资金捆绑了补贴,委员会可以在其权限范围内根据第92和93条要求成员国提供必要的资讯,以便能够判断在相关情形中是否存在补贴。

VI. 补贴一致性

32. 成员国可以自由决定其公共领域的范围和类型,并可以后变更。委员会清楚,如果政府享有对企业的财产权,商业目的并非总是主要的动机。公共企业经常要在其基本的商业活动之外附加承担非商业任务。所以,在一些国家,公共企业被视为经济"火车头",例如在抵抗经济衰退时为了重组处于困境中的工业或为了地方发展。所以,公共企业可驻扎在成本较高的欠发达地区,或者维持超出经济上所

---

① 这对于公共财产所有人出于非商业原因(例如限制公共支出)有意注入过低资本的公共企业尤为重要。

② 无法获得企业经营"内部信息"的少数股东比拥有控制权的股东(可能在领导层参与企业战略的制定,准确知悉公司的财务状况)更需要一份对提供新资金的更有约束力的论证。

③ 根据《欧洲经济共同体条约》第92和93条并结合第5条和透明化指令第1条字母C,咨询请求属于委员会的调查权。据此,公共资金的实际使用必须公开。

需规模的雇员数量。如果这些观点因共同体利益而具有正当性,委员会可以根据条约考虑此类观点。还有,(公共企业)提供的大多服务都含有很多的公共福利的成分,甚至可能是通过政治或法律命令的方式强制的。这些非商业目标/任务(即社会公共产品)是与成本相联系的,最终必须由国家或以额外的财政资金的形式(例如资本输入),或以较低的资本利息的形式筹措。对供给公共福利提供支持可能在一定情况下扭曲竞争。公共企业并不会因为其所承担的提供公共福利的义务而豁免适用竞争规则,除非可以适用条约中的例外规定。

33. 只有委员会掌握了能够确定向公共企业输入的资金是否构成补贴、能够量化补贴以及能够判断是否可以适用条约中规定的例外规定的信息时,才能履行条约所赋予的义务。本通知的作用限于在重要的第一步骤中提高所涉资金流动的透明度。这里不涉及接下来的第二步骤中已经被认定为补贴的一致性问题,因为委员会作出此类裁定所依据的众所周知的原则来源于一个预期不会发生任何变化的领域(需要指出的是,委员会只关注影响共同体内部贸易和竞争的补贴。因此,如果出于非商业目的向公共企业提供的补贴不涉及共同体内部的贸易和竞争,就不能适用第92条第1款)。将共同体范围内的所有补贴置于共同体的监督之下的义务是成员国向其他成员国自由出口权利的对价,也因此是共同市场的基础。

VII. 国家介入的不同形式

34. 在判断向公共企业提供公共资金是否构成补贴时,委员会将考虑下面所要描述的一些因素。这适用于本通知所涉及的所有形式的国家介入:资本输入、贷款、担保、投资利息。① 在使用该政策时,委员会还要考虑上面提到的市场化经营的投资者原则。本通知中"公共企业"和"公共资金"的界定源自透明化指令。这对于成员国而言被认为是对委员会一般立场的态度。当然,委员会必须和过去一样在每一个案件中证明案件涉及第90条上的公共企业和第92条第1款上的公共资金。根据透明化指令提供信息时也会涉及这些内容,所以法院为指令之目的批准了该定义。

资 本 输 入

35. 一个以在市场经济条件下投资者不可能同意的条件所进行的资本输入将被视为补贴。通常所指的情况是,企业的状况和未来前景在可预见的期间内无法承担一个类似的私人企业通常要支付的利息。1984年关于政府参股企业资本的通知仍然有效。

---

① 这并不是完整的列举——参见脚注24。

如果从融资方案中预期获得的未来现金流的现值①高于投入的资本额,市场化经营的投资者通常会同意提供资本。在其范围内对此进行说明的框架已在上面第27至31中阐述。

36. 在一些成员国中,投资者对于因长期亏损而导致资本缩减到一定数额的企业有提供额外资金的法定义务。这些成员国认为,此时并不涉及国家补贴,因为投资者仅仅是履行法定义务。但是,这更像是一种假定的"义务",因为像商人一样进行经营的投资者在这种情形下也可以考虑解散的可能性或减少投资。如果此时存在财务上合理的解决路径,但尚未开始,则所有后来的资本输入和其他的国家介入都将被视为补贴。

37. 在对国家行为和市场化经营的投资者行为进行比较时,特别是在企业没有产生亏损的情形中,委员会将查明企业在计划输入额外资本时刻的财务状况。在评价下列因素的基础上,委员会将确定投资金额是否包含补贴成分。这种补贴成分为扣除利息后达到现有价值的投资成本减去投资价值。需要强调的是,对于每一个分析而言,下面所说的项目是必要的,但并不是充分的,因为在第27至31中所阐述的原则并未涉及所需资金是否用于投资计划或财务重组。分析时要考虑输入的资本是否指定用于投资计划或新的财务整顿。

37.1. 收益情况:分析若干年度期间的利润。对由主要的盈利数字得出的发展趋势进行评价。

37.2. 财务指数:债务与自有资本的比例(企业的负债程度)要与通常的标准、经济部门的平均数字和直接竞争者的情况相比较。为了查明企业的贷款可信度,需要进一步考虑流动性和支付能力方面的不同指标。为了能够判断处于通常市场经济条件下的企业的潜在外部融资规模,这一点尤为重要。委员会知道,困难在于要在具有不同的记账实务或规定的成员国之间进行此类比较。在获得财政资金的公共企业之间进行比较时,为了确定合适的参考项,委员会要考虑这一点。

37.3. 财务规划:如果一个投资项目以增加资本的方式获得资金支持,需要对该投资项目连同作为其依据的投资正确性方面的意见进行详细的审查。

37.4. 市场情况:需要调查市场发展情况(过去几年的趋势,特别是未来的预期)、在一定期间内企业的市场份额以及未来可期待的发展。

担　　保

38. 委员会对于其在贷款担保方面所持立场的方针最近发给了成员国。② 根据该方针,所有由国家直接提供或通过财政机构间接提供的担保都将被视为《欧共体条约》第92条第1款所指的国家补贴。只有在提供担保时进行了评价,才能发现因

---

① 未来现金流以企业内部利率贴现。
② 1989年4月5日 Leon Brittan 先生向所有成员国发出的通知,被1989年10月12日的文件修改。

为提供担保而对竞争产生的当前的和潜在的影响。一个没有要求的担保可能使得一个企业得以继续其业务,并且因此从市场上挤出不能获得同样担保的竞争者。企业因此获得了以损害竞争者为代价的表现为补贴的对竞争产生影响的好处。担保被认为含有补贴成分后,必须随之对借款人的财务状况进行调查。此类担保的补贴成分为借款人在自由市场上需要支付的利息与因担保而实际支付的利息之间的差额减去为担保而支付的酬金。只有明确可以为公共企业或私营企业提供国家担保时,债权人才能要求提供国家担保。如果根据条约中的例外规定进行审查后得出担保行为不符合共同市场的结论,企业需要向政府偿还补贴款项,即使这将意味着企业破产。但是,在任何情形下都要清偿债权人的债权。这些规定同等适用于公共企业和私营企业。对于公共企业,除了后面的说明之外没有其他的特殊规定。

38.1. 对于章程排除了破产可能的公共企业,如果章程允许其以比未排除破产时更优惠的条件借入贷款,则所有借入的贷款实际上都是长期的补贴,与担保具有相同的意义;在此类情形中适用同样的原则。

38.2. 如果政府对公共企业的投资需承担无限责任,而不是通常的有限责任,委员会将此视为对无限责任范围内的全部资金提供了担保。① 在这种情形中,前面所阐述的原则适用于这种担保。

贷 款

39. 在提供贷款时,债权人在通常的市场经济条件下对于债务人的支付能力风险是清楚的。可能的损失包括贷款总额以及出现支付不能时尚未支付的到期利息。与贷款合同相关的风险通常通过两个不同的参考值体现:A)利率;B)提供担保。

40. 高风险将通过这两个参数表现出来。如果不是这样,委员会就认为企业获得了补贴形式的好处。对于用以抵押的财产价值不足以清偿全部贷款的情形,亦如此。委员会将在未来仔细核查为贷款融资所提供的担保。

41. 企业原本应当支付的利率和实际支付的利率之间的差额就是补贴部分。在极端情形中,即向在正常情况下无法获得资金的企业提供未设担保的贷款,贷款实际上就是补助,将被委员会视为补贴。

42. 在批准贷款时贷款人的评估是基础。如果贷款人愿意或者因属国家控制的银行而直接或间接被迫以非银行通常条件发放贷款,就存在补贴成分,必须计算其范围。这些原则当然也适用于获得公共金融机构贷款的私营企业。

投 资 利 息

43. 国家应当和其他的市场化经营的投资者一样,将以分红或资本增值形式从

---

① 见边码25。

一个类似的私人企业处可以获得的利息作为其投资的基础。① 利润率取决于利润,表示为投资资产的百分比。融资形式(即贷款或责任资本)并不重要;对于公共企业,融资形式取决于经济考虑之外的原因。如果中期或长期都无法达到通常的利息水平,公共企业也未进行弥补,则属于对企业的间接支持,因为国家放弃了商人式的投资者对于类似投资所期望的收益。如果可能,参考同等的私营企业来界定通常利息的概念。委员会知道此类比较存在的困难。此类指标的国际比较还将因成员国内不同的资本市场结构、汇率波动和不同的利率而变得复杂。因为单在一个成员国内精确计算财产价值就已经由于记账实务的原因而存在不确定性,利润率的规定因此变得困难,所以委员会将考虑这种可能性,即查明经济履行能力时或者采用净值或者采用更加简化的准则。

在利息不足的情形中,私营企业将自主或股东促使其采取措施消除弊病,通常会制定提升盈利能力的详细计划。在其确定以较低利息的形式向公共企业提供补贴不符合条约后,委员会觉得有理由促使成员国阐明提高所投入资本利息的建议。如果一个公共企业承担较低的资本利息,委员会可能认为,在这种情形中存在应当根据第92条进行调查的补贴成分。在这种情况下,公共企业以低于市场价格的较低价格获得了资本;这与横向补助同等重要。

44. 如果国家放弃了获取分红并且扣除的公共企业利润无法达到市场通常的利息水平,同样属于国家援助的情形。出于非经济原因,国家宁可放弃分红或者收取低于通常必须向企业输入的资本的分红。这种"提供"资金的通常形式将产生同样的结果,将根据上述原则进行评价。

45. 期限

在五年期限之后,委员会将对本通知中所述政策的适用情况进行评估。在评估的基础上并根据与成员国的协商,委员会可以建议作出其认为合适的变更。

---

① 放弃公共资金的通常利息受透明化指令规范约束。

欧盟运作条约(节选)

第十四条

在不损害《欧盟条约》第4条与本条约第93、106与107条,并且考虑到公共经济利益服务在联盟共同价值范围内所具备的效用,以及考虑到其在促进社会与区域团结协作方面意义的情形下,联盟与成员国在《欧盟条约》与《欧盟运作条约》适用区域在它们各自的权限范围内,须确保关于上述服务生效的原则与条件(特别是经济与金融类型)的设定能够使其承担自身的任务。这些原则与条件由欧洲议会与理事会遵循普通的立法程序通过条例的形式予以规定,成员国在符合《欧盟条约》与《欧盟运作条约》情形下具有的施行委托或资助上述服务的权能不得受到妨碍。

第一百零六条

(1) 成员国在涉及公共企业与获授特许权与独占权的企业时,不得采取或维持抵触违反《欧盟条约》与《欧盟运作条约》第18条、第101至109条规定的措施。

(2) 对于受委托从事公共经济利益服务的企业或具有金融垄断性质的企业,适用《欧盟条约》与《欧盟运作条约》的条款,尤其是竞争规定,只要这些条款的适用没有在法律上或事实上妨碍这些企业承担转嫁给他们的特定任务。贸易的发展不得在违背欧盟利益的程度上受到损害。

(3) 委员会应关注本条规定的适用,并在必要的情况下,对成员国发布适当的指令或决定。

第三百四十五条

《欧盟条约》与《欧盟运作条约》不得影响在不同成员国的所有权规则。

欧洲经济共同体委员会于1980年6月25日发布的关于成员国与公共企业之间财政关系透明化的欧洲经济共同体第80/723号指令

第一条

成员国应在本指令规定的条件下确保公共部门与公共企业之间财政关系的透明化,其应通过披露以下信息实现透明化要求:

a) 经由公共部门为了公共企业施行的公共资金的直接提供;

b) 公共部门通过公共企业或金融机构而进行的公共资金提供;

c) 这些公共资金的实际使用。

第二条

在本指令意义上,公共部门指国家或其他的区域实体。

公共企业指满足以下特征的任何企业:公共部门基于财产权、资金参与、章程或关于控制企业活动的其他规定而对于企业可以直接或间接地行使支配性影响。

支配性影响将被推定为得以行使,当公共部门直接地或间接地:

a) 持有企业已认购股本的大部分;

b) 掌控与企业股份相关联的大多数投票权;或者

c) 企业行政、管理或监督机构的超过一半的成员可由其委任。

第三条

公共部门与公共企业之间的财政关系的透明化必须依据第一条规定予以确保,该种关系特别涉及以下内容:

a) 经营损失的补偿;

b) 出资额或资本来源;

c) 非偿还性的补助或具有优惠条件的贷款;

d) 通过放弃利润或不收取欠款的方式给予的财政优势;

e) 放弃被使用的公共资金的正常利息;

f) 对于由公共部门强加的负担的补偿。

第四条

本指令不适用于调整公共部门与下列主体之间的财政关系:

a）公共企业，其服务的提供对成员国之间的贸易不会造成明显妨碍；

b）公共企业，其涉及一项在下列领域被从事的活动：水与包括核能在内的能源、铀的生产与浓缩，经辐照的燃料的再处理以及含钚的材料的加工处理，邮政与电信，交通运输；

c）公共信贷机构；

d）公共企业，其在两个财政年度期间税前营业额总体上少于4000万欧洲记账单位，在此情形下，以上所述财政关系须在第一条所列的资金的提供或使用之前进行。

第五条

（1）为了使第一条意义上的关于财政关系的信息从公共资金被提供给公共企业使用的财政年度结束起在五年期限内可预估提供给委员会使用，成员国应该采取必要的措施。

如果公共资金在一个稍晚的财政年度被使用，那么五年的期限从这一财政年度结束之时起算。

（2）在委员会认为有必要的情形下，成员国可以基于要求向委员会通告第一款意义上的信息说明以及对此予以评判的信息，尤其是其所追求达致的目标。

第六条

（1）委员会不得泄露其依据第五条第二款规定所获知的信息以及本质上属于其职业秘密的信息。

（2）第一款规定不得妨碍概述或摘要的公布，只要它们不包括本指令意义上的关于单个公共企业的信息。

第七条

委员会应定期向成员国通告本指令的施行效果。

第八条

成员国应该采取必要的措施，以使本指令最迟至1981年12月31日得以施行。成员国应通知委员会与此相关的情况。

第九条

本指令是以成员国为对象发布的。

欧洲共同体委员会为了改变欧洲经济共同体委员会关于成员国与公共企业之间财政关系透明化的欧洲经济共同体第80/723号指令而于2000年7月26日发布的欧洲共同体第2000/52号指令

第一条

欧洲经济共同体第80/723号指令应作出以下修订:

1. 原标题由下列标题替代:

欧洲经济共同体委员会于1980年6月25日发布的关于成员国与公共企业之间财政关系透明化以及在特定企业内部财政透明化的欧洲经济共同体第80/723号指令。

2. 第1条与第2条采行以下版本:

"第1条

(1) 成员国应在本指令规定的条件下确保公共部门与公共企业之间财政关系的透明化,其应通过披露以下信息实现透明化要求:

a) 经由公共部门为了公共企业施行的公共资金的直接提供;

b) 公共部门通过公共企业或金融机构而进行的公共资金提供;

c) 这些公共资金的实际使用。

(2) 在不损害欧共体专门法律规定的情形下,成员国应确保具有施行分离记账义务的企业的财务与组织结构在独立的账簿中得以准确反映,以使以下内容处于明晰状态:

a) 根据不同的经营活动领域而做出的一项独立的关于成本与收益的清单;

b) 对于将成本与收益在不同经营活动领域进行归入或分摊的相关方法的详细说明。

第2条

(1) 在本指令意义上,

a) '公共部门'是指公共部门的所有领域,包括国家以及地区性的、地方性的与所有其他的区域机构;

b)'公共企业'是指所有满足以下特征的企业:公共部门对于这些企业基于财产权、资金参与、章程或关于控制企业活动的其他规定而对于企业可以直接或间接地行使支配性影响。

c)'制造业公共企业'是指所有满足以下特征的企业:它们的主要业务——主要业务被定义为与至少50%的年度销售总额有关的业务——是加工制作,即其业务活动属于 D 节-NACE(美国国家防腐工程师协会)制造业(DA 至 DN 小节,包括 DN 小节)—(第1版)—分类(4);

d)'具有制作独立账簿义务的企业'是指所有满足以下特征的企业:此企业依据《欧共体条约》第86条第1款被授予特许权或独占权,或者依据《欧共体条约》第86条第2款被委托从事公共经济利益服务;此企业获得包括金钱与补贴在内的各种形式的政府补助,并在不同的业务领域具有活动能力;

e)'不同的业务领域'是指符合以下特征的领域:一方面,它们指代企业基于已获得的特许权或独占权提供或从事的所有产品与服务,或者指代企业受委托从事的所有公共经济利益服务;另一方面,它们指代企业任何其他的独立的产品供给或任何其他的服务;

f)'独占权'是指符合以下特征的权利:一个成员国通过法律或行政法规条款授予一家企业的权利,当这个成员国在一个特定区域内只允许仅此一家企业从事服务或经营活动。

g)'特许权'是指符合以下特征的权利:一个成员国通过法律或行政法规条款在一个特定区域授予特定数目企业的权利,当这个国家:

——将企业数目限定在两个或若干个,以提供服务或从事业务活动,企业数目的限制并非基于客观的、合理的和非歧视性的标准,或者

——依据不同于此类标准的其他标准确定若干个相互竞争的企业,以提供服务或从事业务活动,或者

——依据不同于此类标准的其他标准,通过法律或行政法规条款给予一个或若干个企业特定利益,这种利益给予将对于在同一区域在显著相同条件下从事同一业务活动的其他企业的能力行使造成显著妨碍。

(2)在以下情形下,施加支配性影响的行为被视为成立,当公共部门直接或间接地:

a)持有企业的大部分认缴资本;或者

b)拥有与企业已经发行的股份相关联的大部分投票权;或者

c)能够任命企业行政、管理或监督机构的一半以上成员。"

3. 在第3条中,"第1条"表述将由"第1条第1款"取代。

4. 下列第3a条规定将被添加入法典:

"第3a条

(1)根据第1条第2款基于确保透明化的目的,成员国应采取必要的措施,以

确保在具有设置独立账簿义务的每个企业中，
　　a）对应不同业务领域的内部账户被分开独立管理；
　　b）所有的成本与收益应在统一应用的与客观合理的成本会计原则基础上被正确地归列与分摊；
　　c）在独立账户基础上的成本会计原则必须被明晰确定。
　　（2）第1款规定仅适用于没有被欧共体其他专门性法律条款调整的业务领域；基于《欧共体条约》或其他的专门性法律条款的成员国与企业的义务在此情形下不受影响。"
　　5. 第4与第5条采行以下版本：
　　"第4条
　　（1）在关于第1条第1款所涉及的透明化方面，本指令不适用于规制公共部门与下列主体之间的财政关系：
　　a）公共企业，当其服务的提供没有对成员国之间的贸易产生明显的妨碍影响；
　　b）中央银行；
　　c）公共信贷机构，当上述财政关系涉及在公共部门一方基于正常市场条件下的公共资金的投资；
　　d）公共企业，当其在两个财政年度期间年度净营业额总体上少于4000万欧元，在此情形下，上述财政关系须在第1条第1款所列的资金的提供或使用之前进行；对于公共信贷机构，这一界限调整为最高年终平衡账数目为8亿欧元。
　　（2）只要在第1条第2款意义上的透明化被涉及，本指令不适用于以下主体：
　　a）企业，当其服务的提供没有对成员国之间的贸易产生明显的妨碍影响；
　　b）企业，当其在一年以前的两个财政年度期间年度净营业额少于4000万欧元，在这一年中，该企业具有《欧共体条约》第86条第1款意义上的由成员国授予的特许权或独占权，或者依据《欧共体条约》第86条第2款被委托从事公共经济利益服务；对于公共信贷机构，这一界限调整为最高年终平衡账数目为8亿欧元；
　　c）企业，其在《欧共体条约》第86条第2款意义上被委托从事公共经济利益服务，只要其被赋予的任何形式的国家补助，包括资助金、支持或补贴，均是在一个合理时间期限内在一个公开的、透明的与非歧视性的程序中得以确定。
　　第5条
　　（1）成员国应采取必要的措施，以使在第1条第1款意义上的关于财政关系的信息预估从财政年度结束起5年内可为委员会使用支配，在上述财政年度中公共资金可以随时被提供给公共企业使用。当公共资金在一个之后的财政年度被使用，则5年期限从此年度结束时起算。
　　（2）成员国应确保在第1条第2款意义上的关于企业的财政与组织结构的信息能够预期从信息关涉的销售年度结束起5年内可为委员会使用支配。
　　（3）在委员会认为必要的情形下，成员国基于请求可向委员会通告在第1款与第 2 款意义上的信息以及它们的评估信息,特别是关于追求达致的目标的信息。"

6. 在第 5a 条第 3 款中,"ECU"(欧洲货币单位)被"EUR"(欧元)取代。

7. 在第 6 条第 1 款中,"第 5 条第 2 款"的表述被"第 5 条第 3 款"的表述取代。

第二条

成员国应颁布必要的行政法规,以使本指令至迟在 2001 年 7 月 31 日得以遵循。成员国应毫不迟延地将此相关情况告知委员会。

欧洲经济共同体第 80/723 号指令的第 1 条第 2 款规定经由本指令作出修订的版本从 2002 年 1 月 1 日起有效。

在颁布法规时,成员国应在法规本身或在官方文告中提及本指令。成员国自主决定规范此种提及的细节内容。

第三条

本指令在欧洲共同体官方公报公布之后第 20 天生效。

第四条

本指令以成员国为对象发出。

英 国

国艾

1973 年水法*（节选）

第一部分 国家政策以及中央和地方机构

国 家 政 策

1.（1）国务大臣和农业、渔业和食品大臣（在本法中称为"大臣"）有义务共同促进国家水政策，和为了确保下款中提及事项的负责机构有效地执行水政策，根据下列第 2 款和第 3 款履行各自的职能。

（2）国务大臣有义务确保下列有关政策的执行——

(a) 水资源的保存、增加、分配、适当使用和供水的规定；

(b) 污水处理系统和其他污水和排放物的处理和排放；

(c) 河水和其他内陆水卫生的恢复和保持；

(d) 利用内陆水进行水上娱乐；

(e) 内陆水美观的改善和维护；

(f) 利用内路水的航行。

（3）大臣有义务确保内陆水和近海上涉及地面排水和渔业政策的有效执行。

（4）在本法中，"有关大臣或者大臣们"指——

(a) 涉及属于前述第 2 款范围的事项，国务大臣；

(b) 涉及属于前述第 3 款范围的事项，大臣；和

(c) 涉及同时属于前述第 2 款和第 3 款范围的事项，国务大臣和大臣的联合行动；

并且，"大臣们"指国务大臣和大臣的联合行动。

（5）根据下述第 2 条建立的威尔士水发展局有义务就国家水政策中属于威尔士水发展局执行的任何事项和其他由相关大臣或者大臣们指定的任何事项（包括不属于威尔士水发展局负责的事项）进行考虑和向有关大臣或者大臣们提供建议。

---

* 英国 1973 年《水法》制定并颁布于 1973 年 7 月 8 日。此文根据英国国家档案馆代表英国女王政府管理的网站（www.legislation.gov.uk）上该法的正式英文版本进行翻译。

(6) 国务大臣有义务核对和公布对英格兰和威尔士现有和未来的用水需求量以及现有和未来的水资源量评估的信息。

(7) 国务大臣（只要他认为是恰当的）可以通过与其他部门或者人合作来核对和公布英格兰、威尔士或者其他地方的有关用水需求和水资源的信息。

2. (1) 为了行使本法第二部分赋予的职能，依据本条下述条款的规定，成立地区水务局，按本法附则1第一栏命名；成立威尔士水发展局（在本法中称为"威尔士局"）。

(2) 受限于本条第5款和本法附则5第四部分的规定——

(a) 地区水务局根据本法附则2第二栏中规定的现有区域行使职能（总的来说，为了行使水资源或者地面排水职能而建立的区域）；和

(b) 威尔士水发展局在现有的迪和克卢伊德郡、格拉摩根郡、格温内斯郡、西南威尔郡、恩斯克和怀郡地区河流管理局的区域内行使职能。

在本款中，现有的区域指在本法颁布前立即存在的区域。在本法颁布以后根据本条规定外的其他任何立法改变的区域，称为更改区域。

(3) 在本法和其他立法中，"水务局"指依据本条建立的机构；"水务局区域"，在涉及水务局的任何职能时，指目前水务局行使这些职能的区域。

(4) 在前述第1款中所指的水务局和威尔士局必须通过大臣们颁布法令建立，并且在指令中指定的日期成立，并且——

(a) 成立地区水务局的指令必须在本法颁布后一个月内发出；

(b) 成立威尔士局的指令必须根据下述第3条第10款制定。

(5) 大臣们可以通过发布指令为了指令中指定的职能目的改变水务局的名称或者改变水务局区域的边界。

(6) 在不损害第34条规定的权力的行使的情形下，为了法令的目的，本条中的法令可以包含大臣们认为有必要或者权宜的过渡性、附带性、补充性或者相应条款。

(7) 本法附则2第一部分对水务局区域的边界有效，第二部分对区域和河道地图有效，第三部分对改变边界有效。

(8) 本法附则3第一部分的补充条款和附则3第三部分的行政和财政条款对水务局有效。

3. (1) 地区水务局由下列成员组成，即——

(a) 由国务大臣任命的主席；

(b) 由大臣根据前述第2条在法令中任命的二至四名成员；

(c) 由国务大臣任命的指定数量的成员；

(d) 由当地议会根据下列第6款和7款的规定任命的指定数量的成员；

并且，任命成员的法令必须确保由国务大臣和大臣任命的成员人数必须少于当地议会任命的成员人数。

(2) 由大臣任命的成员必须在大臣看来具有和显示了农业、地面排水或者渔业

的经验和能力。

(3)由国务大臣任命的成员必须在国务大臣认为具有和显示了与水务局职能相关的经验和能力。

(4)赛文特伦特水务局中由国务大臣任命的其中一名成员必须同时也是威尔士局的成员。

(5)在任命地区水务局成员时,大臣必须考虑水务局的成员熟悉水务局区域的要求和情况的需求性。

……

(9)大臣们可以通过法令改变任何地区水务局的成员构成,但是任何改变本条关于水务局规定的法令必须提交议会,并经议会决议通过。

4. ……

(9)国家水理事会可以为了任何国家或者英国领土外的利益就英格兰和威尔士水务局提供的服务向任何人或者机构提供培训和教育的技术协助。

(10)相关的大臣或者大臣们可以在咨询国家水理事会后,向国家水理事会发布—

(a)当相关大臣或者大臣们认为国家水理事会执行和履行职能中一些事项影响国家水政策的执行或者国家利益时,关于国家水理事会执行和履行职能中涉及这些事项一般方向的指令;

(b)停止任何行为,或者全部或者一个特定程度,或者不扩展任何行为或者不将行为扩展超出特定限制范围的指令。

(11)前述第10款b项的指令必须以法定文书的方式发出,草案必须提交议会。

(12)如果被任何两个或者两个以上水务局授权,国家水理事局有权就他们具有共同利益的事项代表授权水务局履行服务;并且,如果国家水理事会代表水务局履行服务,他们也可以代表英格兰和威尔士的法定水公司,和苏格兰、北爱尔兰、海峡群岛和马恩岛具有类似英格或者威尔士水务局相似职能的公共机构和其他组织履行类似服务。

关于水务局的补充条款

5. (1)大臣可以向水务局发布他们履行渔业和地面排水职能的一般指令,只要大臣们认为这些职能的履行将影响国家水政策的执行或者国家利益。

(2)国务大臣可以向水务局发布他们履行其他职能的一般指令,只要国务大臣认为这些职能的履行将影响国家水政策的执行或者国家利益。

(3)本条下的指令可以向任何一个指定水务局或者向水务局普遍地发出,但是在指令发出前,相关大臣或者大臣们必须就意图发出的指令咨询国家水理事会。

6. (1)受限于本法任何明示的规定或者在本法颁布后的任何法令,水务局可以通过以下安排履行职能——

(a) 委员会、下属委员会或者水务局管理人员；或者

(b) 任何其他水务局；

并且，两个或者两个以上水务局可以安排共同履行他们的职能或者可以通过成立联合委员会履行他们的职能。

(2) 单个水务局或两个或者两个以上的水务局可以依据本条通过委员会来履行职能，除非水务局或者水务局们有相反的指示，委员会可以通过下属委员会或者水务局或者水务局们的管理人员来履行这些职能；单个水务局或者两个或者两个以上的水务局可以依据本条通过下属委员会来履行，除非水务局或者水务局们有相反的指示，下属委员会可以通过水务局或者水务局们的管理人员来履行职能。

(3) 如果这些职能是由地区地面排水委员会或者任何地方地面排水委员会履行，水务局可以不按照本条规定安排履行职能，并且也可以不安排履行有关发布规定、地面排水收费或者资金借贷的职能。

(4) 水务局根据本条规定所作的任何履行职能的安排不得妨碍他们职能的履行。

(5) 本条前述规定中关于水务局履行职能的引用包括任何目的在于协助或者有助于或者附带的履行职能的行为。

(6) 为了依本条规定履行职能所作的安排之目的——

(a) 水务局可以任命该水务局的委员会；或者

(b) 两个或者以上的水务局可以任命一个他们的联合委员会；或者

(c) 这些委员会可以任命一个或者更多的下属委员会；

并且，这些委员会的成员数量和管理人员的任期必须由任命的水务局或者水务局们确定，或者在下属委员会中由任命委员会确定。

(7) 在本条前述第 6 款下任命的委员会可以包含非任命水务局或者水务局成员的人员；或者，在下属委员会中，非水务局或者水务局下属委员会的人员；但是，任命到这些委员会中 2/3 以上的成员必须是水务局或者水务局们的成员。

(8) 水务局可以任命一个委员会，两个或者两个以上的水务局可以任命一个他们的联合委员会，向水务局或者水务局们提供履行职能方面任何事项的建议，并且这些委员会——

(a) 可以包含由任命的水务局或者水务局们决定的人员(不管是不是任命水务局或者水务局们的成员)；和

(b) 可以任命一个或者更多下属委员会向委员会提供任何事项的建议。

(9) 一个丧失水务局成员资格的人员必须同时丧失本条规定下委员会或者下属委员会成员的资格。

……

第二部分 水务局的职能

9. 受限于本法附则 5 第四部分和本法任何规定,河流管理局在 1974 年 4 月 1 日前根据任何法令和条例在他们相关区域行使的所有职能必须相应地由水务局在水务局区域内行使,但是受限于立法和法令中的规定——

(a) 除非所指特定河流管理局或者解释为如此,任何提及河流管理局或者任何可以解释为河流管理局,将被解释为水务局;

(b) 除非所指特定河流管理局区域或者解释为如此,任何提及河流管理局区域或者任何可以解释为河流管理局区域的,将被解释为水务局区域。

10. (1) 水务局有义务在他们不时认为必要或者权宜,或者本法指令下,或者 1963 年《水资源法》要求他们采取的,为了在他们区域保存、重新分配或者其他补充水资源,确保他们区域内水资源的合理利用,或者将水资源从他们区域转至另外一个区域,采取一切行动。

(2) 本条中所指为了补充水资源目的采取的行动包括为了治理盐水的目的通过任何方法移除盐或其他杂质采取的行动(不论是取自大海或者其他地方)。

11. (1) 水务局有义务在他们区域内供水。

(2) 地方议会有义务不时采取必要措施以便确定他们区域内供水的充足性和卫生性,并且在供水不充足或者不卫生时通知水务局。

(3) 当符合下列条件时,即——

(a) 当地方议会区域内水务局向特定房屋供水不充足或者不卫生导致危害健康程度时,地方议会通知水务局;

(b) 当通过管道向这些有需求的房屋提供卫生家庭用水不可行,而通过其他方式以一个合理的成本供水是可行的;

那么,水务局有义务通过除了管道以外的其他方式供水,或者在一个合理的距离内向这些房屋提供卫生的家庭用水。

(4) 地方议会和水务局关于供水充足性和卫生性或者供水是否将对健康产生危险的任何纠纷由国务大臣裁定。

……

(6) 受限于本条下列第 7 款和第 9 款,法定水务承担者依据立法和法令承担的职能也可由水务局行使,但地方议会不得行使。相应的(受限于前述),在任何法条或者条例下所指的法定水务承担者只能解释为所指的水务局、法定水公司、联合水理事会和联合水委员会。

……

(10) 在本条中,除了第 6 款,"地方议会"不包括郡议会或者大伦敦议会。

12. (1) 当水务局的区域包含法定水公司全部或者部分供水范围,水务局必须通过法定水公司在他们供水范围内履行供水职责。

（2）当水务局认为前述第1款将在1974年4月1日,或在1973年11月1日或该日期之前,或者在国务大臣对水务局授权或者任何特定情况下授权的迟于这个日期的时间,适用于他们区域,水务局向法定水公司发送两者之间就法定水公司代表水务局为了前述第1款和水务局认为可取的任何附带的、补充的和相关事项（包括财政性质的事项）的目的所作的安排设计。

（3）为了前述第1款的目的所作的安排中可包括下列条款——

（a）供水水源的管理和运行；

（b）大量供水或者向法定水公司供水；

（c）法定水公司的水价。

……

14.（1）水务局有义务为了他们区域内有效排水,在他们区域内或者区域外提供必要的公共下水道；不管是在他们区域内或者区域外,为了通过污水处理工作或者其他有效处理下水道内容的目的制定条款。相应的,1936年《公共健康法》第14条（关于地方议会污水和污水处理的一般职责）和第16条（关于地方议会区域外污水和污水处理工作的条款）停止生效。

……

18.（1）水务局有义务——

（a）根据1923年至1972年《三文鱼和淡水渔业法》,履行维护、改进和发展在他们区域内三文鱼渔业、鲑鱼渔业、淡水渔业和鳗鱼渔业的职能；

（b）建立咨询委员会,由水务局认为在他们区域内对任何渔业有兴趣的人员组成,并且就履行前述（a）项的职责向该咨询委员会咨询。

（2）前述第1款（b）项规定的建立咨询委员会的义务是为前述第1款（a）项中提及的整个区域建立地区咨询委员会和建立水务局认为有必要在不同区域代表该款（b）项中提及的利益的地方咨询委员会的义务。

19.（1）水务局必须对在他们区域内地面排水所有事项实行一般监管,但是应当组织地区地面排水委员会执行（在不损害地方地面排水委员会委任的计划）除了制定排水费用、征收规则和资金借贷外的所有的地面排水职能。

（2）只要水务局认为地面排水委员会职能的履行有可能对水务局除了地面排水之外水务的管理造成实质性影响,水务局可以就除了内部排水功能之外履行地面排水功能向地区地面排水委员会发布指令。

……

24.（1）自1974年4月1日起,在只要可行的情况下,水务局有义务向任何有可能被下列事项影响的水务局或者水务局们咨询——

（a）开展他们区域内水资源的调查、现有水资源管理、水使用的目的、现有以及将来的使用水的质量，并且将调查的结果整理成报告；

（b）从报告完成之日起20年内，或者相关大臣或者大臣们在特定情况指定的日期起的长于或者短于20年的时期，评估20年水使用需求量；

（c）准备水务局（不管是通过执行工作或者确保由其他人执行工作）为了确保在他们区域更有效的水管理采取行动的计划，包括确保未来水需求的、水的使用和保存或者维护河流、内陆或者内海水的卫生性的计划。

（2）当法定水公司在水务局区域供水时，水务局可以要求该法定水公司——

（a）开展他们在水务局区域的供水范围内现有水消费量和水需求量的调查；

（b）制定在他们供水范围内未来的供水需求估测书；

（c）制定为确保他们供水范围内现在和未来供水需求的提议，包括与其他法定水务承担者联合使用现有或者提议的新供水水源的建议。

（d）在水务局指定的时间内向水务局提交（a）项至（c）项提及的事项。

（3）水务局应当审查在前述第1款下他们制定的任何报告、估测书和计划中的详细事项，并且如水务局认为自上次调查或者（在一些情况下）受本条影响作出修订是恰当的，他们应当在本条第4款规定的时间内，通过修订或者者重新采取本条第1款下的步骤，或者同时采用这两种方式，修正那些事项和计划。

（4）本条第3款下水务局开展修正的时间是在7年内不定时地修正，并且，受限该规定，水务局在考虑修正的时间的恰当性时考虑其他水务局提议的开展修正的时间。

……

（10）水务局必须就影响他们职能的事项而开展的研究和相关活动作出安排，特别是在不损害本款普遍适用性的条件下，可以为认购或者从财政上资助为了该目的成立的组织的事项开展研究和相关活动作出安排。

（11）相关大臣或者大臣们可以就水务局如何根据前述第10款规定作出安排发出指令。

（12）在履行本条的职能时，水务局必须咨询相关大臣或者大臣们，并且水务局—

（a）必须向相关大臣或者大臣们、水务局区域内的地方议会、水域美观委员会发送他们依据本条规定的调查结果的报告和该报告的任何修正的副本；

（b）向支付了由水务局决定的合理价格的人提供这种报告或者修正的副本；

（c）向相关大臣或者大臣们提供他或者他们合理要求水务局凭借本条采取的任何活动的信息。

第三部分 财政条款

29.（1）水务局有义务确保在履行职能时每年营业收入账户中的收益不低于总支出。

（2）国务大臣在咨询国家水理会意见并获得财政部同意后，可以发布指令要求——

（a）在指令规定的期限内，水务局在履行职能时必须确保其在该期限内净资产收益率（为了本条的目的在国务大臣指定的时间）不低于国务大臣在指令中设定的他认为合理的水务局必须达到的净资产收益率。

（b）水务局必须在履行职能时承担（非上项中的义务）国务大臣认为必要的财政义务。

（3）前述第2款(a)项的指令由国会的决议废除。

（4）前述第2款(b)项的指令的草案必须提交并且经国会决议同意后，才能发出。

（5）水务局在考虑他们现有情况、将来状况以及在依据本条发布的指令的基础上，有义务确保他们的收费有助于他们履行本条以及本法附则3中第三部分规定的义务。

30.（1）受限于本法规定，水务局有权为他们提供的服务、设施或者权益确定、要求和收取他们认为恰当的费用（包括为单项服务、设施和权益单项收费，也包括一系列服务、设施和权益的综合收费）。

（2）水务局可以根据第31条的规定通过收费方案或者通过与用户的合约来确定收费。

（3）根据下述第4到6款，水务局可以参考他们认为恰当的标准和采取他们认为恰当的系统来计算收费。

（4）在确定服务、设施和权益收费时，水务局必须考虑提供这些服务、设施和权益的成本。

（5）水务局可以对提供同种服务、设施或者权利在不同情况下收取不同费用，但是他们必须确保在最迟不超过1981年4月1日，采取措施确保他们的收费不得出现不当偏见，或者过分地歧视任何类型的用户。

（6）在咨询国家理事会意见后，国务大臣可以向所有或者任何水务局发布上述第3款所涉及的关于收费标准或者收费系统的指令。在发布指令时，国务大臣要参考上述第4款和第5款的规定。

（7）当水务局引入新的收费系统时，他们可以在认为必要时，安排收取不超过5年的过渡费用。

……

31.（1）水务局可以对他们提供的任何服务、设施或者权益收取的费用制定一个方案（在本法中称为"收费方案"）。

（2）水务局就他们提供的任何服务、设施或者权益收取的涉及收费方案的费用必须是收费方案中所提供的。

（3）国务大臣可以向所有水务局或者任何特定水务局就收费方案中关于服务、设施或者权益的规则发布指令。

（4）所有的收费方案必须体现出水务局确定收费的方法和原则。水务局必须采取他们认为确保充分公开的方法公布收费方案。

……

1989 年水法*（节选）

第一部分　前　言

国家河流管理局和咨询委员会

1. 国家河流管理局

（1）为了执行本法规定或者转移的职能，成立国家河流管理局（在本法中称为"管理局"）。

（2）管理局必须由 8 至 15 名以下成员组成——

（a）由大臣任命的两名成员；和

（b）由国务大臣任命的其他成员。

（3）国务大臣应将他任命的一名成员指派为管理局的主席，并且，如果国务大臣认为恰当，将管理局的另一个成员（不管是否由他任命）指派为管理局的副主席。

（4）在任命管理局的成员时，国务大臣或在某些情况下，大臣必须考虑被任命的人员具有与管理局职能有关事项的经验和能力的需求。

（5）管理局不能被视为皇室的随从或代表；或者不得享受任何地位、豁免或皇室特权；或者凭借与皇室的任何关联，不管是普遍的还是地方的，享受任何税务、义务、费率、征收或其他收费方面的免除；并且，管理局财产的不能被视为或者代表皇室的财产。

（6）本法附则 1 的条款对管理局和其财政有效。

2. 地区河流咨询委员会

（1）管理局有义务——

（a）在英格兰和威尔士的不同地区建立和维持咨询委员会，咨询委员会的人员由非管理局成员构成；

（b）向任一地区的咨询委员会咨询管理局在该地区执行职能的一般方式的

---

*　英国 1989 年《水法》制定并颁布于 1989 年 7 月 6 日。此文根据英国国家档案馆代表英国女王政府管理的网站（www. legislation. gov. uk）上该法的正式英文版本进行翻译。

建议；

（c）考虑任一地区咨询委员会（不管是对上列 b 项咨询的回应或其他）向管理局提出的就管理局在该地区执行职能的方式的陈述。

（2）前述第 1 款中规定的建立和维持咨询委员会的义务是——

（a）为了本条的目的，当管理局认为目前的一个区域可视为英格兰和威尔士的一个地区时，在每一区域建立和维持咨询委员会；

（b）确保由管理局向每一位这种委员会任命的人员是在管理局看来对管理局在当时正考虑的地区执行职能的方式有可能被影响的事项有兴趣；

并且，当管理局决定建立和维持咨询委员会的地区时，他有义务确保这些地区中的一个地区全部包含或者主要包含或者大部分包含威尔士。

（3）管理局必须支付——

（a）依据本条建立和维持的咨询委员会主席的报酬、差旅费和其他补贴；

（b）委员会其他成员薪酬损失的报销、差旅费用或任何其他可以报销的费用，并且，在财政部的同意下，由国务大臣决定。

……

水务局职能的移交等

4. 水务局职能的移交等

（1）受限于本条下列条款，在国务大臣发布的法令中指定的移交日期——

（a）根据这些条款，水务局的职能成为管理局、水务承担者或污水处理承担者的职能；

（b）本法附则 2 下关于水务局财产、权力和责任在继任公司和管理局之间分割生效。

（2）国务大臣通过法令，在移交日期前，对每一个水务局指定一家公司作为该水务局的继任公司；被指定的公司必须是有限公司，并且，在法令发出的时候，是由皇室全资所有。

（3）受限于下述第 4 款，每一水务局将在移交日期后继续存在直到国务大臣发出法令才解散。

（4）在移交日期，每一水务局的主席和成员停止任职；并且，在移交日期和该日期后，每一水务局——

（a）仅包含由国务大臣任命的主席，并且，如果国务大臣认为恰当，国务大臣可以任命一名或更多人员为水务局成员；

（b）应当仅具有本法附则 2 方案下规定属于水务局的职能。

（5）前述第 3 款下的有关水务局的法令只有在国务大臣咨询水务局、管理局和水务局的继任公司后，确信水务局已经不需要完成本法附则 2 方案中任何事项，才能制定。

(6)制定本条中法令的权力必须通过法定文书行使,并且,该法令在以下情况下不得修订或撤销——
(a)对于前述第2款中的法令,在移交日期或移交日期之后;
(b)对于前述第3款中的法令,在水务局根据该法条解散后。

水务总督和消费者服务委员会

5. 水务总督
(1)为了执行本法指派或移交给他的职能,国务大臣必须任命一名官员,称为水务总督(在本法中称为"总督")。
(2)被任命为总督的人员的一届任期不超过5年,但是先前的任命不得影响重新任命的资格。
(3)总督可以在任何时间通过向国务大臣发通知辞任。国务大臣可以以无能力或者不当行为免除总督的职务。
(4)受限于前述第2款和第3款,总督必须根据任命他的条件供职和辞任。
(5)本法附则3的条款对总督有效。

6. 消费者服务委员会
(1)总督必须向依据本法第二部分第一章被任命的公司分配一个由他建立和维持的委员会,为了执行以下目的——
(a)本法指派给该委员会的职能;和
(b)委员会依据本条建议和维持的由总督要求的其他职能。
(2)依据本条建立和维持的委员会称为消费者服务委员会。
……
(4)消费者服务委员会由以下人员组成——
(a)由总督在咨询国务大臣后任命的主席;和
(b)(10至20名)由总督决定并任命的其他成员。
(5)在任命消费者服务委员会的成员时,总督必须考虑——
(a)具有水务承担者或污水处理承担者,或者执行总督指派给公司任一区域的职能,或提议指派给该委员会的职能,相关事项的经验和能力的需求;
(b)下列需求:
(i)委员会包含一名或多名具有曾为残疾人工作的经验和对残疾人士的特殊需求有经验的人;和
(ii)凭借本段任命的人员包括残疾人士。
(6)消费者服务委员会主席的一届任期不得超过4年。
……

一般义务

7. 供水和污水处理服务的一般义务

（1）本条下述第 2 款和第 3 款在受限于下述第 5 款规定的前提下，对国务大臣和总督在何时以及如何执行以下权力和履行以下义务有效，即——

（a）就国务大臣而言，本法第二部分第一章或第 36 条、68 条或 162 条赋予或施加的权力和义务；和

（b）就总督而言，根据第 a 项中的规定或第 41 条、43 条、72 条或 162 条赋予或施加的权力和义务。

（2）国务大臣，或某些情况下，总督应当以他认为最恰当的方式执行和履行前述第 1 款提及的权力和义务——

（a）确保英格兰和威尔士每个地方的水务承担者和污水处理承担者妥善履行职能；和

（b）在不影响第 a 项普遍适用前提下，确保本法第二部分第一章下任命为水务承担者和污水处理承担者的公司有能力（特别是通过确保合理的资金收益率）为履行承担者的职能供给资金。

（3）受限于前述第 2 款，国务大臣，或一些情况下，总督应当以他认为最恰当的方式执行和履行前述第 1 款中的权力和义务——

（a）确保本法第二部分第一章下被任命的或可能被任命为水务承担者或污水处理承担者公司的每一个消费者或潜在消费者的利益在确定和追讨以下收费方面受到保护——

（i）水务承担者或者污水处理承担者在执行职能时为提供的服务收取的费用；和

（ii）其他承担者通过授权或者法令要求收取的费用；

特别的，农村地区消费者或潜在消费者的利益受到保护，在确定这些费用和数量时，对这类消费者没有不恰当的偏见和歧视。

（b）确保这些公司执行水务承担者或污水处理承担者职能时提供的其他方面的服务内容和服务质量，消费者或潜在消费者的利益受到保护；

（c）确保消费者或潜在消费者从通过申请以特殊方式对该公司受保护的土地或该土地上利益或权利进行处置获取的利益受到保护；

（d）促进公司执行水务承担者或污水处理承担者职能时的经济和效率；和

（e）在他认为适当的一些事项时，协助本法第二部分第一章下已经获得被任命的人员之间或争取获取任命人员之间的有效竞争。

（4）在根据前述第 3 款履行义务时，只要求他以他认为最恰当的方式确保消费者或潜在消费者在公司执行水务承担者或污水处理承担者职能提供的服务质量的利益受到保护时，国务大臣，或者一些情况下，总督必须特别考虑残疾人士或达到

领取退休金年纪的人的利益。

（5）国务大臣可以向总督就他执行皇室全资所有公司的权力时,或者根据本法第二部分的条款发布一般或者特定的指令,总督必须遵循指令。

（6）管理局有义务在执行立法赋予他们的权力时,特别注意他正在行使的权力将或有可能影响本法第二部分条款规定的水务承担者或污水处理承担者的义务。

（7）国务大臣或大臣有义务在执行以下权力时——

（a）本法赋予的有关管理局的权力或向管理局发布的决定;或

（b）国务大臣或大臣发出的指令中由管理局执行的权力,

考虑前述第6款规定的管理局的义务。

……

10. 有关环境和娱乐义务的准则

（1）相关大臣可以通过法令批准为了以下目的发布（不管是相关大臣或其他人发布的）的准则——

（a）向管理局或者水务承担者和污水承担者就为了使前述第8条和第9条生效的目的的任何指导性建议;

（b）就这些事项促进他认为管理局或这些承担者可取的实践,

并且,在任何时间通过这个法令批准这个准则的修改或者取消对这个准则的批准或修改。

……

第二部分 供水和污水处理服务

第一章 水务和污水处理承担者的任命和规制

任命的确定和条件

11. 承担者的任命

（1）受限于本章的下列条款,公司可以由下列人员任命——

（a）国务大臣;或者

（b）在国务大臣同意或者根据国务大臣一般授权下,总督,

成为英格兰和威尔士任一地区的水务承担者或污水处理承担者。

（2）在不损害本章下被任命公司遵循任命条件的义务下,当任命生效时,对公司任命为英格兰或威尔士任一地区的水务承担者或污水承担者有效——

（a）要求该公司履行任何立法中关于承担者相关规定的义务（即水务承担者,或一些情况下,污水处理承担者）;

（b）授权该公司,为了或与开展规定中承担者任一职能相关联的目的,执行任

一立法相关规定中赋予承担者的权力；

……

（3）将公司任命为水务承担者或污水处理承担者必须提供公司书面形式的文书，包含任命和任命区域的描述；和一个单独文书任命公司为一个区域污水处理承担者和任命同一公司为整个该区域或者部分该区域，或者包含整个或者部分该区域的区域的水务承担者。

……

（5）只有有限公司或法定水公司才能被任命为水务承担者，只有有限公司才能被任命为污水处理承担者。

（6）受限于下述第7款和第12条——

（a）国务大臣；和

（b）经国务大臣同意或者根据国务大臣一般授权下，总督，

有权力通知本章下被任命公司终止任命或者改变该公司相关的区域。

……

任命条件的修改

15. 合同的修改

（1）受限于本条下述条款的规定，总督可以在公司同意下对任命公司的条件作出修改。

（2）在根据本条作出修改前，总督必须发出通知——

（a）阐明他意图作出修改和这些修改的效力；

（b）阐明他意图作出修改的原因；和

（c）指明对提议的修改可以提出陈述或者异议的时期（不少于从公布起28天），

并且考虑正式提出的陈述或者异议，不得撤回。

（3）前述第2款中的通知必须通过下列方式发出——

（a）通过总督认为可以恰当引起被修改影响的人注意的方式公开；和

（b）向公司和国务大臣发送副本。

……

16. 向反垄断委员会的征询

（1）总督可以向反垄断委员会发出征询，要求就下列问题进行调查和出具报告——

（a）涉及以下事项——

（i）有关在本章下公司依据任命而执行的功能；和

（ii）在征询中指明的，

运作或者预期运作，违反公共利益；和

(b) 不管这些事项已经或者预期进行的对公共利益有反作用,可以通过修改公司任命条件来弥补或防范。

……

17. 关于修改征询的报告

(1) 在根据前述第 16 条制定通知的报告时,反垄断委员会——

(a) 必须在报告中对征询中的问题给出明确的结论,并且,如果在他们看来,对协助理解这些问题和理解结论是有必要的,报告中也必须阐明得出这些结论的原因;

(b) 当他们得出征询中指明的运作或预期运作的事项违反公共利益的结论,他们必须在报告中说明运作或预期运作的事项对公司利益的反作用。

……

执 行 法 令

20. 为了确保遵循某些条款的法令

(1) 受限于本条第 2 款、第 5 款和第 21 条的规定,国务大臣或总督认为依据本章被任命的公司满足下列条件时——

(a) 该公司正在违反——

(i) 与他身为执行机构有关的任一公司任命条件;或

(ii) 本条下可强制执行并且与他身为执行机构有关的任何规定;

或者

(b) 该公司违反了这些条件或者要求并且有可能再次违反,

那么,他将通过最终法令制定条款,这些条款对实现确保那些条件和要求得以遵守的目的是必要的。

……

财产管理法令

23. 有关水务或者污水处理承担者的财产管理法令

(1) 如果以下人员向高等法院请求提起申请——

(a) 国务大臣;或者

(b) 在国务大臣同意下,总督,

那么,法院认为本章下的被任命公司符合下述第 4 款中指定的一个或多个原因,法院可以依据本条制定法令。

(2) 本条下的法令是命令,在法令生效期间,公司的事务、商业和财产应当被法院任命的人以实现法令为目的和以保护公司成员和债权人利益的方式所管理。

(3) 制定本条中有关本章中的任命公司的法令的目的是——

(a) 为了确保通过任命授予该公司的职能能恰当地被执行,该家公司承担的事

务有必要转移到另一家公司,或者(该公司区域的不同部分或他承担事务的不同部分)两个或更多不同公司;和

(b)在等待职能转移和将这些职能授予其他公司或公司们之前执行这些职能(不管是凭借转移或者是前述第 12 条中规定的任命或者变更)。

(4)有关任一公司,前述第 1 款提及的原因包括——

(a)除了前述第 20 条第 6 款下已发出通知的情况,公司曾经或已经或有可能违反下述第 37 条或第 67 条的要求,和足以严重到公司无法适合继续被任命。

(b)公司曾经或者有可能违反前述第 20 条下的任一最终法令或临时法令的规定,法令是——

(i)当时不是凭借第 22 条第 1 款事项程序提起的事项;

(ii)如果不是临时法令,则是已经确认的、足以严重到公司无法适合继续被任命;

(c)公司已经或有可能无法支付债务;

(d)当国务大臣证实除了第 24 条的规定根据 1985 年《公司法》第 440 条向法院提起公司清算的申请(国务大臣根据监察员的报告提起的申请等)是恰当的,则如本条所提及的,如果该公司没有在本章被任命,进入破产是公正和衡平的。

(e)公司无法或者不愿意充分参与国务大臣或总督证实为有必要或者与第 12 条第 2 款下的任命和更改的有关的建议作出的安排。

24. 水务或污水处理承担者破产等的限制

(1)本章下被任命的公司——

(a)不得自动破产;

(b)不得根据 1986 年《破产法》第二部分作出财政管理法令;和

(c)任何人不得采取措施对公司的财产强制执行担保,除了该人已经向国务大臣和总督提前 14 天发出通知告知其采取措施的意图。

(2)对本章下被任命的公司向法院提出破产的申请——

(a)法院不得对该公司作出破产法令;

(b)如果该公司不是被任命的公司,法院认为是恰当的,应当根据第 23 条对公司作出法令。

……

25. 管理财政法令制定后政府财政资助

(1)当涉及公司的管理财政法令在当时是生效的,国务大臣可以在财政部同意后——

(a)在他看来为了协助实现法令的目的是恰当的,向该公司提供补助或者借贷;

(b)同意免除为了实现该法令的目的被任命的人由于执行法令的职能产生的有关责任或遭受的损失或损坏。

(2) 当财政管理命令生效时,国务大臣可以在财政部同意下,以他认为合适的方式和条件,对公司任何人借贷的数额的还本付息款和其他财政义务提供担保。

(3) 在不损害本法附则6有关适用公司的条款前提下——

(a) 如果违反了提供补助的条款,本条下向公司提供的补助可以要求公司部分或全部偿还给国务大臣;

(b) 国务大臣可以在财政部的同意下,就国务大臣依据本条向公司提供的借贷及其利息应当在一定的时间以一定的方式偿还,不定时发出指令。

(4) 本条下的补助和借贷或者与补偿有关的、由国务大臣提供的任何金额应当由议会以金钱支出。

(5) 本条第3款下由国务大臣收到的任何金额必须存入财政统一金库。

(6) 本条中"财政管理法令"指前述第23条下的法令(不管是凭借该条或者第24条制定的)。

审查有关事项和调查投诉

26. **总督审查和考虑有关事项的义务**

(1) 总督有义务,只要他认为是可行的,不时审查英格兰、威尔士和其他地方水务承担者或污水处理承担者涉及执行职能有关事项的活动。

(2) 总督有义务,只要他认为是可行的,不时收集以下信息——

(a) 本章被任命的公司执行水务或污水处理承担者的职能;或

(b) 任何该类公司,

在他看来,为了知道或确认关于立法赋予或规定他的权力或义务事项的情形。

(3) 国务大臣可以发布一般指令指示——

(a) 总督在履行前述第1款和第2款下的义务,决定事项优先审查顺序时必须特别注意的考虑事项;

(b) 总督在决定是否执行那些根据本部分他具有的可执行的权力时的考虑事项。

总督有义务遵循这些指令。

(4) 总督,不管是他认为必要的或者由国务大臣或公平贸易总督所要求的,向国务大臣或公平贸易总督就水务承担者或污水处理承担者或本章任命的公司履行这些职能的有关事项提供信息、建议和协助。

27. **消费者利益保护**

(1) 消费者服务委员会有义务——

(a) 审查在他看来影响分配给消费者服务委员会的公司的消费者或潜在消费者的利益事项,向所分配的公司咨询这些看来影响消费者或潜在消费者利益的事项,和当委员会认为恰当时,向公司交涉这些问题;

(b) 受限于(c)项,调查下列投诉——

(i) 分配给消费者服务委员会的公司的消费者或潜在消费者向委员会的投诉或本条下述第 2 款下总督分配给或提交给委员会的投诉；
　　(ii) 委员会不认为是无理纠缠或轻率的；和
　　(iii) 有关该公司履行水务承担者或污水处理承担者的任一职能；
　　(c) 向总督提交委员会收到的任何人向分配给该委员会的公司的任何投诉，和包含或者属于总督根据第 162 条要求调查的投诉信息，或者该公司正在违反或已经违反——
　　(i) 本章公司的任命条件；或者
　　(ii) 前述第 2 条下可执行的任何法定或其他要求；
　　(d) 当委员会认为是恰当的，就有关第 b 项提及的投诉，代表投诉人与被投诉公司交涉与投诉相关或委员会认为与投诉主题有关的事项；和
　　(e) 告知总督或，在某些情况下，向总督交回任何委员会无法解决的投诉。
　　(2) 总督有义务——
　　(a) 考虑投诉是否——
　　(i) 由分配给消费者服务委员会的公司的消费者或潜在消费者向总督提出；
　　(ii) 不包含或属于是总督根据第 162 条要求调查的或本条第 1 款第 c 项中提及的主张，
　　应当由委员会而不是总督处理。
　　……

关于竞争的条款

28. 总督关于竞争的职能

　　(1) 如果在公平贸易总督的要求下，总督有义务执行 1973 年《公平贸易法》规定的有关损害或有可能损害水务承担者供水的消费者的利益或污水处理承担污水处理服务的职能，不管这些利益是经济方面的或者有关健康、安全或其他事项；在该部分，关于公平贸易总督的其他引用应当作同样解读。
　　……
　　(5) 总督有义务，为了协助反垄断委员会就总督依据第 2 款和第 3 款提交的征询开展调查的目的，向该委员会提供——
　　(a) 有关属于调查范围的事项他掌握的任何信息，和委员会为了该目的要求的信息或在委员会没要求前提下，总督看来为了该目的是恰当的而向委员会提供的信息；和
　　(b) 委员会要求的其他协助，和在权力范围就有关这些事项提供的协助；
　　并且，委员会应当，为了开展这些调查的目的，考虑本条下为了该目的提交给他们的信息。
　　……

29. 水务或污水处理承担者的合并

(1) 受限于本条下列条款的规定,如果在国务大臣看来是或可能是以下事实,国务大臣有义务向反垄断委员会发出合并征询——

(a) 如果正在进行的安排生效将导致两个或更多的水企业的合并;或

(b) 合并已经在 1989 年 1 月 11 日或该日以后发生,而不是第 a 项中的安排实施的结果。

……

信息和报告

32. 承担者向国务大臣提供信息的义务

(1) 本章任命的公司在移交日期前和 1973 年《水法》下所指的法定水公司有义务向国务大臣提供有关以下事项的所有信息——

(a) 有关或者任何建议有关该公司履行水务承担者或污水处理承担者的职能;或者

(b) 对国务大臣履行本法下其职能是重要的,国务大臣可以合理要求这些信息。

(2) 本条所要求的信息必须以国务大臣要求的合理形式提供,并且附有或辅以合理的解释。

(3) 本条下公司要求向国务大臣提交的信息应当包含尽管公司现在不拥有或将来也不会拥有的信息,但是要求公司取得该类信息是合理的信息。

(4) 为了本条之目的被包含在指令中的要求——

(a) 可以说明信息要以国务大臣认为恰当的方式提供;

(b) 可以要求在某些特定场合、特定情况或不定时地提供信息;

(c) 向特定公司或者符合特定描述的公司或者本章任命的所有公司提供信息。

(5) 本条下水务承担者或污水处理承担者的义务应当根据第 20 条由国务大臣强制执行。

33. 为了强制执行目的要求信息等的权力

(1) 当在国务大臣或者总督看来,本章任命的公司可能正在违反或可能已经违反——

(a) 任命的任何条件;或

(b) 第 20 条下任何法定或其他可强制执行的要求,

他可以以其权力在该事项上可执行的目的向本条下述第 2 款的任一人发出通知。

(2) 本条中的通知是由国务大臣或总督签署的,并且——

(a) 要求通知中的对象,在通知中指定的时间和地点,向国务大臣或者总督或任何其他由国务大臣或总督为了该目的的指定人员,出示通知中指定或描述的由其

保管或控制任一文件;或

(b) 要求该人,如果他是在从事商事活动,根据通知中指定的时间、地点、格式和方式,向国务大臣或总督提供通知中指定或描述的信息。

……

35. 总督的报告

(1) 总督必须在1989年年底可行时和随后的每个年度向国务大臣就以下事项提交报告——

(a) 他该年的活动;和

(b) 反垄断委员会在该年就有关征询事项的活动。

(2) 每份报告必须——

(a) 包括总督职能范围内的该年有关事项发出的一般调查;

(b) 列出该年根据第26条第3款向总督发出的一般指令。

……

36. 消费者服务委员会的报告

(1) 消费者服务委员会——

(a) 必须就总督要求的任何事项起草报告;和

(b) 可以就他看来影响分配给该委员会的公司的消费者或潜在消费者的利益的任何事项起草报告,

并且,只要在本条起草报告后切实可行时,消费者服务委员就必须向总督发送报告的副本。

(2) 只要每个财政年度末后切实可行时,消费者服务委员就必须就他们在该年的活动起草报告并且向总督发送该报告的副本。

(3) 总督可以就本条下发送给他的报告以他认为恰当的方式安排公开发布。

(4) 在发布本条下的报告时,只要是可行的,总督应当考虑排除第34条第3款第a项和第b项中指定的事项的需求性。

第三章 供 水

水务承担者的一般义务

37. 供水的一般义务

(1) 水务承担者有义务在其区域内发展和维持一个有效和经济的供水系统和确保以下安排的执行——

(a) 向该区域的房屋提供水和向请求供水的人提供水;和

(b) 维持、改进和延展水务承担者的主水管和其他管道,

对确保该承担者正在和能继续完成本章下的义务是必要的。

(2) 本条下供水承担者的义务应当根据第20条规定由国务大臣,或者经国务

大臣同意或根据国务大臣授权下由总督强制执行。

38. 供水标准

（1）为了以下目的——

（a）协助决定违反本章下列条款规定的义务的程度是否构成违反第37条规定的义务；或者

（b）通过建立与该义务相关整体标准来充实该义务，

那么，国务大臣可以通过法规规定违反这些要求可以为了本法的目的以违反了该义务处理。

（2）国务大臣可以通过法规规定在他看来应当在个案中实现与这些供水规定有关的标准；规定如果水务承担者不能达到规定的标准，该承担者必须向由于不达标或规定中描述的受到影响的人支付规定的数额。

（3）在不损害前述第2款赋予的一般权力下，第2款的规定可以——

（a）包含对水务承担者的要求标准，在规定的情形下，告知他人根据该法规具有的权利；

（b）规定根据法规由任一方提及的争议提交总督；

（c）制定提交总督的程序规定，规定总督以指定方式决定该事项的强制执行力。

（d）规定免除水务承担者承担法规中要求的情形。

……

大 量 供 水

39. 水务承担者之间的大量供水

（1）在水务承担者的申请下——

（a）当总督看来，为了本章的目的，另一个水务承担者向申请者大量供水是必要和权宜的；和

（b）他认为给予和获取这样的供水是不能通过协议确保的，

那么，总督可以通过法令要求水务承担者在规定的时期和条件给予或获取法令中规定的供水。

……

第五章　继任公司的所有权和财政

83. 初始政府股份

（1）由于根据本法附则2的规定将水务局的财产、权利和责任赋予该水务局的继任公司，该公司应当根据国务大臣不时的指令向以下对象发行证券——

（a）向由国务大臣通过法定文书的法令任命其作为继任公司的被任命持股公

司的有限公司,

(b) 向国务大臣。

(2) 由于根据第 1 款中的指令继任公司向该公司的被任命持股公司发行证券,后者公司应当根据国务大臣不时的指令发行这样的证券——

(a) 向财政部或国务大臣,或者

(b) 在向财政部或国务大臣分配初始股权后,向任何有资格要求获取发行证券的人。

(3) 国务大臣不得——

(a) 制定法令来任命任一公司为继任公司的被任命持股公司;或

(b) 为了发行证券发布前述第 1 款和第 2 款中的指令,

除了当该公司由法令任命,或在一些情况下根据指令发行证券的该公司由皇室全资所有。

(4) 本条下被要求发行的证券应当以国务大臣指令中的时间或条件发行或分配。

(5) 根据本条公司发行的股票——

(a) 应当为国务大臣指令中的票面价值;并且

(b) 如果用现金的方式支付股票的票面价值应当全额缴付,并适用 1985 年《公司法》中有关该公司的法条来处理。

(6) 在没有取得财政部同意下,国务大臣不得行使本条赋予的权力,或处置任何根据本条规定发行的证券或根据本条规定初始分配给他的证券的任何权利。

(7) 财政部或国务大臣根据本条就证券或处理证券或证券权利收取的任何分红或其他金额必须存入财政部统一金库。

84. 政府对皇室全资所有公司的财政资助

(1) 受限于第 92 条第 1 款的规定,国务大臣可以,在财政部同意下,向当时由皇室全资所有的继任公司的被任命持股公司提供他认为恰当的资金借贷。

(2) 国务大臣可以,在财政部同意下,以他认为恰当的方式和条件,为以下公司偿还和支付向任何其他人或其他公司借贷的本金、利息和履行相关财政义务、提供担保——

(a) 继任公司或该公司的被任命持股公司;

(b) 当作出担保时,是皇室全资所有公司。

(3) 受限于第 86 条的规定,国务大臣根据本条向公司提供的借贷,应当在财政部同意下,以他不时发布的指令下的时间和方式偿还,利息也应当以指令下的利率和时间支付。

(4) 财政部可以按照国务大臣根据本条所要求的给予借贷的数额向他提供国家贷款基金。

(5) 国务大臣根据本条第 3 款收取的数额必须存入国家贷款基金。

（6）国务大臣有义务在每个财政年度——

（a）根据财政部指令中要求的形式，凭借本条第 4 款发放给他的资金数额，和他凭借本条第 3 款收取的资金数额和他处置凭借发送和收取的资金数额，起草账目；和

（b）在第二个财政年度不迟于八月底向审计长发送账目；

审计长应当检查、证实账目和就账目提供报告，并且向国会提交账目副本和他的报告。

85．继任公司的责任移交给持股公司

（1）国务大臣可以通过法定文书的法令将继任公司就相关借贷资金本金的责任移交给被任命持股公司。

（2）当国务大臣已经就继任公司的责任制定了本条第 1 款下的法令，并且他认为恰当时，可以根据本款规定向该公司发布指令，该公司根据法令规定向被任命持股公司发行指令中制定的债券。

（3）国务大臣——

（a）在没取得财政部同意下，不得行使本条下制定法令的权力；和

（b）除了当公司由皇室全资所有，不得制定法令移交任何公司的责任或不得向任何公司发布本条第 2 款下的指令。

……

86．某些借贷的转移

（1）国务大臣通过法定文书的法令消除所有或任何继任公司的被任命持股公司就借贷以下资金的责任，即——

（a）根据第 84 条向该公司提供的借贷；

（b）根据第 85 条偿还借贷本金的责任已经转移给该公司的借贷；

国家贷款基金的资产应当相应地随着消除的责任资金数额而减少。

（2）本条第 1 款下消除继任公司的被任命持股公司的偿还借贷本金的责任的法令可以消除所有或任何第 85 条第 2 款下的债券的责任。

……

87．政府在被任命持股公司的证券投资

（1）财政部，或在财政部同意下国务大臣可以在任何时间取得——

（a）继任公司的被任命持股公司的证券；或

（b）认购这些证券的权利。

……

88．通过代理人行使职能

（1）财政部，或在财政部同意下国务大臣可以为了第 83、86 或 87 条的目的指定一人或代理人中的一名为财政部或者某些情况下国务大臣的代理人，但是——

（a）根据第 83 条规定继任公司向国务大臣为了该条目的任命的代理人发行

证券；

（b）根据第83条或第86条规定，该公司的被任命持股公司向财政部或国务大臣为了该条目的任命的代理人或在给这些代理人初始认赔后，向任何有资格获取证券的人；和

（c）财政部或国务大臣为了第87条的目的任命的代理人在该条下取得的证券或权利，

必须遵循财政部或在财政部同意下国务大臣不时发布的指令。

……

89. 政府持股的投资限制目标

（1）本条下列条款应当分别适用于每一个继任公司的被任命持股公司。

（2）只要国务大臣认为是权宜的，和在任何情况下公司停止成为皇室全资所有公司六个月内，国务大臣可以通过法令就根据本章的任一条款，在当时由财政部、国务大臣或财政部或国务大臣的代理人（在本条称为"政府持股"）的总计持股确定一个投资限制目标。

（3）政府持股的投资限制目标应当通过在所有情形下可在公司股东大会上行使投票权的份额表达（在本条称为"普通投票权"）。

（4）根据本条确定的第一个政府持股的投资限制目标应当不超过公司千分之五的普通投票权，当法令在确定限制时，普通投票权的份额应当实际上由政府持股所具有。

（5）国务大臣可以不时通过法令为政府在公司的持股确定新的投资限制目标，来取代本条下有效的前一目标；但是——

（a）任何新限制比他将取代的限制低；和

（b）本条下的法令只能通过法令确定新限制来废除。

……

1991年水产业法*（节选）

第一部分 前　言

水务总督

1. 水务总督

（1）为了履行本法下该总督的职能，应当继续设立水务总督（在本法中称为"总督"）。

（2）总督必须由国务大臣任命。

（3）总督的任期不超过5年；但是，先前的任命不得影响重新任命的资格。

（4）总督可以在任何时间通过向国务大臣发通知辞任。国务大臣可以以无能力或者不当行为免除总督的职务。

……

一般义务

2. 有关水产业的一般义务

（1）本条对国务大臣和总督何时和如何执行和履行以下权力和义务有效，即——

（a）对于国务大臣，凭借本法中有关规制相关承担者的条款赋予或施加于他的权力和义务；和

（b）对于总督，凭借有关征用的财政条件的条款或有关移动某些管道的条款赋予或施加于他的有关权力和义务。

（2）国务大臣，或在某些情况下总督应当以他认为最恰当的方式执行和履行前述第1款中的权力和义务。

（a）确保英格兰和威尔士每个地方的水务承担者和污水处理承担者妥善地履行职能；和

---

* 英国1991年《水产业法》制定并颁布于1991年7月25日。此文根据英国国家档案馆代表英国女王政府管理的网站（www.legislation.gov.uk）上该法的正式英文版本进行翻译。

(b) 在不影响前述第 a 项普遍适用前提下,确保本法第二部分第一章下被任命的公司作为相关承担者能(特别是通过确保合理的资金收益率)为履行承担者的职能供给资金。

(3) 受限于前述第 2 款,国务大臣,或在某些情况下总督应当以他认为最恰当的方式执行和履行前述第 1 款中的权力和义务。

(a) 确保本法第二部分第一章下被任命的或可能被任命为相关承担者的公司的每一个消费者或潜在消费者的利益在确定和获取水和地面排水收费方面受到保护,特别是——

(i) 农村地区消费者或潜在消费者的利益受到保护;和

(ii) 在确定这些费用和数量时,对这些消费者没有不恰当的偏见和歧视。

(b) 确保这些公司开展水务承担者或污水处理承担者职能时提供的其他方面服务和这些服务质量上,消费者或潜在消费者的利益受到保护。

(c) 确保每一消费者或潜在消费者从通过申请以特殊方式对该公司受保护的土地或该土地上利益或权利进行处置(包括国务大臣和总督在受限于本段义务前的处置)获取的利益受到保护。

(d) 促进该类公司开展职能时的经济和效率。

(e) 就他认为适当的一些事项,协助已经被任命的人之间或争取任命资格的人之间的有效竞争。

(4) 在根据前述第 3 款履行义务时,只要要求他以他认为最恰当的方式确保公司的消费者或潜在消费者的利益在该公司开展承担者职能时提供的服务质量受到保护时,国务大臣,或一些情况下,总督必须特别考虑残疾人或达到领取退休金年纪的人的利益。

……

3. 环境和娱乐的一般义务

(1) 下列每一人或机构有义务,即——

(a) 国务大臣;

(b) 农业、渔业和食物大臣;

(c) 总督;和

(d) 每一任命为相关承担者的公司,

在起草或考虑涉及任何相关承担者职能(包括该公司自身凭借任命具有的职能)的建议时遵守下述第 2 款和第 3 款的规定。

(2) 前述第 1 款中提及的本款有关任一提议的规定是——

(a) 该规定应尽可能——

(i) 符合涉及承担者职能的任何立法目的;和

(ii) 就国务大臣和总督而言,履行前述第 2 款中义务,从而为了进一步提升自然美观,和保育动物和植物以及地质或自然地形特征的特殊利益,执行提议赋予的针对有关受限于该要求的人的权力;

(b) 考虑到保护和保育建筑和具有考古、建筑或历史利益的场所和物体需求的规定;和

(c) 考虑到提议对农村或城市景观或动物、植物、建筑、场所或物体的规定。

(3) 受限于前述第 2 款的规定,本款有关前述第 1 款提及的规定是——

(a) 考虑到为公众进入森林、山地、沼泽、荒野和自然美观的其他地方的自由的需求性的规定;和

(b) 考虑到提议对使用这些设施的自由或这些设施可用性的规定。

……

4. 设计具有特殊利益的场所的环境义务

(1) 如果英格兰自然保育委员会或者威尔士乡村委员会认为英格兰或者威尔士的任何土地区域——

(a) 由于其动物、植物或者地址或者地形特征而具有特别利益;

(b) 可能在任何时候受到相关承担者的计划、工程、运行或者活动的影响,

那么,英格兰自然保育委员会应当告知计划、工程、运行或者活动可能影响该土地的每一承担者该土地因该项原因而具有特殊利益的事实。

……

5. 有关环境和娱乐义务的准则

(1) 国务大臣可以通过法令批准(不管是相关大臣或其他人)为了以下目的的发布的准则——

(a) 向相关承担者就为了使前述第 3 条和第 4 条有效的目的任何事项提供实用指导;和

(b) 促进他认为承担者有关这些事项可取的实践,

并且,在任何时间通过这个法令批准这个准则或者取消对这个准则的批准或修改。

(2) 违反本条下批准的准则不构成违反前述第 3 条和第 4 条的规定或导致任何刑事或民事责任;但是,国务大臣和农业、渔业和食物大臣都有义务通过考虑是否有违法行为和可能的违法行为来决定何时和如何凭借本法、其他任何联合法或者 1989 年《水法》向相关承担者执行他的权力。

……

第二部分　承担者的任命和规范

第一章　任　　命

任　　命

6. 任命相关承担者

（1）受限于本章下述条款规定，公司可以由——

（a）国务大臣；或者

（b）在国务大臣同意下，或者根据国务大臣的一般授权下，总督，

任命为英格兰和苏格兰区域的水务或者污水处理承担者。

（2）在不损害本章下被任命的公司遵守任命条件义务的情形下，当任命仍然生效时，任命一家公司为任一区域的水务承担者或污水处理承担者应当有效——

（a）要求公司履行任何立法中对承担者相关描述（即水务承担者，或者在一些情况下污水处理承担者）规定的义务；

（b）授权公司为了开展相关描述中承担者的职能的目的或者与开展相关描述中承担者的职能相关联的、执行任何关于承担者立法规定的赋予的权力。

……

第三章　消费者保护等

一　般　规　定

27. 总督审查事项的一般义务

（1）总督有义务，只要他认为是可行的，不时审查英格兰、威尔士和其他地方水务承担者或者污水处理承担者涉及执行职能有关事项的活动。

（2）总督有义务，只要他认为是可行的，不时收集以下信息——

（a）本部分第一章下被任命的公司执行相关承担者的职能；或

（b）任何该类公司，

在他看来，为了知道或确认立法赋予或规定他的权力或义务事项的情形。

……

28. 消费者服务委员会

（1）本部分第一章下被任命的公司应当由总督分配到由它建立和维持的委员会，为了被分配的公司执行以下目的——

（a）本法分配给委员会的职能；和

（b）委员会维持本条下总督执行的其他职能。

(2) 本法下维持的委员会应当称为消费者委员会。
……
(5) 在任命消费者委员会的成员时,总督应注意——
(a) 被任命的人具有与以下事项有关的经验或者能力——
(i) 水务承担者或污水处理承担者职能;或者
(ii) 执行涉及总督分配给委员会的区域的公司,或提议分配给该委员会的这些职能;并且
(b) 以下需求——
(i) 委员会包含一名或多名具有在残疾人士中的工作经验和对残疾人士的特殊需求有经验的人;和
(ii) 凭借本段任命的人员包括残疾人士。
(6) 消费者服务委员会主席的一届任期不得超过四年。

2003年水法*（节选）

第二部分　前　言

新监管安排等

建立新机构等

34. 水服务监管局

（1）在1991年《水工业法》（c.56）第1条（在本法称为"WIA"）后插入——

"1A 水服务监管局

（1）为了执行本法规定或转交于它或者根据其他立法的职能，成立水服务监管局（本法称为'监管局'）。"

……

35. 消费者委员会

（1）在WIA第27条后插入——

"水消费者理事会

27A 建立理事会和委员会

（1）为了执行本法下规定的职能，成立水消费者理事会（在本法称为'理事会'）。

……

27B 水消费者理事会和其他机构的合作

（1）本条规定以下机构之间的义务——

（a）监管局和理事会；

（b）理事会和国务大臣；

（c）理事会和威尔士议会。

（2）前述第1款中的机构有义务为了确保以下目的而作安排——

---

* 英国2003年《水法》制定并颁布于2003年11月20日。此文根据英国国家档案馆代表英国女王政府管理的网站（www.legislation.gov.uk）上该法的正式英文版本进行翻译。

（a）在他们之间展开合作和交换信息；和

（b）对共同影响他们的事项一致的处理方式。

（3）就本条规定要求的安排达成的协议一旦可行，双方必须着手准备一份备忘录。"

......

36. 职能和财产等移交于监管局和理事会

（1）水务总督的职能移交于监管局。

......

（3）国务大臣可以为将水务总督的财产、权利和责任移交给水服务监管局或水消费者理事会制定一个或多个计划（"移交计划"）。

（4）移交计划可以就将国家雇用的公务人员的权利和责任移交给理事会作出规定。

（5）在移交计划制定的日期，移交计划中涉及的财产、权利和责任应当凭借本款根据移交计划的条款移交。

......

37. 水监管费用的条件

（1）本条中"支付条件"指包含在 WIA 第二部分第一章中第 11 条 1 款 c 项下的任命中的条件。

（2）该任命下的支付条件可以（在不损害第 11 条 1 款 c 项下普遍适用性）要求被任命公司支付下列第 3 款提及的任何费用。

（3）这些费用是——

（a）理事会的费用，和

（b）监管局、国务大臣或威尔士议会成立理事会相关的费用。

（4）由以下目的造成的或为了准备以下目的，监事局认为必要或适宜时根据本条修改支付条件——

（a）成立理事会，或

（b）废除根据 WIA 第 28 条第 1 款成立的消费者服务委员会。

......

（8）国务大臣可以在咨询威尔士议会后，向监管局发布为了确保支付条款中的款项（包含本条第 3 款中提及的有关费用）的指令；监管局必须遵循该指令。

......

38. 未来工作计划和年度报告

（1）在 WIA 第 193 条前插入——

"192A 未来工作计划

（1）监管局和理事会应当在每个财政年度前分别发布一个文件（未来工作计划），该文件阐述他在该年计划开展的执行职能的日常活动以及工作项目。

（2）必须包含对每个项目目标的阐述。
（3）任一年的未来工作计划应当包含监管局或理事会预计在执行其职能时所需费用的整体估算。
（4）在发布未来工作计划前，监管局或理事会应当发出通知——
（a）包含一个未来工作计划的草案；
（b）指明提案中的陈述或目标制定的时间，
并且，考虑任何陈述或目标是恰当制定的并且不能撤回的。
……
192B 年度报告和其他报告
（1）监管局应当，只要在每个财政年末后切实可行时，就以下事项向国务大臣提交报告（该年的年度报告）——
（a）他在该年的活动；和
（b）竞争委员会在该年就监管局征询的活动。
（2）每年的年度报告的内容应当包括——
（a）监管局职能范围事项发展的整体调查；
（b）该年未来工作计划中项目的进程报告；
（c）就监管局在该年发布的最终法令和临时法令以及处罚的总结；
（d）当相关承担者的区域范围全部或部分在威尔士时，威尔士议会可以不时要求就相关事项出具报告；和
（e）国务大臣要求就其他事项出具的报告。
……"

水务行业监管目标

39. WIA 的目标和义务
（1）WIA 的第 2 条（水行业的一般义务）作如下修订。
（2）在第 1 款第（a）项，在"相关承担者"后插入"供水持证人"。
（3）第 2 款由以下规定替代——
（2A）国务大臣，或者在一些情况下监管局在执行和履行前述第 1 款中规定的权力和义务时，应当以他认为最恰当的方式来实现以下目标——
（a）促进消费者目标；
（b）确保水务和污水处理承担者在英格兰和威尔士的每一区域内恰当履行其职责；
（c）确保在本法第二部分第一章下被任命的公司作为相关承担者有财政能力（特别是要确保其获取合理的资本回报率）开展职能；
（d）确保供水持证人在许可证授权下的活动或者其他法定职能能有效履行。
（2B）第（2A）款第 a 项提到的消费者目标是指保护消费者利益，只要是恰当地

在促进参与者之间的有效竞争,或者是水务和污水处理承担者有关的商业活动。

(2C)为了第(2A)款第 a 项的目的,国务大臣或者在一些情况下监管局应当注意以下人员的利益——

(a) 残疾和患有慢性病的人士;

(b) 达到领取养老金年龄的人士;

(c) 低收入人士;

(d) 农村地区人士;和

(e) 房屋建筑没有资格获得本法第二部分第一章下持证供水公司供水的消费者,

但这不能理解为不需要注意其他类型的消费者利益。

......

(4) 第 3 款和第 4 款由以下规定替代——

"(3)受限于第(2A)款,国务大臣或在一些情况下监管局在执行和履行第 1 款中规定的权力和义务时,应当以他认为最恰当的方式来实现以下目标——

(a) 促进本法第二部分第一章下被任命的公司履行职能的经济和效率;

(b) 确保由这些公司确定的供排水价格无歧视、无偏见;

(c) 确保当这些公司通过申请以特殊方式在处置土地及土地权益时(无论何时处置),消费者利益不受侵害;

(d) 确保该公司在执行非相关承担者的职能时,或者其他人开展在国务大臣或在一些情况下监管局看来与这些公司有关联的活动时,消费者权利受到保护,特别是确保——

(i) 任何交易必须以公平交易的方式进行;

(ii) 该公司在执行承担者职能时,以恰当的形式和方式维持和提供账目;

(iii) 如果是供水持证人,其执照没有授权其在该公司区域。

(e) 房屋建筑没有资格在本法第二部分第一章下持证供水公司获得供水的消费。

(4) 在根据前述第 1 条规定执行或者履行第 1 款中的权力或义务时,国务大臣和监管局应当注意到最佳监管实践的原则(包括监管活动应当透明、负有责任、恰当、一致和行为只有在必需的情况下采取的原则。)"

40. 向监管局发出的有关社会和环境事项的指引

在 WIA 第 2 条后插入——

"2A 社会和环境事项的指引

(1) 指引可以由以下机构不时发布——

(a) 当任命区域全部或主要部分在威尔士时,由威尔士议会;和

(b) 其他任命区域,由国务大臣,

关于监管局为实现指引中列出或涉及的社会和环境可持续发展政策的所作贡献。

(2) 在制定指引时,国务大臣和威尔士议会应当在可行的情况下注意到指引将带来的成本和收益。

(3) 监管局在行使和履行上列第 2 条第 1 款中的权力和义务时(受限于第 2 条第 6 款的规定)应当注意到本条下发布的指引。

……"

理事会的职能

43. 理事会的一般职能

(1) 在 WIA 第 27B 条(已插入第 35 条)后插入——

"理事会的一般职能

27C 消费者的利益

(1) 在考虑消费者的利益时,理事会应当注意以下人士的利益——

(a) 残疾和患有慢性病的人士;

(b) 达到领取养老金年龄的人士;

(c) 低收入人士;

(d) 农村地区人士;和

(e) 房屋建筑没有资格获取在本法第二部分第一章下持证供水公司供水的消费者,

但这不能理解为不需要注意其他类型的消费者利益。

……

27D 获取和审查信息

理事会具有获取和审查以下信息的职能——

(a) 有关消费者事项的信息(包括不同区域影响消费者的事项);和

(b) 消费者就有关事项的看法的信息(包括不同区域消费者的看法)。

27E 向公共机构提供建议和信息的规定

(1) 理事会应当具有以下职能——

(a) 就消费者事项(包括不同区域影响消费者的事项)制定提案,或提供建议或信息;和

(b) 代表消费者就有关事项的看法的信息(包括不同区域消费者的看法),

提供给公共机构、该部分第一章下被任命的公司、持证供水者和活动有可能影响消费者利益的其他人。

(2) 受限于下述第 7 款,有关特定人或团体(法人或非法人)的信息不得根据本条由理事会公开,除非下述第 3 款第(a)到(c)项的规定适用于该信息。

(3) 有关特定人或机构的信息在下列情况下可以公开——

(a) 该人或该机构同意公开;

(b) 公众可以从其他渠道获取该信息;

(c) 在理事会看来,公开的信息不会或不可能会严重和有偏见地影响到个人或机构的利益的信息。

27F 向消费者提供信息的规定

(1) 理事会具有以他看来对接收者最有用的方式向消费者提供信息的职能。

(2) 该职能可以以下列方式行使——

(a) 以理事会认为的能引起感兴趣的消费者的注意力的恰当方式公布;或

(b) 向任一消费者提供信息(不管是回应消费者的请求或其他)。

……"

(2) 在 WIA 第 30A 条前插入——

"监管局的更多职能

30ZA 咨询理事会的义务

(1) 监管局有义务就他执行每一项职能向理事会咨询,除了以下情形——

(a) 理事会向监管局表明(不管是特意的或是一般的)不希望提供咨询意见;或者

(b) 监管局认为咨询理事会是显然不恰当的。

(2) 该义务是其他法规规定的监管局咨询理事会义务之外的附加义务。

30ZB 通知的副本

当监管局根据本法要求公布通知或其他文件,他必须向理事会提交该文件的副本。"

44. 向理事会提供信息的规定

在 WIA 第 27G(已插入第 43 条)后插入——

"**21H 向理事会提供信息的规定**

(1) 理事会可以向以下机构发布指令——

(a) 监管局;

(b) 该部分第一章下被任命的公司;或

(c) 持证供水者,

为了执行其职能的目的,以他可能合理指明的方式向他提供指令中指明或描述的这些信息。

……

27J 理事会提供信息的规定

(1) 下列任一机构——

(a) 监管局;

(b) 国务大臣;或

(c) 威尔士议会,

为了执行其职能的目的,以他可能合理指明的方式向他提供指令中指明或描述的这些信息。
……"

45. 向消费者提供统计信息的规定
(1) 在 WIA 第 38A 条后插入——
"**公布关于投诉的统计信息**
(1) 理事会有义务以他认为恰当的形式、方式和频率,公布他认为有关消费者所投诉的关于水务承担者或持证供水者的活动和处理这些投诉的统计信息。
(2) 在上列第 1 款,"投诉"包括直接向水务承担者或持证供水者(或任何代表他们开展活动的)所做的投诉和向监管局、理事会、威尔士议会或国务大臣所做的投诉。
……"

47. 理事会的调查
在 WIA 第 29 条后插入——
"**29A 理事会调查其他事项的权力**
(1) 理事会可以调查看起来与消费者利益有关的适合事项(非本部分下他有义务调查的事项)。
(2) 在根据本条开展调查前,理事会应当咨询监管局、威尔士议会和国务大臣。
(3) 当根据本条开展调查后,理事会可以就该事项向监管局、国务大臣、公平交易局、威尔士议会或其他在理事会看来可以在该事项上行使职能的公共机构出具报告。
……"

执 行 义 务

48. 财政处罚
(1) 在 WIA 第 22 条后插入——
"**财政罚款**
22A 罚款
(1) 当监管局认为出现以下情形——
(a) 对于该部分第一章下被任命的公司,该公司——
(i) 违反了或正在违反了任命条件;
(ii) 引起了或促成了或正在导致或正在促成该部分第 1A 章下持证的公司违反了许可证的条件;或
(iii) 已经不能或正在无法达到第 38 条第 2 款和第 95 条第 2 款的标准要求;或者

（b）对于该部分第1A章下持证的公司,该公司——

（i）违反了或正在违反许可证的条件;或

（ii）引起了或促成了或正在导致或正在促成该部分第1章下具有被任命的公司违反任命条件,

监管局可以,受限于下列第22C条,对公司处以在事件中所有情形合理数量的罚款。

（2）当监管局、国务大臣或威尔士议会认为出现以下情形——

（a）对于该部分第1章下被任命的公司,该公司——

（i）违反了或正在违反任何法律或其他在第18条下可执行的并且与其是执行机构有关的规定;

（ii）引起了或促成了或正在导致或正在促成该部分第1A章下持证的公司违反了任何规定;或

（b）对于该部分第1A章下持证的公司,该公司——

（i）违反了或正在违反任何法律或其他在第18条下可执行的并且与其是执行机构有关的规定;

（ii）引起了或促成了或正在导致或正在促成该部分第1章下被任命公司违反了任何规定,

他可以,受限于下列第22C条,对公司处以在事件中所有情形合理数量的罚款。

……

（9）根据本条执行机构收取的任何金额必须存入统一基金。

……

（11）本条下执行机构施加的罚款可能超过该公司营业额的10%(在由国务大臣咨询威尔士议会后,根据法定指明的条款决定)。

……

22B 有关处罚的政策声明

（1）每一执行机构应当准备和公布一份有关进行处罚和决定处罚数额的政策声明。

（2）执行机构就有关违法行为或无法实现行为在决定是否进行处罚和决定处罚的数额时,应当注意到行为发生时最近公布的政策声明。

（3）执行机构可以修正其政策声明,并且应当公布修正的声明。

（4）在本条下公布的声明应当以执行机构认为能恰当地实现政策申明的事项能够引起有可能被政策声明所影响的人士的注意力的方式公布。

（5）在准备或修订政策声明时,执行机构应当开展他认为恰当的咨询。

……

22E 上诉

（1）当受处罚的公司由于以下原因受到侵害——

（a）受到处罚；

（b）罚款的数额；或

（c）要求缴付罚款的日期，或不同部分罚款要求缴付的日期，

该公司可以根据本条向法院提起申请。

……"

薪酬和绩效标准

50. 董事报酬和绩效标准的关系

在 WIA 第 35 条后插入——

"公开薪酬的安排

35A 薪酬和绩效标准

（1）本条适用于该部分第一章下被任命的公司。

（2）只要在每个财政年末后合理可行时，公司必须向监管局提交声明——

（a）当该董事的薪酬属于下列第 3 款规定的安排时，公开在该财政年度该公司的董事的薪酬是否已经支付或者是否即将到支付日期；和

（b）当该类薪酬已经支付或即将到支付日期，描述支付的安排和薪酬。

（3）如果安排将董事薪酬和公司执行一个相关承担者的功能的绩效标准相联系，即属于本款的安排。

（4）上列第 2 款 b 项中的描述必须特别包括以下内容——

（a）关于制定安排时间的声明；

（b）关于正在审议中的绩效标准的描述；

（c）关于评估绩效标准方法的解释；和

（d）关于如何计算薪酬的解释。

（5）第 2 款中规定的声明必须也包括以下内容——

（a）在财政年度所做声明中属于上列第 3 款中的范围的安排是否生效；或

（b）如果否，该公司是否打算将这些安排在该财政年度内某个时间生效，如果是生效的，或者它意图生效，声明必须描述这些生效的安排。

……"

第三部分 杂 项

饮用水监察机构

57. 首席饮用水监察员和饮用水监察机构

(1) WIA 第86条(规定指定执行水质量的技术评估师)按照第2款至第8款修订。

......

(3) 在第1项后插入——

"(1A) 受限于下列第1B项,国务大臣应当指定一人为首席饮用水监察员。

(1B) 如果国务大臣上列第1项中的职能在任一程度上移交至威尔士议会——

(a) 受限于下列第b目,威尔士议会可以指定一人为威尔士首席饮用水监察员;但

(b) 如果由威尔士议会指定的人同为国务大臣指定的首席饮用水监察员,他应当同时担任两个职务。"

德国

关于实施欧共体第 2000/52 号指令（委员会 2000 年 7 月 26 日发布的为了改变欧洲经济共同体委员会有关成员国与公共企业之间财政关系透明化的欧洲经济共同体第 80/723 号指令的指令）之法律

第一条（适用范围）

（1）本法适用于以下企业：

1. 它们由于实施特定的活动而被授予《欧共体条约》第 86 条第 1 款意义上的特许权或独占权；

2. 它们在《欧共体条约》第 86 条第 2 款意义上被委托从事公共经济利益服务，并基于这些服务获得任何形式的国家补偿款项，这些补偿款项并非在一段合理期限内与在一项公开、透明与非歧视的程序框架内得以确定。

（2）本法条款不适用于以下企业：

1. 它们在第 1 款规定的活动以外并不从事进一步的经营活动；

2. 依据类型与范围来看，它们的活动不会明显妨碍欧盟成员国之间的贸易；

3. 在过去已经结束的两个财政年度期间，它们每年所获营业收入少于 4000 万欧元。关于营业收入的计算适用《贸易法》第 277 条第 1 款规定。对于金融机构来说，不对其营业收入特征进行考察，而是要求其最高年终平衡账数目达到 8 亿欧元。

第二条（概念界定）

在本法意义上，

1. 独占权是指：

在一个特定区域内从事一项服务或其他活动的权利，其基于法律或行政规定只能由单一的企业保有；

2. 特许权是指：

（a）在一个特定区域内从事一项服务或其他活动的权利，其基于法律或行政规定由两个或若干个数目有限制的企业保有，企业数目的限制或对于授权企业的选择并非基于客观的、合理的和非歧视性的标准。

(b) 优势地位,其基于法律或行政规定依据不同于上述客观的、合理的和非歧视性标准的其他标准而被赋予一个或若干个企业,在同一区域在条件显著相似情形下从事同一活动的其他企业的经营能力由于此优势地位受到显著妨碍。

第三条(依据经营领域施行的账目分离)

(1) 企业负有以下义务:它们必须一方面对于第1条第1款意义上的所有经营领域,另一方面对于每个其他的经营领域开设内部独立账户用于统计成本与收益。所有的成本与收益必须依据客观、合理的与被统一应用的成本核算基本原则而被归列入各个领域。作为基础的成本核算基本原则必须清楚地被确定。关于在各个领域成本与收益的列编,和在此被应用的成本核算基本原则,尤其是在两个或多个领域发生的成本与收益分配方案的确定标准,以上这些情况的记录必须由企业予以保管。《税务规则》第145条与第146条第1至5款相应适用。

(2) 第1款规定不适用于以下经营领域:在这些领域,关于分开的账目统计事项已经由欧洲共同体机构发布的共同体法律作出特别规定。

第四条(保管义务)

企业必须对于基于第3条第1款第1与第4句规定的账户或其他记录在5年期限内予以合规保管。保管期限开始于相关数据所指称的财政年度的结束。只要依据第1句规定必须被保管的记录不属于《税务规则》第147条第1款所列举的文件材料,那么《税务规则》第147条第2款的规定可获得相应适用。

第五条(呈报与披露义务)

(1) 由州法规定的主管部门可以向企业提出以下要求:提供关于依据第3条第1款第1与第2句必须予以记录的成本与收益以及用以作为基础的成本核算基本原则的信息说明,交出相关的记录,提供对这些记录作出评判的补充性答复;只要上述这些措施对于响应欧共体委员会依据欧洲共同体第80/723号指令,即最近通过委员会2000年7月26日版的欧共体第2000/52号指令(法律公报,欧共体,第L193号,第75页)予以修订的委员会1980年6月25日版《关于成员国与公共企业之间财政关系透明化以及在特定企业内部财政关系透明化的指令》(法律公报,欧共体,第L195号,第35页)的第5条第3款的规定而设置的问询答复的要求是必需的。《税务规则》第147条第5款的规定可得相应适用。

(2) 州政府被授权通过法律条例的形式确定主管部门。它们可以通过法律条例的形式将此授权向一个州的最高机关作出让渡。

第六条(个人责任)

(1) 企业的权利主体与人员必须承担履行第3条第1款和第4条、第5条规定的义务的职责。上述人员包括法人的授权代表机构的成员、有权代表合伙企业的合伙人,或者以其他方式被直接或间接地授予企业权利主体法定代表权或机构代表权的人员。

(2)依据本条第 1 款规定以及第 5 条规定对于答询事项负有义务的人,当对于某些问题的回答会使其本人或使依据《民事诉讼法典》第 383 条第 1 款第 1 至 3 项规定所列明的与本人关联的成员招致因为犯罪行为或行政违法行为而被追究责任的风险,可拒绝回答问题。

第七条(与其他法律条款的关系)

依据其他法律条款规定而产生的记账义务、账务义务、记录义务、保管义务、呈报义务与披露义务保持不受影响。

第八条(罚款条款)

(1)行政违法成立,当行为者:

1. 违反第 3 条第 1 款第 1 句规定没有或没有按照规定的方式开设账户;
2. 违反第 3 条第 1 款第 4 句规定没有、没有正确地或没有完全地予以记录;
3. 违反第 4 条第 1 句规定没有或没有在至少 5 年期限内保管记录;
4. 违反第 5 条第 1 句规定的具有执行性的命令。

(2)行政违法可被处以最高 2 万欧元的罚款。

第九条(适用期间)

基于第 3 条第 1 款,第 4 条与第 5 条的义务必须从 2002 年 1 月 1 日起得到履行。如果对于企业来说第一个在 2001 年 12 月 31 日之后结束的财政年度在 2001 年 8 月 23 日之前已经开始,那么上述义务从与此直接相续的下一个财政年度的开始之时必须得到履行。

第十条(议事途径)

联邦政府负责与欧共体委员会的交往联系。《反对限制竞争法》第 50 条规定保持不受影响。

第十一条(生效)

本法在颁布后次日生效。

关于德国联邦邮政企业转制为股份公司的法律

第一条（通过转制创立股份公司）
（1）德国联邦邮政企业应转制为股份公司。
（2）在创建过程中，股份公司获得以下名称：
——德国邮政股份公司；
——德国邮政银行股份公司；
——德国电信股份公司。
通过股份公司的章程可以规定不同于上述名称的其他名称。
（3）只要以下法律条款未作出另外规定，《股份法》第一编第一与第二部分的规定相应适用于股份公司的创建。

第二条（权利继受、资产转让与责任）
（1）股份公司是德国联邦邮政基金的权利继受者；只要没有其他法律规定作出规制，德国联邦邮政的关于邮政服务的子基金应移转给德国邮政股份公司，德国联邦邮政的关于邮政银行的子基金应移转给德国邮政银行股份公司，德国联邦邮政的关于电信的子基金应移转给德国电信股份公司。只要分割尚未施行，那么使用权应具有决定意义。财产的移转发生于股份公司进行商业注册登记之日。依据各个创设法典，财产权的移转不得抵触、损害德国联邦邮政基金的资产向德国联邦邮政的联邦邮政与电信总局、邮政与电信的意外伤害保险业者与邮政和电信的博物馆基金会的移转。如果德国联邦邮政基金的不动产（地产、与地产性质相同的权利与限制性物权）在本法生效之时，被两家股份公司共同使用，那么此财产的所有权应移转给与主要的使用者关涉的权利主体。订立内容与此规定不符的协议是允许的。基金的一项不动产，在本法生效之时，全部或部分地用益于联邦邮政与信息部或其下属机构确定的任务，则随着本法生效时间点而成为一般意义上的联邦资产，除非使用者之间对其另有约定。权利移转也包括主体性地让渡给德国联邦邮政的限制性物权。在确定新的所有者之前，到目前为止履行承担外部关系中交易安全注意义务与公共开支主体的权利继受者必须继续承担此责任；在确定新的所有者之后，所有者应依据无因管理原则履行支付相关费用的义务。

（2）对于涉及基金整体的信贷负债，从股份公司商业注册登记之时起，由德国电信股份公司取代之前原债务人的地位。它具有对德国邮政股份公司与德国邮政银行股份公司的追索权,该权利的行使限于之前的权利主体归列入信贷负债的范围。

(3)对于涉及子基金的负债事宜,从各个继受企业商业注册登记之时起,由它们替代之前债务人的地位。

(4)依据条款2与3,在三家股份公司商业注册登记之时存在的负债由联邦保证履行。基于条款2规定的负债,可在当前额度内依据管理一般联邦债务当前有效的基本原则继续通过负责管理联邦债务簿的机构予以管理;依据第2款规定的关于负债的债务证券与联邦债务证券具有同等效力;到目前为止没有被负责管理联邦债务簿的该机构管理的基于第2款规定的负债可以移转给该机构。最迟在从股份公司商业注册登记之时起算的5年期限之后,对于储蓄存款施行的上述确保义务终止。

(5)基于第4款第1句规定的负债也应视为《德国民法典》第1807条第1款第3项意义上的金边债券,前提是其已在联邦债务簿予以登记。

第三条(股份)

(1)在股份公司创设过程中股份属于联邦。

(2)在本法生效以后持续4年的时限里,联邦应在德国邮政银行股份公司持有至少25%的股份。

(2a)联邦可放弃在德国邮政股份公司中的资本多数地位。

(3)在增资情形下,新的股份可在监事会的批准下分配给各个股份公司的员工;《股份法》第186条第3款第1句的规定在此情形不再适用。

第四条(期初资产负债表)

(1)股份公司的商法意义上的期初资产负债表须在公司章程确定的经济活动开始之日予以制作完成。

(2)股份公司引入的经营性资产须依据基于第5条规定的账面价值或基于第6条规定的应用价值予以确定。每家企业均具有自主性的选择权。

(3)在期初资产负债表中确定的金额价值在后续期间被视为收购或生产成本,这些成本须在折旧资产中每次依据剩余使用寿命被扣除。

第五条(账面价值评估)

在编制商法意义上的期初资产负债表时,出自将被转换为股份公司的子基金的最终资产负债表的资产与负债的列式与评估须被采纳归列(账面价值的结合)。商法条款适用于对于子基金最终资产负债表与股份企业期初资产负债表的编制事宜。

第六条(应用价值评估)

(1)对于土地、建筑、其他设施以及存货,须依据《德国马克期初资产负债表与资本重整法》第7、9、10与12条的规定在期初资产负债表基准日在最高程度上对其应用价值予以确定。

(2)其他的资产与负债须在考虑《商事法典》第253条第2、3款的情形下以账面价值被继续确定评估。

（3）第1款规定适用于德国邮政银行股份公司,该适用附带以下条件:包括投资在内的请求权与证券可以得到重新评估。

第七条（理赔解决事宜）

依据《邮政宪法》第37条第3款规定,应于1994年12月31日在资产负债表中显示出的亏损扣抵在包含德国联邦邮政的邮政服务与德国联邦邮政的邮政银行1994年年度净利润或年度亏损的情形下,将不归入相应的股份公司的期初资产负债表中。德国电信股份公司基于第2条第2款规定由于信贷承接而得到的对于德国邮政股份公司与德国邮政银行股份公司的追索权在达到第1句规定的各个损失额度的期初资产负债表基准日灭失。在基于第1句规定的损失高于依据第2条第2款规定的信贷承接额度时,其差异金额不得作为对于德国电信股份公司的索赔金额。

第八条（经转化的义务的资产负债表科目）

基于由《邮政员工权利法》第2条第3款与第14条第4款规定的经转化的义务以及根据《联邦公务员法》第80条与依据《联邦公务员法》第80条第4款颁布的法律条例而产生的在1994年12月31日已存在的退休人员的请求权,《商法施行法》第28条必须附带以下条件被适用:1990年1月1日基准日取代1987年1月1日基准日,1989年12月31日基准日取代1986年12月31日基准日。

第九条（董事会与监事会）

（1）股份公司的董事会与监事会须依照《股份法》第一编第四部分第一与第二节的规定创设,只要以下条款未作另外规定。

（2）在监事会雇员代表的选举中,在股份公司工作的公务人员也有选举权与被选举权。他们被视作雇员。只要《共同决策法》与为该法而颁布的选举规则对于工人、员工与管理人员作出区分,那么公务人员依照其各自所属的业务岗位分属于这三个群体。

第十条（税收与费用豁免）

（1）股份公司得以免除在子基金转制过程中产生的税收义务。

（2）对于与执行本法相关的公务行为,免收基于《成本规则》第一部分规定的诉讼费用。公证费用也应在有利于迄今为止的子基金与股份公司的情形下依据《成本规则》第144条的规定予以减少。

第十一条（章程）

（1）股份公司的法律关系应在本法框架下通过章程予以确认。

（2）章程应以本法附件的形式予以确定。

（3）在章程第5条第1款呈报的股份公司股本的额度应由联邦邮政与电信部在企业注册之时予以检查,并在必要情形下予以调整。相关变化须在联邦法律公报予以公布。《股份法》第23条第1款第1句的规定不适用于股份公司注册的情形。

（4）章程的修订须符合《股份法》规定。

第十二条（不动产登记册之管理）

（1）为了证明基于第 2 条第 1 款规定的权利的移转，向不动产登记册管理部门进行不动产申报是必需的，其证明力充分。不动产申报必须以符合不动产登记册条目的形式标明地产、与地产性质相同的权利或限制性物权。它必须由新的所有权人递交，对于基于第 1 条规定予以转制的德国联邦邮政的企业，它还需要由一位联邦财政部授权的官员出具确认证明，该官员不必是该部的工作人员。该确认证明必须签字并加盖公章。在机械处理的情形下，当确认证明中包含"本确认证明系由机械自动生成，没有签名是有效的"的印记，签名可以免除。在这种情形下，公章也可以加盖在附带表格中或者在打印件上自动生成。此处并不需要《房地产转让所得税法》第 22 条规定的房产转让所得税已付证书。

（2）基于在联邦财政部业务领域内的联邦主管机构的要求与基于在德国联邦邮政的承继企业中委任专员的要求，不动产登记册管理部门对于不动产登记册错漏必须予以纠正。对此不收取费用与开支。

（3）不动产申报也可以通过列表的形式被递交并得以确认。它的确认证明书可以在新的权利实体之间最终厘定资产价值。新的权利实体不得向法院提出诉讼反对该确认证明。不动产申报不得影响依据《资产法》或原状恢复请求（《资产分配法》第 11 条第 1 款第 1 句）以及《居住社区资产法》规定而产生的第三方的私权利与请求权。

第十三条（资产配置）

（1）只要在《联邦邮政法》《邮政社会保险组织法》或《邮政与电信博物馆基金会创设法》中，在本法第 2 条第 1 款所列明的资产的实物的移转被确定，那么该移转可通过联邦财政部或由其授权的机构的一项决定（配置通知）而得以实现。根据配置通知，本法第 2 条第 1 款规定的权利移转也可得以确认。在不动产共同使用的情形下，主管机关可以在配置通知中除了确定财产移转外还在考虑参与各方的企业经济观点立场的情形下创设物权或债权与债务，只要这对于确保所承担的任务的完成是适当的。只要参与各方一致同意，可发布一项与一致意见相适应匹配的通知，通知须以与不动产登记册条目相符合的形式列明权利。通知不得影响依据《资产法》或基于原状恢复请求（《资产分配法》第 11 条第 1 款第 1 句）、《德国统一条约》第 22 条第 4 款、《资产分配法》第 1a 条第 4 款与《居住社区资产法》规定的第三方的私权利与请求权的行使。

（2）在通知中可附带一项分割与分配计划。《资产分配法》第 2 条第 2a 至 2c 款的规定可以比照适用于此类计划及其效用影响。

（3）不动产登记册须基于发布通知的机构的要求进行错漏补正。与此相关的费用与开支不得收取。

（4）通知在由德国联邦邮政基金最终产生的权利实体之间具有终局效力。权利实体不得因反对通知而向法庭提出诉讼。

第十四条（与资产分配法的关系）

（1）在《德国统一条约》第3条中列明的地区，当资产价值全部或主要部分在其任职区域的首席财政长官得到联邦或联邦财政部授权官员的通知，该通知内容包括不动产申报的递交或关于一项或多项与不动产登记册条目相符合的被列明的资产价值的确认，还包括4个星期的等待期限已经届满的内容，则仅在此情形下，不动产申报得以通过联邦递交并在德国联邦邮政的承继企业中得到确认，而且配置通知得以被发布。如果一项配置程序在首席财政长官处等待受理，那么首席财政长官须对于不动产申报的递交或它的确认提出保留态度。

（2）如果首席财政长官提出保留，那么在不动产申报与配置通知中这一点必须予以指出。如果联邦或联邦财政部要求修正不动产登记册内容，那么不动产登记册必须作出修正，反对修正的异议须予以登记。如果上述保留被撤回，那么反对异议将被删除。

（3）如果一个城镇或居住社区通知联邦财政部或一个德国联邦邮政的承继企业，表示它正准备一项关于资产配置的申请，那么前述要求不得向不动产登记册管理机构提出。在此情形下，由不动产申报或配置通知所表明的权利实体将被归入编列通知的财产所有权确定书中。

（4）在《资产分配法》第19条意义上违反正常邮政行业基本原则被处置的资产实物的分配，须依据《资产分配法》进行。

第十五条（过渡性条款）

（1）股份公司须依据《邮政员工权利法》第19条规定由德国联邦邮政以前企业的董事会管理。一旦雇员代表成为监事会成员，依据《股份法》第84条关于董事会成员的任命就得以施行。

（2）联邦邮政与电信部必须出于商业注册的目的对企业进行登记。

（3）对于股份公司商业注册之前以其名义进行的法律行为，各个子基金分担其责。

（4）依据《股份法》第33条第2款规定，将由联邦邮政与电信部为了创设审计而任命创设审计人员。公开招标将不予进行。

第十六条（转制条款）

（1）只要没有另外的规定，则在法条中规定的德国联邦邮政企业的权利、义务、职责与职权须转移给各个承继企业；这一移转过程应持续至一项具有不同规制内定的规定被颁布之时。通过法律条例创设的权利与义务，职责与职权可以通过法律条例予以修订；其他法律条款须依照与制定它们相符合的程序通过现在的主管机关予以修订。

（2）此外，所有其他的涉及以前德国联邦邮政或它的企业的法律条款须附带以下条件得以适用：在这些法律条款主管框架下，德国联邦邮政企业的各个承继企业取代以前德国联邦邮政或它的企业的位置。

（3）联邦经济与劳动部获得授权，可以通过法律条例的形式，在未经联邦参议院同意的情形下，在法典与法律条例中以德国邮政股份公司取代德国联邦邮政的邮政服务的表述，以德国邮政银行股份公司取代德国联邦邮政的邮政银行的表述，以德国电信股份公司取代德国联邦邮政电信的表述。

基于第十一条第二款的附录

德国邮政股份公司章程

德国邮政银行股份公司章程

德国电信股份公司章程

法国

2004 年 9 月 9 日第 2004-963 号
关于建立国家参股局的法令

第 1 条（被 2011 年 1 月 31 日第 2011-130 号法令修改）

1. 一个由经济部长直接负责的管理范围覆盖全国的部门被创设,名称为"国家参股局"。

2. 为维护国家的财产权益并进行监管,国家参股局在国家以直接或间接的方式参与出资的本法令附录中所列的企业或组织中行使国家作为股东的权力。

参股局执行职权时保持与负责界定和执行国家其他责任的部委沟通。

3. 在经济部长授权下,国家参股局负责人在经济、工业和社会方面推动国家出资政策的制定。

在此方面,他确保国家参股局的总方向。

4. 在国家参股局负责人的建议下,通过经济部长签署的法令可以委任一名副总干事。

第 2 条（被 2011 年 1 月 31 日第 2011-130 号法令修改）

1. 在尊重其他相关行政管理部门权限的前提下,参股局向经济部长提出国家股东对于列入本法令附件名录中的国家参与出资的企业或组织的发展战略方面的立场。在此方面,参股局分析这些公司和机构的经济和财务情况,也可以寻求相关行政管理部门的协助。

参股局实施国家作为出资人的决定和方针。

必要情况下,参股局与相关行政管理部门共同起草这些公司、机构与国家之间的合同。

2. 参股局与相关部委共同审查上面提及的公司和组织的主要投资、融资计划以及收购、转让、商业或合作协议和发展计划。参股局向经济部长提出国家股东关于这些主题的立场,并付诸实施。

3. 参股局（在必要时,与政府专员共同协作）确保被委派到相关企业和组织、参加到其议事机构的国家代表的立场的协调性。

参股局代表国家参加股东大会。

参股局可以就上述企业和组织议事机构中除国家代表之外的成员的任命和免

职提出建议。

参股局与其他相关行政管理部门相配合,定期评估上述企业和组织的管理者的管理工作。

参股局监督本法令附件名录中所列的公法人的活动以及受监管公法人的财务管理,并在获得预算部长的通知后,对于这种监管实施方式的完善提出建议。为此,参股局出于需要可以求助国家财政稽核总局和国家审查局配合工作。被监管企业和组织有责任向参股局提供其行使职权的所有必要信息。

参股局在获得相关部委的通知后,对于上述企业和组织章程的变更提出建议。它还与相关行政管理部门一同保证有关这方面的决定的准备和实施。

参股局负责实现上述机构的资本运作。

4. 参股局按照 2001 年 5 月 15 日第 2001-420 号有关新的经济调控方案法令第 142 条规定的要求①,起草有关国家股东的报告。参股局参与有关国家资产核算问题的跟踪监督。

第 3 条(被 2010 年 7 月 1 日第 2010-738 号法令废除)

第 4 条

国家参股局人员行使职权的条件由参股局总负责人确定的内部规章和职业基本规则规定。

第 5 条(被 2011 年 1 月 31 日第 2011-130 号法令第 1 条修改)

国家参股局,凭借由经济部长所管理的经费,拥有其实现职权所必要的经费。国家参股局的资产和人员管理与国家税务局管理的统一方式由参股局总负责人和国家税务局负责人之间签订的协议确定。

第 6 条(被 2011 年 1 月 31 日第 2011-130 号法令第 1 条废除)

第 7 条

修改下列条款:

- 修改 1999 年 3 月 19 日第 221-99 号法令第 8 条

---

① 第 142 条:

1. 政府每年以预算法案附件的形式提交有关国有股东的报告,该报告:

(1) 在上年度结算时,分析所有受国家监督的上市和非上市的重要实体、机构和公司的经济情况。

(2) 提交由国家控股的所有主要实体、机构和公司的联合账户,如实地介绍这些实体的财务情况,包括资产负债表以外的债务、可以预见的发展以及在联合账户设立至年度结算期间发生的重大事件。为了反映这些财务状况,会计方法问题被提交给独立的知名人士团体,这个团体由经济部长的法令任命。

(3) 描述根据 1986 年 8 月 6 日第 86-912 号与私有化方式相关的法令实现的转向私有领域的交易,并对以该法第二编和第三编条款为根据的私有化方式进行区分。在操作和使用过程中,同样也考虑国家兑现的收益。

(4) 草拟国家履行股东和国有企业监护人职责的总结。这个总结包括税务方面的活动,同样包括关于工业贸易战略和公共企业在劳动用工方面的政策的内容。

2. 1 中所含条款 2000 年第一次开始实施。

2004年9月9日第2004-963号关于建立国家参股局的法令

- 修改1999年4月2日第255-99号法令第1条
- 修改《路政管理法典》第R122-18条

第8条

  政府各部部长，经济、财政和工业部部长，国防部部长，装备、交通、领土管理、旅游和海洋事务部部长，公职和政府改革部部长，文化和传媒部部长，工业部部长，预算和预算改革总局秘书，国家改革、国有运输和海洋局秘书，按其所属分别负责本法令的实施，法令将发布在法兰西共和国的官方报纸上。

附　　录

受国家参股局监督的实体（以及他们的子公司和分红公司）
附属条款（被2011年1月31日第2011-130号法令第1条修改）
技术信息传播机构
巴塞尔机场
巴黎机场
国有省机场
法国航空公司
阿海珐集团
法国艺术电台
法国对外试听集团
国家高速公路基金公司
埃克斯莱班赌场
法国煤矿公司
内政部咨询服务公司
国家人寿保险
金融海运总公司
DCNS集团（法国国有船舶制造企业）
全球防务公司
德克夏银行
矿化公司
法国电力公司
石油活动和研究公司
投资和重组公共机构
建造公共机构
欧洲宇航防务集团
投资战略基金

法国电信
法国电视台
苏伊士环能集团
军工制造集团
国家出版集团
生物工艺分裂实验室
法国游戏集团
巴黎造币厂
法国邮政公司
自治和海上主要港口
法国广播电台
巴黎运输自治局
雷诺股份有限公司
法国铁路公司
赛峰集团
塞马利市场管理公司
建造和开发勃朗峰下隧道的特许公司
改革和发展投资融资公司
担保及股权管理公司
航空权益及管理公司
卢森堡铁路公司
金融与无线广播公司
先进系统出口公司
法国弗雷斯公路隧道公司
摩泽尔国际集团
法国国家铁路公司
法国或炸药公司
科西嘉海洋公司
国有金融控股公司
不动产评估公司
泰勒斯集团
埃克斯莱班温泉疗养
安全运输局

2004年10月11日有关国家参股局的组织机构的法令

第1条
国家参股局由三个下属机构和一个总秘书处组成。

第2条（被2011年1月31日法令第1条修改）
主管运输和视听设备的下属机构在运输和审计领域属于参股局管理下的企业和组织中履行国有股东职责，另外还负责这些机构的会计鉴定。该下属机构包括一个具体负责运输和视听领域基础设施的办事处、一个负责公共交通运营和铁路部门的办事处以及一个审计和会计鉴定中心。

第3条（被2011年1月31日法令第2条修改）
主管能源的下属机构尤其在能源、化学、工业以及与上述领域联合的领域属于参股局管理下的企业和组织中履行国有股东职责，另外负责这些机构的财务鉴定。该下属机构包括一个专门负责法国电力集团以及其他能源公司的办事处、一个负责阿海珐和苏伊士环能集团的办事处以及一个金融鉴定中心。

第4条（被2011年1月31日法令第3条修改）
主管服务行业、航空和防卫领域的下属机构在服务行业、航空以及防卫领域属于参股局管理下的企业和组织中履行国有股东职责，另外还负责这些机构的司法鉴定。在国家监督下，该下属机构管理法国里昂信贷银行、企业家银行以及不良资产机构。该下属机构包括一个专门负责法国电信、法国邮政、法国国家人寿保险以及不良资产机构的办事处、一个专门负责航空、安全、国防领域以及投资战略基金的办事处以及一个司法鉴定中心。

第5条（被2011年1月31日法令第4条修改）
国家参股局总秘书处确保参股局所有问题处理的一致性，并不妨碍下属机构的权力。总秘书处负责与外部机构、监管机构的联系，并管理与国家投资有关的特定用途账户。它保证对于国有资本投资资产证券的跟踪。它同样负责对国有金融控股公司（SPPE）的跟踪调查。它确保国家参股局人力资源的运作和管理，准备国家参股局总负责人批准的交易。

第 6 条

国家参股局的总负责人和人事、现代管理部负责人都在各自的职权范围内负责本法令的实施。本法令将颁布在法兰西共和国官方报纸上。

关于国家参股局和国家参股企业之间关系的管理规则[①]

国家参股局(APE)的建立有利于加强对于国家参股企业的管理。该机构的创设来自于由巴顿先生和塞尔·巴比尔先生领导的工作团队和杜斯特·布拉齐先生领导的国会调查委员会所提出的建议以及从现行最好的做法中得到的启发;也与有关国家的组织、国家参股实体的公共属性以及保护大众利益的职责的特殊限制规则相符合。

以下管理规则针对国家作为股东和企业之间的关系。这些规则应该更好地对国家作为调控者(进行一项活动的法律和技术情况的负责者)、投资者和买主时的关系进行区分。这些法令不能取代适用于公共领域企业的法律和行政法规,尤其是有关"公共部门民主化"的 1983 年 7 月 26 日第 83-675 号法令和有关"国家对于国有企业控制"的 1955 年 5 月 26 日和 1953 年 8 月 9 日的法令。

这些规则旨在建立一个质的标准,这一标准由国家代表与其他股东商议后提出和捍卫。该标准适用于国家控股企业和在私营领域由国家参股的企业的监事会和董事会。

这些规则具有普遍适用性。规则的细节及实施方式应根据具体情况决定,尤其要考虑企业性质,必要时还需考虑资产的组成以及特殊的法律和行政法规。企业负责人和总经理对这些规则的实施进行严格的监管。当股东平等对待原则需要适用时,需要以遵守该原则为前提。

1. 企业组织机构的良好运作

以下描述的运作方式适用于设有董事会的股份有限公司和公共机构的内部(对于设有监事会的国有企业和公共机构,下述法令是可变的)。

董事会的职责在于确定企业发展方向并监管其实施;除明显属于股东大会的权

[①] 此管理规则为国家参股局的章程。它虽不具有法律效力,但却是研究国家参股局与国家参股企业关系的极有价值的研究文献。

力和受社会目标的限制,董事会有权处理与企业业务顺利进行有关的所有问题并管理相关事务。

企业战略的具体实施和日常企业管理由总经理负责。

在行使其股东职责时,国家参股局将尤其关注下述几个方面:

1.1 董事会的权限

董事会有权通过企业战略并对其具体实施进行监督。企业向董事会递交长期战略计划书,该战略计划书每年根据需要进行更新,包括一份与主要竞争对手相比的账户存欠情况的分析报告、一份净投资计划书以及一份营业额增长计划书,必要时还包括一份预先订购计划表。战略计划书应该分两次进行。在前一次的董事会会议中,在企业总经理预先向董事会提交的详细基础材料的基础上,董事会就企业的重要发展战略选择的方向进行讨论。其后,下一次的董事会会议表决通过企业的详细战略计划书。

企业定期向董事会递交该发展战略实施情况的分析报告。

企业在每年年终向董事会递交下一年预算计划书,该预算计划书应考虑到企业长期战略计划。这份计划建立在关于企业合理的大笔预算费用的明示假设基础上。

企业应该定期介绍预算的跟踪,并对可能的偏差进行调整。

董事会的具体运作应由内部规章制度来确定。该规章制度尤其应该明确应预先获得董事批准的业务的特征(对外股份收购和转让、发展战略之外的重要业务、内部增长和重组业务),并明确应向董事会定期报告的主要事项(财务状况、税务状况、企业责任、战略性业务的追踪监督)。内部规章制度也应明确向董事会汇报企业分公司经营状况(发展战略、预算、主要业务)的条件。

1.2 董事会下设委员会

1.2.1 一般原则

通过深入的技术性工作,委员会为董事会准备决议。各委员会无权自行作出决定。

委员会负责人在其后的董事会会议中汇报委员会的工作。所有由委员会确定的会议议题均在董事会上进行讨论。

在其后的董事会举行之前,委员会至少要召开三次工作日会议。

委员会成员应该由在各委员会负责的专业领域有能力的董事担任。委员会还应该包含足够数量的独立董事(董事与企业、集团或者管理机构没有任何性质的关系,能够保证作出判断的自由性,董事便是独立的)。

1.2.2 审计委员会

国家参股企业中设立审计委员会。

审计委员会必须审查企业的账目、辅助账以及管理报告,以便使董事会确定向其提交的信息的质量和可靠性。委员会特别重视财务整理的范围和方式。当账目审查时,需要在没有企业参与情况下与审计师进行信息交流。

企业向其介绍其会计方法、计划和内部审计表、财务报告政策以及财务报告的主要内容。

审计委员会审查资产负债表外主要义务的风险。在总经理不在的情况下,委员会听取内部审计负责人的汇报,给出关于部门组织方面的建议。审计委员有权获悉内部审计监管程序,需要向其提交内部审计报告以及这些报告的定期总结。

审计委员会组织审计师的竞聘选任程序,并就审计师人选向董事会推荐。审计委员会监管董事会和审计师的活动分离原则的实施。为此,审计委员会在企业及其子公司内部安排对于董事会工作的定期调查活动。

审计委员会每年至少召开三次会议(其中至少一次为年度账目和季度账目检查的独立会议)。

1.2.3 其他委员会

国家参股企业中可以设立战略委员会。战略委员会为提交董事会批准的企业长期战略计划做准备工作。委员会就企业及其子公司的经营战略实施方式进行商讨,如同企业内部规章制度中所确立的。

国家参股企业中可以设立薪酬委员会。该委员会通过研究如何实现管理人薪水可变部分与企业目标的最大一致性,主要负责商议企业管理人薪水的所有形式。

委员会主席可以提议成立他认为有助于企业良好运行的其他任何特殊委员会。

1.3 有关董事会和委员会运作的共同规则

董事会和委员会的所有会议都要有经起草和通过的会议记录或者会议报告。

有必要系统地制定董事会和各委员会的内部规章制度,来确定各机构的职权范围并明确其成员的保密义务。

这些规章制度确定了在董事会举行之前至少5个工作日应向董事递交董事会准备文件;除特殊情况之外,如果这一期限未被遵守,但该事项又需要提交董事会作出决议,代表国家的董事可以要求延期。

董事必须明确遵守其作为成员的董事会和各委员会的内部规章制度。

在符合内部规章制度所确定的条件时,各委员会可以求助外部鉴定专家,因此产生的费用由企业承担。

最迟在公历年的最后一次董事会会议召开时,董事需要拿到下一年度的董事会和委员会的新会议时间表。

2. 企业和国家参股局的关系

作为企业与国家股东的关系沟通者,国家参股局的监管主要包括以下几个方面:

2.1 月度报告制度的建立

企业每月向属于国家参股局的董事递交关于主要财务指标的战略绩效表,必要时还需递交企业具有代表性的业务质量指标和企业营运状况的报告,参考执行委员会的内部报告。指标的选择根据每个企业的状况决定,并定期修改。

2.2 定期总结会议的组织和重要安排的准备

企业总经理要定期向国家参股局汇报企业的主要发展及其战略前景,至少每年一次。这些会晤也是展示国家参股局和企业之间的关系,尤其是评估本文件所宣布的管理法规的遵守情况的机会。

在国有企业年度预算计划的起草过程中,相关行政管理部门与企业之间可以就阶段性进展进行总结,这可以使他们深入商讨,进行公断。

在批准程序之前,额外投资和外部增长业务是介绍的重点内容。

在向董事会介绍账目之前,需要就会计方法的选择进行商讨。

2.3 对企业经营实现更好增长的研究

总经理指定联络人主要负责与国家参股局不同的对话者进行定期联络。

企业总经理向国家参股局的发言人们提出一个和企业各分支机构负责人会面和进行实地考察的常规计划。

3. 适应例外情况的组织

3.1 资本运营

企业的资本运营由国家股东负责。

当企业资本运营涉及其子公司时,需要依国家参股局确定的方式,定期举行国家参股局、企业之间的情况交流会。必要时,企业各委员会也应参加。

有关资本运营的通报应遵守股东和企业之间的角色分工。对交易的适当性及其主要实现方式的通报属于股东负责的事项范围。在国家作为股东的情况下,通常由部长负责。而运营管理的通报方式根据企业的具体情况(企业进入一级市场、二级市场、公开出价交换股票等)决定。

3.2 审　　计

　　在符合现行法规的情况下,国家股东可以在国有企业和其子公司管理或战略方面敦促审计团队进行监督。审计团队成员有权获得企业内部所有信息以及与企业中的所有相关人员进行接触。

2004年10月11日有关在国家参股局内部建立常设招标委员会的法令

第1条
根据《公共采购法典》第21条的规定,在国家参股局内部建立一个常设招标委员会,该委员会的人员组成和运作方式由本法令确定。

第2条
委员会由下列成员组成:
1. 有表决权的成员:
主持工作的委员会主任或其代表;
副委员会主任或其代表;
委员会秘书长或其代表;
两名直接与合同目标相关的委员会成员。
2. 有建议权的成员:
相关经费管理部门的负责人或其代表;
竞争、消费和反欺诈总局的一位代表;
由委员会主任任命的所有属于国家或者其他公法人的公务员和代理人,他们主要负责与其相关领域的咨询和建议。

第3条
委员会秘书处由委员会秘书长领导,负责通知委员会成员召开审查投标人和开标会议的时间和地点。秘书处负责会议纪要。

第4条
出于需要,招标委员会可以适当的形式制定其他委员会运作的补充规则。

第5条
国家参股局的总负责人负责执行本法令。本法令将公布在法兰西共和国官方报纸上。

1953年8月9日第53-707号有关国家对国有公共企业和一些有关经济秩序或社会秩序的组织进行监管的法令

序言条款(被2012年10月7日第2012-247号法令第49条修改)

通过出台两部关于国有企业监管的法令,政府力争实现两个目标:一方面,修补现行制度的漏洞和不足;另一方面,也统一此前经常被指出的法规与程序的不一致之处。

首先,必须将预算监管的实施领域扩大至国有企业或国家控股的合资公司拥有大部分资本的企业和机构;事实上,很明显,通过建立子公司,受监管机构可以或多或少有意隐匿其部分重要的业务。同样,1935年10月25日的法令已经规定那个时期的国有机构有这样的义务。

另一方面,现有经验显示,这是一个需要加强监管效率的领域:这是一些通过多种形式享受国家保障的私人企业。这样的财政帮助给予使国家财政承受了重大危险,这些重大危险使特殊监管成为必要。

其次,政府认为应统一各部委的预先批准规则。现今,这些企业的特殊身份导致了不合理的不一致性。新的条款并非旨在限制企业管理人的权力,亦非旨在损害董事会的自主权。此项措施与其说是创建新的义务,不如说是使已经被通过的、很多其他企业制定并通过、涉及重要决定的规则的适用领域更为广泛。同时,这些程序将被标准化和灵活化。

尤其是关于薪酬的问题,通过现有条文建立一个薪酬协调委员会是有用处的,该委员会对于经济事务部长来说已经运行多年。这个委员会尽管有官方的特点,也不能足够有效率地开展工作。然而,不需要指出在这一领域协调政策的必要性。

同样,薪酬协调委员会必须被咨询有关准公共部门的薪酬问题。

因此,通过有关国家监管国有企业的法律的正常执行,本法令所包含的条款可以更好地指引管理朝着其应服务的经济和社会目标发展。

第1条(被2012年7月26日第2012-915号法令第1条修改)

在《金融诉讼法典》第L.133-1条所列机构中,在保留1978年1月1日之前特殊

制度的前提下,有关下述主题的决定只有被经济和预算部长或相关部长共同协商批准方能最终生效:

1. 经营和投资收支的情况预测;

2. 对于不受《商法典》规制的不具有商业公司形式的组织的预算、资产负债表、盈亏差额账户以及利润分配事项;

经济和预算部长或相关部长可以将批准决议的签字权授权给委员会负责人、经济与金融监管部门的人员或相关政府的专员。

第 2 条(被 2012 年 10 月 7 日第 2012-1247 号法令第 49 条修改)

被监管的组织根据本法令或者根据本法令第 1 条的特殊规定进行的出资的出让、收购或扩充,由经济部副部长以法令的形式批准。对那些不具有商业公司形式的组织进行的上述活动,则由预算部长及相关部长明确其绝对价值总额和比例。

然而,上面所提及的组织为履行因《建筑与居住法典》第 L.313-1 条及其后条款有关雇主为雇员缴纳的住房津贴的规定而产生强制义务而决定吸纳投资股份的行为,在得到预算监管机构或监管委员会负责人同意的条件下,是被允许的。

第 3 条(被 2012 年 7 月 26 日第 2012-915 号法令第 1 条修改)

1. 以下事项,对于依本法令或者根据本法令第 1 条的特殊规定受监管的组织,需由经济和预算部长的决定来确定;对于具有商业公司形式的组织,需由经济部长的决议批准:

(1) 给予董事会、监事会、经理部或审议机构成员的出席会议的车马费或者补贴的数额;

(2) 董事会主席、总经理、代理总经理、总裁、董事会成员及监事会主席以及无论以任何职务执行同类职责的人的活动报酬的事项;

(3) 与活动有关的任何性质的报酬以及薪酬、赔偿金或者因为第 (2) 项中提及的人员停止职务或者变更职务而应该给予或可能应该给予的报酬。

在作出决议前应向相关部长预先咨询意见。

2. 经济部长和预算部长(对于不具有商业公司形式的组织)根据第 1 款中规定作出决议之前,会收到受监管组织就薪酬事项递交的情况说明,在第 1 款第 (2) 项中提及的人员以行政或监控组织子公司的委托人资格征收,监控组织直接或间接持有超过监控组织或子公司或领导代表监控组织的公司的一半资金。

3. 适用第 1 款有关支付给第 1 款第 (1)、第 (2) 项提及的人员补助金金额的部长决议不应该确定或批准总额超过 450000 欧元的薪酬。这个最高限度可以由法令改变。

为了适用这一最高限额标准,必要时,要在这些数额之上加入第 2 款提及的组织或子公司或者所有管理人代表受监管机构的机构的管理者已收取的数额。

上述第 1 款提及的决议都向公众公示。

第 4 条（被 1978 年 2 月 16 日第 78-173 号法令第 2 条废除）

第 5 条（被 2012 年 7 月 26 日第 2012-915 号法令第 1 条修改）

根据现今法令或条款 1 中提及的特殊体制，监控组织、有关账户管理、分期偿还和不动产的评估可由经济、预算和相关部长控制的企业或企业等级确定。

第 6 条（被 2012 年 7 月 26 日第 2012-915 号法令第 1 条修改）

根据现今法令或条款 1 中提及的特殊体制，在监控组织及社会安全组织中，有关薪酬成员、地位和人员退休体制的措施在决定前应与相关部长和经济、预算部长协商。这些措施被提交给部际委员会，该部际委员会的运行方式和组成由第一副部长和经济、预算工作部长的法令确定。这些措施只能在获得相关部长和经济、预算部长的批准后才能实施。

第 7 条（被 2012 年 7 月 26 日第 2012-915 号法令第 1 条修改）

《财务司法管辖法典》第 L.133-2 条提及的组织以及根据本法令或者通过适用第 1 条规定的特殊制度，分别或共同地、直接或间接地在决议机构持有超过半数的表决权或资本的国家或受监管组织本身，如果其是没有商业公司形式的组织，在得到经济部长与预算部长联合签署的法令的批准下，适用本法令条款。然而，这一条款不适用于持有超过半数选举权的组织和审议机构，该审议机构由地方政府或其公共机构在组织的审议机构中持有大多数表决权的机构。

第 8 条（被 1958 年 12 月 30 日第 58-13741958-12-30 号法令第 162 条政府公报（JORF）修改；被 2012 年 7 月 26 日第 2012-915 号法令第 1 条废除）

第 9 条

所有与本法令相反的条款均被废除，尤其是 1953 年 5 月 11 日第 53-415 号法令第 2 条。

第 10 条

金融经济部部长、内政部部长、国家防卫部部长、公共工程部部长、运输和旅游部部长、工业贸易部部长、农业部部长、海外部部长、社会安全工作部部长、住宅重建部部长、公共健康人口部部长、电报电话邮政部部长、预算部国家秘书、经济事务部国家秘书都负责本法令的实施。本法令将公布在法兰西共和国官方报纸上。

1953 年 8 月 9 日制定于巴黎。

1983年7月26日第83-675号
有关公共部门民主的法律

第一编 法律的适用范围

第1条

本法律适用于以下公司:

1. 除在一项公法制度管辖之外的所有国家工商性质的公共机构;同时兼有行政性质的公共服务职能和工商性质的其他国家公共机构,并且其绝大多数人员服从于私法规则。

2. 本法附表I中提及的公司。

3. 国有企业、国有公司、合资公司或国家直接持股超过半数的股份有限公司以及国有化的互助形式的公司。

4. 本条款所提及的公司或机构独自直接或间接持有超过半数的公司资本且达六个月的股份有限公司,并且其职工数量在过去24个月中至少平均为200个。

5. 国家及其公共机构和本条款所提及的公司共同直接或间接持有超过半数的公司资本且达六个月的其他股份有限公司,并且其职工数量在过去24个月中平均至少200个。

第2条

关于第1条第4项中对公司资本大多数的界定,并未将1982年2月11日第82-155号法令第三章中提及的金融公司、银行、金融机构或特殊法律地位的信贷机构的参股计算在内;也不包含以上公司、银行、机构在参股之前的最后资产负债表或者参股之后的最新资产负债表中的净资产低于公司资本情况的参股。

而且,也不考虑国有化公司之外的以促进工商性质的公司通过自有资金出资、股东垫款或发行可兑现的债券的形式进行融资,或者以方便公司融资、扩充其公司资本或评级为主要目标的组织、公司所持有的股份。

第3条

对于第1条第5项中公司资本大多数的界定,不将以下情况的参股计算在内:

以促进工商性质的公司通过自有资金出资、股东垫款或发行可兑现的债券的形

1983年7月26日第83-675号有关公共部门民主的法律

式进行融资,或者以方便公司融资、扩充其公司资本或评级为主要目标的组织、公司所持有的股份;

以从中提取一项直接或间接收入为唯一目的而持有的股份,且这些股份具有投资证券的特点;

1982年2月11日第82-155号法令第三章中提及的上述金融公司、银行、金融机构或特殊法律地位的信贷机构所持有的股份;

为第1条所提及主体之外的个人、公司或组织的利益而单独或集体持有和管理的股份;

向第三人提供担保的保险公司持有的股份,但银行、金融机构、保险公司或者协助保险公司管理的公司的股份除外。

第4条(被2001年5月15日第2001-420号法律第141条修改)

第1条第1、3项中提及的公共机构和公司(其职工数量在过去24个月中平均200个以下,且不拥有第1条意义上的子公司)与本法附表Ⅱ中列举的公共机构和公司不在第二编第一章条款的适用范围之内。

然而,这些公共机构和公司的董事会或监事会中包含职工代表的,代表的选任依据本法第二章的规定产生。除非其数量由法律规范来确定,员工代表数量一般由国家最高行政法院的法令确定。员工代表的数量至少两名,最多不得超过董事会或监事会人数的1/3。如果因公司特殊性的需要,最高行政法院的法令可以通过另外的选举团来介绍特殊种类的职工代表。本法第三章的条款适用于所有的职工代表。

前面第1段中所列举的公司的董事会或监事会拥有9至18名成员。

而且,本法令附表Ⅲ中列举的公共企业和机构都不属于第二编条款的适用领域。

第7、8、9条的规定均适用于本条款所提及的公共机构和公司。

第二编 董事会或监事会的民主化

第一章 董事会或监事会的组成和运作

第5条(被2001年5月15日第2001-420号法律第138条修改)

在第1条第1项中提及的公共机构与第1条第3项中提及的企业(超过90%的公司资本是由公法人或者第1条所提及的公司持有)以及国家保险企业集团中心公司、国有化的补充医疗保险公司、那提西股份有限公司、里昂信贷以及为对外贸易提供保险的法国保险公司中,其董事会或监事会包括:

1. 由法令任命的国家代表以及必要情况下由股东大会任命的其他股东代表。
2. 因以下原因之一,按照相关法令被选任的人员:因其在科学、技术方面的能力;因其对地区、省、地方相关业务的了解;因其对与企业业务有关的公共业务和私人业务的了解;因其作为消费者或使用者代表的身份。必要时,这些人员的选任需经过上述业务的代表机关的咨询。

3. 根据第二章规定的条件选举出来的职工代表。

在第1条中提及的国家公共机构中,董事会或监事会中每一种类的代表数量由法令决定,职工代表数量至少占董事会或监事会人员数量的1/3。

在第1条第3项和本条款第1项中提及的公司中,每一种类的代表人数为6人。

然而,在职工人数少于3万人的银行、金融机构和特殊性质的信贷机构的董事会或监事会中,他们的人数为5人。

在上述1982年2月11日第82-155号法令第三编中提及的金融公司中,每一类别的代表人数为5人。他们均是通过法令任命,而职工代表的任命,依据前述法律第36条所规定的方式确定。职工代表应该满足本法令第15条规定的条件。

在本条中提及的、具有公共服务职能的公共企业的董事会或监事会中,至少有一名需要依据本条第2项的规定从消费者或使用者代表中任命。

注意:2009年12月8日第2009-1503号法律第8条Ⅰ;有关1983年7月26日第83-675号"有关公共部门民主化"的法令第5条第1项自公布该条文具体适用条件的法令公布之日起正式实施,尤其相关公共机构和公司的名单以及使用者或消费者代表的任命标准方面的内容。

第6条(被2000年9月18日第2000-912号法令第3条修改)

第5条不涉及的公司中,如果大多数公司资本由国家持有时,其董事会或监事会有18名成员;在其他情况下,有9至18名成员。在银行类企业中,董事会成员数量不能超过15名。

在所有情形下,董事会包括根据第二编条款的规定选任的职工代表。

在第1条第4、5项中提及的职工人数在200至1000之间的公司中,除根据上述1982年2月11日第82-155号法令进行国有化的银行外,这些代表的人数为3人。

在其他类型的公司中,这些代表组成董事会成员的1/3。

在企业为公司形式时,上述委员会的其他成员由股东大会根据《商法典》相关条款来任命。除非必要时,国家代表由法令任命。在这些任命完成之后,在满足法定人数要求的情况下,董事会或监事会被认为有权召开并形成有效决议。

第6-1条(由2011年1月27日第2011-03号法令第6条创设)

依据第5条第1、2项和第6条最后一项的规定任命的董事会或监事会成员的每一性别比例不能低于40%。当由法令任命的成员最多8人时,每一性别的人员人数相差不能超过2个。

任何违反第1项规定并且委员会组成的不合规性无法得到修正的任命都是无效的。这种无效并不导致非正规任命的董事或权力机关其他人员参与表决的决议无效。

注意：

根据 2011 年 1 月 27 日第 2011-103 号法律第 6 条 II 的规定，这些条款适用于 1983 年 7 月 26 日第 83-675 号"有关公共部门民主化"的法律第 5 条和第 6 条所指的公共机构和公司的董事会或监事会，自本法公布之后董事会或监事会的第二次换届起开始适用。

第 7 条（被 2001 年 5 月 15 日第 2001-420 号法令第 141 条修改）

在不违背相关法律和行政法规的情况下，董事会或监事会审议通过企业业务的重要战略、经济、金融或技术的大方向；尤其，在必要时，在作出相关决定前审议企业的规划或管理协议书。

董事会或理事会在获得监事会的建议之后，确定代表性人员制度的商议方式，比如企业为了缔结 1982 年 7 月 29 日第 82-653 号"有关企业规划与改革的法令"规定的规划合同或者为了缔结 2001 年 5 月 15 日第 2001-420 号"有关新的经济调控的法令"第 140 条规定的承包合同而建立的计划方面的人员制度。

第 8 条

董事会或监事会在董事长或监事会主席的召集下召集例行会议，审查由主席或委员会登记在议事日程上的所有问题，按照简单多数原则进行表决。

然而，在超过两个月没有召开例行会议的情况下，董事会或监事会的 1/3 以上成员可以提出会议议事日程，并召开会议。

第 9 条

董事会或监事会成员有权拥有从事被委托事项所必要的办公经费，尤其是配备必要办公设备的办公地点和秘书资源。

董事会或监事会确定这些方式，并确定其成员进入企业内部机构的条件。

第 10 条（被 1993 年 7 月 19 日第 93-923 号法令第 19 条修改）

在第 1 条第 1、2、3 项中提及的公司中，董事会主席由董事会从董事会成员中提名，由政府法令任命。

当企业内设有理事会和监事会时，理事会包括 3 至 5 名成员，这些成员由监事会从监事会成员之外的人中提名，由政府法令任命。

第 1 条第 1、2、3 项提及的企业的董事会主席或理事会成员可以通过法令被罢免。

第 11 条（被 2000 年 9 月 18 日第 2000-912 号法令第 3 条修改）

董事会或监事会成员的任期为 5 年。

当董事会或监事会成员因任何原因不能履行职责时，代理其执行职务的人仅执行其职务到本届董事会或监事会换届为止。

董事会或监事会成员中国家代表的委任是无偿的，但这不影响公司支付其因执行委任所产生的费用。

在第 1 条第 1、2、3 项中列举的企业中，董事会或监事会成员不能同时隶属于四个以上的委员会。任何董事会或监事会成员在得到新的任命时，如果违反了本项规定，应该在三个月的期限内辞掉其中一项任命。未辞掉任命或者超过期限未辞掉任命时，他被认为辞掉最新的委任。

《商法典》第 L.225-25 条和第 L.225-72 条的规定不适用于本法第 1 条提及的企业通过政府法令任命的董事会或监事会成员。

第 12 条（被 1987 年 1 月 27 日第 87-49 号法令第 31 条修改）

通过政府法令任命的第 1 条中提及的企业的董事会或监事会成员，可以在任何时候通过法令被罢免。

第 1 条中提及的公司一般股东大会可以在任何时候取消它所任命的董事会或监事会成员。

职工代表可以因为犯有第 25 条规定的严重错误的情况下，被个别解除职务。

第 13 条

在公司行政管理因遇到严重分歧受到阻碍时，对于第 5 条中提及的企业，可以通过政府法令撤销第 5 条第 1、2 项中规定的委员会全体成员的职务；基于同样的原因，可以通过股东大会的决议撤销第 12 条第 3 项规定的全体成员的职务。

该罢免措施会导致董事会的重组，但在任期满一年之前不能再次使用。

第二章 职工代表的选举

第 14 条

职工代表由符合以下条件的职工选举产生：

本法第 1 条第 1、2、3、5 项中提及的任何一个公司，在公司或者本法第 1 条第 4 项中规定的子公司的公司所在地位于法国本土的情况下，符合企业委员会或者替代机构对有选举权者所要求的条件的；

本法第 1 条第 4 项中规定的任何一个公司中，符合企业委员会对有选举权者所要求的条件的。

第 15 条

年满 18 周岁的有选举权者可以被选举为第 1 条中提及的企业的董事会或监事会成员。需要符合以下条件：在该企业或者本法第 1 条第 4 项意义上的该企业的子公司中工作；并且，在最近五年中至少有两年以上在上述企业，或者在其子公司，或者上述企业的母公司，或者在与上述企业合并的企业中工作。

不论劳动合同是否中断，担任或者曾经担任企业工会的专职人员视为在或曾经在企业中工作。

第 16 条

选举以不记名投票的方式进行，选举名单实行比例代表制最高均数方法，无混合圈选。

然而,在第1条第1、2、3款中提及的公司以及在该条款第4、5款提及的公司中,要为分级计划书中的工程师、部门领导和行政、商业或技术领导保留一个席位,并最终分配给该类别中得票最多的人,除非这个名单中已有至少一人属于上述类别的候选人。必要时,这个席位要记入受益人名单中已经得到的一个或多个席位。

在工作时间中,第14条中规定的每个公司的选举团在同一天举行选举。

职工不能因投票而引起任何收入的减少。

可以按照法令确认的方式通过邮寄进行投票。

当候选人被淘汰时,如果他们的得票数低于支持本候选人所在候选人名单的有效选票的10%,淘汰无效;在此种情形下,在可能适用本条款第2项的情况下,候选人被宣布在提名名单中获得提名。

若席位因为诸多原因出现空缺时,候选人名单中紧随在最后一个入选者之后的候选人可以代替名单上入选的代表,但本法第13条中规定的董事会或监事会换届的情形除外。

如果相关名单不足以补足空缺,未补选的席位空缺将保留至下一次选举。

然而,在缺席数量超过一半席位的情况下,除非委任期限仅剩六个月,将按照本法第二编第三章的规定举行部分选举。

第17条(被2011年1月27日第2011-103号法令第6条修改)

参加职工代表选举的候选人名单应符合以下条件:

1. 候选人的数量是候选席位的一倍半。

1乙. 在每个候选人名单上,候选人按照性别交替组成。每个性别的候选人数量差距不能超过一倍。

2. 用附表统一介绍管理和监管方向的建议。

3. 获得以下人员的签字:

或者是一个或多个全国范围的工会组织代表;

或者是员工代表、企业或机构委员会成员或替代机构成员。这些人以正式或候补的身份在公司中履行这些职责或者在上一年度履行过这些职责。必要时,还包括在第1条第4款规定的任何其子公司工作并被选民团选为职工代表的人。其数量应至少等于该机构实际应选名额的10%。

任何候选人都不得被登记在超过一个名单之上,否则将被取消候选人资格。

注意:

(1)根据2011年1月27日第2011-103号法令第6条Ⅱ的规定,这些条文适用于1983年7月26日第83-675号"有关公共部门的民主化法令"第5、6条所指的这些公共机构和公共企业的董事会或监事会,具体适用时间从本法正式公布之后委员会的第二次换届开始。

第 18 条

职工代表选举最迟应在董事会或监事会换届前 15 日举行。在选举日之前,候选人名单应提交至企业总部。

在适用本法第 13 条进行董事会或监事会全体换届时,需在卸任后的第四周举行选举。候选人名单最迟应在选举日前 15 天提交至企业总部。

第 19 条(被 1985 年 1 月 3 日第 85-10 号法令第 34 条修改)

对于候选人资格、选举的公正性与合法性的异议由小审法院负责管辖。该法院为终审法院。但是可以就该判决向最高法院申诉。如果对于该异议有必要进行预审程序,因此产生的费用由国家承担。

职工代表选举的无效并不导致由职工代表参与的董事会或监事会通过的决议的无效。

在职工代表选举被宣布全部无效的情况下,新的选举将在取消后的第四周举行。候选人名单最迟应在选举日前 15 天递交。

第 20 条

有关选举的组织、竞选以及选举流程的具体规则由最高行政法院的法令确定。

第三章 职工代表的地位

第 21 条(被 2000 年 9 月 18 日第 2000-912 号法令第 3 条修改)

董事会和监事会中的职工代表与其他成员拥有相同的权利和义务。除本法特别规定外,他们均受适用于董事会或监事会的法律条文的约束。

《商法典》第 L.225-22 条、L.225-25 条、L.225-26 条、L.225-72 条和 L.225-73 条并不适用于职工代表。该法典第 L.225-43 条和 L.225-91 条不适用于公司依据《建筑与住房法典》第 L.313-1 条批准他们的贷款。

第 22 条

董事会和监事会中职工代表的职务是不付薪酬的,但这不影响公司报销其执行上述职务所产生的费用。

当追究管理者责任时,应该考虑职工代表无偿执行职务的特点。在任何情况下,他们均不能被宣布与其他股东代表承担连带责任。

当追究监事会成员责任时,应该考虑职工代表无偿执行职务的特点。

第 23 条

作为董事或监事会成员的职工代表不能同时在企业或其子公司内部担任其他代表的职务,尤其是工会代表,企业委员会成员,卫生、安全和工作条件委员会成员的职务。

上述某一职务或某些职务以及相应的保护措施在履行新职务之日结束。

担任董事或监事会成员职务的职工代表也不能同时担任与本法第15条第2项规定的担任企业工会专职人员的职务。如果担任企业工会专职人员的职工参与董事或监事会成员的选举，其前一职务将被终止，由其他人代替其职位。

第 24 条

董事会和监事会中职工代表的委任在其不符合本法第15条规定的条件时当然终止。在此种情况下，董事会主席或者理事长依据本法第16条的规定负责职工代表替代人员的补选。

第 25 条

任何职工代表因其执行董事或监事会成员委任事项存在重大过错，在其所属机构大多数成员要求的情况下，可以通过简易程序由大审法院院长决定取消其委任。

第 26 条

公司负责人有义务为职工代表留出执行其委任事项所必要的时间。

对于每位代表而言，这个时间每月不能低于15小时，也不能高于法定工作时间的一半，具体时间需要根据公司的规模、人员编制以及经济角色确定。这个时间被视为职工代表的工作时间并正常获得薪酬。在雇主对职工代表工作时间的分配有异议时，可求助于劳资调解委员解决。

公司章程应明确有关职工代表执行委任职务的专属工作时间方面的规定。

董事会或监事会成员召开会议花费的时间不能从上一项中提到的执行委任职务的专属工作时间减除。

第 27 条

董事会或监事会通过为新入选的职工代表进行企业管理方面培训的决议。职工代表参加培训的时间不能列入第26条规定的执行委任职务的专属工作时间。培训费用由职工代表所属公司承担，这一费用亦不计算在《劳动法典》第五编和第六编规定的在职培训费用的数额之中。

第 28 条

在其作出的决定可能影响到这位职工职业生涯的顺利进行时，雇用人不得将职工代表出席董事会或监事会会议或者其执行委任职务考虑在内。

企业与该职工代表之间劳动合同的任何修改均需通知董事会或监事会。

第 29、第 30 条（被2007年3月12日第2007-329 2007-03-12号法令第12条废除，2007年3月13日开始实施，最迟推迟到2008年3月1日）

第三编　职工的新权利

第一章　车间委员会或办公室

第 31 条
修改下列条文：
《劳动法典》第 L.461-1（M）条

第 32 条
修改下列条文：
设立《劳动法典》第二章：补充条文
设立《劳动法典》第 L462-1 条
设立《劳动法典》第 L462-2 条
设立《劳动法典》第 L462-3 条
设立《劳动法典》第 L462-4 条

第二章　工会权利

第 33 条
修改下列条文：
设立《劳动法典》第 4 节：补充条文
设立《劳动法典》第 L412-22 条
设立《劳动法典》第 L412-23 条

第三章　公司委员会

第 34 条
修改下列条文：
设立《劳动法典》第 L432-3 条

第 35 条
修改下列条文：
修改《劳动法典》第 L432-5 条

第四编　其他条文

第 36 条
在第 1 条中提及的企业中，如果机构的职工人数超过 200 人，可以建立一个咨询委员会。这个委员会由下列人员组成：

市镇、区总顾问和相关议员代表；

机构或者企业委员会代表。

该咨询委员会由机构主席领导，主席选任的合作者辅助其工作。

委员会每年至少召开一次会议，由机构主席负责召集。会议的议事日程经过咨询两名其他类别的成员后得以确定。议事日程的内容主要涉及机构的设置对于环境和当地生活以及文化与社会活动的影响。

第37条（被2010年4月9日第2010-237号法令第9条修改）

属于本法条款适用范围内的企业，在不违反本法该规定的情况下，受相关法律条文、合同以及企业规章的约束。

这些企业为职工的言论自由提供便利，尤其是张贴布告的自由。这些权利的行使方式由公司的董事会或监事会决议来确定。

1970年1月2日第70-11号法令第5条、1973年1月4日第73-9号法令第5条和1973年1月4日第73-8号法令第4条被废除。

作为本法第14条的例外，煤矿领域职工参与法国煤炭公司的董事会职工代表选举的方式由法国最高行政法院的法令确定。

鉴于法国电力和法国煤气公司存在共同的机构，如1946年4月4日第46-628号"有关电力与煤气国有化的法令"进行的规定，这两个企业的董事会或监事会中职工代表的选举方式由法国最高行政法院的法令进行明确。

本法第7条的规定也适用于原子能和可替代能源总署；但有关核武器的项目则由原子能委员会或者相关混合委员会负责，这些问题具体由法国最高行政法院的法令确定。

在1975年7月15日第75-623号"有关排污和废物利用的法律"第22条之后，增加一条新的条文：（修改条文）

《商法典》第L225-1条最后一段不适用于国家持有大多数股份的企业。

注意：1975年7月15日第75-633号法令第22条已被1990年10月19日第90-1130号法令废除。

第38条（被2000年9月18日第2000-912号法令第3条修改）

进入本法适用范围的公司根据《商法典》第L.228-12条、L.228-14条、L.228-30条、L.228-34条发行优先股或者其他投资凭证时，这些有价证券不影响为适用本法第1、2、3条的公司资本的组成。

第39条

本法第二编的条文属于有关公共秩序的条款。第1条中提及的公司董事会或监事会确定这些条文的具体实施日期。具体实施日期不可晚于1984年6月30日；除非是在本法第1条第4、5项提及的，人员编制数量在1985年6月30日低于1000名的公司中。

根据 1982 年 2 月 11 日第 82-155 号"国有化法"第 7、22、35 条的规定组成的董事会执行职务至根据本法规定的第一次董事会会议召开之日。

受本法规制的企业的章程应在同一期限内与本法的规定相符合。

自本法正式实施之日起,在公共机构董事会成员的第一个 5 年聘期结束时,本法第二编第二章的规定适用于具有工商性质的公共机构"法国国家铁路公司"。

第 40 条(被 1985 年 1 月 3 日第 85-10 号法律第 10 条修改)

一个公司因某种原因(如属于本法第一编第 1 条提及的公司)属于本法的适用领域,或者一个公司在连续 24 个月的时间里平均超过本法第 4 条第 1 款或第 4 条第 3 款规定的界限时,本法有关董事会或监事会组成的规定在 3 个月后适用。

然而,新近设立的本法第 1 条第 1、3 段涉及的公共机构或公司的董事会或监事会可以在职工代表选举之前有效存在。

自董事会或监事会第一次会议召开之日起最长两年的期限内,应该开始进行职工代表的选举补充其人员组成。作为本法第 15 条规定的例外,有被选举资格人的工龄要求可以缩减至 6 个月。

第 40-1 条(由 1985 年 7 月 25 日第 85-772 号法律第 70 条设立)

在适用本法第 40 条的条件下,在受本法第二编约束的企业中,若因为非临时性的业务发展需要而致公司人员编制增加超过 33%,并且人员编制的增加引起雇佣职工劳动合同从同样受本法第二编规制的公司转移而来(《劳动法典》第 L. 122-12 条的规定),则需要为了董事会或监事会中的职工代表进行新的任命选举。

新的职工代表的选举在该业务进行之日后的 6 个月内进行。

这些职工代表仅在下一次董事会或监事会全体换届之前的剩余时间内履行职务。

但是当该业务是在董事会或监事会全体换届之前的 12 个月内实现的情形,不适用本条款的规定。

第 40-2 条(由 1985 年 7 月 25 日第 85-772 号法令第 70 条创设)

在适用本法第 40 和第 40-1 条的情况下,当受本法第二编约束的企业资本比例发生改变时,其董事会或监事会需要在 3 个月的期限内进行调整以便与本法有关董事会或监事会的规定相符合。新的董事会成员代表仅在下一次董事会或监事会全体换届之前的剩余时间内履行职务。

如果企业资本比例的改变引起职工代表数量的增加或减少,则需进行这些代表的新的选举,除非该改变发生在董事会或监事会全体换届之前的 12 个月内。

如果企业资本比例的改变不足以引起职工代表数量的增加或减少,董事会或监事会成员的数量仅仅在下一次董事会或监事会全体换届时作出相应调整。

第 41 条

为了缔结《劳动法典》第 L. 412-23 和第 L. 462-3 条规定的协议的谈判应该在本

法正式实施之日起 6 个月内进行。如果企业是在其后进入本法适用范围的，相关谈判也应在相同的期限之内进行。

当雇主开展谈判时，他需要通知所有企业内代表职工的职工工会组织。

所有企业内代表职工的职工工会组织可以要求雇主开展本条第 1 款规定的谈判。在工会组织提出其要求后的 15 日内，雇主应当通知其他工会组织，并组织相关方进行谈判。违反此义务的雇主应受《劳动法典》第 L.471-2 条规定的处罚。

第 42 条

为了评估本法意义上的职工人员编制，应该适用《劳动法典》第 L.431-2 条的规定。

本法适用于法国本土受雇的所有职工，同样适用于临时派遣到外国的职工。

第 43 条

当企业不再属于本法适用范围时，本法第 41 条规定的协议继续有效，但《劳动法典》第 L.132-8 条前三款规定的情形除外。

第 44 条

如果受本法约束的企业的职工人数在连续 24 个月的时间里变得低于本法第 1 条规定的标准，本法第二编中的条款自这一时期开始停止适用。

如果受本法约束的企业的职工人数的平均值在连续 24 个月的时间里变得低于本法第 4、6 和 16 条规定的标准，董事会或监事会的职工代表的委任维持至本届 5 年委任期结束。

第 45 条

考虑到本法令第三编第一章第 31、32 条的适用：1982 年 8 月 4 日第 82-689 号"有关公司内劳动者自由的法令"第 10 条提及的报告，政府每两年向国会提交一份有关本法第一编实施情况的报告。第一份报告最迟于 1984 年 12 月 31 日提交。

附　录

- 1983 年 7 月 26 日第 83-675 号法令第 1 条的附录。

附录第 1 条（被 1997 年 12 月 29 日第 97-1239 号法令第 41 条修改）

股份有限公司以及其依 1966 年 7 月 24 日第 66-537 号有关商业公司的法律第 355-1 条控制的公司；法国外贸保险公司；寄存发展银行；埃尔夫阿奎坦国有公司。

- 1983 年 7 月 26 日第 83-675 号法令第 4 条的附录

附录第 2 条（被 2012 年 1 月 24 日第 2012-77 号法令第 12 条修改）

农业信贷银行；法国航空；法国泛航航空集团；法国国内航空公司；敦刻尔克自由港；勒阿弗尔自由港；鲁昂自由港；南特自由港；波尔多自由港；马赛自由港；瓜德罗普自由港；巴黎自由港；斯特拉斯堡自由港；有关信息自由的 1986 年 9 月 30 日第 86-1067 号法令第三编中提及的机构和公司，赛马利公司（巴黎地区国家利益市场管理与整治的合资公司);香榭丽舍大街国家博物馆委员会的公共机构;阿尔萨斯钾肥矿山;通过实施《海港法典》第 L.101-1 条创设的主要海港。

附录第 3 条(被 2011 年 9 月 8 日第 2011-1068 号法令第 4 条修改)

对于旅游支票国家办公室;法国中央银行;经济合作中央基金;法国喜剧院;武装总务处;石油开发研究公司;《城市规划法典》第 L.312-14 条定义的公共治理机构;巴黎—萨克雷公共机构;海外传媒研究院;海外部门广播研究院;部队社会管理研究院;玛塔公司和其子公司;夏洛国民剧院;奥迪安国民剧院;巴黎西部国民剧院;斯特拉斯堡国民剧院;收费公路工程特许合资公司(国家或国有公共机构直接或间接地持有这些公司一半以上资本);2005 年 4 月 20 日第 2005-357 号有关机场的法律第 7 条所创设的地方大型机场特许公司;大巴黎公司;工业革新社;《城市规划法典》第 L.321-1 条定义的土地公共机构;巴黎地区技术与土地部门。

1994年7月12日第94-582号关于公共机构、公共领域企业和一部分私人企业的管理机构和管理人的法令

第一章 有关管理人职务任期的规定

第1条（被2010年9月1号第2010-1035号法令第9条修改）

尽管存在与之相反的法律条文，受1983年7月26日法律第11条约束的企业将任命董事会主席履行管理职务并实行任期制。

在这些公司拥有理事会和监事会的情况下，理事会成员的任期与其提名的监事会成员的任期相同。监事会主席的任期与监事会成员的任期相同。

第2条（被2007年1月25日第2007-93号法令第1条修改）

本法第1条中提及的公司董事会和监事会主席职务以及理事会成员，如在本法生效前被任命，尽管任命状上的规定可能与此相反，亦依据本法规定结束任期。

第二章 有关国家代表的规定

第3条（被2001年1月25日第2007-93号法令第1条修改）

除2001年5月15日第2001-420号"有关新的经济调控的法律"第139条的规定外，公共机构董事会中的国家代表与相关公司、集团与组织的董事会或监事会或替代性审议机构中的国家代表，从A级国家公务员或者同类级别的国家的合同雇员中选任，其既可为在职人员也可为退休人员；至少30周岁以上，或者拥有8年以上的公共服务经验；也可从国家公共机构或者国家直接或间接持有大多数股份的公共领域企业的负责人、总经理、副总经理、代理总经理或者理事会成员中选任。

第4条（被2007年1月25日第2007-93号法令第1条修改）

第3条中提及的国家代表和其他成员拥有同等权利和权力。

这些国家代表可以因为辞职或者失去其被任命所依据的相关资质而结束其职务。他们可以在任何时候被代替。

第 5 条（被 2007 年 1 月 25 日第 2007-93 号法令第 1 条修改）

在受前述 1983 年 7 月 26 号法律第 11 条约束的公司中,国家代表由国家总理根据相关部长的报告颁布法令进行任命。国家直接持有大部分股权的、不适用该法的公司,国家代表的任命与之相同。

在其他公共机构、国家任命其代表的公司、集团和组织中,在无特殊条文规定的情况下,国家代表由相关部长颁布法令进行任命。

第 6 条（被 2007 年 1 月 25 日第 2007-93 号法令第 1 条修改）

在不适用 1983 年 7 月 26 日法律第 11 条的公共机构、公司、团体和组织的董事会和替代性审议机构中,在无特殊条文规定的情况下,国家代表任期为 3 年。

第 7 条（被 2007 年 1 月 25 日第 2007-93 号法令第 1 条修改）

除 1983 年 7 月 26 日法律第 11 条最后 1 项的规定外,国家应该持有与股份有限公司的管理机构为其保留的席位数量相应的必要数量的股份,以符合 1966 年 7 月 24 日法律第 95 和第 130 条的规定。

第 8 条（被 2007 年 1 月 25 日第 2007-93 号法令第 1 条修改）

除非拥有主管部长的特别批准,在咨询过 1993 年 1 月 29 日法律第 87 条规定的委员会之后,在公司管理机构中担任国家代表的公务员在其离开该管理机构之日起 5 年之内被禁止以任何职务名义进入该公司的服务部门。

第三章 废除和执行的条文

第 9 条（被 2007 年 1 月 25 日第 2007-93 条法令第 1 条修改）

除海外领土以外,以下法律条文被废除:

——《保险法》第 R. 322-26 条和第 R. 431-6-2 条的第一段;

——1952 年 1 月 11 日第 52-49 号"有关公私合营公司委员会中国家代表地位的法令";

——1962 年 5 月 30 日第 62-358 号"有关在公共机构与公私合营机构履行领导职务的法令";

——1972 年 5 月 20 日第 72-208 号"有关工商性质的公共机构、国有化企业、国有公司以及公私合营公司中管理人与董事年龄限制的法令";

——1972 年 5 月 20 日第 72-209 号"有关工商性质的公共机构、国有化企业、国有公司以及公私合营公司中管理人与董事任职期限的法令";

——1975 年 7 月 22 日第 75-653 号"有关经济利益集团、公私合营公司、国有公司以及工商性质的公共机构中国家代表任命期限的法令";

——1976 年 7 月 7 日第 76-618 号"有关非工商性质的公共机构中董事会成员和董事会主席职务的执行的法令";

——根据 1983 年 7 月 26 日第 83-675 号"有关公共领域民主化的法律"的规定,

1984年7月26日第83-675号法令第5条确定银行与国有金融公司的董事会或监事会职工代表之外的成员的任命条件；

——根据1983年7月26日第83-675号"有关公共领域民主化的法律"的规定，1984年5月29日第84-403号法令第3条确定国有工业公司中被任命为国家代表或资深人士的董事会成员的任命条件；

——1991年4月12日第91-361号"有关某些公私合营公司与某些海外公共机构董事会中国家代表的任命的法令"。

1955年5月26日第55-733号
有关国家经济与财政监督的法令

第一编 处于国家经济与财政监督下的企业和组织

第1条（被2001年10月18日第2002-1502号法令第1条修改；被2001年10月18日第2002-1502号法令第2条修改）

如下列举的组织受控于国家的经济与财政监督：

1. 主要从事商业、工业或者农业活动的国有公共机构；
2. 国家持有50%以上资本的公司或者经济利益集团；
3. 被批准征收强制性税费或分摊额的行业或跨行业的团体和组织。

第2条（被2001年10月18日第2002-1502号法令第1条修改；被2001年10月18日第2002-1502号法令第2条修改）

经济和预算部长联合签署的法令也可将以下机构置于同样的监督之下：

1. 进行关涉经济秩序的活动并获得国家通过参股、补贴、贷款、预借款或者保证金等任何形式的资金资助的任何性质的组织和企业；
2. 由国家参与的、自身无资本的经济利益集团，且依经济集团合同由国家承担其一半以上的运转费用或债务负担，或者在其集团成员大会中拥有一多半表决权。

第3条（被2001年10月18日第2002-1502号法令第1条修改；被2001年10月18日第2002-1502号法令第2条修改）

经济和预算部长也可与其他相关部的部长联合签署法令，将以下机构置于同样的监督之下：

1. 负责各种救助、社会保障、家庭补助或者农业补助事务的中央和国有组织；
2. 进行关涉经济秩序的经营活动并从本法令第1条第1、2款所指的企业处通过接受入股、贷款、预借款或保证金的方式获得帮助的任何形式的组织和企业；
3. 国家或公共机构以直接或间接的方式，单独或共同地持有一半以上资本或在决议机构中拥有一半以上表决权的企业和组织；
4. 其大多数资金直接或间接地来源于国家或某一公共机构单独或共同的财政支持的企业和组织。

第 4 条(由 2005 年 5 月 9 日第 2005-437 号法令第 1 条创设)

基于经济和预算部长联合签署法令,根据本法令第 1、2 条和第 3 条的规定本应处于国家的经济与财政监督之下的企业,如果其属于由经济、财政与工业部设立的国家参股局的管辖范围,可以免受此监督。这些企业和组织由国家财务稽核总局负责监督。

第二编 经济和财政监督的执行

第 5 条(被 2005 年 5 月 9 日第 2005-437 号法令第 2 条修改)

1. 国家经济和财政监督是国家对于受其监督的相关企业和组织的经济活动和财政管理的外部监督,旨在通过对这些企业和组织面临的风险进行分析,对其表现进行评估,保护国家的财产权益。

2. 在经济部长的批准之下,国家的经济和财政监督由"监察团"具体负责。受监察团监督的企业和组织由经济和预算部长联合签署的法令确定。

3. 国家对于某些或某类企业或组织的经济与财政监督,出于这些机构业务的性质或定位的原因,可通过由经济和预算部长发布的联合法令委托给国库主计官。

第 6 条(被 2005 年 5 月 9 日第 2005-437 号法令第 2 条修改)

监察团负责人向经济和预算部长建议其执行职务所监督的总方向。他们负责执行部长最终确定的方向。

第 7 条(被 2005 年 5 月 9 日第 2005-437 号法令第 1 条修改)

1. 监察团负责人根据本法令赋予的权力对受监督的企业或组织行使监督权。他们负责分派监查团内部成员的工作,协调其行动。在监察团负责人将经济与财政监察团队的成员分派至企业或者组织的情况下,此人在该企业或机构中履行监察负责人的权力。

2. 监察团负责人和国库主计官可以将委托给他的监督权再委派给其下属的高级民事官员和级别相同的被委托人。

3. 负责监督的被委托人可以将其签字权委派给国家 A 级公务员或同等级别的公务员。

4. 根据经济部长作出的决定,负责监督的官员可以临时在外部专家的协助下进行工作。

第 8 条(被 2005 年 5 月 9 日第 2005-437 号法令第 3 条修改)

为了履行其职责,负责监督的官员拥有材料审查和实地监察的所有监督权。受监督的企业或组织有义务向其告知所有其执行职务所必要的信息,其中包括属于其合并账户范围的子公司。必要时,负责监督的官员可以要求补充相关信息。

负责监督的官员以顾问的身份参加董事会、监事会或替代性审议机构的会议以及这些机构设立的委员会。他可以列席企业内部的委员会、替代性审议机构的会议或者股东大会。他在与其他成员相同的条件下收到召集通知、议事日程以及其他会议前应该接到的材料。

第9条（被2005年5月9日第2005-437号法令第4条修改）

经济和预算部长可以根据相关部长提供的信息,通过制定法令确定国家针对每个企业、组织或某类企业或组织的特殊的经济与财政监督措施。确定具体监督方式的法令可以采取阶段性监督的方式。

在监察团负责人提议,并经受监督企业和组织管理人同意后,经济部长可以在一定期限内将监督范围扩展至本法令第3条第3项中提及的受监管机构的一个或多个子公司。

第10条（被2005年5月9日第2005-437号法令第5条修改）

监察团负责人向经济和预算部长就应由后者批准的决议、决定草案以及有关确定国家与企业、机构之间关系的协议草案发表其意见。具体负责监督的人员向上述部长递交受监督企业、机构的经济与财政情况的年度报告。

第11条（被2005年5月9日第2005-437号法令第6条修改）

对于根据本法令作出的与受监督企业和组织有关的批准或否决的决定,经济和预算部长可以将其签字权委托给负责监督的人员,但前述1953年8月9日第53-707号法令第2条第一段提及的决定除外。

第12条（被2005年5月9日第2005-437号法令第7条修改）

受监督的企业和组织需要向监察团提供其履行职务所必要的帮助。

第三编　其他条文

第13条（被2005年5月9日第2005-437号法令第19条修改）

由于这些条款涉及的是国家对于适用本法令的企业和组织的经济与财政监督,所有与此相反的法律条文被废止,尤其是：

1935年10月25日的"关于建立国家自主的财政控制办事处和机构的法令"；1935年10月30日的"关于组织国家对于受其财政资助的公司、工会、协会和企业进行财政控制的法令",但有关仲裁程序的第5条和有关财政整体监督的第6、7条除外；1944年9月23日的"关于建立财政、经济监督机构,确定财政、经济监督方式的法令",但有关监督机构成员身份的第5条除外；1950年8月12日第50-968法令第1、2、3、4、5条；1953年7月17日第53-621号法令。

第14条（被2002年12月18日第2002-1502号法令第6条废除）

第15条

财政与经济事务部长、财政与经济事务国务秘书、经济事务国务秘书分别按其所承担的事项负责本法令的实施。本法令将在法兰西共和国官方报纸上公布。

2004年6月7日第2004-503号
将欧盟80/723/CEE关于成员国和公共企业财政关系透明度的指令引入法国法的法令

第1条（被2004年12月9日第2004-1343号法令编入法典）

1. 公共企业有义务保留所有与其所享有的公共资源有关的信息，并在国家对其提出要求时予以提供，不论是其直接享有的还是在5年中通过其他公共企业间接获得的。

2. 为适用本法条款，此处的"公共企业"是指所有从事生产经营活动或者提供商品或服务，并且某个或某些公法人因为所有权、出资或者法律规定的原因对其拥有直接或间接的决定性影响的组织。公法人的决定性影响体现为其直接或间接地持有大多数股份，拥有大多数的表决权，可以任命超过半数的管理机构、执行机构或监督机构人员。

3. 以下机构不受本条第1款所规定的义务的约束：
（1）法国中央银行；
（2）其所提供的服务对于欧洲共同体成员国之间的贸易没有明显影响的公共企业；
（3）年净营业额或净资产总额没有达到第4款中提及的最高行政法院法令所确定的标准的公共企业；

4. 最高行政法院的法令确定本条款的具体适用方式。

第2条（被2004年12月9日第2004-1343号法令编入法典）

1. 按照第2款中规定的条件和方式，从事生产经营活动或者提供商品或服务的组织，若其某些经营活动或者因为承担公共服务任务而接受国家补贴，或者因为其享受某些特殊的或排他性的权利，其应该为此分别开设账户。

2. 第1款中提到的组织需要开设分别的账户，一个专门用于其承担公共服务任务而接受国家补贴，或者用于其享受某些特殊的或排他性的权利；其他专门用于其其他的生产经营或者提供服务的业务。

分别账户可以突出第1项提及的两类业务的产出与支出，以及这两类业务的产出与支出的入账与分配的方法,从而忠实地反映这些组织的财务结构及其组织情况。除非这些组织合理地提出理由,表明其每一会计年度的方法是相同的。

国家可以要求企业提交其从与独立账户有关的会计年度截止起算的五年期间的独立账户的信息。

3. 为适用本法条款,所有在特定地域范围内专门保留给第1款中提及的组织开展经营活动或者提供服务的权利均构成排他性权利。

为适用本法条款,以下情形构成特殊权利:

(1) 或者是在特定地域范围内专门保留给第1款中提及的限定数量的组织开展业务或提供服务的权利;

(2) 或者给予一国或多个组织一些优惠政策,这些政策在可比较的条件下切实地影响到了同一地域范围内开展同种业务活动的其他组织。

4. 下列情形下,第1款中提及的组织不承担第2款中规定的义务:

(1) 其所提供的服务对于欧洲共同体成员国之间的贸易没有明显影响的;

(2) 年净营业额或净资产总额没有达到第5款中提及的最高行政法院法令所确定的标准的;

(3) 其因公共服务任务的需要而开展某些经营活动并因此得到无论何种形式的国家补贴,这一补贴经过一个公开、透明和无歧视的程序后已经被确定的;

(4) 其所享有的特别权利经过一个公开、透明和无歧视的程序后已经被确定的;

(5) 其根据其所属领域的法律规定,已经承担与第2款中会计制度方面的规定相似的义务的。

5. 最高行政法院的法令确定本法的适用方式。

第3条

总理,国务部长,经济、财政和工业部长以及内政、治安和地方自由部部长按其各自部分负责本法的实施。本法将颁布于法兰西共和国官方报纸。

经济、财政与工业部
2002年7月18日第02-060-M95号指令：
工商性质的国有公共机构的预算、财务和会计的规章

卷 I 行政组织结构和法律环境

第一编 国有公共机构的概念

第一章 工商性质的国有公共机构的主要规则

我们一般认为，法国第一家公共机构创立于13世纪的圣·路易时期，其现在的名称是国家二十五眼科中心。

从此，这一形式得到了切实的发展，因为仅仅国有公共机构如今已达到一千多家，涵盖各种目的、规模和性质。

国有公共机构领域属于一个内涵非常丰富的领域，其界限并不十分明确，以至于如想对其进行最终定义实属非常困难。

这通过农业行业商会、工商业行业商会和手工业行业商会这些咨询机构的例子足以得到证明。这些机构最初成立时并不是完全意义上的公共机构；其后，尽管其活动具有显著的工商业的特征，仍被法院判例认定为"行政性质的公共机构"；而最终，在1994年8月8日的法律之后，其被定义为"经济性公共机构"。

尽管国有公共机构被指定管理国有资产，然而其并不完全适用分别任命拨款审核人员与会计以及任命一位采取个人薪酬及负责制的公共会计等公共会计规则。

此外，在相关法律渊源方面，既有横向上具有同等效力的法律规则，如1962年10月29日第62-1587号"有关公共财务一般规则的法令"；也有纵向上针对每个类别甚至每个机构的法律条文。有关公共机构的法律属于一项特别法，与用一部法律统一规制地方政府地位的情况不同。

但这种情况并不妨碍在这一变化多端的领域中从很多因素中提取出一些共同

的特征,只是相对于这些原则,也存在众多的例外。

1. 国有公共机构的法律定义

作为一种技术分权或者按照领域分权的工具,国有公共机构是在特殊权力范围内开展服务的公法法人。借助公共机构这一形式的原因是多样的,主要有:发挥一项业务的个性化特征;利用具有独立性的行政组织,可以为其工作人员提供好的环境、为其管理人提供一定的自由管理权,尤其是雇用相对于国家的预算和会计人员受到更少限制的财务管理人员。

根据国家最高行政法院的定义,本研究的公共机构可以被定义为:"负有特殊使命并因此拥有特殊的行政与财务组织性的公法法人"。这些机构具有以下五个特征:法人、公法人资格、目标的特殊性、财务与行政自主权与国有的特点。

1.1 法人

机构被授予法人资格。因此,它是权利和义务的主体。他有独立的存在主体资格,与创建它的主体,即国家,相区别。

这个法律原则没有任何例外,由此得出如下一系列的结论:

与其他国家权力机关相比,它既可以作出针对个体的决定,也可以作出制定规章条例性的决定;既可作出单方决定,也可作出协议性的决定。这些决定需要得到政府相关部门的审批方能得以实行。这些决定创设的权利适用于机构本身,独立于国家。

它拥有包括不动产和动产在内的财产。

它拥有财务收支自主管理权,在工商性质的公共机构集中体现为"收支预算表(EPRD)"(在行政性质公共机构中称为"预算"),可通过多种方式得到资金。

它可以参与诉讼。

一般而言,国有公共机构在国家行政管理内部构成了一个具有自己特点的实体,该实体拥有自己的名称(通常是首字母缩合词)、注册地址、办公地点、地址、工作人员、章程和档案。

附录1中收录了本法令公布时存在的工商性质的公共机构。

1.2 公法人

国有公共机构属于公法上的法人,即只适用公法规则,即使其业务活动具有工商业性质。因此,其享有和公法人相应的特权。

最常见的权力,列举如下:

机构没有存续期限的限制(除了特殊的例外,如水利领域公共机构),这一特征并不影响通过法律条文撤销该机构的可能性;

作出具有执行力的决定的权力,该决议不需要借助法院而对于其他法律主体有强制力;

通过征用获得不动产的可能性;

支配某一公共领域的可能性；

其财产不得被扣押并且不受私法的强制执行。

与此相应,隶属于公共领域的特性也使其受到更为严格的规则的限制,旨在预防机构管理的所有偏差。

因此,这类机构也尤其受到国家监管部门的监管,这一监管至少通过两个与此相关的政府部门来实施:一方面,预算部进行财务监督(这种监督经常出现在经济与财政部长颁布的法律条文中),另一方面,机构业务所属领域主管部委的技术监督。

这种监督表现为多种形式:外部权力机构介入机构管理(财务监查员、国家监察员和政府特派员等),某些行为的预先批准等。

监管的强度是多样的。一般而言,公共机构与所属行政监管部门的关系同时取决于相关法律规定和一些不确定的因素(机构的规模或目标,财务、监管部门的组织机构),这些都解释了情况的多样性。

此外,这些公共机构几乎全部受公共会计规则的约束,即实行会计和拨款审核委员职务分离原则与公共会计作为负责人的原则。这仅是公共资产管理的对价,这些规则旨在保障国有资产得到与其目的相应的使用。

国有公共机构受公法调整的原则并不影响其也受私法调整的例外情况的存在,并且因这些事务引起的争端可以诉诸司法法官解决。

国有公共机构的私营化管理的部分是多样的:这在行政性质的公共机构中比较边缘,但在兼具行政性质职能与工商性质属性的混合型机构中逐渐增加,尤其是工商性质的机构中,在未设有公共会计并且不受公共会计制度制约的公共机构(法国国有铁路公司、法国原子能委员会、法国电力公司、巴黎大众运输公司等,在此仅作列举)中更为显著(但并非完全排他的)。

1.3 国有公共机构的限制

一般而言,国有公共机构的经营活动不受地理范围的限制。他们有权在整个国土范围内开展业务,但这不妨碍在国土范围内存在同类型的数个公共机构(大学、大学服务与福利中心等)。

但是,国有公共机构同样也可以被分派到只有局部地域影响的使命(如国家温泉水疗中心、国家公园、森林所有权区域中心等)。他们不受统一的地域上的限制,但却受到仅仅履行其所被委托职责的业务上的限制。因此,他们是实现特殊权能的工具,这与国家或者地方政府均不相同,后者在其管辖地域范围内享有普遍的权利。因此,国有公共机构以"专业原则"为特征。

这一使命在于进行公共服务,而其目标或方式或多或少有规定,但一般而言,会在创设该机构的文件中详细地规定。

机构必须在其所被委托职能的范围内开展业务,也不能未经许可擅自放弃。

判例已经作出过数个因为公共机构超越范围开展业务而判决其管理机构所作的决定无效的范例。

仅仅通过修改创设公共机构的法律文件便可以扩展或转变其职能。例如,其被委托职能的多样性使其有权进入不同的领域,如:

法国音乐城的职责是"从事发展音乐生活的业务;促进学生、音乐家和公众之间的交流;帮助年轻的音乐家进入职业生涯……";

法兰西喜剧院的职责是"介绍其所汇编的剧本,并确保其在全国和全世界范围内的传播";

法国环境和能源控制署的职责是"促进、鼓励、协助和便利所有为了对抗环境污染和限制废物生产的行动";

负责马恩河谷新城规划的国有公共机构的使命是"开展所有有利于新城居民点治理的活动";

法国国家太空研究中心旨在"发展和引导太空领域的技术与科学研究";

水果、蔬菜和园艺跨行业国家办公室的职权范围包括"新鲜或加工的水果、蔬菜、土豆、蘑菇(葡萄汁、制造苹果酒果园的产品以及果园本身除外)以及烟草和啤酒花。而且部门还参与这些产品的种子与植物的管理活动。其职权还扩展至养蜂业产品和松脂业"。

因此,可以对于 EPIC 做如下子分类:整治领域的国有公共机构、自治港、跨行业国家办公室、剧院、博物馆、研究机构。

1.4 行政与财务自主权

行政与财务自主权源于其法人的属性。行政与财务自主权意味着公共机构拥有进行自由管理的财产。这个原则要求该机构中决议机构与执行权力机构的存在。其中最为广泛的形式是董事会和经理。但相关组织机构可以因为机构类型的需要而更为复杂。

行政自主权与财务自主权密切相关。公共机构作为法人,拥有收支测算表和自己的预算,其来源是多样的:国家补贴、贷款、税收……。在工商性质的国有公共机构中,财务自主权更为明显,在其财政来源中包括其经营活动的收益。

1.5 国有的特点

公共机构既可属于地方政府(地方或地区性公共机构),也可属于国家(国有公共机构)。

因此,国有公共机构被授予在本国领土范围内开展业务的资格。相反的是,地方或地区性公共机构的业务领域原则上受到地理上的限制。但也存在例外:负责治理的国有公共机构的业务领域受到设立它们的法律文件的限制,然而它们却拥有国有公共机构的特点。同样,尽管其名称含有国家的字样,但"法国地方公职人员行政中心"并非国有公共机构。

2. 国有公共机构的分类

公共机构的分类标准有多种(从属的机构、追求的目标、工商性质或行政性质……)。但最常见的分类是分为工商性质的公共机构(EPIC)和行政性质的公共机构(EPA)。

2.1 工商性质的公共机构(EPIC)与行政性质的公共机构(EPA)区别的法律基础

EPA 和 EPIC 的分类是由学说和判例所建立的,其后被用于法律条文中。

这一分类最早来自于权限争议法庭 1921 年 1 月 22 日的"西非贸易企业"判例,该判例通常被称为 bac d'Eloka 案。该判例承认在"该公法人与一般的工业企业在同样条件下有偿地从事运输业务"的情况下,这样的公用事业部门可以受私法约束并受司法法院管辖。由此,创设了具有"工商性质的国有公共机构"的概念。

由此得出结论:当这样的公用服务由具有法人资格和财务自主权的公共机构承担时,该机构应该被确认为具有工商性质的资质。其经营运作受私法规则的调整,其与服务对象、第三方及其自己工作人员的关系属于司法法院管辖。

相反,不负责管理工商性质的服务的公共机构应该被定义为行政性质的国有公共机构,应完全受公法规则调整并属于行政法院系统管辖。

其后,这一分类被用在多部法律与行政法规级别的法律文件中。其中包括 1962 年 10 月 29 日第 62-1587 号"关于公共会计一般规则的法令"(缩写为"RGCP"),其第 151 条规定:"根据其经营目的及其管理需要,国有公共机构被区分为具有行政性质的或工商性质的。"并由此产生两种法律规则分别确定适用于每一种国有公共机构的法律制度。

此外,实践中,创设公共机构的法律文件通常对其属于哪类公共机构进行界定。在未进行明确定义的情形下,判例根据惯常的标准进行分类(服务目标、资金来源方式、业务运作方式)。

2.2 EPIC 的法律界定

EPIC 负责管理一个工商性质的公共服务部门的说法仅仅部分准确。因为,还存在一些被立法者(或拥有行政法规制定权者)认定为 EPIC 的机构以及一些其资质没有被最终确定的机构。

- 被错误地认定为 EPIC 的机构

可能会出现机构的主要或次要业务活动与其名称并不相符的情况。在这种情形下,如果设立的法律文件是"法令",行政司法部门可以对该机构的属性进行重新认定。

如权限争议法庭 1921 年 1 月 22 日的"西非贸易企业"案。

另一案例:法国外贸中心被 1960 年 5 月 4 日法令认定为 EPIC,主要负责行政性质的工作(权限争议法庭 1986 年 7 月 4 日 Berger 案)。最高行政法院判决指出:"它更应该是一个行政性质的公共机构,因其从事本质上属于行政性质的活动。"

相反的是,如果机构的类别是由法律所界定的,法官只能服从法律的权威。

也有立法者撤销法院作出的资格认定的情况,如法国谷类跨行业国家办公室在被最高行政法院的一项裁决(最高行政法院,1985年10月20日,法国饲料行业工会)认定为行政性质公共机构之后,最终被1986年1月6日法律认定为工商性质的公共机构。

- 机构性质未被限定的情况

即使机构的性质没有被重新认定,但也可能是法律并未将机构的名称作为限制其性质的要素。

如某些被设立机构的法律或法令认定为工商性质的公共机构,但其所履行的职能的法律性质差别很大(一些是行政性质的,另一些是工商性质的)便属于这种情况。

例如:自治港是具有一部分行政性质职能(如治理、工程维修、港口治安:最高行政法院,1959年4月17日,*Abadie*案)与一部分工商性质职能(如港口设备的利用、出售沙子:最高行政法院,1988年10月21日,南特自治港案)的公共机构。

也有的公共机构职能明显具有商业性质,但亦备案附带地从事与其惯常业务法律性质不同的行为。

案例:即使被立法者认定为具有工商性质的技术与科技国有公共机构的法国国家太空研究中心的管理受私法调整,该机构与其他服务提供者签订的委托后者承担其所负责的任务的合同却不受私法调整。

2.3 区分的效力

EPIC 和 EPA 的分类产生多项后果。

2.3.1 适用的法律和司法管辖权

EPIC 原则上受私法约束,因此受司法法院系统管辖(行政法院系统之外的司法管辖权)。私法规则和司法管辖权对于 EPIC 是十分重要的,甚至在其与内部工作人员、服务受众以及第三人之间的关系中起到支配性的作用。EPIC 所签订的合同几乎全部属于私法上的合同,尤其是在其与服务受众之间的关系中。然而,如果合同的目的是进行政府公共工程,则其具有行政的属性。

反之,EPA 原则上服从于公法和行政司法监管。他们仅在极少的领域根据私法规则行为(私法代理人、私法管理、私法合同),司法法官的介入也属于例外情况。

2.3.2 工作人员的地位

EPIC 的工作人员除经理与会计(如果是公共会计,则受公共职务法调整)之外,均受私法(劳动法)调整。

相反,EPA 的工作人员绝大多数属于国家公务员,具有公共职务身份或者特殊身份。

然而,以上仅是一般性的原则,还存在很多特殊情况。

2.3.3 财务与会计制度

EPIC 适用 RGCP 的第 1 条至第 153 条和第 190 条至第 225 条规定的财务与会计制度。尽管 EPIC 与 EPA 在这方面大体上相似,但两者的区别是 EPIC 被赋予很大的灵活性(比如 EPIC 的经费适用估算制度,而 EPA 则适用限定经费制度)。

上述第 190 条至第 225 条旨在为拥有公共会计的工商性质的国有公共机构制定适应其管理需要的公共会计一般规则。因为,对于进行商业登记(1953 年 8 月 9 日第 53-705 号"有关商业登记改革的法令"第 47 条规定的义务)、从事工商业经营的机构而言,应该根据管理部门的需要适用比原有规则较为宽松的规则,尤其是收款与付款方面,允许适用商业习惯的程序。

财务和会计的特殊运行方式由每个机构的性质或适用的法律条文确定。

根据 RGCP 的第 152 条第 4 项的规定,设立的法律文件可以预先规定一些相对于 RGCP 的第三部分条款的例外规则。在这种情况下,相关条文应该指明其所违背的 RGCP 的条款。

2.3.4 经济与财务监管

对于 EPA,对其的监督一般是严格的,有时会与上级管辖的监管相混合。而在 EPIC 中,政府的监管是更为审慎的,必要时,通过所属领域的主管部委派驻到公共机构政府的特派员来监督机构的运作。

同样,国家对于 EPIC 事后监督也比对于 EPA 的经济与财务的事前监管更为宽松。

第二章 EPIC 的设立

EPIC 可由法律或法令设立。1958 年 10 月 4 日《宪法》赋予立法者创立公共机构类别的权力;因此,创设属于现有公共机构类别的公共机构属于规章制定权的范围。

1. 立法权与规章制定权之间的权力分配

1.1 "国有公共机构类别"的概念

1958 年《宪法》第 34 条规定:法律确定有关创建公共机构类别的规则。

然而,宪法与法律均未对公共机构的"类别"进行定义。立法者仅对某类公共机构进行定义。如 1984 年 1 月 26 日第 84-59 号法律创建了科学、文化和职业性质的国有公共机构的种类。

由此,宪法法院与国家最高行政法院的判例对国有公共机构的定义进行了详细界定并确定了其标准。

同样,宪法委员会在 1961 年 7 月 18 日有关海外高等教育学院的判决中,首次出现了这样的定义。宪法委员会认为:"具有相同特征(行政性质或者工商业性质的)、从地理上而言在同样的行政监管之下开展业务,并且具有十分类似特征的公共机构,属于同一类公共机构"。

宪法委员会认为本案中的学院不属于一类特殊的公共机构。该判例得出的结论为一类公共机构既可涵盖多个机构,也可仅仅指一个单独的公共机构。

其后,宪法委员会用"相似特征"的概念代替前面提到的"类似特征"的表述。

同样,宪法委员会其后抛弃了有关行政性质与工商性质的标准。因此,公共机构特征的更改并不导致其改变类别。宪法委员会在1979年7月25日的判决中指出:"在认定公共机构属于同一类别的决定性要件中不要考虑其共同的特征——行政性还是工商性质(……)——因为创建公共机构的法律文件中并不必然指出这样的特征,这可以被行政法规修改。"

1. 宪法委员会1961年7月18日第61-15号判决;
2. 宪法委员会1979年5月3日第79-107号判决;
3. 宪法委员会1979年7月25日第79-108号判决。

因此,其业务活动在地域上接受同样行政监管并且具有相似特性(对于其职能以及必要时对于其所从事领域的分析)的公共机构,即构成同一类别的公共机构。

通过适用这些标准,宪法委员会认为一个国有公共机构可独自构成一类国有公共机构。蓬皮杜国家艺术中心(宪法委员会,1982年11月10日判决,*Rec. Cons. const.*,第103页)、国家消费协会(宪法委员会,1989年10月5日判决,*Rec. Cons. Const.*,第100页)即属于这种情况。

这种观点也被国家最高行政法院的判例所确认。最高行政法院的判决同样指出,"鉴于其目标、其业务活动的性质……以及其所适用的监管规则,国家农学研究中心与以在各自领域组织和进行科学研究和参与提升研究成果价值为职责的其他公共机构相似。"

由此可知,当一个公共机构不属于现存的国有公共机构的类别时,须有立法者通过制定法律进行创建。相反,拥有规章制定权的机构负责创建其所属类别已经存在的公共机构,并由其制定机构的运行与组织规则。

此外,拥有规章制定权的机构有权制定除立法者负责的公共机构创建之外的规则。

1.2 有关国有公共机构类别的"创建规则"的概念

根据宪法委员会的判例,上述《宪法》第34条应该被理解为赋予立法者确定公共机构类别的创建规则,即有关组织与运作的基本规则(如有关其法律人格的规则、确定其与监管权力机关关系的规则、资金来源的类型、职能的范围、资金来源的组成以及董事的组成)。

相反,宪法委员会认为指明机构的特点不属于创建规则。因此,应该由拥有规章制定权的机构确定公共机构的特点。

………

经济、财政与工业部 2002 年 7 月 18 日第 02-060-M95 号指令:工商性质的国有……

第二编 组织机构制度

国有公共机构的组织机构遵循 RGCP 第 152 条所确定的组织框架:

国有公共机构由被称为"董事会"的审议机构负责管理。

第 153 条对该条文进行补充,规定除非设立公共机构的法律文件有相反的规定:

国有公共机构的财务与会计活动遵循 1962 年 10 月 29 日法令的规定,由国家预算拨款审核员与公共会计进行。

仅在极为特殊的条件下或者因为公共机构性质的原因,不适用第 153 条才被视为合理。无论如何,公共机构的创设文件应该得到预算部长的批准。

这个组织机构以三个机构为中心:董事会、经理与公共会计,无论其属于何种法律类别(EPIC、EPA、EPSCP、EPST 等)。

第一章 董 事 会

1. 定义

在创设该机构的文件中,所有国有公共机构均设立一个议事会议负责管理企业。无论其使用的名称是什么(理事会、委员会等),根据 RGCP,该议事会议行使"董事会"的功能。第 152 条进行了明确的规定。

因此,本法令使用"董事会"这样的一般性概念。

2. 组成和运作

EPIC 董事会的运作和组成规则依照 1983 年 7 月 26 日第 83-675 号有关公共领域民主化的法律与 1983 年 12 月 26 日第 83-1160 号有关该法具体适用规则的法令确定。

每个公共机构的董事会的组成人员并不相同。一般而言,在 EPIC 中,其组成人员包含三个部分:国家代表、雇员代表和有相关资质的人员(或者因为根据其掌握的技术、科学能力,或者因为其作为消费者或接受服务者的代表身份,或者因为其对于机构业务的了解)。这一组成表现出每个机构或者机构集团的特点,通常反映出公共机构相对于其监管机构的独立程度。

一般性规章不规定 EPIC 董事会的成员人数:每一类别的代表人数通过法令确定(前述 1983 年法律第 5 条);具体参照相关机构的设立文件。

2.1 成员人数

创设机构的法律文件对于董事会成员人数进行具体规定,它也可以仅规定每一种类成员之间的比例。实践中,包含超过 40 名成员的董事会经常变得很没有效率,因此经常会在其中建立委员会或董事会常务委员会。

2.2 成员的任命

董事的任命方式有多种,但可以将董事会成员分成三个类别:

法定成员,由设立机构的法律文件任命(如参议院代表、众议院代表、领导机构或部门的主任);

由部长或者其他权力机构根据设立文件规定的方式所任命的成员(如主管监管部门因为该人的特殊技术能力而选择的人员);

被选举的成员(例如:根据1983年7月26日第83-675号有关公共领域民主化的法律第二章与1983年12月26日第83-1160号有关该法具体适用规则的法令而选举的代表;从某地区的大区议会中选举的地区代表;从某省议会中选举的省代表;由另一个EPIC的董事会从该机构中选举的代表)。

公共机构董事会中国家代表的任命方式由1994年9月20日的有关公共机构和公共企业的机关成员与管理人任命适用规则的通知予以明确。

一些成员列席董事会会议但并不拥有表决权(如经理、国家监察员)。董事会主席同样可以召集所有其认为有必要出席会议的人参与会议,并有发言权(如董事会主席希望听取其建议的机构下属部门的负责人)。

会计师必须出席会议的义务并不是恒定不变的,因为,根据RGCP第195条规定,关于收支预测情况、财务账户、盈利的分配以及可用资金支配的一般原则性事项,会计师出席董事会会议并有发言权。这并不影响董事会作出与创设机构法律文件要求会计师出席所有这类会议不同的决定。不论作出何种选择,会计师在会议中仅有发言权(并不拥有表决权)。

2.3 职务的履行

在行政性质的公共机构(EPA)中,董事会成员履行职务原则上采取免费原则,不给付报酬;而在工商性质的公共机构(EPIC)中,可以通过支付出席会议车马费的形式向董事会成员支付报酬,但国家代表和职工代表除外(1983年7月26日有关公共领域民主化的法律第11和第22条)。但是,有关机构的法规也可以明确规定董事会成员不因为召开会议而得到报酬(如1995年10月19日关于设立音乐城国有公共机构的法令)。

董事出席会议所可能产生的交通费具体根据现行有关出差费用的相关规定由公共机构承担。

2.4 委任期限

董事会成员的任期为五年(1983年法律第11条)。在董事会成员无法履行职务的情况下,其代替者仅在董事会全体换届之前的剩余时间内代为履行职务。相关法规并不对董事会成员的年龄进行限制,除非有关公共机构的特别法律文件作出相反的规定。

创设机构的法律条文同样规定委任期间内席位空缺时进行增补的条件。

2.5 董事会主席

董事会主席的任命方式和其成员任命方式：

通过创设机构的法律条文任命法定董事会主席（如为了国有博物馆会议而设的国家博物馆主席）；

由法令或决定任命的主席，可以基于董事会的推荐在董事会人员中选任，但仍旧必须在有资历的人员中选任；

由董事会选举主席。

根据关于公共领域公共职务的年龄限制的1984年9月13日第84-834号法令第7条，董事会主席只能在低于65岁情况下履行其职务。当他达到此年龄限制时，其职务自动停止。传统上，董事会主席并不拥有专属性权力，其使命专注于董事会会议讨论的指导和组织。

然而，在某些机构中，董事会主席拥有更为广泛的权力。主要涉及以下情形（应指出，这些情况在国有公共机构中较为少见）：

经理和董事会主席的职务集中在一个人身上，此人兼任两个职务；

董事会主席是预算执行官，他由一位拥有另一头衔的负责人协助，后者拥有其专属职权与董事会主席批准的授权；

经理是预算执行官，但董事会主席拥有管理机构的专属职权，这些权力在创设机构的法律条文中具体列举。

3. 董事会的职权

国有公共机构的董事会在法律上拥有一个起决定性作用的角色，因为它决定机构的管理，而经理是执行部门。由于召开董事会会议有一定困难，为了改善机构在处理有关管理决定方面的效率，董事会会把一些职权委托给经理，或者一个部分成员组成的委员会。但并不鼓励董事会下放其全部职权，从而仅仅成为一个已表决的决议的登记机构。

而且，尽可能全面细致的董事会决议应该成为各管理团队成员优先执行的事项，其中包括财务会计部门。

尽管法律条文存在多样性，但董事会的职权主要围绕三大主轴进行是一致的：

行政方面的职权；

技术方面的职权；

财务方面的职权。

3.1 行政方面的职权

有关公共机构的行政组织方面的职权通常在创设机构的法律条文中进行一般性规定。在大部分情况下，董事会通过董事会决议管理机构的事务：

董事会内部章程；

有关机构运作和组织的主要措施；

其后的政策导向；

业务年度报告；

如有必要，人员招聘、雇佣和薪酬的一般条件；

就与机构有关的争端进行诉讼或调解。

3.2 技术方面的职权

技术领域的职权可使国有公共机构的使命得以实现。这些职权可以在创设机构的法律条文中被详细阐释，或以董事会审议业务计划的形式进行总结。高度的技术性会促使一些机构成立专门的委员会或者办公室来处理这些问题。

3.3 财务方面的职责

财务方面的职权非常明确。这些职权来自 RGCP 的规定，创设该机构的法律条文以及国有公共机构财务决议的批准方式的 1999 年 7 月 8 日第 99-575 号法令也可以对其进行一些特别的授权。

以下内容产生于不同的来源，其中包括创设机构的法律条文中的规定。

3.3.1 财会与预算材料

董事会就以下预算资料进行审议：

收入和支出的预测情况及其修改；

财务账户（RGCP 第 220 条）与利润的分配。

3.3.2 收入和支出业务

3.3.2.1 收入业务

收入业务根据协议确定的基础进行清算，协议应该预先被董事会批准。除一些地位特殊的机构之外，同样用于下列协议（RGCP 第 198 条）：

不动产与动产的转让；

九年以上的房屋租金和租约；

贷款和补助金；

接受遗产或遗赠；

财务分红的转让。

其他收入，基于法律确认的基础进行清算，由董事会决议通过，如为了负责调整的一些机构，团队特殊税收总额被这些机构的董事会预先接受，在财务法律的最高限额限制（《总税收章程》条款 1609）

3.3.2.2 支出业务

在不违背有关公共机构组织的法律条文的前提下（该法律条文可以授权给董事会和监管权力机构就某些交易作出决议），RGCP 规定了董事会的一些预先授权（如获取动产）。一般而言，一些支出需要依据一定的程序、法规或特别授权进行，尤其是不动产、市场的签约和分红的获取。

董事会也可以宣布免除某债务人的债务（RGCP 第 203 条）。在这种情况下，在没有向预算执行官授权作出决定或者机构章程没有特别规定的情况下，免除债务的决定由董事会作出。

3.3.3 参股与建立子公司

根据1953年8月9日第53-707号法令或者根据本章第1条所规定的特殊制度而受到监管的组织所进行的股权投资的转让、获取或扩充需要由经济和财政部长与相关主管部门部长联合签署的法令进行批准。法令决定具体的投资数额与所占比例。

股权投资的转让、获取或扩充的交易也可以通过创设机构的法律条文进行规定。因此,创设机构的法律条文可以规定由董事会审议股权投资的转让、获取或扩充事项。

3.3.4 调解与诉讼

如果创设公共机构的法令授权其进行和解,相关规则可以规定由董事会对调解协议进行审议,或者由其授权给机构的经理在其确定的条件下进行和解。

另外,董事会还负责对司法诉讼事项进行审议。

3.3.5 会计领域

最后,在会计领域,在财政部并未确定这些方面相关规则的情况下,董事会确定存货管理方式、分期付款利息、库存的贬值事项(RGCP第214条)。

4. 董事会决议的通过

董事会决议的表决由创设机构的法令确定。一般而言,法令会规定后续方式。当至少一半的董事会成员或其代表出席会议,其形成的决议便是有效的。

在首次召集后,如果出席董事会会议的成员没有达到法定人数,第二次召集后通过的决议有效(相关法律条文规定第二次会议举行的期限)。

取得超过半数同意票即可通过决议。在赞成票与否决表相等的情况下,董事会主席的投票具有决定性作用。然而,公共机构的内部章程可以规定对于某些决议需要取得绝大多数赞同票(如对于调解、借款等事项需要三分之二多数同意)。

5. 董事会决议的执行特点

董事会决议并非即刻可实施,而是需要经过现行法律法规或者创设机构的法令所确定的审批程序才能具有执行力。

5.1 财务决议

1999年7月8日第99-575号有关国有公共机构的财务决议批准方式的法令为所有国有公共机构规定了行政监管部门对预算、收支预测情况、相关修改决议以及财务账户等事项的审批程序。

该法令颁布之后,工商性质的国有公共机构(EPIC)董事会议有关收支预测情况、相关修改决议以及财务账户的决议在上报至行政监管部门一个月后开始具有执行力,除非在此期间收到监管部门的书面反对性意见。

这个程序也适用于工商性质的国有公共机构（EPIC）的收支测算情况、通过董事会表决的修改决议以及财务账户事项。

对于其他财务方面的决议，如贷款或取得不动产，如果有关各个公共机构的法规规定需要取得行政监管部门的批准，则不适用上述规定。

该部长委员会批准的法令具有普遍的适用性，它的颁布使此前存在的针对不同国有公共机构制定的相反的法律条文归于无效（因此，它并不修改法律规范规定的审批程序）。同样，它仅对于监管机构的审批程序进行修改，并未修改这些机构的权力。因此，这一程序仅仅适用于每个公共机构特有法条对于有关收支预测情况、相关修改决议以及财务账户的审批进行规定的情形。

但是，这一程序适用于所有拥有批准权的国家权力机关。它可以是主管部委部长、预算部长或者省长（职业办公室与农业办公室的情形）。

上述部长可以将批准决议的签署权授权给监察团团长、国家监察官和相关政府特派员。

有关此程序更为具体明确的规定详见第二卷—第一编第三章。

5.2 适用特殊批准制度的决议

对于有关股权投资的转让、获取或扩充的决议，基于此类交易对于金融的重要影响，需要由财务和经济部长与公共机构主管部委的部长联合签署的法令通过。由于针对这些交易目前并不存在一般性的规则，其方式应由创设机构的法令予以明确。

在创设机构的法律条文中会经常看到一些其他交易需要由监管部门部长与预算部长联合签署文件批准，尤其是不动产的取得、交换与转让。

5.3 其他决议

其他决议由机构主管部门部长根据创设机构法令规定的方式予以批准。

批准可以在规定的期限内明示或默示作出。

同样，一些创设机构的法令可以规定，对于有关借款、签订合同的一般方式，仅在得到技术主管部委部长与经济与财政部长的共同批准后才具有执行力。

其他法令规定一些董事会决议的默示批准模式，即如果监管部门自收到通过该项决议的董事会会议记录后没有在法律规定的期限内对此发表意见，决议即开始具有执行力。

在紧急情况下，相关监督部委的部长可以允许决议立即执行。

……

第三编 监　　管

本编内容旨在概述针对工商性质的公共机构（EPIC）的监管体制情况。RGCP第224和第225条确立了EPIC的会计师受财务总督以及相关权力监管机构监督的原则以及审计法院对于机构账户和管理进行监督的原则。

对公共机构的监管旨在保障机构所被委托任务的正确履行。同时,必要时,这也有助于协助机构更好地实现其目标。

基于这个角度,应该把监管行为分成行政监管权力机构的监管与司法和议会监管两个方面。

具体的监管方式有四种:
——由行政监管部委的监管;
——审计法院的行政监管;
——预算和财务纪律法院的监管;
——议会的监管。

根据介入的时间点,这些监管可分为三类:
——日常管理中的突击检查:财务总督察、监管部委监督特派团等。
——事后监管:审计法院、预算和财务纪律法院。
——事前监管:一些经济与财务监管行为。

第一章 政府监管部委的监管

在政府相关监管部委的监管中,一方面有来自负责财政事务部委的监管(尤其是国家监管部门的监管),另一方面有来自技术主管部委的监管,必要时,由政府特派团具体负责。此外,监管的执行可以下放给地方,此时,由地方行政监管机关具体负责。

1. 负责财务事务部委的监管

由负责财政事务部委监管的事项有三:经济和财务监督、财务总监查、国库主计官的审核。

2. 技术监管部委的监管

技术监管部委内部通常设有监督团,必要时派出政府特派团。

2.1 政府特派团

如有必要,技术监管部委的监管通过派遣政府特派员具体执行。

并非所有工商性质的公共机构均设有政府特派员。受到由机构业务主管部委部长任命的政府特派员监督的具体情形由创设机构的法律条文进行确定。

2.2 地方行政监管机关

在这种情形下,监管的具体执行可以下放给地方行政权力机关,如根据《城市法典》第 L.321-7 条和第 R.321-9 至 R.321-11 条的规定,由省长负责对治理行业的公共机构的业务进行监督。在这种情况下,预算以及借贷项目的审议仅在经过主管部门批准时方具有执行力。

第二章 审计法院

审计法院同时履行对机构管理进行司法监管与行政监管的双重职责。

所有有关审计法院的法律法规被统一规定在《财务司法管辖法典》(CJF)中的"法律与行政法规"部分。

此外,1997年9月12日有关审计法院各审判庭具体职权分配的法令收入附录4中。

1. 司法监督

1.1 账目审查

《财务司法管辖法典》第L.111.1条规定:"审计法院对公共会计账目进行审判,除非本法典规定地方或区审计法庭对一审享有管辖权。"

因此,虽然审计法院有权追究会计人员的个人和经济责任,但它的审判对象是会计账目,而不是会计师。

通过审计法院的监督,账目法官检查会计师是否正确地履行了他的职责,即:

——管理机构的账目;

——执行法规所规定的监督。

这一监督的范围涵盖与财务账户相关的证件与材料(RGCP第221条)。账目法官拥有广泛的调查权,可以要求查看任何与机构管理有关的文件;而且,他还可以启动实地检查。

应予指出的是,不同于行政性质的公共机构,EPIC不需要为了证明其年度账目而呈交与其收入与支出相关的证明材料。

1.2 优化管理

审计法院的监管范围比仅仅检查账目与操作的合法性更广泛。基于改善机构管理与纠正不良运作的考虑,审计法院的一些观察直接涉及属于预算执行官的权利领域。

1.3 与监管机构的对话

最后,审判账目也是审计法院与公共机构业务领域主管部委以及负责审计的部委进行对话的机会,以向其告知公共机构遇到的困难并提出一般性的建议。

2. 行政监管

根据《财务司法管辖法典》第L.111-3条,审计法院对公共账目的收支合法性进行材料与实地审查,并确保由国家公共机构与其他公法法人(《财务司法管辖法典》第L.131-31条除外)管理的资产得到良好利用。

换言之，审计法院对公共组织与部门的财务管理进行监督。这一类型的监督可以实现与主管部委或者其所监管的行政权力机关的沟通。

3. 审计法院的公报

每一年，审计法院应当向共和国总统、参众两院递交一份报告，并在其官方报纸上予以公布。本报告中有专门一部分是关于公共机构的，其中将列出其所发现的受监管机构管理中存在的主要异常情况并将相关管理机构的回复一并列出。

该报告的广泛传播有助于提高审计法院的意见对主管部门和机构的影响。

第三章 预算与财务纪律法院

有关财务预算法院的法律规定集中在《财务司法管辖法典》第 L. 311 条至第 L. 316 条。有如下主要条款：

1. 属于预算与财务纪律法院管辖范围的人员

《财务司法管辖法典》第 L. 312-1-I 规定："财务预算法院可以对所有属于审计法院或地区审计法庭管辖范围的机构代表人、管理人或代理人进行处罚。"以这一条文为依据，所有公共机构的工作人员均受这一司法机关管辖。

2. 属于预算与财务纪律法院管辖的行为

所有从事第 L. 313-1 条至第 L. 313-7 条列举的行为的人均受财务预算法院的管辖。纪律法院的处罚形式是罚款，罚款金额的上限与下限由上述条款确定。

2.1 收入与支出业务

有下列行为的人员属于纪律法院的管辖范围：

——没有按照财务监管有关承付费用的法律规则进行费用承付；

——为掩盖超支而违规将支出列入；

——在无权或没有得到授权签字的情况下承付费用；

——除上述三种情况外，违反有关公共机构收支执行或者机构财产管理的法规。

所有同意一项应受指责的决定的负责公共机构监管的人员也属于法院管辖。

如果事实上从事财务管理的会计人员从事了应受财务预算法院管辖的违法行为，其在承担审计法院判罚的责任之外也受财务预算法院的管辖。

2.2 税收义务

在其执行职务过程中故意不签发根据《税收法典》规定应向税务机关递交的声明或者故意递交不准确或不完整的声明的人，受财务预算法院管辖。

2.3 给机构造成损失的情况

任何在执行职务过程中不认真履行其义务，为他人谋取或者试图谋取金钱或实物上的不当利益,导致国库、集体或者机构损失的,将受到财务预算法院的处罚。

2.4 司法裁决的执行

所有其行为导致公法人或负责管理公共部门的私法上的组织受到判决的人,如果完全或者部分不执行或者迟延执行司法判决,将被判罚逾期罚款。

3. 预算与财务纪律法院的诉讼程序

财务预算法院的组成、案件预审与审判程序以及上诉途径被规定在《财务司法管辖法典》第 L.311-1 条至第 L.315-3 条。有权向纪律法院提交案件的权利人仅包括:

国民议会议长;
参议院议长;
总理;
财务部部长;
实际上承担职责的其他政府人员以及被授权的代理机构;
审计法院;
地方审计法庭;
第 L313-12 条所列事项的债权人;
审计法院的总检察官。

纪律法院在违法行为发生之日起五年后不能再受理该案件。

纪律法院的总检察官负责接收案件。如果其认为不应受理,他将进行归档。反之,他将文件转给财务预算法院院长,后者将任命一位报告人负责预审。

为了任何有用的目的,此报告人可以在任何管理部门开展相关调查与研究,甚至要求查看机密级别的文件,以口头或书面形式向证人和责任人进行质询。

纪律法院的判决具有执行力。不得对此提起上诉,但可以向最高行政法院申诉。这一申诉可以由当事人或总检察长提出。法院处理的案件在出现新的事实或者发现当事人无责任的证据时,可以要求申请再审。

纪律法院每年向共和国总统递交一份报告,该报告将收录在审计法院的公报中并发表在法兰西共和国官方报纸上。

第四章 议会的监管

审计法院对于议会而言,在对公共组织或者部门管理的监管中充当辅助人的角色;在此方面,国有公共机构是国家资金的管理者,他们可以接受此监管。同样,根据《财务司法管辖法典》第 L111-3 条规定,审计法院确保公款的正当使用,也就是说,它负责公共组织和部门的财务管理监管。

这个以双重名义进行的监管形成一种与主管部委或主管权力机关的惯常沟通

渠道,而议会仅是偶尔的上报机构。

- 议会发起的调查

《财务司法管辖法典》第 L132.4 条规定,议会的财务检查委员会或者调查委员会可以要求审计法院对受监管公共组织或部门的管理进行调查。

- 审计法院发起的调查

审计法院应向议会告知调查结果:或者向财务检查委员会递交,或以公报形式递交。

- 此外,议会在其权利范围内可以敦促进行其认为有必要的对于国有公共机构管理的调查。

它尤其可以通过其常设委员会或特别委员会进行。比如,国民议会的财务、经济与规划委员会即组建了评估与监管委员会负责属于其职权范围的调查事项。

列支敦士登

关于控制与监督公共企业的法律
（公共企业控制法）

（2009年11月19日）

第一部分 总 则

第一条（对象与宗旨）
1）本法规定内容为通过国家施行的对于公共企业的控制与监督。
2）它关注被涉及的公共企业对于实现富有成效发展具有的利益、公众对于足够透明度具有的利益与国家特别是其作为所有者具有的利益。
3）它是用来实现：
a）确保政府对于公法意义上的机关、机构与基金会的合宪监督；
b）法律确定性以及对于债权人、职工与具有公共企业少数股权利益的人的保护。

第二条（定义和术语）
1）在本法意义上，
a）"公共企业"指符合下列情形之一的独立于其法律形式的任一企业：
1. 列支敦士登公国基于所有权、金融参与、投票权、企业章程或其他的调整公司活动的规则而能够对这一企业直接或间接地施加支配性影响；或者
2. 专门性法律将这一企业评定为公共企业。
b）"支配性影响"是指持有公共企业多数的认购资本，或支配与公共企业股份相关联的多数投票权，或有权委任一个公共企业多于一半的行政、管理或监督机构成员。
c）"战略管理层级"是指一个公共企业的机关，此机关在企业中执行长期的、全面的与具有成果关键性的管理任务，特别是董事会成员与基金理事会成员属于该机关。
d）"经营管理层级"是指一个公共企业的机关，此机关在企业中执行中期的管理任务与日常业务，特别是业务管理成员属于该机关。

2）在本法中使用的人员与职业术语适用于男性与女性。

第三条（与专门性法典之关系）

只有在专门性法典未作其他规定的情形下，本法规定得以适用。

第二部分 控制与监督

A. 管　　理

第四条（战略管理层级成员之选择）

1）在依据专门性法典建立的公共企业中，战略管理层级的成员将由政府选任。政府决定主席人选。此外，战略管理机构须依据法定条文构建。

2）在非依据专门性法典建立的公共企业中，国家的选任权取决于法定条文的规定。

第五条（不相容规则）

1）战略或经营管理层级的成员须：

a）既非国家议会又非政府成员；

b）既未直接地又未间接地与复审部门或主管的审计员具有显著性的经济或个人联系。

2）经营管理层级的成员或其他员工不得同时是战略管理层级的成员。

第六条（任期和任期限制）

1）战略管理层级的成员系基于一届长达四年的正式任期被选任。

2）选任机构可为战略管理层级设置分级式的任职时段。在分级式任职时段第一次设置时，个别成员的任期可缩短一半时间。关于任期的缩短由抽签决定。如果一个成员提前离职，那么应基于一个完整的任期时段选任一名新成员。

3）在第一次任职期限届满后，连任一次是允许的。主席在连续两届任职期限届满以后，在合理的情况下，在一个为期两年的非常态任期连任一次是允许的。

4）如果一人被选任为依据第8条规定被解职的战略管理层级的成员的继任者，那么他的任期随着关于解职无效的具有法律效力的司法认定的作出而终结。

第七条（机构职能之终结）

作为战略管理层级成员的职能终结于：

a）任职期限届满；

b）辞职；

c）死亡；

d）解职。

第八条（战略管理层级成员之解职）

1）选任机构可在任何时候，不受任期限制与在国家议会业务审核委员会事先通知的情形下,基于重要的原因将战略管理层级成员予以解职。作为重要原因被认定的情形尤其是指以下任何情形:该情形使在战略管理层级续任即将被解职者对于国家来说变得不合常理。

2) 在被解职前,即将被解职者将被告知其被解职的原因;在一个合理的期限内,他可以就此提出书面意见。

3) 在没有重要原因提供的情形下,解职亦可以是有效的;在这种情形下,被解职者有权请求司法认定与损害赔偿。

4) 关于重要原因是否存在的认定,具有管辖权限的是:
a) 行政法院,如果解职是通过官方命令下达的;
b) 国家法院,在所有其他情形下。

第九条(战略管理层级会议之召集)

1) 战略管理层级的主席须在表明会议议程的情形下按期召集会议。
2) 战略管理层级的两名成员可以基于重要的原因要求立即召开一次会议。

第十条(决议能力与代表)

1) 如果超过一半的成员在场,战略管理层级具有作出决议的能力。只要在章程或规则中没有特殊法定人数的规定,决议可以通过在场成员的简单多数表决而作出。在票数相等的情形下,主席具有决定性的一票。

2) 紧急情况下,决议可以通过通告的方式作出。在通告程序中意见一致是必需的。对于决议被作出的相关事项适用于本条第1款的规定。

3) 战略管理层级的成员不得由他人代表参与会议。

第十一条(回避规则)

1) 战略管理层级的成员必须向主席披露与公共企业交易活动有关的所有利益冲突。

2) 战略管理层级决定是否存在回避事由。

3) 在回避事由存在情形下,需回避者既不可以在磋商过程中也不可以在对相应交易表决过程中在场。在磋商前也不可提出个人意见。

第十二条(与战略管理层级成员之合同)

1) 公共企业与战略管理层级成员之间的合同必须以书面形式缔结,并且需要得到战略管理层级的批准。公共企业承担的金额低于1000法郎的一次性服务合同适用豁免。

2 基于第1款的合同必须在如同其对第三人有效的同样条件下被缔结。

第十三条(责任)

1) 公共企业机构与雇员的民事赔偿责任以《国家责任法》规定为依据,前提是一项主权活动作为其基础行为;在其余情形下,上述赔偿责任以私法规定为依据。

2) 复审部门的责任在任何情形下均取决于《人与公司法》的规定,前提是其涉及的是一个外部性复审部门。如果国家财政控制部门行使了复审部门的职能,则适用《国家责任法》的赔偿责任规定。

3）公共企业机构与雇员的刑事责任独立于活动的类型,以刑事法规为依据。

第十四条（雇佣关系）

1）包括经营管理层级成员在内的公共企业的雇员在第2款作出保留规定情形下处于私法性质的雇佣关系之中。

2）如果公法性质的雇佣关系在特别法中被规定,那么《国家公务员法》与《薪酬法》的规定可比照适用,该适用必须符合以下标准:在劳动法律事宜上的决定由公共企业的主管机关作出。

第十五条（章程与组织规则）

1）每个公共企业应发布章程与组织规则。

2）章程与组织规则应以电子化的形式使公众可以接触。

3）股份在证券交易所上市的企业被免除公开组织规则的义务。

B. 控 制

第十六条（战略进程与战略表决）

1）政府须在与战略管理层级协商后为每个公共企业确定所有者战略与投资战略。在具有合理依据的情况下,政府可不确定所有者战略与投资战略。

2）政府向国家议会提交告知被确定的或被修改的所有者战略与投资战略。

2a）公共企业须使公众可以接触以电子化形式存在的所有者战略与投资战略。

2b）国家议会可以委托政府确定或修订所有者战略或投资战略。在委托之前,国家议会可以直至再下一次国家议会会议召开之前基于征询意见目的向政府移交相关业务事宜。在具有合理依据的情况下,国家议会可以将这一期限适当延长。

2c）国家议会的委托必须在内容上充分、确定。在其他方面,列支敦士登公国的《议会议事规则》第35条比照适用于此类委托的递交呈送事宜。政府在执行委托授权时必须依据国家议会的预先规定。

3）在由政府预先确定的所有者战略或投资战略范围内,战略管理层级可在与经营管理层级协商之后确定一项企业战略并监督其施行。

第十七条（知情权）

1）政府在任何时间均有权要求一家公共企业的战略管理层级提供对于控制与监督必需的所有权威信息与文件。这些材料特别包括:

a）企业战略；

b）战略管理层级的记录；

c）复审部门的报告；

d）经营管理层级的组成与劳动合同的条款；

e）财务规划；

f）风险处理的信息；

g) 非正常情况；
　　h) 司法和行政诉讼，只要政府没有作为诉讼有关当局参与其中。
　　2) 知情权对于公共企业的子公司亦有适用效力，只要这不会造成其他股东利益受损。

第十八条(投资控制)
　　1) 政府管理投资控制事宜，基于投资控制管理要求，公共企业必须定期向政府提供信息，特别是以下信息：
　　a) 所有者战略或投资战略的执行；
　　b) 报告期内的主要活动；
　　c) 报告期内的经营指标。
　　2) 政府应发布关于投资控制适用范围以及内容的指令。
　　3) 政府应向业务审核委员会每年通报一次投资控制的开展情况与结果。

第十九条(签名规定)
　　公共企业具有法定约束力的代表权表现为集体性权利，由两名代表通过共同签署的方式行使这一权利。单一代表不得行使签署权利。

C. 效　　率

第二十条(记录管理)
　　关于战略管理层级会议的讨论记录必须附带代办事宜列表而被创设制作。对于每项记录，必须保存一份由主席与记录秘书签署的原件正本。

第二十一条(战略管理层级之补偿)
　　1) 战略管理层级的成员应获得一项与公共企业的重要性、业务复杂性与宗旨目的相匹配的补偿。与工作职能相关联的工作职责与工作期限应在确定补偿数额时被适当考虑。
　　2) 对战略管理层级成员不得提供遣散补偿费。

D. 透　　明　　度

第二十二条(年报中必须申报信息)
　　战略管理层级必须确保在每年的年度报告中包含所有对于经济性评价公共企业来说必需的信息，只要这不会使市场上活跃的竞争者获得竞争优势。此类必需信息特别包括以下信息：
　　a) 报告期内营运报表；
　　b) 企业战略目标的实现；
　　c) 中期业务前景；
　　d) 战略与经营管理层级的组成、任期与在每种情况下的薪酬总额。薪酬总额的信息说明必须依据《人与公司法》第1092条第9段的规定。

第二十三条(保密义务)

1) 公共企业的机构与员工必须确保其在公共企业中开展活动时所获信息的机密性,前提是这些信息的保密体现公共企业的或国家的或关键性的私人利益。这亦适用于机构功能终止之后或雇佣关系终结之后。

2) 在保密义务方面,公共企业的机构与员工被视作《刑法典》第74条第1款第4段意义上的官员。

第三部分　监督与措施

第二十四条(监督)

1) 在职能上作为监督机构的政府依据本法与各个专项法规的规定实施对公共企业的控制与监督。

2) 如果监督功能没有依据专项法规被另一个机构行使,那么政府可以基于查明特定事实情况的目的,在监督功能权限范围内委托独立的第三人或者由政府主管其任命的复审部门在公共企业中进行特别审查。

第二十五条(措施)

1) 在确认公共企业违反本法或专项法规规定时,政府可为战略管理层级的相关联成员规定一个恢复合法状态的合理期限。

2) 如果在第一款中所规定的合理期限内违法状态未被消除,那么政府有义务罢免战略管理层级相关联的成员并进行重新选举。

3) 如果依据专项法规监督功能由另一个机构行使,那么在此情形下第1与第2款的规定被排除适用。

第四部分　过渡与最终条款

第二十六条(实施条例)

政府可以发布为了实施本法而必需的条例。

第二十七条(过渡条款)

1) 与本法相冲突的公共企业的章程性或规则性规定,最迟在本法生效后六个月内必须修改使之得以符合新的法律。

2) 在本法生效时已被任命的公共企业战略管理层级的成员可以直至任期届满继续执行其职能,但不包括战略管理层级的代理成员。

3) 依据第5条第1款字母a规定的现有的不相容性可在本法生效之日起最长四年时间内得以维持。依据第5条第1款字母b规定的现有的不相容性在本法生效后最迟六个月内必须予以终止。依据第5条第2款规定的现有的双重职能在本法生效后最迟一年内必须予以终止。

4）依据第 12 条规定的与战略管理层级成员之间持续的合同必须在本法生效后最迟三个月内修改使之得以符合新法。

5）依据第 15 条规定的章程与组织规则最迟在本法生效后两年内必须发布。

6）政府在本法生效后最长两年时间里必须确定公共企业的所有者或投资战略。

7）与第 19 条规定相冲突的公共企业签名规则在本法生效后最迟两个月内必须修改使之得以符合新法。

8）第 22 条规定首次适用于 2010 日历年的年度报告。

第二十八条（生效）

除去公投期间，本法于 2010 年 1 月 1 日生效。否则于公告之日起生效。

澳大利亚

联邦机构及联邦公司法

概要：

澳大利亚1997年《联邦机构及联邦公司法》明确规定了联邦机构（公共企业）和联邦公司的概念界定。其中，联邦机构（公共企业）是指基于公共目的建立的并拥有独立账户的法人团体。联邦公司是同时受2001年《公司法》制约，联邦当局控股的企业。

遵守本法是指：

对于联邦机构来说，《联邦机构与联邦公司法》包含了申报、问责制、处理银行业务和投资等问题。同时，包括了规范机构各级领导者及董事行为（也就是董事责任）的内容。

本法对于联邦公司的规定，包含申报和其他要求，适用于2001年《公司法》除董事职责及其他要求的部分。

财政部长以及其他的主管部长可以要求从联邦机构或联邦独资公司董事处获得资料和信息。这些董事同样有义务配合主管部长关于企业运营及补贴机制的询问。

财政部长也可以发布指令，指导相关的企业（包括联邦独资公司和公共企业）董事关于财产采购和服务方面的操作。

自2008年8月起，本法修正案包括：

《联邦机构及联邦公司法（修正案）2008》是自1997年颁布《联邦机构及联邦公司法》以来，最重要的作出一系列修正的法案。

原法案中自2009年7月1日生效的法条28B规定，任何滥用企业名下信用卡或贷记凭证属违法行为。

修正案中调整为：

A. 规定了组成联邦机构和联邦独资公司及审计委员会的最低要求；
B. 规定了立法中联邦机构不得授权任何人使用信用卡及贷记凭证的相关

条款；

C. 允许所有联邦机构要求私人支付赔偿，包括其以暗合且保密的私人名义下运用企业信用卡或优惠支付的金额。

2010年1月1日，2009年由财政部长颁布的《联邦公司法》法律说明生效，代替了2004年颁布的相关说明。修正案提高了文件的可读性（如增加了许多注释），相关说明修改了2008年12月的《联邦采购方案》。

根据相关目的的联邦机构和联邦公司的报告、财会及其他规定法案：

第一章 序　言

1. 简称

本法简称《联邦机构和联邦公司法（1997）》。

2. 生效

本法与《金融管理和财会法（1997）》同时生效。

3. 本法同时约束皇室

本法凭联邦名义约束皇室。

4. 本法的实施、删减、其他事项适用范围至澳大利亚境外（除特殊情况外）

第二章　关于定义及民事处罚的一般条例

5. 定义

本法中：

机构与《公共服务法（1999）》中所规定意义相同，是指：

　A. 一个部门；或

　B. 执行机构；或

　C. 立法机构。

机构领导概念与《公共服务法（1999）》中所规定意义相同，是指：

　A. 部门负责人（部长）；或

　B. 执行机构负责人；或

　C. 立法机构负责人。

公共服务人员与《公共服务法（1999）》中所规定意义相同，是指：

　A. 受《公共服务法》第22条约束的受雇人员；或

　B. 受《公共服务法》第72条约束的受雇人员。

人员或机构意为：

（a）在澳大利亚境内或境外的银行从业人员；或

（b）其他。

(i) 在澳大利亚境内从事货币储蓄业务的机构;且
(ii) 该类机构运营应受联邦、州或地区法律的审慎监督和规范。
注册(记录、编纂或文件)包括:
(a) 注册;或
(b) 任何其他信息记录;或
(c) 编纂、记录或存档的财务报告或财务记录;或
(d) 文件。
民事责任条例受附表1(1)制约。
联邦法条定义参见第7条。
联邦公司定义参见第34条。
合并财务报表,联邦机构及联邦公司内部的财务报表包括:
(a) 机构及公司;且
(b) 任何时间建立的子公司。
《公司法》上的公司是根据《公司法(2001)》,被合并或将被合并的公司实体。
法院(court) 是指根据本法现存的可执行审判权的任何法院。
法院(Court) 是指:
(a) 澳大利亚联邦法院;或
(b) 国家或地区最高法院。
主管是指:
(a) 对于联邦机构,是指行业协会或主管团体;
(b) 对于没有行业协会或主管团体的联邦机构,是指联邦当局的成员;
(c) 对于联邦公司,是指根据《公司法(2001)》认定的作为公司董事的个人。
授权法是指联邦机构所遵循的法律、规章或条例。
财政部长是指管理本法的部长。
财政部长令是指第48部分所指的法令。
合并财务报表是指一组包含一个实体母公司与其子公司的财务报表。
财政年度:
(a) 对于联邦机构,是指:
(i) 从7月1日起始之后的12月;或
(ii) 出于其他目的,立法中规定的任意其他起始日期之后的12个月,可认作一个财政年度。
(b) 对于联邦公司来说,是指公司的一个会计年度。
政府商业企业是指出于商业目的建立运营的联邦机构或联邦公司。
总政策法令是指根据第48A部分定义的法令。
牵涉是指个人牵涉违法的情况,只有且仅有以下情况出现时:
(a) 协助、教唆、怂使或促致违法犯罪;或

(b) 被诱导,无论被威胁或恐吓或其他情况犯罪;或
(c) 无论直接或间接,明知参与、伙同参与违法犯罪;或
(d) 勾结他人犯罪。

部长包括参议院议长和众议院议长。

高级管理人员在涉及联邦机构时指:
(a) 董事;或
(b) 高级经理。

主管部长是指:
(a) 联邦机构中的主管部长(经理);或
(b) 联邦公司中:
(i) 法令规定的主管部长(经理);或
(ii) 若无法定部长,则认定应是主管部长(经理)。

高级经理是指:
(a) 联邦机构中除董事、部长或(服务于本机构而不是为机构服务的)公共服务机构里雇员之外的个人被认定为高级经理,应是:
(i) 制定、参与制定或决定全部或部分企业运作;或
(ii) 有能力实质性地影响企业的财政状况。
(b) 国有商业公司中除公司董事、秘书、部长或(服务于机构而不是为公司服务的)公共服务机构里雇员之外的个人被认定为高级经理,应具备以下条件:
(i) 制定、参与制定或决定全部或部分的公司运作;或
(ii) 有能力实质性地影响公司的财政状况。

法定营销机构是指法定任意联邦机构。

法定代理与《公共服务法(1999)》定义相同。

子公司是指由联邦机构或联邦公司管理的实体。根据《公司法(2001)》,**实体和控制**用在处理一家子公司是否需要向母公司提交合并财务报表时,具有同样内涵。

联邦独资公司详解参见第34条。

6. 民事处罚

附表2介绍了违反相关民事条例内容的民事后果。

第三章 联邦机构的报告(机制)和其他义务

第1条(总则)

7. 联邦机构释义:
(1) 本法中,联邦机构是指下列任一类型的拥有独立账户的法人:
(a) 法案基于公共目的成立的法人团体;或

(b) 基于以下规定,出于公共目的成立的法人团体,规定包括:
(i) 法案下属规章;或
(ii) 仅就本段而言,按照本法规定,是指外部领土(诺福克岛除外)条例或条例下属的任何规定。
(2) 以下均非联邦机构:
(a)《公司法》上的公司;
(b) 在《公司(海峡岛民)法(2006)》管辖下的注册公司;
(c) 与《公平(注册机构)工作法(1999)》中定义相同的社团和组织。
(3) 根据条款(1),法人团体所持有的所有资产,被视为其或其账户所持有,除非资金属于《财政管理和审计法(1997)》第5条规定的公共资金。

8. 总审计长的作用及地位
(1) 总审计长担任所有联邦机构的审计长一职。
(2) 总审计长负责机构下属每个子公司(附表12(4)所涉及名录除外)的财务报表审计工作。
注释:如果总审计长并非子公司的审计长,表示总审计长必须承担子公司审计长的报表审计工作。

第2条(报告机制)
A—年度报告和相关责任
9. 理事必须准备年度报告
(1) 联邦机构的董事必须:
(a) 根据附表1,准备财政年度报告;且
(b) 财政年度截止期限之前,将报告材料交至主管部长以便向国会报告。
注释:《法律解释法(1901)》第34C条款(而不是34C(2))。
(2) 截止期限是指:
(a) 一个财政年度结束前的四个半月;或
(b)《法律解释法(1901)》第34C(5)条款规定的延长期限结束之时。

10. 联邦机构创建第一年的具体要求
(1) 如果联邦机构是在财政年度的最后三个月建立,则:
(a) 理事无需准备本年年度报告;但
(b) 自机构建立至财政年度结束截止,下一年度的报告仍需准备。
(2) 若联邦机构成立于财政年度的前九个月内,则年度报告要涵盖自成立至财政年度结束为止期间的情况。

11. 理事违反年度报告规则
(1) 若出现下列情况,理事被视为违反年度报告规则:
(a) 理事本人违反报告规则;或

(b) 未能采用合理步骤来保障理事报告规则。①

(1A) 如果理事违反条款(1)且为蓄意违反,即属犯罪。

处罚:2000罚金单位或入狱5年,或二罚并施。

(2) 如果由于遗漏财政报告内容而导致违反理事报告原则,被告方可以证明遗漏信息并不重要,而且不影响诚实、公正地理解《财政部长秩序》的内容。

(3) 在本条款中:

理事报告原则是指第9部分或附表1中关于明确董事责任的要求。

12. 相关子公司的财务报表审计

(1) 根据条款(4),联邦机构理事必须确保总审计长审计所有相关子公司的合并财政报表。

(2) 对于适用《公司法(2001)》的公司来说,总审计长关于子公司财务报表的审计要根据《公司法(2001)》相关规定进行。这些规定同样适用于其下属子公司。

(3) 机构理事提交审计报告给主管部长时,需要同时提交相关子公司的财政报表复印件。

(4) 相关财务报表无需经过总审计长审计的情况,通常包括:

(a) 子公司在澳大利亚境外创建或被合并;且属于

(b) 下列任意情况之一:

(i) 该子公司所在地法律规定,总审计长不能同时兼任子公司的审计长;或

(ii) 总审计长认为,并无对子公司进行审计工作的必要,或无需审计其财务报表。

(5) 在本条中:

联邦机构下属相关子公司的财务报表是指,在一个会计年度结束时,相关子公司对于整个会计年度所作出的财务报表。

B—其他报告职责

13. 过渡时期报告

(1) 财政部长可以通过报纸媒介发表声明,要求相关联邦机构向相关主管部长上交下列任一报告:

(a) 财政年度前六个月的过渡时期报告;或

(b) 下列任一时期的报告:

(i) 每一财政年度的前三个月;

(ii) 每一财政年度的前六个月;

(iii) 每一财政年度的前九个月。

---

① 这个条款属于民事处罚规定(参见附表2)。

(2) 报告需包括：
(a) 根据财政部长指令,由机构理事准备关于机构财政的操作报告。
(b) 根据财政部长指令,由机构理事准备关于机构的财政报表。
(c) 根据法规,总审计长准备的财政报表。
(3) 理事必须在过渡时期之后两个月内向主管部长提交过渡时期报告。
(4) 主管部长可以根据实际情况授权其延长过渡时期。
(5) 主管部长必须尽快将过渡时期报告制表后上交国会各议院。

14. 评估
(1) 机构(除政府商业企业外)必须准备对每一财政年度进行预算评估,且应对主管部长指定的任何时间段内的机构经营进行预算评估。
(2) 评估：
(a) 必须根据主管部长的要求格式进行评估,且,
(b) 必须在主管部长要求时间内上交评估。

15. 重大事件需向主管部长通报
(1) 如果联邦机构或任何它的子公司,意图从事或进行下列任何活动,机构理事必须立即将相关细节上报主管部长,这些活动包括：
(a) 新建公司或参与组建公司；
(b) 参与重大合伙、信托或非公司型合资结构或类似配置；
(c) 在一个公司取得或处置重大股权；
(d) 重大贸易的取得或处置；
(e) 开始和终止重大商业活动；
(f) 在重大合伙、信托或非公司型合资结构或类似配置方面作出变动。
(2) 根据具体情况,主管部长有权免除机构理事关于(1)(a)的上报。
(3) 主管部长可以给出书面的指导方针,理事将其提交理事会后决定提案是否包括第(1)段中(b)、(c)、(d)、(e)或(f)内容。

16. 向主管部长和财政部长汇报制
(1) 机构理事必须：
(a) 保证主管部长被告知机构及子公司的操作机制；且
(b) 根据主管部长要求,上交主管部长关于这些操作机制的报告、文件和信息；
(c) 根据财政部长要求,上交财政部长关于这些操作机制的报告、文件和信息。
(2) 理事必须遵循第(1)段(b)和(c)相关部长对于上交时限的要求。

17. 国有商业公司的企业计划
(1) 本节适用于商业公司。
(2) 公司董事必须准备年度(至少一年一次)企业计划书,并上交主管部长。
(3) 计划书必须至少包括三年的内容。
(4) 如果拥有子公司,企业计划必须包含母公司和子公司在内。特别是对于各

个子公司的计划书必须包括条款(6)的内容(只要是适用的)。

(5) 公司董事必须保证主管部长被告知：

(a) 计划的重大变更；且

(b) 可能严重影响计划目的和成果的情况。

(6) 计划必须包括下列细节(只要是适用的)：

(a) 企业的目标；

(b) 企业经营的商业环境预期；

(c) 企业的商业战略；

(b) 投资和金融项目,包括金融风险管理的策略；

(e) 财政目标和企业预测；

(f) 企业红利政策；

(g) 非财务执行措施；

(h) 企业社区服务义务,以及企业履行义务时采用的策略和方针政策；

(i) 回顾以往违反企业计划和目标的情况；

(j) 分析可能影响目标实现或可能造成重大经济风险的因素；

(k) 垄断产品和服务的价格调控和质量调控策略；

(l) 人力资源策略和劳资关系策略。

(7) 计划必须同时包括主管部长要求的内容。

(8) 主管部长可以给出书面的指导方针,董事提交董事会后决定议案是否包括条款(5)的内容。

第3条(银行、投资和其他)

18. 银行和投资(除国有商业企业和法定营销机构之外)

(1) 本部分适用于除国有商业企业和法定营销机构之外的机构。

(2) 联邦机构所有支出需通过银行账户消费。

(3) 联邦机构可以投资多余资金：

(a) 存入银行；或

(b) 由联邦、州发行股票；或

(c) 由联邦、州担保的股份买卖；或

(d) 由财政部长批准的其他形式。

(4) 除经专人批准的专用资金之外,机构立法条款不允许任何超出条款(3)内容规定的合同签订。

(4A) 财政部长可以通过书面文件委派任何职能人员(根据1997年《金融管理和问责法》)。在职能人员行使权力的同时,其必须遵守财政部长的要求。

(5) 在本部分：

闲置资金是指企业需求的非立即使用资金。

19. 银行和投资（国有商业企业和法定营销机构）
(1) 本部分适用于国有商业企业和法定营销机构。
(2) 企业所有支出需通过银行账户消费。
(3) 企业可以投资多余资金于：
(a) 存于银行；
(b) 由联邦、州发行的股票；
(c) 由联邦、州担保的股份买卖；
(d) 由财政部长批准的其他形式。
(4) 除经专人批准的专用资金之外，机构立法条款不允许任何超出条款(3)内容规定的合同签订。
(5) 在本部分：
闲置资金是指企业需求的非立即使用资金。

20. 会计记录
(1) 机构必须保证会计记录准确，能够解释交易和财政状况，并保证这些记录：
(a) 作为本法中要求的财务报表的基础；且能够
(b) 使得便捷地并且合理地开展财务报表的审计工作。
(2) 机构必须保留这些会计记录，直至在(交易)业务完成后七年。
(3) 机构必须确保会计记录在任何合理的时间可以被任何企业董事监督考核。
(4) 若下列情况出现，机构的高级管理人员可视为触犯本条例：
(a) 违反条款(1)、(2)或(3)的规定；或
(b) 没有行使合理步骤遵守或确保遵守条款(1)、(2)或(3)的规定。
(5) 若机构高级管理人员触犯条例(4)，且性质恶劣(欺诈性)则被认定为犯罪。触犯本条例的处罚：2000罚金单位或入狱5年，或二罚并施。

第4条(高级管理人员的行为)

21. 理事、其他高级管理人员及雇员职责
(1) 本部分提出机构高级管理人员和雇员最重要的责任规定。其他责任由本法其他条款或其他法案规范。
(2) 第五部分已经给出董事及高级管理人员的定义。
A——一般责任

22. 谨慎勤勉——仅限民事责任
对于高级管理人员
(1) 当机构高级管理人员符合下列条件时，必须行使其权利，并且谨慎尽责地履行其义务。其中包括：
(a) 若机构高级管理人员同时亦为政府高级管理人员；且
(b) 在机构中占用高级管理人员办公场所，并肩负同样责任。

商业判断原则

（2）机构高级管理人员进行商业判断时，需遵守条款（1）的规定。若下列情况出现时，在普通法和衡平法中，可视为他们拥有等效职责：

(a) 出于善意；且

(b) 作出的任何判断，并不掺杂任何个人实质利益；且

(c) 使他本人在一定程度上相信，判断是恰当合理的；且

(d) 理智的确认判断是出于机构的最大利益。

高级管理人员应以机构的最大利益为信念，除非：

23. 善意——民事责任

善意——高级管理人员

（1）机构高级管理人员履行其权利和义务直至卸任，必须遵守下列要求：

(a) 出于善意，以机构的最大利益为目标；且

(b) 出于适当目的。

注释1：本部分隶属民事处罚条款（参见附表2）。

注释2：《公司法（2001）》第187条涉及联邦国有独资子公司的董事责任。

注释3：《公司法（2001）》第27条涉及公共服务人员或机构领导行为规范等。

（2）任何违反条款（1）的个人都被认定违反了本条款。

注释1："牵涉"定义参见第五部分。

注释2：本条款隶属民事处罚条款（参见附表2）。

注释3：本法第27条内容涉及公共服务人员或机构领导行为规范等。

24. 职位使用——民事责任

职位使用——高级管理人员和雇员

（1）机构的任何高级管理人员或雇员不得擅用职权于下列情况：

(a) 为自己或他人牟取利益；或

(b) 损害机构或他人利益。

注释1：本法第27A条款规定了公共服务人员或机构领导行为规范。

注释2：本条款隶属民事处罚条款（参见附表2）

（2）任何违反条款（1）的个人都被认定为违反了本条款。

注释1："牵涉"定义参见第五部分。

注释2：本条款隶属民事处罚条款（参见附表2）。

25. 信息使用——民事责任

信息使用——高级管理人员和雇员

（1）任何担任或曾担任机构高级管理人员或雇员而掌握企业信息的个人，不得不当使用这些信息于下列情况：

(a) 为自己或他人牟取利益；或

(b) 损害机构或他人利益。

注释1：本法第27A条款规定了公共服务人员雇员或机构领导行为规范。
注释2：本条同样适用于已经卸任的企业高级管理人员或雇员。
注释3：本条款隶属民事处罚条款(参见附表2)。
(2) 任何违反条款(1)的个人都被认定为违反了本条款。
注释1："牵涉"定义参见第五部分。
注释2：本条款隶属民事处罚条款(参见附表2)。

26. 善意、职权使用和信息使用——刑事犯罪

善意——高级管理人员

(1) 当下列情况出现时，机构的高级管理人员被认定为犯罪：
(a) 不计后果；或
(b) 恶意欺瞒。
并且，没有履行以下职责，包括：
(c) 出于善意地以企业最大利益为出发点；或
(d) 为了恰当目的。
注释：《公司法(2001)》第187条规定了国有独资子公司的董事职位。
违反本条将被处以2000罚金单位的罚款或5年监禁，或二罚并施。

职权使用——高级管理人员及雇员

(2) 高级管理人员或雇员擅用其以下职权时，被认为违法：
(a) 意图直接或间接为自己或他人牟取利益，或对机构或其他个体造成损害；或
(b) 不计后果地直接或间接为自己或他人牟取利益，或对机构或其他个体造成损害。
违反本条将被处以2000罚金单位的罚款或5年监禁，或二罚并施。

信息使用——高级管理人员及雇员

(3) 由于现任，或担任过高级管理人员或雇员，利用职权便利获得的机构内部信息，并不正当地使用这些信息被认定为违法：
(a) 意图直接或间接为自己或他人牟取利益，或对企业或其他个体造成损害；或
(b) 不计后果地直接或间接为自己或他人牟取利益，或对企业或其他个体造成损害。
违反本条将被处以2000处罚单位的罚款或5年监禁，或二罚并施。

27A. 遵守法规和其他条例

(1) 机构的高级管理人员若遵守第23、24和25条款内容，并承担普通法和衡平法中相应义务，则被认为其履行了法定义务，包括如下内容：
(a) 本法中其他条款要求高级管理人员应尽的责任；或
(b) 作为公共服务人员或机构领导履行其义务。

(2) 本段(1)(b)并不适用机构建立的法定机构：
(a) 法定机构中的公共服务人员；或
(b) 法定机构中的机构领导。

27B. 条款22到26和其他法律之间的相互影响
第22条到第26条：
(a) 由于个人的部门或雇主与机构相关联，对于增加、减少法规相关的个人责任义务均有效力；且
(b) 不妨碍由于违反责任规定或(a)条款涉及的义务发生的诉讼。
本部分不适用22(2)及(3)中涉及的在普通法及衡平法中根据22(1)规定的对等义务要求。

27C. 违反民事责任条款的吊销资格令
(1) 法庭可根据需要取消个人管理法人团体的资格，若下列情况出现：
(a) 根据附表2分则1(民事处罚条款1)，个人已经触犯民事处罚条款；且
(b) 法庭对吊销其管理资格的判定公正并符合标准。
(2) 吊销资格的申请一般根据分条款(1)进行，由下列人员提出：
(a) 财政部长；或
(b) 在本部分规定下，由财政部长出面授权的人。
(3) 法庭在考虑吊销资格是否公正时，需要考虑以下因素：
(a) 个人的行为与管理、商业或机构的财产或其他相关法人团体；且
(b) 法庭认为合理的其他因素。
(b) 个人若出现以下情况可视为犯罪：
(a) 被吊销资格；且
(b) 个人作为机构理事。
处罚：一年监禁。
(4A) 然而，若作为机构理事的个人获得法庭特批，则有理由免除处罚。
注释：根据(4A)，被告承担举证责任，参见附表《刑法》13.3(3)。
(5) 当根据条款(4A)授权时，法庭可以根据实际情况增加合理的条件或限制。
(6) 个人无权违反法庭提出的任何附加条件或限制。
如违反，处以一年监禁。
(7) 如果他已经提前至少21天向财政部长递交申请通知，则该个人只能基于分条款(4)提出特批申请。
(8) 提交财政部长过程中，法庭可根据(4A)规定撤回授权。

27D. 依靠他人提供信息和建议
如果：
(a) 任何理事所依靠的信息来源、专业建议或专家建议，均由下列人员提供：
(i) 理事根据合理的考虑，在实际工作中认定的可靠的、有能力的个人；或

(ii) 理事(有恰当理由相信的相关事件)中具备一定专业程度或能力的顾问或专家；

(iii) 理事或高级管理人员权力内的其他相关理事和高级管理人员；

(iv) 理事并未担任起理事会相关事务的理事会职权。

(b) 信赖由以下因素产生：

(i) 善意；且

(ii) 进行独立的信息或建议评估之后，能考虑到理事对于机构复杂结构的认识和职权操作的能力。

(c) 理事信赖的合理信息或建议，在起诉过程中，根据条例或相对应的一般法责任，可以作为一个理事是否恪尽职守的判定原则；理事所信赖的信息或建议被承认是合理的，除非有相反佐证。

27E. 代理人行为责任

(1) 如果机构理事被立法授权为代理人，则该理事有行使代理人权力的义务，视为理事本人行使该权力。

(2) 当以下情况出现时，根据条款(1)，理事不负责：

(a) 根据本法和机构授权的立法规定，理事在任何时候曾有确凿理由相信，代理人可以行使权力来确认强加在机构理事的责任。

(b) 理事基于以下原因相信：

(i) 有确凿理由；且

(ii) 出于善意；且

(iii) 在需要问询的情况下，在作出恰当问询后，权力委托的代理人是可靠且有能力的。

B—对于个人实质性问题的披露，以及在涉及个人实质性问题的投票表决

27F. 实质性个人利益——理事有披露义务

当公私冲突发生时，拥有实质性个人利益的理事有义务将实情通知其他理事

(1) 若机构理事的实质性个人利益涉及机构利益时，则该理事必须向其他理事告知个人利益的获得。条款(2)所述情况除外。

(1A) 基于分条款(1)的犯罪是指，严格责任制下机构理事在贸易过程确有实质性个人收益的情况。

注释：严格责任制参见《刑法典》6.1。

(2) 理事无需向其他董事告知的情况是：

(a) 若利益是指：

(i) 作为机构理事的薪酬增长；或

(ii) 合同投保或可能投保的理事作为机构高级管理人员承当的负债(仅针对合同没有将机构或机构子公司作为保险人的情况)；

(iii) 机构支付的费用，或指在27M规定下任何子公司进行的赔偿，或任何合同

涉及的赔偿;

(iv) 在合同或拟订合同中规定,出于机构子公司利益,或代表子公司理事的所得利益增长仅因为该理事担任子公司董事一职。

(b) 下列条件应被满足:

(i) 根据分条款(1)的规定,理事已经将牵涉公共机构事务所获利益性质和范围告知理事会成员;

(ii) 若根据分条款(1)制定的获利通知发出时,某人并非机构理事而之后被认命为机构理事,则该理事任命后应被告知通知内容;

(iii) 利益本身的性质或程度的实质性增长没有超过通知中的披露部分。

(c) 根据27G部分规定,并且获利通知仍有效力情况下,理事有诉讼权。

(3) 根据分条款(1)规定要求:

(a) 必须给出下列细节:

(i) 利益本质和利益范围;且

(ii) 利益与机构事务的关联;且

(b) 在理事意识到个人所能获得利益时,应立即呈交理事会。

注:细节必须在会议记录中记载。

(4) 理事违反条款,并不影响任何法案、交易、协议、契约、决议或其他文件的效力。

27G. 理事在取得某项具体利益时应向其他理事给予明确的通告

通告权

(1) 根据条款(2),机构理事在贸易过程中获利需要将获利的性质和范围通告其他理事。不论是否涉及机构的贸易内容,通告可以在任何时间给出。

注释:应发生在理事获得实质利益之前作出长期通告。

(2) 条款(1)规定下的通告,需:

(a) 详列利益性质和范围;并且

(b) 在下列条件下作出:

(i) 理事会(口头或书面);或

(ii) 单独文件提交其他理事们。

当已经提交所有理事,长期通告仍需在分条款(b)(ii)规定下作出。

(3) 若书面的长期通告是分别提交理事会成员,仍需在理事会议上讨论。

利益性质和范围必须及时记录

(4) 理事必须保证在长期报告中披露获利的性质和范围,并且在报告提交或制表的会议中被记录下来。

长期通告的生效和失效

(5) 长期通告:

(a) 发出即生效;且

(b) 若根据分条款(1)制定的理事会通知发出时,某人并非机构理事,而之后被认命为机构理事,则该理事任命后应被告知通知内容。

(6) 当涉及某项特殊利益时,若利益性质或范围增长大大超出通告中披露的数值,则长期通告停止生效。

实质利益性质和范围增长的影响

(7) 理事对本部分的违反不影响法案、交易、协议、契约、决议或其他文件的效力。

27H. 条款27F和27G和其他法之间的关系

27F和27G除下列情况有效,但并不减损:

(a) 任何一般法关于利益冲突的规定;且

(b) 机构授权立法条款从以下几个方面限制理事行为:

(i) 在个人实质利益的事务;或

(ii) 在写字楼和地产持有方面;

当以上因素涉及责任或利益与理事的职责或利益冲突时。

27J. 投票限制

投票和出席限制

(1) 被视为在某一事务中获得实质个人利益的机构理事,在股东会上不可以:

(a) 当这一事务在会议上陈述时出席;或

(b) 对此事务进行投票。

否则,处以5个罚金单位。

(1A) 条款(1)不适用的系列情况,包括:

(a) 条款(2)或(3)允许董事出席;或

(b) 根据27F,获利无需披露。

注释:根据条款(1A)被告人承担相关事务的举证责任,参见附表《刑法典》13.3(3)。

(1B) 基于条款(1)的犯罪,是违反严格责任的犯罪。

其他理事批准的出席

(2) 在事务中不具有实质获利的理事会成员,当通过以下决议时,该理事可以出席并参加理事会投票:

(a) 确定理事人员、其在事务中获利的性质和范围,以及与机构相关的事务;

(b) 指出其他理事对取消该理事的投票权及出席权不满。

部长批准的出席

(3) 在27K规定下,若主管部长作出声明或指令授权下,该理事可以出席并投票。

(4) 理事犯法。

27K. 部长声明和分类指令

部长对于特定声明的权力

(1) 主管部长可以制定书面声明,公共机构中在某一事务中拥有实质性获利的理事,可以考虑其出席或将出席理事会或就该事务进行投票,或出席并投票(尽管该理事在该事务中有实质性获利)。但仅当基于以下原因时,主管部长作出此种声明:

(a) 若该理事本未获准就相关事务投票权,但应出席理事会的理事人数不足法定人数;且

(b) 相关事务需要紧急处理,或若有其他迫不得已之原因必须交理事会处理。

(2) 声明可以:

(a) 适用部分或全部理事;或

(b) 该机构或理事必须服从的特定原因。

(3) 主管部长可以指定书面法令确保公共机构中在某一事务中拥有实质性获利的理事,可以考虑其出席或将出席理事会或就该事务进行投票,或出席并投票。该法令可能涉及特定的一类联邦机构、理事、决议或利益。

(4) 法令可以视情况作出相应明示。

(5) 制定、撤回或中断法令的通告必须通过工作报告发布。

27L. 机构账目查阅权

理事的权利

(1) 基于法律程序,一个公共机构的理事可以在任内恰当时间检查机构的财务记录:

(a) 当理事作为任一缔约方;或

(b) 理事出于善意提出;或

(c) 理事有理由相信将被起诉。

卸任理事七年内的理事权

(2) 基于法律程序,作为卸任的机构理事可以在任内恰当时间检查机构的财务记录:

(a) 当理事作为任一缔约方;或

(b) 理事出于善意提出;或

(c) 理事有理由相信将被起诉。

这一权利延续至理事卸任后七年内。

拿取副本的权利

(3) 基于法律程序和本部分规定,当个人被赋权查阅账簿时,可以拿取副本。

公共机构不得拒绝审阅

(4) 基于本部分规定,一个公共机构必须允许个人行使查阅账簿并拿取副本的权利。

第 4A 条（对机构高级管理人员的保障与保险上的限制措施）

27M. 赔偿责任和免除公职

高级管理人员的豁免权

（1）除本节指明规定外，联邦机构可以免除现（或曾为）企业高级管理人员的个人债务或处罚。

不受承认的豁免

（2）对于联邦机构高级管理人员对机构产生的负债或处罚，联邦机构或联邦机构的任何分支机构不可豁免其（无论是直接或者间接地）对机构的负债或处罚。

当责任赔偿金（而非法律费用）不被承认时

（3）联邦机构或联邦机构的分支机构，不可以（通过合同方式、直接或间接的赔偿金方式）免除个人作为机构高级管理人员带来的负债或处罚，相关处罚包括下列情况：

（a）对联邦机构或者联邦机构分支机构的负债；或

（b）目录2中第3条款所规定的民事处罚责任或第4条款中的赔偿处罚；或

（c）对于非联邦机构或者联邦机构的分支机构的其他个人的负债，并且并未秉承善意原则。

本部分不适用于法律费用部分的责任。

当法律费用的补偿金不被承认时

（4）联邦机构或联邦机构的分支机构不可以（通过合同方式、直接或者间接的赔偿金方式）免除由于个人原因产生的辩护相关法律费用，包括下列情况：

（a）对行为人已被判定需承担（无法依照（3）节进行免责处置）法律责任的诉讼程序进行辩护或者对抗；或

（b）对行为人已被判处有刑责的刑事诉讼程序进行辩护或者对抗；或

（c）对由财政部长依据法院令所作出的发起程序的决定进行辩护或者对抗，而且此决定的基础建立在法院决定的基础之上；或

（d）法院拒绝的依本法案规定的与救济该行为人有关的程序。

段落（c）并不适用于在依照法庭令开始诉讼程序前，以调查方式应对财政部长所采取的行动而产生的费用。

注释：段落（c）——包括由财政部长依据基于27C节（无资格规则）或目录二的第3条或第4条（民事处罚）的命令所发起的程序。

（5）为实现第（4）款的立法目的，法律程序的结果为该法律程序的判决结果和任何与该程序相关的上诉。

27N. 对机构高级管理人员特定的相关保险保障

（1）除本条第（2）款中列举的情况外，联邦机构可为一位现（或曾为）联邦机构高级管理人员者投保，以使其免受其公务行为职责的赔偿追究。

（2）当出现以下情况时，任何联邦机构或者联邦机构的分支机构，不可以支付

或者同意支付一位现(或曾为)联邦机构高级管理人员者投保的保险金(而非法律费用),以使其免受其公务行为职责的赔偿追究,包括:

(a) 实施了与联邦机构有关的故意违约责任的行为;或

(b) 违反第 24 或 25 条规定的行为。

本部分可应用于直接或者间接支付保险费的情形。

赔偿金:5 个单位罚金。

(3) 基于第(2)款的侵权行为,为具有严格责任的侵权行为。

注释:对于严格责任的认定,参见《刑法典》第 6.1 节。

27P. 某些未授权赔偿、豁免、花费、协议,以及无效文档

(1) 第 27M 条和第 27N 条中未对可能违法的行为予以授权。

(2) 任何声称保障某人免受责任追究或声称豁免某人处罚的行为,均属违反第 27M 条和第 27N 条规定的行为。

第 5 条(其他项目/杂项)

28. 与总政策法令相符

(1) 为确保总政策法令在联邦机构中的适用,联邦机构主管必须确保该机构遵守总政策法令。

(2) 同时,联邦机构主管必须尽可能确保其下属机构也遵守总政策法令,以保证其适用。

28A. 信用卡和贷记凭证

(1) 联邦机构可以:

(a) 以信用卡方式,获得某人所赊现金、财物或者服务;且

(b) 以贷记凭证方式,获得某人所赊财物或者服务。

(2) 法规可以规定关于联邦机构的信用卡或贷记凭证的要求,以及和以下情形有关的要求:

(a) 联邦机构与个人间关于发行信用卡或贷记凭证的协议;

(b) 获授权以联邦机构名义使用信用卡或贷记凭证者的资格;

(c) 可被使用信用卡或贷记凭证的情形;

(d) 保管信用卡或贷记凭证的方式;

(e) 通过信用卡或贷记凭证方式最大可借金额;

(f) 信用卡或贷记凭证的债务的还清时限为:在联邦机构为借款人提醒后,不超过 60 日的时间内还清。

(3) 本部分规定不适用以下情形:在权威授权立法规定下,机构明文授权进行贷款(无论此授权是否需要服从其他条件)。

28B. 滥用信用卡和贷记凭证属刑事犯罪行为

(1) 个人未经授权,绝不可以通过使用联邦机构名义下的信用卡、联邦机构信用卡卡号或者联邦机构贷记凭证,为非联邦机构者获取现金、财务或服务。

刑罚:七年监禁。

注释:《刑法典》第二章确立的刑事责任一般原则。

(2) 若满足以下情形,上述条款(1)并不适用于联邦机构信用卡、联邦机构信用卡卡号或者贷记凭证的特殊用途,包括:

(a) 该使用已获法规授权;且

(b) 联邦机构已按照法规收取所获利益。

注释:被告在第(2)款所述情形下,承担举证责任。参见《刑法典》第13.3章(3)款。

(3) 基于第(2)(b)款的立法目的,因机构本身产生的债务金额可以报销。同时,在法院生效判决下,该债务可以被机构收回。

(4) 本节中:

联邦机构信用卡意为由联邦机构发行且可凭借其信用获得现金、财务或服务的信用卡。联邦机构贷记凭证意为联邦机构发行且可凭借其信用获得现金、财务或服务的贷记凭证。

29. 联邦机构下属机构的活动规范

联邦机构必须确保其下属机构的行为不超过其自身权限。

30. 子公司的会计期间

(1) 若联邦机构子公司的年度会计期间与其财政年度不同,该机构主管必须在满足以下条件的前提下,尽一切可能确保其年度会计期间和该机构财政年度时间一致:

(a) 下属机构确认成为下属机构的后12个月内;或

(b) 在本法案生效的12个月内。

(2) 假如年度会计期间与该机构的财政年度一致,则主管必须尽一切可能确保这种一致性的持续进行。

(3) 联邦机构主管的行为倘若导致以下情形,则属于违反本款规定:

(a) 致使本节规定被违反;或

(b) 无法采取一切可能手段以遵守或适应本节规定。

注释:此款为民事处罚条款(参见附录2)。

(4) 联邦机构主管一旦违反第(3)款规定,且该违法行为是蓄意策划,则属于实施了犯罪行为。

违反本款的刑罚:2000单位罚金或者5年监禁,或者二罚并施。

31. 关于对下属机构会计期间的要求的豁免情形

(1) 财政部长可以书面方式赦免联邦机构主管由第30条的职责所引起的后果。

(2) 可在符合条件的情况下取得赦免。

(3) 财政部长可代表联邦政府聘请一位注册公司审计师于豁免申请书内容基

础之上进行调查并报告。注册公司审计师,意为一位按照 2001 年《公司法》已注册登记为审计师者。

(4) 机构对联邦承担偿付调查和报告所需费用的责任。

32. 审查委员会(查账委员会)

(1) 联邦机构的主管人员必须确保建立并保持含有以下功能的审查委员会:

(a) 可帮助机构与其主管基于本法案履行职责;且

(b) 可为主管人员、机构高级管理人员、机构内部和外部审计员提供交流论坛。

(2) 若法规已规定审查委员会的组成方式,则审查委员会的组成必须符合法规规定。

33. 针对基于法规建立的联邦机构的特别规定

(1) 根据本法案 7(1)—(b)部分规定的适用于联邦机构的效力范围,可受任何法定修改事项影响而变更。

(2) 在本部分:

修改事项包括增加、省略和替代。

第四章 联邦公司的报告义务及其他义务

第 1 条(导言)

34. 联邦公司、联邦独资公司及相关术语的含义

联邦公司的含义

(1) 本法所指的联邦公司是指联邦控制之下的受《公司法》规制的公司,但不包括联邦公共机构的子公司或分支机构。

本条所指的"控制"是指:

(1A) 依照本法的目的,联邦政府仅在以下情况下"控制"某公司,包括:

(a) 控制该公司的董事会组成人员;或

(b) 在公司大会中能够行使或控制超过二分之一多数的投票权;或

(c) 持有该公司二分之一以上的已发行股份资产(除在对该股份资产中进行利润或资产的分配时超过特定数目的无权参与的任何部分)。

(1B) 在不限制本条(1A)(a)的情况下,联邦可任命或免除一公司全部或大部分董事即是"控制"该公司之情形。

(1C) 依本条(1B),联邦政府有权任命公司董事,若:

(a) 其本人同意,由于联邦政府没有行使权力,致使该人不能被任命为公司董事的;或

(b) 作为公司董事的个人需担任过以下职务:

(i) 部门负责人;或

(ii) 法定职务承担者。

联邦独资公司的含义

（2）本法所指的联邦独资公司是指任何一家联邦政府全权所有的非个人获利的国有全资公司。

注意：基于该定义，被担保限制的联邦公司亦是一家联邦独资公司。

35. 总审计师的作用

（1）总审计师是指，与每一联邦公司相关的下列任一人员：

（a）2001年《公司法》下所指的公司审计师；或

（b）上述人员之外能对该公司财务状况作出报告的人（详见36(2)）。

（2）总审计师须对任一联邦公司的任一子公司的财务状况进行审计（特殊情况除外——详见37(4)）。

注意：若总审计师并非该子公司的审计师，则该总审计师的报告须在该子公司的审计师所作的报告之外另行给出。

第2条（报告义务）

A—年度报告及相关义务

36. 年度报告

（1）任一联邦公司须向主管部长提供下列材料：

（a）一份2011年《公司法》要求下的公司年度财务报告、董事报告、审计报告的复印件（或若该公司是一家上市公司，则该法案要求的各种报告）；且

（b）任何本条(2)要求下的额外报告；且

（c）联邦独资公司对于财政部长要求的任何信息及报告。

（1A）联邦公司必须依以下方式进行：

（a）若该公司基于《公司法(2001)》须举行年度大会，则

（i）应于该年年末之后下一个年度大会之前21天举行；且

（ii）应于该年年末4个月后。

（b）在其他情况下，应于该年年末之后4个月进行。

或者依1901年《解释法案法》第34C(5)所规定的延长期间的末尾进行。

（1B）公司董事将违反本条报告义务的规定，若该董事：

（a）违反本条(1)或(1A)的规定；或

（b）未能采取有效合理的措施遵守或保障本条(1)或(1A)的实施。

注意：这是一个民事处罚条款（详见附表2）。

（1C）若公司董事违反本条(1B)的规定且该违反是恶意的，则构成犯罪。

处罚为：2000单位罚金或5年监禁，或二罚并施。

（2）若《公司法》要求的审计报告是由除总审计师之外的审计人员准备的，则依本条(1)的规定，总审计师须对该公司的财务状况作出报告。

（3）依本条(2)规定，总审计师在准备审计报告时必须使用正如其他审计师所作报告中运用的《公司法》规则。

（4）若该公司为联邦独资公司或不需举行年度大会，则其主管部长须在收到相关文件后，尽快将文件提交上下两院讨论。在其他情况下，负责人须于年度大会结束后，尽快将文件提交两院讨论。

37. 相关子公司财务状况的审计

（1）依本条（4）之规定，联邦公司的董事须采取一切必要措施保证所有相关子公司的财务状况由总审计师审计。

（2）对于作为受《公司法》规制的公司，基于《公司法》要求进行年度报告审计时，总审计师须在报告中使用该法案中的相关规则。这些规则须在可行的前提下适用于其他子公司。

（3）联邦公司的董事须将本条所涉报告及相关子公司的财务报告复印件交主管部长。

（4）相关子公司财务报告无须由总审计师审计，若：

（i）该子公司于澳大利亚以外其他地区组建；且

（ii）依当地适用于子公司的法律，总审计师不能被任命为该子公司的审计师或在总审计师看来，审计或被要求审计该子公司的财务状况不可行或不合理。

（5）本条所指与联邦公司有关的相应子公司的财务状况报告即指该实体作为联邦公司子公司一个会计期间内结束时做出的年度财务状况报告。

B—其他报告义务

38. 过渡时期报告

（1）财政部长可在公报中以通知方式要求特定或一些联邦独资公司给予主管部长：

（a）一份该年度前六个月的报告；或

（b）一份以下任意时期的年度报告：

（i）每年度的前三个月；

（ii）每年度的前六个月；

（iii）每年度的前九个月。

（2）该过渡时期报告须同时包含以下内容：

（a）一份依财政部长要求的由董事作出的公司运作报告；

（b）一份依财政部长要求的由董事作出的公司财务报告；

（c）一份依公司规章要求的总审计报告。

（3）董事须将该报告于所限时期末两个月内交予主管部长。

（4）主管部长可于特殊情况下准许延期上交该报告。

（5）主管部长须于可行之日起尽快将该报告交予上下两院讨论。

39. 估算义务

（1）除国有商业公司之外的联邦独资公司须准备每年的年度预算及应主管部长要求的任何其他时期的预算估计。

（2）该预算须符合以下内容：
（a）须采用主管部长要求之格式；
（b）须于主管部长要求之时间内上交。

40. 主管部长重大事务被告知义务
（1）若联邦独资公司或其任意子公司决议进行以下事务，则其董事须即刻以书面形式将该决议陈述予该主管部长：
（a）组成或参与组成新的公司；
（b）参与一项重大的合伙、信托、企业联立或相似事宜；
（c）取得或处置一公司的重要股份；
（d）获取或处理一项重大的商业活动；
（e）开始或停止一项重大的商业活动；
（f）对其参与的合伙、信托、企业联立或相类似事宜的利益作出根本上或性质上的重大改变。
（2）该主管部长可以以书面形式免除联邦公司董事的上述告知义务。该免除可依不同情形分别作出。
（3）该主管部长可以书面形式对公司董事作出指示以决定董事之告知义务是否符合本条（1）下（b）、（c）、（d）、（e）、（f）之规定。

41. 对主管部长及财政部长的告知义务
（1）联邦公司之董事须：
（a）告知主管部长该公司及其子公司的运作情况；且
（b）应主管部长之要求，提供其相应的有关公司运作的报告、文件及信息；且
（c）应财政部长之要求，提供其相应的有关公司运作的报告、文件及信息。
（2）公司之董事须依本条（1）（b）及（c）之规定于负责人所要求的时间限制内将相应文件上交。

42. 国有商业公司的公司计划
（1）本条适用于属国有商业公司的联邦独资公司。
（2）公司董事至少一年准备一次公司发展规划并将之交予负责人。
（3）该规划至少须涵盖该公司三年的发展计划。
（4）若该联邦公司下设子公司，则该规划须包含母公司及子公司两者之计划。且一经适用，该规划须包含本条（6）之内容。
（5）董事须告知主管部长以下内容：
（a）该计划之重大改变；且
（b）对该计划目标之实现有重大影响者。
（6）该计划一经实施，须包含以下内容：
（a）本公司之目标；
（b）对本公司所处经营环境的预料；

（c）本公司的经营策略；
（d）本公司的投资及财政项目，包含应对财政风险之策略；
（e）本公司的财政目标及相应项目；
（f）本公司的分解政策；
（g）本公司的非财政策略；
（h）本公司的社会服务义务及其相应实行措施；
（i）前期规划之审查监督；
（j）目标实现障碍或财政风险发生之影响因素分析；
（k）垄断制度下本公司所提供的商品或服务之价格或质量控制；
（l）人力资源及公共策略。
（7）该规划须包含主管部长要求下的可对本条（6）进行延伸的任何其他事项。
（8）主管部长可对一事项是否属本条（5）规定之情形向董事提供书面指示。

C——其他杂项

43. 与公司总政策法令相一致义务

（1）联邦独资公司董事须确保公司之发展与总策略法令一致，在一定程度上法令又适用于该公司发展。

（2）公司董事须确保，只要可行，其子公司与公司发展总策略相一致。

44. 审计委员会

（1）联邦独资公司董事须建立并维持审计委员会，该委员会之作用须包含以下方面：

（a）帮助该公司及其董事遵守本法及《公司法》规定之义务；

（b）召开会谈以促成公司董事、高级管理人员、内外部审计人员之间的沟通交流。

（2）若公司章程有关于该委员会组成方式之规定，则该委员会必须以此方式组成。

第五章 其 他

45. 主管部长须告知议会诸如有关股权并购之事宜

（1）对公司如下事负有管理责任之负责人须在该事宜发生后可实行的前提下尽快向上下两院提交通知：

（a）联邦组建或参与组建一公司；

（b）联邦获取一公司股权（或购买或预订）或处分一公司之股权；

（c）联邦成为一公司之成员；

（d）与联邦所持有股权相关之权利发生变动；

（e）联邦作为一公司成员之权利发生变动；
（f）联邦停止成为一公司之成员。
（2）该通知须包含本法所要求之特殊情况。
（3）本条之情形不适用于源自《公司法》第九部分第七节规定下的与所有权不明财产相关的向负责人转移的任何事宜。

46. 为情报及安全部门目的而设立之公司
（1）本法对于为情报及安全目的而设立的公司之适用以本公司规章之规定而进行相应修改。
（2）本条所称情报或安全部门与《犯罪法（1914）》中85（ZL）中者意义相同。
修改是指增加、省略或替代。

47. 若主体不再是联邦公司，则公司章程将规定本法的适用
（1）公司章程可设条规定在该公司停止其联邦公司身份的年份本法案之适用。
（2）不限制本条（1）之普遍适用，可依本条（1）之目的规定本法经特别修改之适应。

47A. 与政府采购要求相一致原则
（1）本条适用于公司章程中指定的联邦公司、联邦独资公司。
（2）以本部分（3）之规定，财政部长可以书面形式就本条规定的涉及财产或服务之购买事宜向公司董事提供指示。
（3）财政部长不得就与澳大利亚所承担的国际协议要求下的关于政府采购的义务不一致之事宜进行指示。
（4）在不限制本部分（2）普遍适用的前提下，（2）所许可的指令可适用、采纳、包含所有或任何《联邦采购规则》。
（5）董事须确保本部门或公司遵守指示。
（6）董事须于可行性之前提下确保本部门或公司的分支机构遵守指示。
（7）本条所指的《联邦采购规则》是指1997年《财政管理及责任规章》下有关采购的规则。

48. 财政部长的指示
（1）财政部长可利用立法手段对在本法要求或允许的范围内对任何事项发布指令。
（2）一项指令不可引起犯罪或刑罚。

48A. 总政策指令
财政部长发布的总政策指令
（1）财政部长可发布一项指令（即一项总政策指令）以使一项澳大利亚政府政

策明确化。

发布总政策前的咨询

(2) 在发布一项总政策之前,财政部长须确保指令适用的联邦权力部门及联邦独资公司的负责人已就其适用与本部门或本公司进行商议。

注意:该负责人可以以下方式与权力部门和联邦独资公司商议:

(a) 若该权力部门或公司设有主席,则与主席商议;

(b) 若没有,则与董事商议总政策指令适用的部门和公司。

(3) 一项总政策适用于:

(a) 若该指令明确表示只适用于特定的联邦权力部门或联邦独资公司;且

(b) 除下列公司外,该指令适用于所有的联邦部门或联邦独资公司:

(i) 特定部门或公司;或

(ii) 一些部门或公司,

所有权力部门或联邦独资公司除上述提及的特定部门或公司或属于这些部门或公司的成员者;

(c) 否则——所有联邦机构或联邦独资公司。

(4) 若一项总政策规定其部分指令不适用于:

(a) 特定部门或公司;或

(b) 某些部门或公司,

则这部分条款就不适用于特定的机构或公司或同类的机构或公司。

总政策规定不得作废或废止

(5) 总政策规定是一项立法性的法律文件,但2003年《立法法》第42条和第六部分均不适用于总政策规定。

总政策规定不创制罪行和处罚

(6) 总政策规定不得创制罪行或惩罚。

49. 内部章程

(1) 总督可就如下事项制定法规:

(a) 对法案要求或允许规定的事项进行规定;或

(b) 基于必要或便利原因,对实施法案或影响法案方面的事项进行规定。

(2) 法规可要求提供财务报表、预算或其他联邦控制的(见34条)海外公司提供资料。根据条款规定,海外公司是与国外合作并受国外法律约束的法人团体。

(3) 法规可规定处罚:违反法规将罚款十个罚金单位。

注释:1914年《刑法》第4条AA规定了当前的一个单位罚金。

附表1 联邦机构的年度财务报告

注释:参见第9条

第1部分(年度报告的内容)

1. 内容摘要

年度报告须包含下列事项:

(a) 根据财政部长的指令,理事们制作的一份经营报告;及

(b) 根据本附表第2条规定,理事们制作的财务报告;及

(c) 根据本附表第2部分的规定,审计长就财务报表制作的审计报告,并报相关主管部长备案。

注释:报告可能包含其他事项,如其他法案或部长级指令所要求的事项。

2. 财务报表

(1) 根据财务部长的指令,财务报表须真实客观地反映指令要求的事项。

(2) 若根据财务部长指令制作的财务报表不能真实客观地反映事项,理事们必须附加一些信息和解释以使事项真实客观。

(3) 在财务报表中,理事们须声明他们是否按照财政部长的指令真实客观地反映事项。

(4) 若联邦机构是政府经营企业或国家管理协会,财务报表制定后,理事们必须提供充足的理由证明其债务履行能力并注明债务履行日期。

第2部分(财务报表的审计报告)

3. 财务报表是否符合财务部长的指令

(1) 审计长必须声明财务报表是否:

(a) 与财务部长的指令相符合;及

(b) 真实客观地反映指令要求的事项。

(2) 若审计长有异议,须陈述理由。

(3) 若审计长认为编制的财务报表不符合财政部长的指令,且会因此产生财务影响,则审计长必须对财务影响进行定量分析并陈述影响程度。

4. 未保存完整的会计记录

若审计长认为联邦机构违反第20条,须陈述违反事项的详情。

5. 不完善的资料和解释

若审计长认为其未获得所有必要的资料和解释,他必须陈述详情。

6. 子公司的财务报表

(1) 该条款适用于机构的财务报表是综合财务报表的情形。

(2) 审计长须陈述满足下列条件的单位的名称(若有)。
(a) 在会计年度期间,该单位始终是机构的子公司;且
(b) 审计长未:
(i) 担任单位该会计年度的审计长;或
(ii) 审计该单位会计年度的财务报表。
(3) 若综合财务报表包含了一些资料,且这些资料可从第2条中规定的单位财务报表中推断出来,则:
(a) 若未检查财务报表和审计报告(若有),审计长须陈述该事实;及
(b) 若对财务报表的审计报告有保留意见,审计长须陈述子公司的名称以及保留意见。

7. 综合财务报表中的缺陷
若审计长认为:
(a) 用于编制综合财务报表的任何财务报表,在形式和内容上不恰当或不准确;或
(b) 综合财务报表在编制程序和方法上存在缺陷,
审计长须详述缺陷。

附表2 违反民事处罚规定的民事后果

注释:参见第6条

1. 宣布违法
(1) 若法院认定当事人违反了下列条款之一,法院须宣告其违法:
(a) 条款:第22条第1款、第23条第1款和第2款、第24条第1款和第2款、第25条第1款和第2款(高级管理人员职责);
(b) 条款:11(1)(联邦机构的年度报告条例);
(c) 条款:20(4)(联邦机构的会计记录);
(d) 条款:30(3)(调整联邦机构子公司的会计期间);
(e) 条款:36(1B)(联邦公司的年度报告)。
上述条款是民事处罚条款。
注释:一旦宣布违法,财政部长就可以判处罚金(第3条)或吊销其资格(第27条C)。
(2) 宣布违法须详述如下事项:
(a) 宣布违法的法院;
(b) 违反的民事处罚条例;
(c) 违反条款的行为人;
(d) 构成违法的行为;

(e) 与违法行为相关联的联邦机构或联邦公司。
2. 宣布违法须证据确凿
根据第 1 款(2)规定,有确切证据宣布其违法。
3. 罚金条例
(1) 法院可判处行为人向联邦缴纳高达 20 万美元的罚金,若:
(a) 行为人违反条款 1,及
(b) 违法事项:
(i) 实质性侵害了联邦机构和或联邦公司的利益;或
(ii) 实质性侵害了联邦机构或联邦公司的债务履行能力;或
(iii) 情形严重。
(2) 处罚是向联邦支付罚金。联邦可以仿照民事诉讼中追索到期债务的程序,对行为人强制执行。条例产生的债务视为判决确定的债务。
4. 补偿条例
损害赔偿
(1) 法院可以裁定行为人赔偿对联邦机构或联邦公司造成的损失,若:
(a) 行为人违反了有关机构或公司的民事处罚条款;
(b) 违法行为与损害之间存在因果关系。
裁定必须详述赔偿数额。
损害赔偿金包括收益
(2)根据补偿条例,联邦机构或联邦公司受损利益还包括:因行为人违法或犯罪行为损害的本该获得的收益。
(3) 补偿令可仿照法庭判决进行强制执行。
5. 第 4 条的影响
第 4 条:
(a) 不减损行为人担任联邦机构或联邦公司职务而产生的法律上的责任;且
(b) 不因此项责任而停止提起诉讼。
6. 宣布违法的申请主体
财政部长申请
(1) 财政部长或依法经财政部长书面授权的其他人员有权申请处罚决定书、罚金令或补偿令。
联邦机构或联邦公司的申请
(2) 联邦机构或联邦公司可申请补偿令。
(3) 相关的联邦机构或联邦公司可介入申请宣布违法或罚金令。除是否宣布违法和发放罚金令外,联邦机构和公司有权聆讯其他所有事项。
其他人不得申请
(4)除非条款允许,任何人不得申请宣布违法、罚金令或补偿令。

(5) 第 4 条不排除 1983 年《总检察长法案》的适用。

7. 申请宣布违法或令状的时效限制
申请违法、罚金令或补偿令的程序,须在违法事项发生起六年内执行。

8. 宣布违法或民事罚金的民事证据和程序规则
审理下列民事诉讼案件时,法院必须适用证据和程序规则:
(a) 宣布违法;或
(b) 罚金令。

9. 刑事诉讼后的民事诉讼
若当事人的行为已经构成了犯罪,法院不得再就其行为宣布违法或颁布罚金令。

10. 民事诉讼期间的刑事诉讼
(1) 宣布违法或下发罚金令的诉讼程序中止的情形:
(a) 针对行为人犯罪行为的刑事诉讼程序启动或已经启动;且
(b) 同一行为既构成犯罪又构成违法。
(2) 行为若不构成犯罪,宣布违法或下发罚金令的诉讼程序将重启。否则,将撤销宣布违法或下发罚金令的诉讼。

11. 民事诉讼后的刑事诉讼
行为违反民事处罚条例后,也可能启动刑事诉讼程序,无论是否:
(a) 已经对行为人宣布违法;或
(b) 已经对行为人判处罚金;或
(c) 已经对行为人判处补偿金;或
(d) 根据 27C,行为人已经被取消管理联邦机构的资格。

12. 刑事诉讼程序中不予采纳的证据
刑事诉讼程序的下列情形中,个人提供的资料证据或证明资料来源的证据不予采纳:
(a) 个人曾在民事诉讼程序中提供资料证据或证明资料来源的证据,证明行为人违反民事处罚条例(无论令状是否发出);且
(b) 行为既构成犯罪,又构成违法。
但是,上述规定不适用于刑事诉讼程序中,个人在罚金令中作假证的情形。

13. 财政部长需要人员协助
(1) 财政部长可以要求人员在以下事项中给予合理的协助:
(a) 申请宣布违法或罚金令;或
(b) 刑事诉讼程序中违反此法案的个人,须判款五个罚金单位。
(2) 财政部长可要求人们在申请宣布违法或令状时予以协助,当且仅当:

（a）财政部长认为要求该人以外的其他人协助可能违反民事处罚条例；及

（b）财政部长认为该人可以提供与申请相关的资料。

（3）财政部长可以在刑事诉讼程序中要求人们予以协助，当且仅当：

（a）财政部长认为协助者不可能成为刑事诉讼的被告；且

（b）协助者与刑事诉讼中的被告有或应当有关联：

（i）被告是协助者的雇员或代理人（包括银行家或审计员）；或

（ii）若协助者是联邦机构或联邦公司，则指定该机构的高级管理人员或该公司的主管协助；或

（iii）若协助者是私人企业——则指定其合伙人协助。

（4）财政部长可要求人们予以协助，无论：

（a）是否申请宣布违法或罚金令；或

（b）是否启动刑事诉讼程序。

（5）律师或曾是律师的人不能充当协助者，如果：

（a）在宣布违法或罚金令的申请中——要求律师协助涉嫌违法；或

（b）在刑事诉讼程序中——诉讼中的被告人或犯罪嫌疑人。

（6）要求协助必须以书面形式传达。

（7）法院有权命令协助者以特定方式参与协助。根据此项条款，只有财政部长可向法院申请令状。

14.违反民事处罚条款后的责任减轻

（1）此条款中，合格诉讼：

（a）是违反民事处罚条款的诉讼程序（包括第4条中的诉讼程序）；且

（b）不包括刑事诉讼（除非诉讼涉及的问题与法院根据第4条是否颁布令状有关）。

（2）如果：

（a）合格诉讼的对象是行为人；且

（b）在诉讼中，法院认为行为人违反或可能违反民事处罚条款，但是：

（i）行为人诚实行事；及

（ii）考虑到案件情节，行为人可适当免除责任，

行为人出于自卫而实施违法行为，法院可就此减轻或免除行为人的责任。

（3）若行为人认为合格诉讼会或可能会侵害他们，他们可以向法庭申请救济。

（4）在条款（3）的适用上，法院可根据条款（2），参照合格诉讼已经启动的模式，对行为人予以减刑。

（5）条款（2）适用于庭审案件。

（a）该条款中，法院的引用就是法官的引用；且

（b）救济方式包括部分或全部撤销案件，以及参考诉讼费等法官认为合适的因素对被告作出书面判决。

15. 给予救济的权力

（1）若：

（a）联邦机构的高级管理人员基于过失、违约、违反信托义务或越权而被提起民事诉讼；且

（b）法院在提起民事诉讼之前认为：

（i）高级管理人员是或可能是基于过失、违约、或违反义务而承担责任；且

（ii）高级管理人员坦白；且

（iii）考虑到案件情节（包括高级管理人员任职情况），高级管理人员的过失、违约和义务违反可免责，

法院应当酌情减轻或免除高级管理人员的责任。

（2）联邦机构的高级管理人员有理由怀疑自己由于过失、违约、违反信托义务或越权而被起诉时，他可以申请法院救济。申请时，法院同样可以根据第1条在诉讼前对该高级管理人员予以救济。

（3）若：

（a）第1条适用的案件正在被法官和陪审员受理；且

（b）法官听取证据后，认为被告应当适用条款减轻或免除责任，

法官可部分或全部撤销案件，可参考诉讼费等法官认为合适的因素对被告作出书面判决。

附表3 适用条款、过渡性条款和保留条款

1. 生效，新法和旧法的含义

开始是指1999年《公司法》中《经济改革项目法》实施的开始。

新法是指自开始后生效的本法。

旧法是指当立即开始之前生效的本法。在本附表中：

2. 旧法条文在法律和其他法律性文件中的参考

（1）联邦、州或地区性法律或法律性文件生效后，除非法律或法律性文件中有相反规定，旧法条款会被作为新法相应法条的参考。

（2）除第1条的限制，新法的第27条从F至K对应旧法的第21条。

3. 官方解释

表格第二栏列举了法案生效前各事项和情形的适用，第三栏列举了法案生效后各事项和情形的处理方法——从旧法或从新法。

过渡性安排

若	生效后
1. 生效前,按照旧法第 21 条第 1 款,有利益的联邦机构理事声明利益的性质。	按照生效后的新法第 27 条 F,新法一生效,董事必须披露私人所有的物质利益。
2. 生效前,联邦机构理事会根据旧法第 21 条第 3 款作决议。	根据新法第 27 条第 2 款,决议由通过的议案产生。
3. 生效前,联邦机构的各部长根据旧法第 21 条第 3 款作决策。	若决策符合新法第 27 条 K 的规定,决策仍有效。
4. 生效前,联邦机构的高级管理人员承担责任。	新法生效后,若已经支付了损害赔偿和保险金,则按照第 27 条 M 和第 27 条 N 承担责任;其他案件,旧法第 26 条和第 27 条继续适用。
5. 生效前,根据旧法附表 2 决定能否申请民事处罚令。	旧法附表 2 在申请方面继续适用。
6. 生效前, 根据旧法附表 2 中第 8 条第 2 款获得法院许可。	若符合新法第 27 条 C(4A),许可仍有效。

4. 民事处罚条例的违法和犯罪

(1) 旧法附表 2 继续适用于:

(a) 旧法附表 2 第 2 条列出的民事处罚条款的违法情形;或

(b) 民事处罚条款的犯罪情形,即使条例已经废除。

(2) 新法附表 2 适用于新法附表 2 中第 1 条列出的违反民事处罚条款的情形。

5. 旧法中的民事处罚条例

(1) 根据旧法附表 2 第 4 段(a)所生效的裁定,若该裁定符合新法第 27(C),则新法生效后,该裁定依然生效。

(2) 根据旧法附表 2 第 4 段(b)生效的裁定,若符合新法附表 2 第 3 条,则新法生效后,裁定依然生效。

新西兰

1986年国有企业法

（2013重印版）

公共法案　1986年124号文件
批准日期　1986年12月18日

本法案是一个促进改善政府贸易活动表现的法案。为达到此目的,规范了下列内容：
（a）指定管理国有企业经营的原则；并且
（b）授权成立公司以进行一定的政府行为和控制其所有权；并且
（c）建立对国有企业和部长责任制要求。

1. 简明目录及其生效
（1）该法案可以被称为《国有企业法(1986)》。
（2）第32条第(1)款,33条,附表3、5和6,拟于1987年4月1日生效。
（3）按照第(2)款,本法案将于收到总督同意的第二天生效。

2. 解释
本法案中,除非上下文有其他规定——
董事会/董事会成员是指：
（a）若涉及的国有企业概念是指一个公司,该词是指国有企业的董事会；
（b）若涉及的国有企业概念不是指一个公司,则是指在国有企业中任职或是与之有关的机构任职,并与公司董事会成员承担等同职能的个人。
公司是指：
（a）在《公司法(1995)》框架下成立并注册的公司或是根据本法案的内涵而存在的公司；或
（b）在《公司法(1993)》的框架下成立或注册的公司。
王室是指女王陛下在新西兰的权利(即王权)。
股票债券是指国有企业依据第12条规定发行的股票债券。
部长是指内阁成员。

组织包括一个公司、一个法人团体、一个伙伴关系和一个合资企业。

主管部长是指对国有企业担负责任的内阁(部长)。

条规是指:

(a)若国有企业的概念是指公司,条规是指公司规章或国有企业的章程;

(b)若国有企业的概念不是指公司,国有企业的文件相当于公司章程或规章。

股票是指:

(a)当针对公司发行股票时,是指任一类型股票(但是,除第14条和第22条规定外,不包含普通股);

(b)是指任一拥有资金、股份或全部(或部分)资金权的组织(非公司),而非作为债权人持有的股份或权利;

(c)针对任一没有资本的公司或组织时,是指:

(i)持有公司或组织资产的任何股份或权利,而非债权人持有的股份或权利;或

(ii)当(公司或组织)并无资产时,便有直接或间接向公司投资或承担损失的义务。

股东具有相应的含义。

持股部长是指财政部长和主管部长。

国有企业是指以附表1中名字命名的组织。

与国有企业相关联**公司的意向陈述报告**是指为国有企业而制定的企业当前陈述报告,参照第14条。

子公司与《公司法(1955)》第158条和第158A条或《公司法(1993)》的第5、6部分具有相同含义,视情况而定。

3. 约束王室的法案

该法案可以约束(英)王室。

第一部分 原 则

4. 成功企业的首要目标

(1)任何国有企业的首要目标都应作为一个成功的商业企业经营,因此应做到——

(a)其效率和利润与非王室所有的企业等同;且

(b)是一名优秀的雇主;且

(c)通过考虑到其所在地的社区利益和在能力范围内提供或加强社会责任感的方式来展示其社会责任感。

(2)本部分的目的旨在明确一名优秀雇主的标准:他会采用公平的人事政策,并且他要在雇佣关系存续期间,在各个方面给予雇员合理的待遇,包括有如下要求

的条款：
(a) 舒适安全的工作环境；且
(b) 一个机会平等的雇佣机制；且
(c) 一个公平的人才选拔机制；且
(d) 为每一个员工提供自我能力提高的机会。

5. 主管及其角色

(1) 依任命者的观点，国有企业的主管应该是协助企业实现其主要目标的人。

(2) 所有与企业经营相关的决策，都应由国有企业董事会成员根据企业意向陈述报告制定。

(3) 国有企业的董事会应以第三部分中规定的方式并依据企业的规章制度对持股部长负责。

6. 部长的职责

根据本法或国有企业规章所赋予国有企业持股部长们的职能表现，国有企业的持股部长应对众议院负责。

7. 非商业活动

虽然王室寄希望于国有企业为每个人提供商品和服务，但王室和国有企业应签订合约，在该合约下，国有企业以由王室支付其部分或全部价格为对价来提供相应的商品和服务。

8. 2000年《雇佣关系法案》的实施

(1) 除本法案另有提及之外，2000年《雇佣关系法案》适用于任何国有企业。

(2) 在依据2000年《雇佣关系法案》而进入集体协议阶段之前，任一适用本部分法案的国有企业必须就雇佣状况应被包括在集体协议中一事与国家服务委员会进行磋商。

(3) 总督，可以通过议会的指令，将第二部分的法案运用到任何一个在附表2名录中列出的国有企业中。

(4) 自法令生效，分章自然生效。

9. 《怀唐伊条约》

本法案从不允许王室作出与《怀唐伊条约》原则不一致的行为。

第二部分 新型国有企业的构成及其所有权

10. 在新型国有企业中，部长可能持有份额和股票债券

(1) 财政部长和主管部长可以代表王室以公司或附表2中特定名称公司的名义，适时认购或获取股票或其他权益，或兼而有之。

(2) 持股部长所拥有的股票或债券数量一致，具体视情况而定。

(3) 依据第(1)条，持股部长用于认购或获取股票债权的资金均需国会审核通过。

10A. 依国会命令添加附表 1 和 2 名录的权利

（1）总督可以，凭借国会令，适时增加公司或其他法人团体的名字至附表 1 或 2 的国有企业名录中。

（2）根据第（1）条制定的国会令，应被授权以进行下列活动——

（a）通过修改公司或法人团体名称的方式，对《监督员法（1975）》附表 2 第 1 部分的内容进行修正；

（b）通过修改《政府信息法（1982）》中公司或法人团体的名称对其进行修正；

（c）通过修改公司或法人团体的名称对其进行修改，对《进口关税法（2007）》附表 36 进行修正。

（3）国会按照本部分制定的任何法令，可以在法令中明确之日期宣告生效。根据其他条款制定的法令，法令的生效日期根据具体条款规定变化。

（4）1975 年《监察员法案》第 32 章或 1982 年《政府信息法案》第 49 章中的任何条款都不能限制或影响本部分的规定。

11. 在新型国有企业中持有全部股份的部长

（1）附表 2 所列公司名单中担任持股部长的个人不可以：

（a）转让或转卖任何份额到以本人名义下属公司；或

（b）允许公司股份被分配或转让给除持股部长之外的任何人。

（2）上述条款不适用于下列类型的可赎回优先股：

（a）不能转变为任何其他类型的份额；且

（b）不授予在公司全体大会上的投票权。

12. 国有企业的股票债券

（1）不违反任何其他法案或规章制度，在附表 2 中列举出的公司可在与本分段（2）一致的情况下，向任何人发行国有企业的股票债券，其前提是在众议院决议中授权的任何时间或时段内进行。

（2）关于发行国有企业的债券股票的条款如下所示：

（a）股票不赋予在股东大会上投票的权利；

（b）股票应以条款规定方式进行转让；

（c）基于 1955 年《公司法》、1993 年《公司法》和 1978 年《安全法》，份额应为普通份额，任何股票的持有者都应被认定为股东；

（d）基于 2007 年《税收法案》：

（i）债权应被认定为普通份额，并且任何对股票的持有者应被认定为股东；

（ii）由在附表 2 中列举的公司以任何方式并且以股东名义发行的金额应基于 2007 年《税收法案》C、D 部分的规定；

（iii）不能以任何此类分配为由对公司进行削减。

（e）其他条款，例如在授权协议中被明确的或为了公司利益而由持股部长们制定的条款，其用于规定债权的发行。

13. 在新型国有企业中持股部长的权力

（1）尽管任何本法案中的其他条款规定或者公司规章规定——

（a）持股部长应适时以书面形式通知董事会，依附件2中规定指导公司董事会成员的增加或者减少。同时，企业意向陈述报告中的任何条款或任何一类条款需参照1（2）中（a）至（h）的规定。

（b）持股部长可用书面形式通知董事会，由附件2中规定的公司参照任何一个财政年度或者多个财政年度决定应付股息的数量。

同时，任何被通知的董事会应该遵照该通知。

（2）持股部长在这部分规定下发出书面通知之前应该遵守的事项：

（a）参照第一部分规定；且

（b）与有关董事会就通知中所要涉及的主要事项进行商议。

（3）根据规定，在书面通知在董事会发出后的12天等待期限之内，相关公司的主管部长需向下议院提交通知副本。

第三部分　问　责　制

14. 企业意向陈述报告

（1）国有企业的董事会需向持股部长提交一份公司的企业意向陈述报告的草案，提交时间至少在企业财政年度开始之前的一个月。

（2）公司的企业意向陈述报告需要详细阐述国有企业及其子公司（如有）中涉及本财政年度和接连之后两个财政年度的以下信息：

（a）组织目标；

（b）组织进行活动的本质和范围；

（c）综合股东资金相对于总资产的比例以及这些术语的定义；

（d）会计政策；

（e）工作表现指标和其他涉及企业意向实现的组织表现衡量单位；

（f）报告中提及的原则，用于决定年度股息分配以及年度税后收益的数量和比例的估计（来自资本和收入两个来源）旨在分配王室份额；

（g）在多个财政年度中，国有企业提交给持股部长的信息，需包含每半年度所提交的报告信息；

（h）任何一位组织成员签署、购买或以其他方式得到任何一家公司或者集团的股份之前必须遵照程序；

（i）董事会向王室申请补偿金的活动（不论王室是否赞同提供此种补偿金）；

（j）其他持股部长和董事会达成共识的重大事项。

（3）任何企业意向陈述报告均需包括董事会对王室投资金额的当前商业价值评估。同时，提交一份如何进行此价值评估的报告。

(4) 董事会应确保,任何关于报告草案的处理意见都应在新的财政年度开始前的 14 天内由持股部长签署;并确保,在早于或正值新财政年度开始时,将完整报告递交持股部长,或在持股部长要求的日期前递交完整报告。

(5) 只要董事会将可能需要修改的部分提前递交书面声明至持股部长处,并且了解在声明递交的一月内,持股部长对此已作出批复的条件下,书面声明从董事会提交到持股部长此期间的任何时间内,企业意向陈述报告均可进行修改。

15. 年度报告、年度账目以及年度红利

(1) 在国有企业每一个财政年度结束之后的三个月内,国有企业的董事会需要向持股部长提交如下材料:

(a) 国有企业及其子公司的该财政年度内的运行情况报告;且

(b) 审计该财政年度的财务报表,包括财务状况、财务评价、财务状况变化的报告,以及关于国有企业(包括其子公司)的财务状况的一些必要报告和在该财政年度内的财务成果报告;且

(c) 关于财务报表的审计师报告。

(2) 根据分条款(1)(a)规定,报告需具备以下内容:

(a) 包含对于国有企业及其子公司必要的多方面评估报告,包括国有企业及其子公司在相关企业意向报告中的财务状况对比;且

(b) 在相关报告中陈述,王室在国有企业及其子公司在财政年度中的应付股息。

16. 半年度报告

(1) 在国有企业每一个财政年度中第一个半年结束之后的两个月内,国有企业董事需向持股部长提交一份半年内企业运作情况报告。

(2) 根据本部分要求,任何企业运作情况报告中均需包含企业意向报告中要求的信息。

17. 信息提交众议院

(1) 国有企业的主管部长应在众议院提出国有企业规章,针对这些规章的改动应在国有企业开始实施这些规章的日期或国有企业已经按照改动规章运行的日期(以较晚日期为准)后的 12 天内进行。

(2) 收到下列涉及国有企业财政年度报告相关文件的 12 天内,主管部长必须向众议院代表提交:

(a) 国有企业作出该年度以及之后两年的企业意向报告;

(b) 年度报告和国有企业上一财政年度的财政审计陈述;

(c) 该财政陈述的审计报告。

18. 其他信息

(1) 基于第 3 条规定,与国有企业董事会协商后,国有企业董事会必须提供(持股部长们指定的)任何有关国有企业或子公司的信息给持股部长们或其他个人或群

体(无论该信息是否在企业意向声明中提到)。

（2）持股部长可以要求(国有企业)提供信息,不论提供信息的要求是否出于本法的意图或规定。

（3）国有企业董事会无须服从分条款(1)提交任何持股部长有关任何国有企业或其子公司的个体员工或顾客信息,若该信息的提供有助于相关个人的识别。

（4）尽管存在《证券市场法(1988)》或其他条款或法律条文,国有企业董事会需要指导公务人员或国有企业的职工遵照分条款(1)的要求,并且公务人员或者职工必须遵守指导来进行。

（5）任何遵守本条要求或指导的国有企业任何董事会成员、高级管理人员和雇员不可以根据《证券市场法(1988)》或其他法规而遵守其他个人的要求和指导。

19. 由总审计师担任国有企业及其子公司的审计师

（1）尽管《公司法(1993)》第 196 条至 203 条有规定,但与《公共审计法(2001)》第四部分规定相一致,任何国有企业及其子公司均属于公共实体,而总审计师即为公共实体的审计师。

（2）除却第(1)条限制,在与总审计师商议过后,并且经主管部长认可,国有企业董事会可以任命有资格的个人或公司为公司的审计师同时作为国有企业的附加审计师。

20. 敏感信息披露的保护

本法不可以被解释为:包含任何公司意图、年度报告、财务状况或半年报告中涉及第 14-16 部分的任何信息,若根据《官方信息法(1982)》的要求可以适当保留。

第四部分 其他规定

21. 确定交易的救济

国有企业没有遵守在第一部分中的任何条款或任何企业意向陈述报告中的条款,不应影响任何一项契约、协议、权利的效力和强制实施力。

22. 关于部长所持股份的相关规定

（1）以财政部长或主管部长个人名义所持有国有企业股份应在财政部长或主管部长在位期间持有,视情况而定。

（2）除任何其他成文法或法律规则,财政部长或主管部长职位的变动造成的股份转让不必遵守条款(1)规定。

（3）每一个持股部长需要实施该部长所持国有企业股份相关的权利和权力。

（4）持股部长可以在任何时间,通过书面形式通知国有企业的秘书,任命符合要求的人作为持股部长(依照通知里规定的条款和条件)的代表出席任何或所有股东大会、代表任何阶层的股东或任何授权代表部长执行权力(如部长本人出席会议时执行权力)的个人。

23. 王室资产和债务向国有企业的转让

(1) 虽然法条或协议已有规定，但在附表2中所列国有企业的持股部长可以代表王室执行下列任一或多个事项：

(a) 将王室的资产和债务转换成为国有企业的资产和债务(通过国有企业活动产生的资产和债务)；

(b) 授权国有企业代表王权提供产品或服务，或管理王室的资产和债务；

(ba) 国有企业经过运营区域计划申请土地授权的任何权利归属转让到国有企业；

(c) 遵守国有企业租赁合同、执照、地役权、许可或任何类型的关于王室资产和债务的权利。

由此考虑，基于上述条款及条件，持股部长应与国有企业达成一致。

(2) 主管部长必须事先在12天等待期限之内提交议会任何分条款(1)有关的合同和文件。

(3) 根据本法，任何土地之上或之下的固有资产可以转让至国有企业，无论土地之上利益是否移转。当资产如此被转让时，资产和土地应被视作为分属不同所有权的两种独立资产。

(4) 任何王室的资产和债务需要遵循此条规定被移转为国有企业所有，无论任何其他条款和协议是否允许。

(5) 分条款(4)所述这类转让发生的情况包括：

(a) 基于任何法案或协议，转让不应给予任何人终止、改变，或以其他方式影响王室资产债务或影响国有企业的权利；

(b) 负责注册的个人必须在注册书面通知被主管部长任命的人员收到之后立即在可注册处注册转让；

(c) 事先提交众议院的任何与转让相关的合同和文件，应被认作转让通知。任何第三方代替王室与国有企业签订协议应在转让通知后进行；

(d) 王室对于第三方的债务不因资产转让而丧失，由国有企业向第三方承担债务；

(e) 国有企业代表王室作出对于相关资产和债务的任何认同和表现；

(f) 国有企业代表王室对于相关资产和债务的任何认同和表现，因第三方的履行义务所得利益。

(6) 没有任何规定限制王室出卖任何资产给第三方，或决定与第三方任何资产的对价，或强迫王室对任何人负担全部或部分王室与第三方进行的任何资产买卖进程，或强迫王室向任何个人说明全部或部分销售收入，或第三方强迫王室以更高或更低的价格出售资产。应按照本法或类似转让协议进行转让。

(6A) 当下列情况出现时：

(a) 基于开展任何活动的目的，王室转让或同意转让其从第三方处获得或有权

获得资产至国有企业资产;且

(b) 王室获得或有权获得资产的产生,基于与他人协议中包括任一款规定或限制王室获得赔偿的权利;且

(c) 国有企业开展某个活动或部分活动,无论是否开展其他活动,尽管王室资产向国有企业转让,(b)款应继续生效,王室继续展开活动。同时,国有企业承担的任何间接或重大损失或任何第三方遭受的损失均是王室损失,而非仅是国有企业的损失。

(6B) 当下列情况出现时:

(a) 基于开展任何活动的目的,王室转让或同意转让其从第三方处获得或有权获得资产至国有企业资产;且

(b) 王室获得资产或王室有权获得资产,基于在与他人协议中包含免除王室履行其义务或解除王室在任何特定事故中由于不能履行义务而发生诉讼的条款;

(c) 国有企业进行全部或部分某一活动,无论是否开展其他活动。

尽管王室资产转让至国有企业,如同国有企业曾是王室一部分,(b)款继续生效。王室继续开展活动,并且,条款中涉及国有企业开展的任何活动等同于王室开展的活动。

(7) 当下列情况出现时:

(a) 根据本法提供商品和服务的权利或义务由第三方转让至国有企业;且

(b) 根据全部或部分本法规定,之前那些商品和服务已由王室提供;且

(c) 总督通过国会令宣布本分条款必须应用于那些货物或服务——

在一定程度上,王室与第三方的合同中并未包含那些条款,从转让日期开始,货物或服务就应被视为按照国有企业与第三方合同内容(无论法案是否废止)。任何此类合同都应被视为包含在该法中已有的类似条款(及其修正内容),下列条款在国会令中被详细阐述:

(d) 一个允许由第三方向国有企业发出14天通知内的任何时间均可截止的条款;且

(e) 一个允许在国有企业通过合适的方式(包括报纸广告)向第三方发出一个月通知内的任何时间,均可变更或截止的条款。

(8) 任何根据本法已经或将要转让至国有企业资产的土地,受制于在任何法案制定的全部或部分条款基础上产生的任何租赁、执照、许可、权利,总督可以通过国会令宣布该法案中详述的类似条款应继续适用于租赁、执照、许可证或权利内容中。

(8A) 当国会令根据分条款(8)制定的情况下,国会令中条款应,通过所有需要的变更,继续在适用于涉及土地和租赁、执照、许可、权利的条款,在下列情况下:

(a) 修改或废止任何类似条款;或

(b) 废止任何类似条款并更换其他条款,出于以下原因——

当土地临时所有者与租赁、执照、许可、权利临时持有者制定的该类条款。

(9)【已废止】

(9A)【已废止】

(9B)【已废止】

(10) 不论本条中其他款作何规定,在法案生效前,根据林业部长制定的租赁合同,任何已租赁给王室的毛利土地,除出租人许可或租赁合同允许外,持股部长不可以转让租赁所有权至国有企业。但是持股部长可以根据分条款(1)(b),代表王室与国有企业缔结协议,在租赁合同规定使用其权利。

24. 转让土地权的相关条款

(1) 不论本条中其他款作何规定,《土地法(1948)》中的王室土地和其他王室所有土地而非《土地转让法(1952)》注册的土地,根据本法将被转让至国有企业,应——

(a) 具备足够的法律描述,或总监察长办公室为了土地所在处的区域提出的计划(由总检察长根据本部分证明计划有效);或

(b) 授予国有企业所有权——

(i) 本部分是指按照国会法令中指定日期;或

(ii) 本部分是指按照由持股部长或那些部长授权的个人所规定的公告通知中的日期。

(1A) 任何基于分条款(1)(b)(ii)制定的通知可以由持股部长或被部长酌情书面授权的个人发出,并按照票据记载生效。

(2) 不论本条中其他款作何规定,受下列条件约束的土地——

(a) 根据《土地法(1948)》第66条或第66AA条持有地契或执照的;或

(b) 根据《保护法(1987)》第4A部分销售和转让的保留权的——

按照第23(1)(a)款不可以被转让至国有企业。

(3) 除非本法明确说明或其他法案明确指出,从转让日期始,所有遵守《土地法(1948)》和《森林法(1949)》的土地和按照本法被转让至国有企业的土地应停止遵守《土地法(1948)》和《森林法(1949)》,根据情况而定。

(4) 按照本法规定,《公共建设工程法(1981)》中第40—42条不应适用于转让至国有企业的土地,但若国有企业曾归王室所有且该土地不是按照本法进行转让的,则《公共建设工程法(1981)》中第40和41条应在土地转让后继续生效。

(5) 本法中或任何依照本法转让至国有企业的土地不应减损《皇家矿产法(1991)》第10或11条内容规定。

25. 土地所有权

(1) 区域土地注册官应,在由部长授权任命的个人提出书面申请并支付法定费用的情况下——

(a) 注册国有企业为所有人,根据本法,包括王室的任何注册,或在土地登记地区的相关地政局注册的不动产和土地税。

(b) 以醒目标题记入注册案和文档,做对本条产生效力的必要努力。

(1A) 分条款(1)赋予的权力可以在关于通过已到期或已确定的地契或执照注册在案的不动产或土地税行使。

(2) 区域地政局应,由部长授权的个人在书面申请中和法律费用支付上,根据本法第24(1)条规定,适当修正《土地转让法(1952)》附表1中表格1基础上,颁布土地所有权许可。

(3) 只要根据分条款(1)注册完成或根据分条款(2)产权证书颁布,除当地役权或不动产作为承租人或承按人获得利益外,国有企业应被视作房地产土地拥有方具有绝对和无限制房产所有权。

(4) 应用分条款(1)和(2)时,应特别指出国有企业的名字和协议日期,同时提供足够的土地描述以帮助识别;并且,应用分条款(2)时,由首席检验员对该地区而言类似描述的正确性进行认可。

26. 土地证书

(1) 在按照本法第24(1)条规定,在区域土地注册主管颁布涉及任何土地转让至国有企业的不动产所有权认证之前,根据《调查法(1986)》第2条,或基于土地所有权的法定说明,任何首席鉴定师根据《土地法(1948)》附表2发出许可,同时,区域土地注册官应接到总督签署或要求的任何信托权、保留权或限制影响土地所有权和区域区域土地注册主管认为合适的其他事项的陈述。

(2) 根据本法第24(1)条,任何被转让至国有企业的土地和未被国有企业颁布认证的土地权将被转让至任何其他个人之前,根据《调查法(1986)》第2条,或基于土地所有权的法定说明,任何首席鉴定师根据《土地法(1948)》附表2发出许可,同时,区域土地注册官应接到总督签署或要求的任何信托权、保留权或限制影响土地所有权和区域区域土地注册主管认为合适的其他事项的陈述。

(3) 符合分条款(1)或(2)的认证应被区域土地注册主管投入至土地注册办公室,并且为区域土地注册主管需要陈述的事项提供不可推翻的证据。

……

28. 资产债务转让相关的枢密令

(1) 为了帮助资产和债务向国有企业转让,总督可以适时通过发布枢密令实施一项或多项下列事务:

(a) 转让或强加任何资产或债务至国有企业(非第24(1)条适用的土地),或任何国有企业已经同意并转让的任何类别的资产或债务。

(b) 第24(1)条所称赋予国有企业土地权。

(c) 声明所指的王室或部长、官员、雇员、部门或王室在任何或所有规定、法令、报告或记载中的法律文件应被视作或包括国有企业在法令中的参照。

(d) 声明国有企业应对王室继续保留权利和义务,同时还包括部长、官员、雇员、部门关于权利、异议或开庭前的诉讼流程以及其他国有企业已确认保留权利义务的其他个人和部门。

(e)【已废止】

(f) 关于任何按照本法转移至国有企业的任何资产或债务,声明国有企业应被视为对有关那些资产和债务持有特定的权利和义务,关于这些资产或债务所需承担的权利和义务均视作王室拥有的所有权或责任转移至国有企业的结果。

(g) 声明对国有企业的枢密令应被视为对所有人的通告,特定通告不必提交任何官方或其他个人。

(h) 知道任何官方机构或其他个人注册或就任何此类授予转让或声明。

(2) 任何根据本条制定的枢密令可以是基于总督认为合适而且在期限内有效的条款。

29. 资产和债务转让的相关解释

(1) 在本条以及第23—28及29(A)条中,如无上下文特别要求,则:

协议包括契约、合同、协议、安排(商议)以及一份非正式协议,不论它是口头或书面、明示或默示,或是否根据法律可实施。

资产是指无论涉及权利变更,任何不动产、任何形式的个人财产,不受一般原则性限制,包括:

(a) 在任何土地上的任何房地产及股份,包括对于占有土地及房屋的一切权利;

(b) 一切建筑、车辆、植被、器材、机械,以及其中包含的一切权利;

(c) 所有家畜、牲畜产品以及农作物;

(d)《保障法(1978)》中所涉及的所有保障;

(e) 任何形式的一切权利,包括法案、契约、许可证中涉及的权利,《资源管理法(1991)》中授予的任何权利,以及对于这些权利的申请和对其的异议;

(f) 一切专利、商标、设计、版权以及在其他法律条文规定可实施的情况下,其他知识产权的权利;

(g) 信誉以及任何商业经营;

(h) 所有天然气、汽油以及碳氢化合物。

债务包括——

(a) 法案或协议中的任何责任、义务;

(b)《保障法(1978)》中涉及的存款和债务证券;

(c) 或有债务。

权利包括权力、特权、股份、许可证、批准、准许、收益以及真实存在、不可预知或可预知的任何形式的权益。

国有企业包含国有企业旗下的子公司。

转让包括——

(a) 过户和让与;

(b) 由枢密院令投资或刊载于公报；
(c) 无论是产权的土地或其他方式,由官方拥有的无限定继承的土地财产；
(d) 授予租约、权利和利益的任何不动产或个人财产；
(e) 假设有其他国有企业的债务。

(2) 在本条以及第 23—28 条中,一份用以转让、授权、授予的委托书包括用以转让授权授予而签订的协定,视情况而定。

(3) 无论任何限制、禁止或其他任何行为、法律规则或本来适用的协定中所载的规定,本条和第 23—28 条具有效力,并根据这项法令可以转让资产和负债。

(4) 除非根据该法案外,在这项法案中没有内容能够限制官方和部长所拥有的任何权利。

29A. 进一步提供有关官方资产和负债转让的规定

(1) 在该法案中没有内容能够阻止附表 2 所罗列的国有企业行使第 23、24 或 28 条所赋予的权利,除非——

(a) 在行使权力时,持股的国有企业的部长打算或可能打算转让或处置所有或部分由所有部长共有的国有企业的股份；

(b) 行使权力的目的是获得第 23 至 29 条规定的关于转让官方资产或对该国有企业负债的利益。

(2) 在作为国有企业持股部长转让或处置所有股东共有的国有企业股份的同时或几乎同时,在该法案中没有内容能够阻止附表 2 所罗列的国有企业行使第 23、24 或 28 条所赋予的权力。

30. 公司法对于新型国有企业的应用

(1) 即使存在《公司法(1993)》《新西兰中央银行法(1989)》或任何其他成文法或法规中的任何规定,由部长申请所有股份的公司可根据《公司法(1993)》注册并依照本法附表 2 名单登记。本法附表 2 所列登记的(不包括《公司法(1993)》生效前的名单)以及本法第 20,21,22,23(1)、(2)和第 24 条,不应适用于上述公司。

(2) 在《公司法(1955)》对于法案附表 2 中所列公司的适用上,该法中的以下条款应被解释为将这所指 7 名成员当作 2 名成员来理解:

(a) 第 41 条,对于经营业务时成员的数目减少到低于法定最低限额的情况；

(b) 第 211 条第 4(c)款,在某家公司并非私营公司的情况下,对于清盘人的任命。

(3) 1955 年《公司法》第 31、32、32A(1)和 32B 条的内容不应适用于国有企业。

30A. 名称的变更

(1) 按照分条款(2),总督有权适时通过枢密令在委任状或总理任命下推荐内阁成员,临时作为本法行政负责人员,通过删除任何国有企业名称并替换成其他名称来修订其中任何的成文法则。

(2) 根据分条款(1),部长不应就一家国有企业建议发出法令,除非满足以下条件：

(a) 已经有根据《公司法(1993)》第23条(3)(b)款或《公司法(1955)》第32A条(2)(b)款,根据指令,变更其名称为建议的另一个名称的;或

(b) 根据1955年《公司法》第32条(5)款而在公报上发行的,将一名称更改为根据指令建议的另一名称的公告。

(3) 国有企业一直是指：

(a) 国营企业;或

(b) 由该法案附表所指的公司;或

(c) 名称为该法案附表所列之一的公司——仅当更改了它的名称时。

31. 对1975年《监察员法》和1982年《官方信息法案》中关于国有企业审查

对1975年《监察员法》和1982年《官方信息法案》中关于国有企业的运作效果应在1989年4月1日以后由众议院的代表以此目的委任选择的委员会审查。委员会应在1990年4月1日前向众议院报告,并处于报告状态——

(a) 无论是这些法案中的任何一个或是两个都该继续适用于国有企业;且

(b) 如果它认为,无论是这些法案中的任何一个或是两个都该继续,只要它们适用于国有企业,所作的更改(如果有的话),应是这些法案中的任何一个或是全部。

32. 有关新型国有企业修订及过渡性条文

(1) 附表3和5中列出的成文法规是特别根据这些附表所述的方式修订的。

(2) 在1987年4月1日开始与1987年12月31日终止期间——

(a) 附表4所指明的成文法则应在附表中具有效力;且

(b) 1977年《城乡规划法》和1981年《公共工程法》应该有如同法案附表2中所列的国有企业的官方效力,以及国有企业构造、承诺、建立、管理、经营,或凭借任何法令维护的每个工程和每次使用的土地都是1981年《公共工程法》的意义范围内的公共工程;但如任何协商或行为发生在1987年12月31日终止前,涉及占有获得的任何土地根据第23章是由官方转让给国有企业的,那么这种占有和获得可以继续并且可以归结其性质如同公共工程所需土地。

(3) 在公报的公告上,根据第2款,在国有企业享有它本不会有的任何权力、权利或部长有时或在任何时间可能享有的权威的情况下——

(a) 命令国有企业不行使该权力、权利或权威;或

(b) 对行使该权力、权利或权威施加条件——不论是常规的还是个别情况或例外。

(4) 每个国有企业须遵从根据第3款的规定发出的公告;每个此类公告必须是被认为是为了实施1936年《监督条例法》所创设的条例。

(5) 【已废止】

(6) 纵使在本法或其他法案、法规中有规定,涉及任何这一条内容所赋予的任何已运行和预运行的权力,任何在任何法院或法庭已经开始的诉讼(无论是在此部

法案推行之前还是之后)得以继续进行或裁定;涉及的土地(无论土地是否被转让给国有企业)应视为如同该土地依然由王室所有来处理。

(7)尽管是在第2条和第5条的规定下,附表4的第3部分应继续在1988年12月31日到1990年6月30日前保持效力。

33.【已废止】

附表1　国有企业名录

新西兰空中航线有限公司
动物控制产品有限公司
新西兰食品安全检测(AsureQuality)有限公司
新西兰电力有限公司
创世纪(Genesis)电力有限公司
新西兰机车(KiwiRail)股份有限公司
克罗地亚(Kordia)集团有限公司
养殖有限公司
传媒培训有限公司
经纬能源有限公司
新西兰气象服务有限公司
新西兰邮政有限公司
新西兰铁路公司
可利用价值有限公司
新西兰固体能源有限公司
新西兰信息(Terralink NZ)有限公司
新西兰电力运输有限公司

附表2　新型国有企业

新西兰空中航线有限公司
动物控制产品有限公司
新西兰食品安全检测(AsureQuality)有限公司
新西兰电力有限公司
创世纪(Genesis)电力有限公司
新西兰机车(KiwiRail)股份有限公司
克罗地亚(Kordia)集团有限公司
地麦(Landcorp)养殖有限公司

传媒培训有限公司
经纬能源有限公司
新西兰气象服务有限公司
新西兰邮政有限公司
可利用价值有限公司
新西兰固体能源有限公司
Terralink NZ 有限公司
新西兰电力运输有限公司

附表 2A 根据怀唐伊调解庭建议修改《公共工程法》的规定适用 1981 年《公司法》所收购的土地

1. 就第 27C 条而言,本法不适用 1981 年《公共工程法》的第二部分和该法案附表 3 的以下条款,即:
(a) 第 23 条(1)(b)(iv);
(b) 第 23 条(3);
(c) 第 24 条和 25 条;
(d) 附表 3 的表格 B。
2. 就第 27C 条而言,如(ii)款及(iii)款被以下条款取代,则 1981 年《公共工程法》第 23 条(1)(b)应具有效力:
"(ii)根据《国有企业法(1986)》第 27C 条,按照怀唐伊法庭建议中土地将被收回的陈述;及……"
3. 就第 27C 条而言,1981 年《公共工程法》第 26 条应具有效力,就像第(1)款被如下条款所取代:
"(1)20 个工作日内送达的通知,根据该法第 23(1)(c)条规定的期限届满后,应当采取以下方式收购土地:
(a) 根据该法第 32 条的规定——
(i) 应准备好调查计划,一式两份,准确地显示出提议收购土地的位置及大小;且
(ii) 这个计划应由首席测量师签署来作为其准确性的证据;且
(ii) 应打印多份标题计划;且
(b)部长应建议总督发出收购土地的公告。"
4. 就第 27C 条而言,1981 年《公共工程法》附表 1 应具有效力,若该附表形式被以下形式所取代:
"关于意图收购土地使怀唐伊法庭建议生效的记录[插入城市或区县名称]
至[地址]的[全名]

1. 留意地政总署部长关于在 1981 年《公共工程法》下获得本通知附表中所描述的土地权益的建议。

2. 根据怀唐伊法庭的建议,在 1986 年《国有企业法》规定下应恢复土地。该法庭建议[日期]土地应归还给毛利人所有。

3. 怀唐伊法庭建议的复印件附后。

4. 关于打算收购土地的计划附后。[如果所有的土地都经过了深入调查可能会被取消。]

收购土地的义务

按照 1986 年《国有企业法》第 27C 条,地政部长必须获得土地权益。

6. 至少在这项通知送达给你 20 个工作之后,才能获得土地权益。

获得赔偿的权利

7. 本通知涉及土地权益,但与获得赔偿的权利无关。根据 1981 年《公共程序法》,您有权凭拥有的土地权益获得全额赔偿。假如你和地政部长不能就赔偿达成一致,这就可以由土地估价审裁处在单独诉讼程序之前决定。

警告

本通知涉及您在相关土地方面的权利。如果您对它的效力有所怀疑,您应该立即寻求法律咨询。

不要拖延。

[插入名称]土地区域

[对所要求收购的土地进行总体描述,包括邮政地址或者一些其他关于土地所在地的易于识别的描述。]

[添加土地法律描述]

日期:[地点,日期]

[署名]

地政部长"

就该法案的第 27C 条而言,1981 年《公共工程法》附表 3 的表 A 应具有如下效力——

对于"或者[地方当局的名称]为了[插入在宣告或声明中提及的公共工程的名称]",取代了"因此根据怀唐伊调解庭建议它可以被归还给毛利人所有";

对于"所述工作",取代了"收购下文表 A 所提及的土地";

对于"所述土地和建造所述公共工程",取代了"下文表 A 中提到的土地"。

附表 3 修订成文法

1982 年《事故赔偿法案》(1982 年第 181 号)修订法案中纳入

1969 年《管理法》(1969 年第 52 号)修订法案中纳入

1976年《广播电视法》(1976年第132号)修订法案中纳入
1979年《货物运输法》(1979年第43号)修订法案中纳入
1964年《民航法》(1964年第68号)(RS第16卷,第41页)修订法案中纳入
1983年《民防法》(1983年第46号)修订法案中纳入
1985年《刑事审判法》(1985年第120号)修订法案中纳入
1947年《地方法院法》(1947年第6号)(RS第5卷,第1页)修订法案中纳入
1956年《选举法》(1956年第107号)(RS第14卷,第57页)修订法案中纳入
1977年《森林和农村火灾法》(1977年第52号)修订法案中纳入
1949年《森林法》(1949年第19号)(RS第18卷,第133页)修订法案中纳入
[以下略]

附表4 过渡性条款

第1部分 《民航法(1964)》
第2部分 《电法(1968)》
第3部分 《土地法(1948)》
第4部分 《邮政法(1958)》

附表5 《煤矿法(1979)》

[略]

附表6 已废止法规

[略]

1988年金融法(第2部)(节选)

修正案序号　1988年128号文件
通过时间　　1988年6月30日

1. 简称和生效时间
(1) 本法律为1988年《金融法(第2部)》。
(2) 除第6条条款外,本法律将自国王签署之日起生效。

第二部分　其他实体条款

6. 生效时间
(1) 根据第二部分到第五部分的规定,本法律将自议会总督签署批准之日起有效;议会中关于本法的一项或多项决议可以分别决定不同条款的生效时间。
(2) 第八部分至第十一部分中所有条款,均由议会总督决定在合适的日期生效。在议会确定生效之日前,至少一半新西兰固体能源有限公司的普通股不再代表女王持有。
(3) 第十五部分至第十八部分中所有条款,均由议会总督决定在合适的日期生效。在议会确定生效之日前,至少一半的邮政银行资产不再代表女王持有。
(4) 第二十一部分至第二十四部分中所有条款,均由议会总督决定在合适的日期生效。在议会确定生效之日前,至少一半国有资产服务有限公司的普通股不再代表女王持有。
(5) 第二十五部分至第二十六部分中所有条款,均由议会总督决定在合适的日期生效。在议会确定生效之日前,至少一半国家林业管理有限公司的普通股不再由女王持有。

国有资产服务有限公司

13. 1986年《国有企业法(修正案)》
(1) 修正案内容纳入原法案中
(2) 在1986年《国有企业法(修正案)》第一部分第22、30章生效后,内阁成员仍然可以继续持有国有资产服务有限公司、国有企业和本法附表2中列举的公司的股份,继续与其维持关系。

(3)在修正案第一部分生效后,在下列情况下,政府官员无论是否代表王权持有股份、持有多少股份,1986年《国有企业法》第23条至第29条和议会所作出的相应立法决议仍然有效,如果——

(a)该国有资产服务有限公司是本法附表2中所列的国有企业;且

(b)财政部长和国有企业主管部长是国有资产服务有限公司的持股部长。

(4)任何持有国有资产服务有限公司股份、代表君权的内阁成员均可作为股东行使所有或任何君主权利和权力。

1988年邮政银行法修正案

修正案序号　1988年197号文件
通过时间　　1988年12月13日

1. 简称和生效时间
（1）本法律为1988年《邮局银行法修正案》，需参照1987年《邮政银行法》相关条文（以下简称"原法案"）。
（2）根据第3部分规定，第2章至第6章应该由议会总督签署有效；议会中关于本法的一项或多项决议可以分别决定不同条款的生效时间。
（3）第3章至第6章中所有条款，均由议会总督决定在合适的日期生效。在议会确定生效之日前，至少一半的邮政银行有限公司普通股不再由王权持有。

2. 1986年《国有企业法(修正案)》
（1）修正案内容纳入原法案中。
（2）在修正案第1部分第22、30章生效后，内阁成员仍然可以继续持有邮政银行有限公司、国有企业和本法律附表2中的公司的股份，继续与其维持关系。
（3）在修正案第1部分生效后，在以下情况下，内阁成员无论是否代表王权持有股份、持有多少股份，《国有企业法》第23章至第29章和议会所作的相应立法决议仍然有效——
（a）该邮政银行有限公司是本法附表2中所列的国有企业；且
（b）财政部长和国有企业主管部长持有邮政银行有限公司股份。
（4）每一位代表王权持有邮政银行股份的内阁成员可以利用股东的身份行使相应的权利或权力。

1990年金融法(节选)

公共法案　1990年20号文件
通过时间　1990年3月28日

1. 简称和生效时间
（1）本法律为1990年《金融法》。
（2）除第1部分及第2部分外，本法其他条款均自国王批准之日起生效。

第1部分　1986年《国有企业法》及其他电信类新西兰有限责任公司实施方案

3. 生效时间
本法律将自议会总督签署批准之日起有效；议会中关于本法的一项或多项决议可以分别决定不同条款的生效时间。

4. 1986年《国有企业法(修正案)》
（1）修正案内容纳入原法案中。
（2）1986年《国有企业法》第22章第1节生效后，在下列情况下，内阁成员仍然可以继续持有新西兰电信有限责任公司的股份（本部分中称公司），所持股份继续在该公司中生效，如果——
（a）该公司是国有企业；且
（b）财政部长和国有企业主管部长直接持有该公司股份。
（3）修正案内容纳入原法案中。
（4）除第3节继续生效外，在下列情况下，内阁成员无论是否代表王权持有股份、持有多少股份，《国有企业法》第23章至第29章和议会所作出的相应枢密令议仍然有效，如果——
（a）邮政银行有限公司是本法附表2中所列的国有企业；且
（b）财政部长和国有企业主管部长持有邮政银行有限公司股份。
（5）每一位代表女王持有邮政银行股份的国有企业主管部长可以以股东身份行使相应的权利或权力。

1990年国有企业法(第2号修正案)(节选)

修正案序号　1990年49号文件
通过时间　　1990年6月29日

1. 简称和生效时间
   （1）本法为1990年《国有企业法(第2号修正案)》，需参照1986年《国有企业法》相关条文(以下简称"原法案")。
   （2）第2章和第3章自国王签署之日起生效。
   （3）第4章自总督在枢密令中指定日期起生效。
   （4）分条款3所有内容，均由总督决定在合适的日期生效。在议会确定生效之日前，至少一半的新西兰汽油投资公司普通股不再由王权持有。
2. 关于新西兰汽油投资公司停止转变为国有企业的相关条款
   （1）修正案内容纳入原法案中。
   （2）在修正案第1部分第22、30章生效后，内阁成员仍然可以继续持有有关新西兰汽油投资有限公司、国有企业或本法附表2中的公司股份。
   （3）在修正案第1部分生效后，在以下情况下，政府官员无论是否持有股份、持有多少股份，《国有企业法》第23章至第29章和议会所作出的相应立法决议仍然有效：
   （a）该新西兰汽油投资有限公司是本法附表2中列举的国有企业；
   （b）财政部长和国资委主任持有邮政银行有限公司股份。
   （4）每一位代表女王持有邮政银行股份的国家官员应当以持有人的身份尽职行使相应的权利或权力。
   （5）修正案内容纳入原法案中。

1990年国有企业法(第3号修正案)(节选)

修正案序号　1990年83号文件
通过时间　　1990年8月1日

1. 简称
本法为1990年《国有企业法(第3号修正案)》,需参照1986年《国有企业法》相关条文(以下简称"原法案")。
3. 新西兰汽油投资公司继承国有资产及管理义务
(1)原法案中任何条款应当允许持有新西兰汽油投资公司股份的官员从事以下行为:
(a)第23章中规定的得以保持与该公司的关系的行为;
(i)政府官员准备或者可以准备转让、处理该公司的股份;
(ii)政府官员可以根据第23章至29章的内容,从继承或转让国有资产及其管理中获利;
(b)根据第23章规定的权利转让或处理所持股份。
(2)本修正案于1990年6月4日生效。

1990年国有企业法修正案(3号)(节选)

公共法案　1990年83号文件
批准时间　1990年8月1日

1. 简略标题和生效日期
援引本法时,该法案可被称为1990年《国有企业法修正案(3号)》,被视为1986年《国有企业法》(以下简称"主法")的一部分,阅时应参看此法。
3. 新西兰液体燃料有限公司的王室资产及债务转让
(1) 主法中无任何条款被视为关于防止新西兰液体燃料有限公司的持股部长们以下行为的发生——
(a) 行使法案第23条授予与公司有关的权力,即使——
(i) 在行使权力之时,部长们意图或可能意图转让或处置他们在公司的任何股份,甚至所有股份;
(ii) 那些部长们以行使权力为目的,已经或可能从新西兰液体燃料有限公司的相关王室资产及债务转让的法案第23—29条规定获益。
(b) 在部长们转让或处置所持有公司股份之时,行使法案第23条授予与公司有关的权力。
(2) 本部分于1990年7月4日即日生效实施。
4. 皇室资产和债务转让至天伯伦(Timerland)有限公司 [下略]

1992年国有企业法修正案(节选)

1. 简称和生效
(1) 本法可以援引为《国有企业法(修正案1992)》,应视作《国有企业法(1986)》(以下简称"主法")的一部分。
(2) 除在第(3)款中的规定,本法应自女王批准之日起生效。
(3) 第15—18条应自总督通过枢密令颁布之日起生效,并且一个或多个枢密令的不同条款可以在不同日期生效。
(4) 第17或18条应按照第(3)款指定之日生效,仅当总督在枢密令提出时,并确认在MCS有限公司资金中至少50%的普通股不再由内阁成员代表王权持有。
(5) [已废除]

新型国有企业

16. MSC有限公司不再是国有企业的条款
(1) 法案包含的修正案。
(2) 除第(1)款生效外,只要内阁成员继续持有MSC有限公司(在本条中称为**该公司**)的股份,则主法中第22条应继续适用于相关国有企业,若——
(a) 该公司曾是国有企业;且
(b) 财政部长和国有企业主管部长曾是该公司的持股部长。
(3) 法案包含的修正案。
(4) 除第(3)款生效外并且无论是否该公司全部或部分股份由内阁成员代表王权持有,主法中第23条至第30条和按照任何条款制定的枢密令应在第(3)款生效后继续适用,若——
(a) 该公司曾是国有企业,并且在附表2中名录中收录了该公司;
(b) 财政部长和主管国有企业的部长曾是该公司的持股部长。
(5) 任何代表女王持有该公司股份的内阁成员可以作为这些股份的股东行使所有或部分女王权力和权利。

1996年国有企业法修正案

1. 简称和生效情况

(1) 本法可以援引为《国有企业法(修正案1996)》,应视作《国有企业法(1986)》(以下简称"主法")的一部分。

(2) 本法应自总督颁布枢密令之日起生效,并且一个或多个枢密令的不同条款可以在不同日期生效。

(3) 第4、5、7条应按照第(2)款指定之日生效,仅当总督在枢密令提出时,并确认在工作及发展服务有限公司的资金中至少50%的普通股不再由内阁成员代表王权持有。

(4) 第6条应按照第(2)款规定之日生效,仅当总督在枢密令提出时,并确认在工作及发展服务有限公司资金中至少50%的普通股不再由内阁成员代表王权持有。

2. 期满

本法在王室同意后的两年期满,并被视为已废止。除非根据第1(2)款作出决议,使本法全部或任意的规定在期满前继续生效。

3. 工作及发展服务有限公司(NZ)不再是国有企业的条款

(1) 本法包含的修正案。

(2) 除第(1)款生效外,只要内阁成员继续在工作及发展服务有限公司(NZ)(本条称为该公司)持有股份,则主法第22条应继续生效——

(a) 该公司曾是国有企业;且

(b) 财政部长和主管国有企业部长曾是负责该公司的持股部长。

(3)、(4) 本法包含的修正案。

(5) 除第(4)款生效外,并且无论全部或部分该公司股份是否由内阁成员代表王权持有,主法的第23—30条和按照任何条款制定的枢密令,应在第(4)款生效后继续适用,若——

(a) 该公司曾是附表2中的国有企业;且

(b) 财政部长和负责国有企业的部长曾是该公司的持股部长。

(6) 本法包含的修正案。

(7) 任何代表女王持有该公司股份的内阁成员可以作为这些股份的股东行使所有或部分女王权力和权利。

1999年国有企业法修正案
（针对新西兰气象服务有限公司
和新西兰车辆测试有限公司）

公共法案　1999年65号文件
通过时间　1999年5月24日

1. 简称和生效情况

（1）本法称为1999年《国有企业法修正案（针对新西兰气象服务有限公司和新西兰车辆测试有限公司）》，并且是1986年《国有企业法》（"主法"）的一部分。

（2）本法应自总督颁布枢密令之日起生效，并且一个或多个枢密令的不同条款可以在不同日期生效。

（3）第3条第7、8款应按照第（2）款指定之日生效，仅当总督在枢密令提出时，并确认在工作及发展服务有限公司的资金中至少50%的普通股不再由内阁成员代表王权持有。

（4）只有在总督认可的情况下，第3条第（9）款才会在第（2）款指定的日期生效，当制定枢密令时，内阁成员不可以代表王权持有新西兰气象服务有限公司的股票。

（5）只有在总督认可的情况下，第4条第（7）款和第（9）款才会在第（2）款指定的日期生效，当制定枢密令时，并确认在新西兰车辆测试有限公司的资金中至少50%的普通股不再由内阁成员代表王权持有。

（6）【已废止】

2. 期满

本法在王室同意后的两年期满并被视为已废止，除非根据第1(2)款作出决议，使本法全部或任意的规定期满前继续生效。

3. 关于新西兰气象服务公司不再是国有企业的规定

（1）本法包含的修正案。

（2）然而，当内阁成员代表王权作为新西兰气象服务有限公司的股东时，如果出现以下情况，则本法的第22条继续有效——

1999年国有企业法修正案(针对新西兰气象服务有限公司和新西兰车辆测试有限公司)

（a）气象服务公司是国有企业；且

（b）财政部长和负责气象服务公司的部长是气象服务公司的持股部长。

（3）本法包含的修正案。

（4）然而，主法中第23至30条中和任何枢密令规定，或者公报通知，如果下列情况出现，则任何时间以上任意条款在第(3)分段生效之后持续有效——

（a）气象服务公司曾是国有企业也曾是该法附表2所列的国有企业；且

（b）财政部长和负责气象服务公司的主管部长是气象服务公司的持股部长。

（5）第(4)款适用于无论在气象服务有限公司的所有或任何股份是否由内阁成员代表王权持有。

（6）任何代表女王持有气象服务公司股票的内阁成员可以行使女王作为股票持有人的权利和权力。

（7）—(9)修正案被包含于法律中。

（10）1992年《国有企业指令》（SR 1992/181）必须被废止。

2002年地籍调查法(节选)

公共法案　2002年12号文件
通过时间　2002年5月16日

1. 标题
本法是2002年《地籍调查法》。

第1部分　初步规定

2. 生效
本法2002年6月1日生效。

第8部分

69. 其他法规中的参考资料
（1）其他法规中关于总监察长在地籍调查的上下文或任期制度权益的参考资料,将被视为测绘局长的参考资料。
（2）其他法规中适用于该第(3)款的计划作为参考资料,将被视为包括数字地籍调查的数据集。
（3）本款适用于以下参考资料；
（a）调查计划的参考资料；
（b）总监察长或测量局长同意的计划的参考资料；
（c）因1952年《土地转让法》而搁置的计划的参考资料；
（d）显著的、被通知的、已注册的或被记录在土地转让法登记簿下的计划的参考资料。

本法总结目录

1. 综述
2. 再版状态

3. 再版准备流程
4. 根据1989年《出版行为规范法》17C章作出的变更
5. 此次再版包括的修正案列表(时间最近在前)

1. 综述

这是1986年《国有企业法》的再版。此再版包括所有截至2013年3月8日的修正,详见附录与注意最后的修正列表。

任何不能被编译进此次再版的包括过渡、储蓄或应用的规定的修正法案的有关规定也会被包括,按照时间顺序附录于主要法令之后。

更多信息见http://www.pco.parliament.govt.nz/reprints/.

2. 再版状态

根据1989年《出版行为规范法》16D章,截至再版日期,再版被假定为将主法及其修正案制定的法规调整到正确的状态。即使再版中出现1989年《出版行为规范法》17C章认可的编辑改动,该假定仍适用。

由于包含了主法及其修正案的官方版本的议会章程或法律规定的产生,该假定可能会被反驳。

3. 再版准备流程

再版在准备中遵从了一些编辑上的惯例。例如,立法的词语不会包括在法律中,省略已被废止或废止的规定。

更详细的编辑惯例列表,见http://www.pco.parliament.govt.nz/editorial-conventions/,或新西兰在行法律法规和习惯法表格的第八部分。

4. 根据1989年《出版行为规范法》17C章作出的变更

1989年《出版行为规范法》第17C章批准了再版在编辑上的改动作为该法第17D章和第17E章的启动,在此程度上的准许,再版法律的格式和风格与现行的立法起草实践相一致。

不允许任何改变立法效果的改动。立法的新格式已于2000年1月1日被采用。对立法起草风格的改变从1997年已经开始作出,并且还在持续中。在一定程度上,在1989年《出版行为规范法》第17C章规定允许的基础上,所有2000年1月1日后再版的法律都采用新的立法格式,并且再版时会影响当下的法律起草实践。

大致上,由1989年《出版行为规范法》第17C章批准的再版时的编辑上改动已经开始,并且相关的内容已在再版的准备过程中适用。

- 省略不必要的指示文字(如"在本章中"和"在本法中")
- 字体和大小(Times Roman体,通常大小是11.5)
- 规定的排列,包括:
  - 首行缩排
  - 每章标题的位置(例如,数字和标题现在出现每章上方)
  - 术语的格式(例如,术语现在用黑体字,没有引号)
  - 日期的格式(例如,之前是"the 1st day of January 1999"现在改为"1

January 1999")
- 通过日期的位置(现在出现在每个法案的第一页)
- 标点(例如,定义后不加冒号)
- 每一部分的编号从罗马数字改为阿拉伯数字,并且所有交叉参考都作了相应的改变
- 字母和词语出现的情况与形态,包括:
  - 标题的格式(例如,修改之前首字母大写接着稍小的大写字母的标题,改为只有第一个单词(任何适当的名词)是黑体且首字母大写)
  - 章节和段落参考之前稍小的大写字母现改为大写字母
  - 安排表重新编号(例如,Schedule1 代替 First Schedule),并且所有交叉参照都作了相应的改动
  - 滚动标题(信息出现在每一页的最上方)
  - 重要修正案和废止法律时间表改为双栏格式(例如从按时间排序改为按字母排序)

5. 此次再版包括的修正案列表(时间近者在前)

2012 年《国有企业修正案》(2012 年第 44 号)
2012 年《国有企业指令(针对新西兰铁路控股有限公司)》(SR 2012/346):第 3 款
2007 年《所得税法》(2007 年第 9 号):ZA 2(1)章
2007 年《国有企业指令(AsureQuality 有限公司)》(SR 2007/330):第 3 款
2007 年《国有企业指令(Asure 新西兰有限公司)》(SR 2007/273):第 3 款
2007 年《国有企业指令(克罗地亚集团有限公司)》(SR 2007/17):第 5 条(2)、(3)款
2004 年《国有企业修正案》(2004 年第 116 号)
2004 年《国有企业指令(AgriQuality 有限公司)》(SR 2004/87):第 3 款
2003 年《新西兰电视法》(2003 年第 1 号):第 30 条
2002 年《地方政府法》(2002 年第 84 号):第 262 条
2002 年《市场安全法修正案》(2002 年第 44 号):第 30 条
2001 年《公共审计法》(2001 年第 10 号):第 53 条
2001 年《国有企业指令(农产品有限公司)》(SR2001/23):第 3 款
2000 年《雇佣关系法》(2000 年第 24 号):第 240 条
2000 年《意外保险(暂行规定)法》(2000 年第 5 号):第 14(1)条
1999 年《国有企业法修正案(新西兰气象服务有限公司和新西兰车辆测试有限公司)》(1999 年第 65 号)
1999 年《国有企业指令(大河电力有限公司)》(SR1999/101):第 2 款
1999 年《国有企业指令(子午线能源有限公司)》(SR1999/101):第 2 款

1998年《国有企业指令(创世纪电力有限公司、水利发电有限公司和坏卡托SOE有限公司)》(SR 1998/455):第2款

1998年《国有企业指令(联通能源有限公司)》(1998年第99号)

1997年《国有企业指令(新西兰电网有限公司)》(SR1997/277):第2款

1997年《国有企业指令(新西兰固体能源有限公司)》(SR1997/277):第2款

1997年《金融报告修正法案》(1997年第17号):第6(2)条

1996年《国有企业法修正案》(1996年第82号)

1996年《调查法修正案》(1996年第55号):第5条

1996年《国有企业指令》(SR 1996/165):第2款

1996年《国有企业指令(皇家林业管理有限公司)》(SR 1996/122):第2款

1995年《新西兰广播法(第2号)》(1995年第53号):第2条

1995年《新西兰广播法》(1995年第52号):第20条

1994年《所得税法》(1994年第164号):第YB1条

1994年《国有企业法修正案》(1994年第140号)

1994年《金融法》(1994年第73号):第5(1)、(3)条

1994年《公司法改革(暂行规定)法案》(1994年第16号):第2条

1992年《公共金融修正法案》(1992年第142号):第42条

1992年《电力法》(1992年第122号):第173(2)条

1992年《国有企业指令》(SR 1992/181):第2款

1992年《国有企业法修正案》(1992年第27号)

1991年《金融法》(1991年第93号):第4(1)、(3),8,10(1)、(3),17(1)、(3),23(1)、(3)条

1991年《王国矿业法》(1991年第70号):第121条

1991年《资源管理法》(1991年第69号):第362条

1990年《电力法修正案》(1990年第95号):第4(2)条

1990年《国有企业法修正案(第3号)》(1990年第83号)

1990年《国有企业法修正案(第2号)》(1990年第49号)

1990年《资源保护法改革法案》(1990年第31号):第37条

1990年《国有企业法修正案》(1990年第23号)

1990年《金融法》(1990年第20号):第4(1)、(3)条

1989年《调查法修正案(第3号)》(1989年第139号):第8(b)条

1989年《新西兰旅游旅馆公司法》(1989年第130号):第18、19(1)条

1989年《国有企业法修正案(第2号)》(1989年第57号)

1989年《国有企业法修正案》(1989年第45号)

1988年《邮政银行修正法案》(1988年第173号):第2(1)条

1988年《国有企业法修正案(第5号)》(1988年第169号)

1988年《新西兰运输公司法废止法》(1988年第154号):第4条
1988年《金融法(第2号)》(1988年第128号):第13(1)、20(1)条
1988年《威坦奇协议法案》(1988年第105号):第10(1)、11条
1987年《金融法》(1987年第200号):第12条
1987年《国有企业法修正案》(1987年第117号)
1987年《邮政银行法》(1987年第114号):第7(2)条

新加坡

新加坡宪法(节选)

第五部分 政　　府

第一章　总　　统

第22A条(法定机构委员的任命)

(1) 无论本法其他条款如何规定,

(a) 凡总统有权依据成文法的授权任命本条所规定的法定机构的主席、委员或首席执行官时,若总统不同意相关主管机关的推荐或意见,其可基于自由裁量权拒绝或撤销该任命;或

(b) 在任何其他情况下,除非总统基于自由裁量权同意,否则任何机构不得任命法定机构的主席、委员或首席执行官或者撤销该种任命;

(1A) 凡因反对总统咨询委员会的建议,总统根据第(1)项拒绝或同意一项任命,或者不予撤销或同意撤销一项任命的,国会可依据第39条第(1)(a)项的规定,以不少于国会议员2/3的表决通过该项决议,以此否决总统决定;

(1B) 基于第(1A)项中以国会决议形式通过的任命,自作出之日即被视为总统作出或撤销的任命,或总统已经同意的任命或撤销任命。

(2) (a)本条所适用的法定机构的主席或委员的任期不超过三年,且可连选连任;

(b) 基于(1)(b)项下的法定机构主席、委员或首席执行官的任何任命或撤回,如果没有总统的同意将被视为无效。

(3) 本条规定适用于附表五中第一部分的法定机构。

(4) 依据第(5)项的规定,总统依据内阁建议可以通过在政府公报上发布命令,增加任何其他法定机构进入附表五的第一部分中;法定机构从附表五第一部分中被取消不适用该程序。

(5) 如果在该决定作出之日,法定机构的总储备金低于一亿元,法定机构不得根据第(4)项被增加到附表五第一部分。

第22B条(法定机构的预算)

(1) 适用第22A条的任何法定机构:

(a) 在本财政年度开始之前,应当向总统提交其年度预算以获得总统批准,同时,还应当提交法定机构主席和首席执行官的声明,即该预算实施是否会使用非本届政府在任期间法定机构积累的储备基金;

(b) 向总统提交本年度预算的每一次追加预算以及关于这些追加预算的(a)项下的声明;

(c) 在该财政年度结束后的六个月内,应当向总统提交——

(i) 一份完整、详细的审计报表,以显示法定机构在当年所获得的财政收入和支出;

(ii) 一份尽可能准确的审计报表,以显示当年结束时法定机构的资产及负债;

(iii) 一份法定机构主席和首席执行官的声明,即第(i)项和第(ii)项的审计报表是否显示当年法定机构使用了非本届政府在任期间法定机构积累的储备基金。

(2) 总统依自由裁量权,有权拒绝批准法定机构的任何预算或追加预算,如果在其看来,该预算有可能会动用非本届政府在任期间法定机构积累的储备基金;若其批准有可能使用储备基金的预算,则应当在政府公报上公布其予以批准的观点。

(3) 如果法定机构在财政年度的第一天还未获得总统对其预算的批准,则法定机构——

(a) 应当在财政年度开始后的三个月内向总统提交一份修改后的当年预算方案以及第(1)项所要求的声明;并且

(b) 在等待总统决定期间,可以使用上年度经过批准的财政预算的1/4;如果总统不批准修改后的预算,法定机构在当年的支出应当不超过上年度经批准的数额,上年度的预算应当被视为本年度被批准的预算。

(4) 在第(3)(b)项下,该财政年度任何开支金额都应当被包括在预算修正案中,并提交给总统。

(5) 本条中的所有规定都应当遵守新加坡货币管理局有关新加坡元的所有管理制度,并且货币管理局委员会主席所签名的证书可以作为结论性证据,以证明其管理是否出于这样的目的。

(6) 法定机构及其首席执行官有义务将法定机构可能动用非本届政府在任期间所积累的储备基金的拟定交易向总统报告。

(7) 根据第(6)项的规定,当总统被告知存在上述拟定交易时,依自由裁量权,可以否定该交易。如果总统即使知道该交易可能动用之前的储备基金,但未否定,则应将其决定和意见在政府公报上予以公布。

(8) 1991年11月30日之后,法定机构依照第22A条第(4)项的程序被列入附表五第一部分时,对首次列入的法定机构而言,本条所涉及的法定机构经批准的上一财政年度预算可认为是该类法定机构在决定过程中所提交的财政年度预算。

(9) 就本条而言,对于法定机构(适用本法,根据本项和第(10)项作为转让方)将储备基金向下列主体拟转让或转让(无论是否依据成文法)时——

(a) 政府;

(b) 附表五第二部分所列明的政府公司(依照本项及第(10)项作为受让方);

(c) 其他法定机构(依照本项及第(10)项作为受让方),

拟定转让或转让应不考虑转让机构对历届政府所积累的储备基金的动用,如果——

(i) 拟定转让或转让给政府时——财政部长通过书面形式,保证将转让方的储备基金转至历届政府积累的储备基金之中;

(ii) 拟定转让或转让给政府公司时——作为受让方的政府公司的董事会通过正式决议,将转让方的储备基金转至历届政府期间受让方积累的储备基金之中;或

(iii) 拟定转让或转让给法定机构时——作为受让方的法定机构需通过正式决议或经成文法规定,将转让方的储备基金转至历届政府期间受让方积累的储备基金之中。

(10) 转让方对储备基金进行的转让,伴有第(9)项下的任何保证、决议或成文法时,应当被视为政府、受让方政府公司或者受让方法定机构在非本届政府任职期间积累的储备基金的一部分:

(a) 转让方的年度预算规定了拟定的储备基金转让,并且预算获得了总统批准——自该财政年度起始之日起;

(b) 转让方的追加预算规定了拟定的储备基金转让,且追加预算获得了总统批准——自总统批准该补充预算之日起;

(c) 其他任何情形下——以储备基金被转让之日起。

第22C条(政府公司董事的任命)

(1) 无论公司章程或备忘录条款如何规定,本条所规定的任何政府公司的董事或首席执行官的任命和免职均应征得总统的同意。

(1A) 如果总统不同意总统咨询委员会的意见,拒绝同意任命或撤销任命第(1)项下的董事或首席执行官,国会可依据第39条第(1)(a)项的规定,以不少于国会议员2/3的表决通过该项决议,以此否决总统决定。

(1B) 基于第(1A)项中以国会决议形式通过的任命,自作出之日即被视为是总统同意了的任命或撤销任命。

(2)(a) 依据本条所任命的政府公司的董事的任期不超过三年,且可以连选连任;

(b) 本条所规定的政府公司的董事或首席执行官的任何任命或免职如果没有总统的同意将被视为无效。

(3) 本条规定适用于附表五第二部分的政府公司。

(4) 依据第(5)项的规定,总统依据内阁建议可以通过在政府公报上发布命令,增加任何其他政府公司进入附表五第二部分中;政府公司从附表五第二部分中被取消不适用该程序。

(5) 任何政府公司不得依据第(4)项被增加到附表五第二部分,除非在该决定作出之日——

(a) 公司中政府股东所持资金的价值不少于一亿元;

(b) 其不是附表五第二部分所列明的政府公司的任何一个子公司;此处,"子公司"的含义与《公司法》中的规定相同。

第22D条(政府公司的预算)

(1) 适用本法第22C条的任何一个政府公司的董事会应当:

(a) 在本财政年度开始之前,向总统提交其年度预算以获得总统批准,同时,还应当提交政府公司董事会主席和首席执行官的声明,即该预算实施是否会使用非本届政府在任期间政府公司所积累的储备基金;

(b) 向总统提交本年度预算的每一次追加预算以及关于这些追加预算的(a)项下的声明;

(c) 在该财政年度结束后的六个月内,应当向总统提交——

(i) 一份经审计的完整、详细的损益表,以显示政府公司在当年所获得的收入和支出;并且提供一份经审计的资产负债表,以显示政府公司在当年财政年度结束时,公司的资产和负债;

(ii) 一份政府公司董事会主席和首席执行官的声明,即上述经审计的损益表和资产负债表是否显示当年政府公司使用了非本届政府在任期间政府公司积累的储备基金。

(2) 总统基于自由裁量权,有权拒绝批准任何政府公司的预算或追加预算,如果在其看来,该预算有可能会动用非本届政府在任期间政府公司积累的储备基金;若其批准该有可能使用储备基金的预算,则应在政府公报上公布其予以批准的观点。

(3) 如果政府公司在财政年度的第一天还未获得总统对其预算的批准,则政府公司——

(a) 应当在财政年度开始后的三个月内向总统提交一份修改后的当年预算方案以及第(1)项所要求的声明;并且

(b) 在等待总统决定期间,可以使用上年度经过批准的财政预算的1/4,如果总统不批准修改后的预算,政府公司在当年的支出应当不超过上年度经批准的数额,上年度的预算应当被视为本年度被批准的预算。

(4) 在第(3)(b)项下,该财政年度任何开支金额都应当被包括在预算修正案中,并提交给总统。

(5) 政府公司董事会主席及其首席执行官有义务将政府公司可能动用非本届政府在任期间政府公司所积累的储备基金的拟定交易向总统报告。

(6) 根据第(5)项的规定,当总统被告知存在上述拟定交易时,其基于自由裁量权,可否定该交易。若其知道该交易可能动用之前的储备基金,但却未否定,则应将其决定和意见在政府公报上予以公布。

(7) 在 1991 年 11 月 30 日之后,一个政府公司依照第 22C 条第(4)项的程序被列入附表五第二部分时,对首次列入的政府公司而言,本条所涉及的政府公司经批准的上一财政年度预算可认为是该类政府公司在决定过程中所提交的财政年度预算。

(8) 就本条而言,对于政府公司(适用本法,根据本项和第(9)项作为转让方)将其储备基金向下列主体拟定转让或转让(无论是否依据成文法)时——

(a) 政府;

(b) 附件五第一部分所列明的法定机构(依照本项及第(9)项作为受让方);或

(c) 其他政府公司(依照本项及第(9)项作为受让方),

拟定转让或转让应不考虑转让公司对历届政府所积累的储备基金的动用,如果——

(i) 拟定转让或转让给政府时——财政部长通过书面形式,保证将转让方的储备基金转至历届政府积累的储备基金之中;

(ii) 拟定转让或转让给法定机构时——作为受让方的法定机构以决议方式,同意将转让方的储备基金转至历届政府期间受让机构积累的储备基金之中;或

(iii) 拟定转让或转让给其他政府公司时——作为受让方的政府公司董事会以决议方式,同意将转让方的储备基金转至历届政府期间受让方公司积累的储备基金之中。

(9) 转让方对储备基金进行的转让,伴有第(8)项下的任何保证或决议时,应当被视为政府、受让方法定机构或者受让方政府公司在非本届政府任职期间积累的储备基金的一部分:

(a) 转让方的年度预算规定了拟定的储备基金转让,并且预算获得了总统批准——自该财政年度起始之日起;

(b) 转让方的追加预算规定了拟定的储备基金转让,且追加预算获得了总统批准——自总统批准该补充预算之日起;

(c) 其他任何情形下——以储备基金被转让之日起。

法定机构及政府公司(秘密保护)法

(1983 年第 17 号法律,2004 年 7 月 31 日修订)

本法目的在于保护法定机构及政府公司的信息秘密。

第 1 条(简称)

本法可引称为《法定机构及政府公司(秘密保护)法》。

第 2 条(解释)

本法中,"特定组织"是指本法附表中所列明的法定机构或政府公司。

第 3 条(秘密保护)

(1) 未经所在机构的授权,任何人,作为或曾经作为特定机构的成员或管理者、雇员或代理人,不得披露任何其通过职务所获得的或可以得到的秘密和机密文件或信息。

(2) 上述第(1)项不适用于如下信息和文件的披露:

(a) 特定机构的成员或管理者、雇员或代理人为了履行其职责进行的披露;或

(b) 法庭或成文法合法要求的或授权的披露;

(3) 任何人违反第(1)项的规定属犯罪行为,应处以不超于 2000 元的罚金或不超过 12 个月的监禁或二者并罚。

第 4 条(控告的同意)

未经检察官书面同意,不得依据本法提起检控。

第 5 条(附件列表的修改)

总统可通过政府公告的方式,对附件进行修改。

法定公司(资本投资)法

2002 年 5 月 24 日国会通过
2002 年 5 月 31 日总统签署

本法旨在对《财政程序法》(1992 年修订版)第 109 章和其他经国会同意而允许政府以注资形式对法定公司进行投资的成文法进行修订,并要求每一个法定公司作为对价发行股份或证券。

本法经国会建议并同意后,由总统签发生效。

第 1 条(简称与生效)

本法称为《法定公司(资本投资)法》,于财政部部长所指定的日期生效,并通过政府公报公示。

第 2 条(《财政程序法》的修订)

《财政程序法》(第 109 章)在第 7 部分增加如下条款:

7A. (1)无论第 7 部分如何规定,依据成文法,经国会同意,部长可以动用国库统一基金以注资方式投资法定公司。

(2)除非其他成文法有明确规定,财政部部长与负责相关法定公司的部长进行协商后,可以根据本条决定注资的条件并且可以随时改变注资的条件。

(3)在不影响第(2)项的情况下,部长基于政府的利益考虑,可以通过注资方式,随时认购或以其他方式取得法定公司的股份或其他证券。

(4)本规定不妨碍政府根据《发展投资基金法》(第 79 章)的规定对任何法定公司进行资金投资。

(5)本部分——

资金注入:包括对法定公司的资金提供,或以下方式——

(L)资产购买,该资产将由法定公司持有或所有;

(M)法定公司持有或所有的资产的发展。

法定公司:是基于成文法建立的任何法人团体以完成和执行公共职能。

第 3 条(其他成文法的后续修订)

第一栏所列出的法律条文将基于第二栏的方式进行相应修改。

附录 后续修订

第一栏	第二栏
《农业食品兽医管理局法》(第5章,2001年) 新增22A条	增加如下条款: 【股份发行等】 政府依法向本法所规定的机构(译者注:针对不同的投资对象,此处的"机构"在不同的法案中有不同的翻译)投资财产、转移债权债务,或是依据其他成文法由政府进行注资或投资后,上述机构应向财政部长发行股份或其他有价证券,该部长将进行不定期的监督管理。
《建筑管理法》(第30A章,2000年) 新增19A条	
《中央公积金法》(第36章,2001年) 新增5B条	
《新加坡民航管理法》(第41章,1985年) 新增15A条	
《公共服务学院法》(第29章,2001年) 新增22A条	
《工商保安机构法》(第47章,1998年) 新增19A条	
《国防科学技术局法》(第75A章,2001年) 新增20A条	
《经济发展局法》(第85章,2001年) 新增17A条	
《新加坡能源市场管理局法》(第9章,2001年) 新增12A条	
《保健促进局法》(第5章,2001年) 新增22A条	
《卫生科学局法》(第4章,2001年) 新增22A条	
《住宅发展法》(第129章,1997年) 新增66A条	
《新加坡资讯通信发展管理局法》(第137A章,2000年) 新增15A条	
《新加坡税务局法》(第138A章,1993年) 新增13A条	

(续表)

第一栏	第二栏
《东南亚研究所法》(第141章,1985年) 新增9A条	增加如下条款: 【股份发行等】 政府依法向本法所规定的机构(译者注:针对不同的投资对象,此处的"机构"在不同的法案中有不同的翻译)投资财产、转移债权债务,或是依据其他成文法由政府进行注资或投资后,上述机构应向财政部长发行股份或其他有价证券,该部长将进行不定期的监督管理。
《工艺教育学院法》(第141A章,1993年) 新增28A条	
《新加坡知识产权局法》(第3章,2001年) 新增19A条	
《国际企业发展局法》(第330章,2001年) 新增14A条	
《裕廊集团法》(第150章,1998年) 新增14A条	
《新加坡陆路交通管理局法》(第158A章,1996年) 新增14A条	
《新加坡海事及港务管理局法》(第170A章,1997年) 新增20A条	
《新加坡南洋理工学院法》(第191A章,1993年) 新增13A条	
《南洋理工大学法》(第192章,1992年) 新增7A条	
《国家艺术理事会法》(第193A章,1992年) 新增12A条	
《国家社会服务委员会法》(第195A章,2001年) 新增24A条	
《国家文物局法》(第196A章,1994年) 新增32A条	
《国家图书馆管理局法》(第197章,1996年) 新增21A条	
《国家公园法》(第198A章,1997年) 新增15A条	
《国家科学技术委员会法》(第201A章,1991年) 新增8A条	
《新加坡国立大学法》(第204章,1985年) 新增7A条	
《新加坡义安理工学院法》(第207章,1985年) 新增20A条	
《人民协会法》(第227章,2000年) 新增13A条	

（续表）

第一栏	第二栏
《保存古迹法》(第239章,1985年) 新增13A条	增加如下条款： 【股份发行等】 政府依法向本法所规定的机构(译者注：针对不同的投资对象，此处的"机构"在不同的法案中有不同的翻译)投资财产、转移债权债务，或是依据其他成文法由政府进行注资或投资后，上述机构应向财政部长发行股份或其他有价证券，该部长将进行不定期的监督管理。
《公用事业法》(第8章,2001年) 新增13A条	
《科学中心法》(第286章,1985年) 新增13A条	
《圣淘沙发展机构法》(第291章,1998年) 新增12A条	
《新加坡广播事务管理局法》(第297章,1995年) 新增12A条	
《新加坡复员技训企业管理局法》(第298章,1985年) 新增28A条	
《新加坡劳工基金法》(第302章,1985年) 新增19A条	
《新加坡土地管理局法》(第17章,2001年) 新增20A条	
《新加坡理工学院法》(第303章,1985年) 新增11A条	
《新加坡生产力与标准局法》(第303A章,1996年) 新增22A条	
《新加坡体育理事会法》(第305章,1985年) 新增20A条	
《新加坡博彩管理局法》(第305A章,1999年) 新增9A条	
《新加坡旅游局法》(第305B章,1997年) 新增14A条	
《新加坡淡马锡理工学院法》(第323A章,1991年) 新增14A条	
《市区重建局法》(第340章,1990年) 新增22A条	

裕廊镇公司法*(节选)

1968年通过,1998年修改
(1998年5月30日)

本法的目的旨在建立裕廊镇公司及附带的相关事务。

第一部分　序　　言

第1条(简称)
本法可被称为《裕廊镇公司法》。

第2条(解释)
在本法中,除非有其他解释——

"授权占有者"是指向公司提出申请,计划住在公司依据本法第四部分销售的公屋、公寓或相关建筑中的人,或者被公司书面授权居住的人;

"主席"是指依据第4条所任命的公司主席;

"商业财产"是指依据《计划法》(1998年第3号法令)或其他成文法,可以基于商业目的被销售的任何公屋、公寓或相关建筑;

"共同财产"是指已开发土地和建筑物中除公屋以外的所有部分;

"公司"是指依据本法第3条所组建的裕廊镇公司;

"已开发土地"是指已在其上建造建筑物的公司土地;

"财政年度"是指每年开始于4月1日,结束于第二年3月31日的12个月的周期;

"公屋"是指建筑物的水平层级或其部分被用作或拟被用作居住、商业或其他目的的完整且独立的单元,该层级可处于一个或多个层面之上也可部分或整体处于地面之下;

"租约"包括一个租赁协议;

---

* 裕廊镇公司是新加坡贸工部所属的法定机构,负责新加坡的工业园区及高科技园区的规划、开发和管理,协调和制定与工业发展相关的政策和管理法规。

"职员"包括公司的主席、管理人员和雇员；

"所有人"是指不动产的所有者，包括购买一个公司所销售的基于财产的租赁权益，也包括租赁协议下的购买者。

第二部分　公司的建立和组织

第 3 条(裕廊镇公司的建立)

(1) 建立被称为裕廊镇公司的实体。

(2) 该公司是一个永续存在的独立法人，拥有印章。根据本法，可以取得、占有或处分财产，包括动产和不动产；可以订立合同；以公司自身的名义起诉或应诉；实施公司依法实施的其他行为。

第 4 条(公司主席)

依据《宪法》第 22A 条第(1)(b)项的规定，经总统同意，部长应任命公司主席。主席遵循本法的规定，其任期和就任条件由部长决定。

第 5 条(公司章程)

(1) 公司章程应当包括——

(a) 一名主席；和

(b) 依据《宪法》第 22A 条第(1)(b)项的规定，经总统同意，由部长任命的 4 到 11 名其他管理人员。

(1A)经总统同意，部长可从上述管理人员中任命一名副主席。

(2) 出席公司所有会议的法定最低人数为四人。

(3) 主席或经其授权的其他管理人员代表主席至少每两个月召集一次公司会议，或者其认为适当的时候也可以召开。

(4) 不同于主席，公司其他管理人员的任职期间为三年或者部长决定的不超过三年的期限，除非其任命被部长基于第(9)项撤销或者他们在任职期间辞职。

(5) 无论基于何种原因，主席缺席或无法履职，或主席职务空缺，副主席或由出席公司会议的管理人员共同指定的某一管理人员(当主席和副主席同时空缺时)可履行本法授予的全部或部分主席的权力和义务。

(6) 主席或合法的代行主席职务的人在公司所有会议上拥有普通票以及决定票。

(7) 当存在利害关系时，公司管理人员在公司所有会议上都不得参加相关讨论，也不得行使投票权，否则，其投票无效，同时不得将其计入出席该会议的法定人数。

(8) 经总统决定，公司管理人员可以从公司领取薪酬、费用或津贴。

(9) 经总统依据《宪法》第 22A 条第(1)(b)项的规定同意，部长可以在任何时间撤销对主席、副主席和其他管理者的任命。

第 6 条（部长的命令）

（1）在不违背本法的前提下，部长在其认为适当时，可以向公司发出指令，要求公司执行、履行本法赋予公司的权力、义务和职责，公司应当执行所有指令。

（2）应部长要求，公司应随时向部长报告有关公司财产、活动的相关信息。

第 7 条（首席执行官和其他雇员的任命）

（1）在征询公共服务委员会的意见，依据《宪法》第 22A 条第（1）（b）项的规定征得总统的同意以及部长的批准后，公司可以根据其制定的条件任命首席执行官。

（2）首席执行官应当——

（a）被告知公司的任命决定；

（b）根据公司政策，对公司负有适当履行管理和经营的职责和事务；

（c）未经总统依据《宪法》第 22A 条第（1）（b）项的规定同意，以及部长的认可，不得被撤职。

（3）如果首席执行官暂时出境或者因病等原因暂时不能履行其职责，公司可以任命其他人在此期间暂时代行首席执行官的职务。

（4）公司可以随时依照其所制定的条件任命和聘用其他雇员、代理人，只要公司认为这对于履行公司的职责是有效的。

第 8 条（委员的任命及代表的权力）

（1）公司基于自主裁量，可任命的人选范围包括：内部成员、外部人员（非公司委员会成员，但被认为合适现有成员构成）或其他人员（公司认为其利于委员会的规范和管理）。

（2）除借贷的权力或通过发行证券或公司债券举债的权力外，公司基于其认为合适的条件，可以将本法中规定的有关本公司的全部或部分权力、功能和责任授权给委员会或主席；委员会或主席可基于公司利益，以公司名义行使或履行这些权力、功能和责任。

（3）除了借贷或举债的权力外，公司给予其认为合适的条件，可以将本法中规定的有关本公司的全部或部分的权力、功能和责任授权给任何雇员；被授权雇员基于公司利益，以公司名义行使或履行这些权力、功能和责任。

（4）公司根据本条授权他人行使的相关权力、职能和义务，公司仍可继续行使该权力，或实施该职能。

第 9 条（个人责任的保护）

（1）无论公司从事何种行为、签订何种合同，公司管理人员或雇员或其他经公司授权的人从事何种活动，只要其所从事的行为或所签订的合同是善意地履行本法，则该管理人员或雇员或经公司授权从事活动的人应免于承担一切关于该事项的责任、索赔或要求。

（2）公司或其管理人员、雇员或经公司授权的其他人的开支费用应当由公司承担或者由公司以储备资金偿还。

第10条(公司成员和职员属于公务员)

无论对其如何描述,公司管理人员和雇员应当被视为《刑法典》中所指的公务员。

第三部分 公司相关条款

第11条(运营资本的规定)

为确保公司贯彻其宗旨,并按其资本金合理支出花费(包括设立费用的拨付),根据运营资本的规定,部长可授权将其认为合理的金额支付给公司。

第12条(公司的功能和权力)

(1)公司的功能包括:——

(a)发展和管理地皮、公园、不动产、小镇和其他在国内进行工商业开发的房屋或其建筑物;

(b)提供便利条件以促进工商业发展,包括推进社会福利设施,提升在当地生活和工作的人们的福利;及

(c)在专家的参与下,从事海外投资和发展。

(2)为了实施或有助于实现本法所确定的功能,公司有权从事任何活动,尤其是——

(a)与其他个人或组织联系或合作,以实现本公司之功能;

(b)促进其他个人或组织的经营活动,以实现本公司之功能;

(c)购买、取得或租赁土地、房屋或建筑物,以实现本公司功能;

(d)基于自身判断,出售或租赁土地、房屋或建筑物,以实现本公司之功能;

(e)为工业、商业或其他发展提供技术、管理或其他专业服务,并建立一支包括技术、管理和其他方面的专家队伍以提供这种服务;

(f)为了销售、出租或其他目的,准备和实施有关建筑物的建造、转换、改进和扩展的建议、计划和方案;

(g)提供和维护住房,包括为公司员工提供的疗养度假屋、俱乐部、运动场和教育设施;

(ga)允许给员工借贷或者为员工借贷提供担保,使其能够有能力购买房子、家具、设备、家用电器和汽车;

(gb)颁发奖学金或为员工提供贷款,支持其获得专业的、技术的或其他方面的训练;

(h)向生活和工作在工商业区域的人们销售或出租公屋、公寓或其他生活住房、土地;

(i)向人们(并非公司员工)提供贷款或担保,使其能够有能力购买公屋、公寓或销售的其他生活住房;

(j)在部长书面批准下,在境内或其他地方建立或参与投资一个或多个公司,或合作投资合资企业或合伙;

(k)在部长书面同意下,向自己持股或自己子公司持股的公司提供借贷资金;

(l)经部长和总统的书面同意,向公司直接持股或公司的子公司持股的公司提供借贷担保;

(m)在裕廊港提供和维护足够和有效的港口服务和设施。

第13条(借贷的权力)

(1)公司基于本法的目的,可以随时向下列主体借贷——

(a)政府;

(b)经部长同意,且符合成文法规定,可依据第14条的规定实施借贷;或

(c)从部长指定的其他人处借贷。

(2)公司应当根据确定的利率和偿还期限对所借贷款支付利息,并应当根据部长所作的批准,就本金的偿还模式、偿还时间或偿还期限制定条款。

(3)公司可随时向银行临时贷款或透支,或就临时所需金额进行借款——

(a)用于未收到应收账款会计期间所应支付的费用;或

(b)用于未收到第(1)项所授权的贷款时,原本应由上述贷款所支付的费用。

(4)公司证券或债券在依据第(5)项准备发行之前,在利率取得部长批准的前提下,应就本金偿还和利息支付获得政府的担保。

(5)公司证券或债券在发行之时或发行之后,应当就本金偿还和利息支付在部长批准的前提下,获得政府的担保,如果总统基于其自由裁量,同意政府的这种担保。

(6)为实现第(1)项的目的,借贷权力应当包括有权订立任何金融协议,通过将信用工具授权给公司从而去购买货物、材料或物资。

第14条(贷款条件)

(1)当公司被授权可以借款时,基于部长的批准或指示,公司可以通过任何方式筹集资金,尤其是通过——

(a)抵押;

(b)基于法律或衡平法,依据本法或其他成文法规定,以公司名下的任何财产或应收款项进行担保;及

(c)公司所发行的债券、股票或其他有价证券。

(2)经部长批准或指示,公司可基于自身判断,制定贷款利率和条款、条件和期限以保障债务清偿。

第14A条(股份的发行)

政府依据本法向公司投资财产、转移债权或债务,或者依据其他法律将资金注入公司或对公司进行其他投资后,公司应当向财政部长发行股份或其他有价证券,该部长将进行不定期的监督管理。

第 15 条(预算)

公司应当在每一个财政年度准备一份预算,并应不晚于 1 月 31 日提交于部长,以便部长批准同意。该预算应包括公司来年的收支——

(a) 资产报表;

(b) 有关工业用地、住房和辅助服务的管理和维护;

(c) 关于公司权力、职能和义务的执行。

第 16 条(部长对预算的通过)

(1) 部长可以批准或否决预算中任何条款或部分,并应将其作为对预算的修订退还给公司主席。

(2) 公司应当将经部长同意后的预算提交给总统,并依据《宪法》第 22B 条的规定获得总统同意。

(3) 经总统同意的预算应当在政府公报上予以公布。

第 17 条(追加预算)

(1) 根据第 24 条第(2)(d)项的规定,公司应就意外的或紧急的支出提交追加预算,内容包括——

(a) 修订后的当年财政收入的预算;

(b) 修订后的当年财政支出的预算;

(c) 如何满足追加的额外预算的说明。

(2) 一个追加的预算应当履行第 16 条规定的年度预算程序。

第 18 条(会计账目)

(1) 公司账目应由首席财务官保管,首席财务官由公司任命并对公司负责。

(2) 首席财务官应依据部长认可的形式对公司每年的财务账目进行说明。

(3) 首席财务官应对公司交易或事务保存准确的账目或记录,并应尽力保障公司财务所有的支出是正确作出以及合理授权,并保证对公司财产以及公司额外的支出有着足够的控制和监督。

第 19 条(公司审计人员的任命及权力)

(1) 公司账目应当经总审计师或经与总审计师协商后由部长每年任命的审计人员进行审计。

(2) 公司应当以自己的基金对公司审计人员支付报酬或费用,该报酬或费用由部长会同公司协商后决定。

(3) 公司审计人员应当有权全面、自由地获得与公司交易相关的直接或间接的会计账目及其他记录,并可以予以复制或摘录。

(4) 公司的审计人员或其授权的人可以要求任何人提供其所占有或可以获得的信息,该类信息是审计人员或者经其授权的人认为履行其职责所需要的。

(5) 当公司的职员无正当理由拒绝审计人员或其授权的人员的要求,使后者不能获得其所监控下的信息或者所占有的信息,或者阻碍、妨碍或延误公司审计人员或经其授权的人履行其职责或行使其权力时,属于违法行为,应当被处以不超过500元的罚款,并且如果违法行为持续,在持续期间,将每天被处以不超过100元的罚款。

第20条(审计人员的报告)

(1) 公司首席财务官应当对上一个财务年度制作财务报告并提交给公司的审计人员,并将其财务报告向部长和总统报告。

(2) 公司的审计人员应当在其审计报告中说明——

(a) 财务报告是否客观公正地反映了公司的财务交易情况和公司状况;

(b) 账目和其他记录是否准确适当;及

(c) 资金的收支和投资、公司资产的获得及处置符合本法和宪法的规定。

(3) 公司的审计人员应当将其在审计中认为需要报告的其他事项进行报告。

第21条(递交财务报告)

(1) 经主席、首席执行官和首席财务官签字的、公司审计人员认证的财务审计报告的副本,以及审计人员出具的任何报告的副本,应于每年9月8日前递交给部长,并于每年9月30日前递交给总统。

(2) 若总审计师未被任命为公司审计人员,经审计的财务报告的副本和审计人员出具的任何报告的副本,应在递交给部长的同时,转发至总审计师。

(3) 部长应将经审计的财务报告的副本和公司审计人员出具的报告的副本递交给国会。

(4) 第(3)项中经审计的财务报告和审计人员出具的报告应刊登在政府公报上。

第22条(年度报告)

(1) 除非部长书面授权,否则公司应于每年9月8日前向部长递交上一年度的公司履职报告。

(2) 部长应将该报告的副本递交国会。

第23条(银行账户和会计账目)

(1) 所有支付给公司的资金,应立刻存入公司指定的银行。

(2) 公司的会计账目应区分资本和交易收入。

(3) 通过贷款取得的资金应在账簿中单独反映,同时体现在公司的资产负债表中。

第24条(根据预算的付款)

(1) 只有项目纳入预算,且该项目能够达到收支平衡,公司才可以支付资金。

(2) 尽管未满足上述情形,但公司仍可支付——

(a) 符合条件,应返还给交易相对人或他人的定金或保证金;

(b) 公司误收的款项和他人误贷给公司的资金;

(c) 基于土地税征收者的判定,或基于本法或其他成文法出于公共目的而收购

土地,或基于任何法院的判决或命令,应由公司支付的金额;

(d)履行本法下公司职能和义务所必需的花费,并且在公司看来不能推迟付款。

(3)对于根据第(2)(c)项或(d)项支付的款项,应制定补充预算。

第25条(将资金从一个项目转到另一个项目)

无论本法如何规定,公司可将分配给一个项目的部分或全部资金,转移到经部长和总统批准的预算中的同一个支出项下的其他项目。

第26条(投资的权力)

公司可依据《解释法案》第33A条(法定机构投资权力标准)的规定,以其资金进行投资。

第27条

经第23/95号法被废除。

第28条(强制征收土地)

(1)为实现公司目的而需要使用非国有的不动产时,公司可提出申请,若总统认为该申请合适,可指令征收该土地。

(2)公司可根据成文法(这些法涉及因公共目的征收土地)征收该土地。这些成文法要求公司发出声明,陈述该土地是需要的(尽管公司从基金中支付了补偿款)。该声明如同声明该土地根据成文法是符合公共目的所需要的一样。

第29条(1983年4月15日以前强制征收土地不得被传唤问话)

(1)1983年4月15日以前强制征收不动产的,由于在该日之前强制征收已生效,因而不得以其未遵守第28条而被法庭传唤问话。

(2)1983年4月15日之后未决的诉讼或法庭程序,涉及第(1)项中的事宜时,应对任何一方提出的申请予以驳回,法庭可就其所认为的合理费用作出指令。

第30条

经第23/95号法被废除。

第31条(公司销售土地的特殊条款)

出于登记担保的目的,公司在销售土地、为自身利益以土地进行抵押或对该抵押进行处理时——

(a)若该土地依据《契约登记法》登记,则不适用该法第11条;及

(b)若该土地依据《土地产权法》登记,公司未聘用律师,则公司书面授权的高级管理人员的证明足以满足该法第59条的要求。

第32条(规章)

(1)经与公司协商后,部长可制定其认为对公司业务的正当经营合适的或理想的规章,尤其是针对下列事务——

(a)公司会议的召开及遵循的程序;

(b)公章的准备、保管和使用;

(c) 代表公司签署或履行文件、支票和各类票据；
(d) 公司发行、偿还债券和无担保债券的方式和条款；及
(e) 公司根据本法案条款履行其所有权力。
(2) 根据本法案制定的所有规章，发布在政府公报上后应尽快提交国会。

第 33 条（阻碍公司的高级管理人员）

阻碍公司的高级管理人员或其他经公司正式授权的人履行公司根据本法要求或经授权可从事的行为，即属犯罪，应处以不超过 5000 元的罚金或不超过 6 个月的监禁。

第 34 条（经济发展局的资产和责任向公司的转移）

自 1968 年 6 月 1 日起，根据《经济发展局法》组建的经济发展局的土地、房屋和其他动产或不动产，包括资产、权力、权利、利益和特权，以及与之相关和附属的债务、责任和义务，经部长在政府公报上发布通知后，应被视为转移并归属于公司，而无需进一步保证。

第 35 条（公司的标志）

(1) 公司有权排他性使用——
(a) 在附表中阐明的标志；
(b) 不时设计或采纳，并在相关活动或事务中被展示或展览的其他标志；
(2) 公司应在政府公报上发布第(1)(b)项中的标志。
(3) 任何人使用与公司相同或相似的标志，足以或极可能造成欺骗或误导，即属犯罪行为，应处以不超过 2000 元的罚金或不超过 6 个月的监禁，或并罚。
(4) 本条内容不得视为授权公司使用他人根据《商标法（1998）》已取得具有排他权利的相同商标。

第四部分　公屋、公寓或其他建筑物的销售（略）

第五部分　公司在裕廊港的责任

第 55 条（本部分的解释）

在本部分，除文意另有所指——
"货物"包括动物、废弃物、行李和其他各种动产；
"裕廊港"指公司在新加坡裕廊区拥有的任何场地，且在此公司提供设备为船只加载或卸载；
"所有者"——
(a) 与货物有关的，包括发货人、收货人、托运人或所有者销售、保管、装卸、搬运、操作、卸货或运输此类货物时的代理人；
(b) 与船有关的，包括持有其的部分业主、承租人、经营者、收货人或者抵押权

人或任何得到上述人员正式授权的代理人;

"转运货物"指由公司保管的从船只上卸载并转载至另一船只上的货物,联运提单上注明在港口装载上述货物的日期,并显示该批货物的目的地经由新加坡,在装有上述货物的包裹或单元上标明最终目的港,且上述货物交由公司保管之时或之前应于公司所寄存的转运仓单上作出声明;

"船"包括船或船舶或气垫船或浮动钻井平台或用于海上任何形式的操作平台或其他船只。

第56条(本部分的适用)

本部分仅适用于裕廊港或其他由公司所控制或使用的、为了提供和维持充足有效的港口服务和设备的场所。

第57条(货物遗失、损毁或损坏,除了转运货物和仓储货物)

公司或代表公司者对下列事项不负责任——

(a)他人错误交货、交货短缺或未交货(任何存放在公司处由公司控制或管理的货物)而导致的损失,除非是转运货物以及公司根据第63条接受的仓储货物;或

(b)经公司正式查收并由其所保管的超过2000元每件或每单元货物的损失或毁坏,除非交付人本人或引起上述货物交付之人就上述货物的性质和价值在货物递送至公司前已向公司提交书面申报,且公司对谎报上述货物价值的情形不承担任何赔偿责任。

第58条(依照合同所负的损失责任)

(1)尽管有第57条的规定,依照船只所有者的申请,公司仍可与之订立合同,依此,公司应承担因下列事项而导致的损失:公司控制或仓储的货物的交货短损,及公司未能交付或结算。

(2)就本条而言,经由部长批准,公司可制定合同条款或条件,且可不定期规定所收费率。

(3)公司基于自由裁量,可视具体情况拒绝签订上述合同,除非该合同涉及船只上所有货物的装载或卸载。

第59条(寄存在公司的转运货物的损失、损毁或损害)

(1)就送至、存放在公司处的转运货物,公司从知晓接收该货物起至装载到船舷期间,根据第60条的规定,对货物毁损负责。

(2)公司对超过2000元每件或每单元货物的遗失、损失或毁坏不承担任何赔偿责任,除非交付人本人或引起上述货物交付之人就上述货物的性质和价值在货物递送至公司前已向公司提交书面申报,且公司对谎报上述货物价值的情形不承担任何赔偿责任。

第60条(不可抗力等)

对因下列原因导致的货物损失、损毁及损坏,第57条、第59条不能要求公司或经其正式授权者承担责任——

（a）火灾或洪水,除非由公司的过错或私下知晓而导致；
（b）天灾；
（c）战争或公敌的行为；
（d）司法扣押；
（e）检疫限制；
（f）货物的所有者或承运人的行为、疏忽或违约；
（g）无论基于何种原因所造成的局部或全体罢工、停工或劳动受限事件；
（h）暴乱或民变；
（i）救助或试图救助人命或财产；
（j）不充分或不适当的包装,有缺陷或不充分的标记,有缺陷的筒、容器或包裹导致的渗漏；
（k）货物固有的体积或重量的损耗,潜在或固有的缺陷,或自然恶化；
（l）外包装完好的货物缺陷；或
（m）货物自身的危险性。

第 61 条（货物单独海损及共同海损）

（1）船只所有者或船长,在公司的场所卸载或意图卸载货物（该货物会或有可能会被宣告为单独海损及共同海损）,应在卸货前通知公司该宣告的存在或可能性,告知货物将受到或可能受到的影响。

（2）公司应对卸货、接受、仓储或搬动第（1）项的货物豁免所有的责任。

第 62 条（公司对装卸工或工人的行为不负责任）

装卸工或工人在船上工作,尽管公司支付其工资或酬金,但应被视作船的所有者或船长的员工,公司对因其行为、疏忽或疏怠职责导致的损害、损害不负责任。

第 63 条（保留）

（1）本部分不妨碍公司接受仓储货物,并承担相应损失、毁坏或损害责任。

（2）本部分不影响公司根据相关的成文法,对《工伤补偿法案》中定义的雇员承担的赔偿责任。

第六部分 其 他

第 64 条（检察官的同意）

除非检察官同意,法庭不得根据本法或依本法制定的规则或规章,审理犯罪行为。

第 65 条（起诉）

经检察官授权,公司的高级管理人员或公司主席书面授权的人,可以根据本法或依本法制定的规则或规章,对犯罪行为提起诉讼。

第66条（通知的送达）

除另有规定外,依据本法或本法其他规则、规章所要求或授权的通知、命令或文件,应送达至公屋、公寓或建筑物的业主处,在下列情况下,视为完成送达——

（a）通知、命令或文件送达至业主处或送达至其在公屋、公寓或建筑物的成年家庭成员或家庭仆人；

（b）用挂号信的方式送达至公屋、公寓或建筑物（无论是否由业主接收）；或

（c）贴在公屋、公寓或建筑物的明显地方。

公用事业法

(2001 年颁布,2002 年修订)

本法旨在对公用事业局及相关事项进行重构。

第一部分 序 言

第 1 条(简称)
本法可称为《公用事业法》。

第 2 条(名词解释)
本法中,除非另有规定——

"器具":任何用水器具、设备或零附件,包括使用管道或包含管道的所有器具、装置和设备。

"被授权的人":依据第 41 条,被书面授权可提供居民用水的人。

"授权官员":公用事业局的官员或雇员,或任何其他法定权力机关的官员,依据第 10(6)条的规定得到公用事业局的授权。

"公用事业局":《公用事业法(1996)》下重建的公用事业局,2001 年 4 月 1 日前生效并被第 3 条继续。

"主席":公用事业局主席,包括临时主席。

"总经理":公用事业局总经理,包括临时总经理。

"消费者":被供水的人,或其房屋或其他建筑物为供水目的被连接到任何供水系统上的人。

"副主席":公用事业局副主席,包括临时副主席。

"装置":包括任何为水的收集、生产、供给或使用而设计的设备或器具。

"特许供水工人":持有供水工人许可证的人,获许从事许可证中规定的供水业务。

"总管道":一条正在或可以通过其供给水的管道,无论管道是否正被使用。

"标准仪表":记录水量的仪表,其全部或部分数据随后记录在一个或多个此表上。

"成员":公用事业局的任何成员。

"占有者":占有建筑物的人,包括掌管、经营或控制自己名下建筑物或代他人掌管、经营或控制建筑物的人,但不包括租户。

"建筑物":包括房屋、构筑物、街道、土地、水、公寓、任何不动产地役权,无论国有土地与否,无论开放或封闭与否,无论添建与否,无论公共或私人与否,无论在法定权限范围内与否。

"污水"和"污水处理系统"的含义与在《污水处理和排水系统法》中相同。

"街道"包括——

（a）公众享有通行权并可架构公共桥梁的任何道路、高速公路、广场、人行道或通道,无论是否为干道;

（b）用作或拟用作连接两个或多个所有物的任何道路、人行道、开放的庭院或巷子,无论公众在其上是否享有通行权;及

（c）所有的通道、污水管道、排水沟、隧道、街道两旁的沟渠。

"水装置":任何贮水结构、水汞站、水管、配件、供给水的器具或设备。

"供水设备安装"——

（a）就公用事业局供水而言,是指为任何场所进行的设备安装,包括管道、配件、器具或设备,将水表连接至场所,为供水服务所用,但不包括为处置废弃物、淤泥水或污水而安装的装置;

（b）就被授权人供水而言,是指——

（i）任何在场所内安装的设备,包括管道、配件、器具或设备,以用于被授权人的供水活动;或

（ii）若提供水表仪器,则包括场所内任何连接到水表的设备,包括管道、配件、器具或设备,并为被授权人的供水活动所用,但不包括为处置废弃物、淤泥水或污水而安装的装置,或任何公用事业局的供水设备。

"供水服务工作":在供水设备上开展或实施的任何活动,包括设计、安装、建造、修理,或更换结构,或替换部件,或增加部件,或进行维护作业。

"供水工人":所在行业或职业要求其能承担供水服务的个人,或其他有能力、有资质的承担供水服务的个人。

"供水工人执照":依据第40条第（2）条下颁发的执照。

"水道":通航河流、沟渠或排水系统。

第二部分　公用事业局的重构、功能、义务和权力

第3条（公用事业局的重构）

自2001年4月1日起,公用事业局将作为永久延续的法人实体继续存在,并能——

(a) 以法人实体名义起诉和应诉;
(b) 收购、拥有、持有和发展或处置财产,包括动产和不动产;及
(c) 做出或承担其他法人实体依法可以做出或承担的其他行为或事情。

第 4 条(公章)
(1) 自 2001 年 4 月 1 日起,公用事业局将继续持有一枚公章,印章可能间或破损,在公用事业局认为合适时可以变更或新制。
(2) 所有法院、法官和司法人员应当对公用事业局加盖了公章的任何文件予以司法认知,并应当推定盖章有效。

第 5 条(公用事业局的规章)
(1) 公用事业局应由以下成员①组成:
(a) 一名主席;及
(b) 5 到 10 名其他成员,由部长根据需要随时决定。
(2) 附件一规制公用事业局、公用事业局成员及议事程序。

第 6 条(公用事业局的功能和责任)
(1) 依据本法规定,公用事业局的功能和责任包括——
(a) 提供、建设和维持集水区、水库和其他为公众和私人目的收集、提供和使用水所必需的工程;
(b) 管理和运用公用事业局的供水装置和基于本法规定公用事业局可取得的其他装置;
(c) 确保在合理价格下供水充足;
(d) 管理居民用水的供应;
(da) 收集并处理污水;
(e) 促进水资源保护;
(f) 作为政府代理人,建设、经营和维护以下全部或任一归属于政府的:
(i) 公共排水系统;
(ii) 公共下水道;
(iii) 暴雨排水系统、排水沟和排水区;
(iv) 在或连接在水库的船舶传送设备或拦河坝;
(g) 管理污水处理和土地排水系统的建设、维护、更新、运作和使用;
(h) 管理污水和工业废水的排放;及
(i) 就以下事项向政府提供建议——
(ii) 关于水的收集、生产和供给;
(iii) 关于污水处理和排水系统;及

---

① 本法以下所涉及"成员"均指由部长任命的成员。

(ⅳ)一般附属于公用事业局的事项;

(j)无论单独或与其他个人或组织合作,就污水处理、排水系统或水的收集、生产、供给,向新加坡或其他地方的个人提供顾问、咨询、技术、管理或其他专业服务;

(ja)管理和经营公用事业局维护的蓄水库、集水地区和水道内部或周围的活动;及

(k)执行本法或其他成文法赋予公用事业局的功能。

(2)除本条所规定的职能和职责,公用事业局可能承担部长指派给公用事业局的其他职能,这样做——

(a)公用事业局将被视作履行本法的目的;及

(b)公用事业局履行此职能时,适用本法。

(3)在向法院提起诉讼之前,本节中的规定不得视作为强加于公用事业局的任何义务或责任,且不得以直接或间接的方式进行强制执行。

(4)本条中"污水处理系统""公共下水道""暴雨排水系统""排水沟"和"排水区"与在《污水处理和排水系统法》中具有相同含义。

第 7 条(公用事业局的权力)

(1)依据本法规定,为执行本法或其他成文法所赋予公用事业局的职能和职责,公用事业局可以从事看上去有利、必需或方便的活动,尤其是行使附件二所列举的权力。

(2)本条不得被视作对成文法赋予公用事业局的权力的限制。

(3)公用事业局应向总理提供其财产及活动的数据资料,方式和时间由部长规定。

第 8 条(部长指令)

(1)经与公用事业局协商后,部长可向公用事业局发出其认为与本法或其他成文法下公用事业局职能相适应的指令。

(2)在不影响第(1)项概括性规定的情况下,若以下情况出现,部长经与公用事业局协商后,认为必须且适宜时,可向公用事业局发出指令——

(a)发生公共紧急事件,为了公共利益或公共安全、国防或与他国政府的关系;或

(b)为了——

(ⅰ)执行或便于执行政府作为国际组织的成员或国际协定当事人的义务;

(ⅱ)达到或便于达到部长认为政府作为国际组织成员或国际协议当事人所必需且适宜的目标;或

(ⅲ)使政府可以成为国际组织的成员或国际协议的当事人。

(3)公用事业局应当执行第(1)项、第(2)项下收到的指令,即使本法或成文法已赋予公用事业局其他职责。

(4)若部长告知公用事业局公开指令有违公共利益,则公用事业局不应公开其

在第(1)项、第(2)项下收到的指令。

(5) 若对是否存在公共紧急事件,或本条下的措施是否出于公共利益或公共安全、国防或与他国政府关系的考虑产生怀疑,部长签署的证明可作为对其的确证。

第9条(向公用事业局提供文件和信息)

(1) 公用事业局或公用事业局授权的人,可通知要求任何人在通知期间内,向其提供公用事业局要求提供的文件或信息,此文件或信息应是为了实现本法的目的且在被要求提供者的认知、监管或控制范围内。

(2) 任何人在被通知要求提供第(1)项下的文件或信息的,若未遵照执行,则属于违法。

(3) 任何人有下列行为应被认为违法——

(a) 故意改变、隐瞒或损毁其在第(1)项下被要求提供的文件;或

(b) 在提供概算、统计或其他依照第(1)项的指示要求提供的信息时,明知或草率地作出错误的陈述,尤其是在资料方面。

第10条(总经理和其他职员等的任命)

(1) 经部长批准,公用事业局可依其制定的条款和条件任命总经理。

(2) 总经理——

(a) 经公用事业局的决定被任命;

(b) 对公用事业局负有适当的管理、经营与公用事业局政策相一致的职能和事务;及

(c) 未经部长同意,不得被免职。

(3) 在部长就第(1)项作出批准,或就第(2)(c)项作出同意前,应向公共服务委员会咨询。

(4) 若总经理临时离开新加坡或因病或其他原因暂时无法履行职责时,公用事业局可任命一人在这段期间代为履行总经理职责。

(5) 公用事业局认为是有效履行职责之必须时,可依自行决定的条款和条件,任命和雇用职员。

(6) 公用事业局可随时书面任命或授权——

(a) 公用事业局的任何官员或雇员或其他法定主管当局的官员,作为授权官员以实现本法之目的;及

(b) 任何被授权的官员或其他个人,依据公用事业局所确定的条件和限制,履行本法中规定的特定功能、义务或权力。

第11条(公务员)

就《刑法典》而言,公用事业局中由部长任命的成员、官员和雇员应被视作公务员。

第12条(免除个人责任)

公用事业局的成员、官员或雇员或其他人,依照公用事业局的指令善意或打

算善意地执行或意图执行本法或其他成文法,则不得对其提起诉讼或其他法律程序。

第 13 条(借款的权力)

(1)为履行本法或其他成文法下的职能,公用事业局可间或向政府借债,或经部长同意后,从部长指示的境内或境外渠道获得借款——

(a)按揭贷款、透支或其他方式,无论是否有担保;

(b)以法律上或衡平法上归属于公用事业局的财产或其他公用事业局在本法或其他成文法下的应收账款进行抵押;或

(c)发行债券或经部长许可的其他投资工具。

(2)为实现本条之目的,举债的权利应包括公用事业局通过信贷方式达成融资协议来购买商品、材料或物资。

第 13A 条(股份发行及其他)

政府依据本法向公用事业局投资财产、转移债权或债务,或者依据其他法律将资金注入公司或对公用事业局进行其他投资后,公用事业局应当向财政部长发行股份或其他有价证券,该部长将进行不定期的监督管理。

第 14 条(公用事业局在财务方面的职责)

公用事业局有职责确保其有充足的总收入用以履行其在本法中的职能,在每一财政年度,收入账户应能够满足其应支付的总支出,包括资产折旧、资本利息以及用于发展公用事业局服务的合理支出。

第 15 条(年度预算)

(1)公用事业局应在每个财政年度安排有关收支的预算,且应在下一个财政年度实施。

(2)追加预算可在任意一次公用事业局会议上被通过。

(3)公用事业局通过的年度预算和追加预算的全部副本应即刻发给部长。

(4)公用事业局通过的年度预算和追加预算的摘要应在政府公报上刊登。

第 16 条(投资的权力)

公用事业局可依据《解释法案》第 33A 条(法定机构投资权力标准)的规定,以其资金进行投资。

第 17 条(财务规定)

附件三中的财务规定对公用事业局发生效力。

第 18 条(年度报告)

每个财政年度结束后,公用事业局应尽快就上一年度公用事业局的活动制作年度报告,并上报部长。部长应将所有报告的副本递交议会。

第 19 条(公用事业局标志或代表物)

(1)公用事业局有权选择或设计其标志或代表物,并可以在其相关活动或事物中展示或展览,对于这些标志或代表物公用事业局享有排他性权利。

(2)任何人使用与公用事业局的标志或代表物相同或容易引起消费者混淆的相似的标志或代表物,属于违法。

第三部分　公用事业局的供水企业和供水工人

第20条(公用事业局供水和器具供应等收费标准)
(1)公用事业局的供水价格及出租器具价格,应根据收费标准而变化。
(1A)依据第14条之规定,公用事业局制定供水价格,应考虑供水过程中的所有费用,包括但不限于:
(a)从水源处收集水资源,无论天然水源或二次用水(包括污水、废物和废水)或其他;
(b)从其他水源处购买水;
(c)储藏水资源;
(d)处理水资源以达所需标准;
(e)向各种场所供水;
(f)维护收集、储存、处理或供给水的任何系统;
(g)保障水供给的质量、安全和保护。
(1B)公用事业局在决定供水价格时,第(1A)条规定公用事业局不得考虑——
(a)本条中所涉及的任何活动若依据本条第4项的规定将产生应付税额(无论该笔税款由同一人或他人来支付),则该活动所产生的成本;或
(b)由政府或公用事业局代表政府所承担的费用。
(1C)为达第(1)项之目的,公用事业局定价时可向地处不同地方的人收取不同的费用,包括对不同的供水量收取不同的费用。
(2)本条不阻止公用事业局——
(a)通过特殊协议收取其他价格(无须被规定);或
(b)经部长批准,暂时对相似位置的客户制定不同的收费标准。
(3)公用事业局在确定收费标准以及达成供水协议,考虑供给的地点、时间、质量及供给的目的时,不得对位置相似的客户或消费者有不适当的偏好或歧视。
(4)公用事业局处理二次用水(包括废水、废物和污水)时,有权征收相关税款,其数额及应付的时间,依部长在政府公报上刊登的命令为准。
(5)为实现第(4)项目的,部长对不同地点的人征收不同数额的税款。
(6)应由下列人承担税款的交付——
(a)场所的占有者(包括政府);或
(b)场所空置时,其所有者(包括政府)。
(7)决定某人应纳税额时,部长应基于以下所有或部分内容予以计算:
(a)场所内安装的卫生设备数量;

（b）向场所供水的数量；

（c）处置二次用水(包括废水和污水)的数量。

（8）依本条所征收的税款,归入公用事业局基金。

（9）在不违反第25条的情况下,本条中基于供水所产生的应付税额可被视为对公用事业局应付的民事债务而由其收回。

（10）经部长批准,公用事业局可自主决定给某人或某一类人税收返还。

第21条(公用事业局可以供水)

（1）依据本法规定,公用事业局可向与其签订协议的人供水,协议条款及条件由公用事业局决定。

（2）公用事业局可要求需水方就供水事项同意——

（a）提供充足场所,构建必要的房间、建筑或建筑物结构,以便为公用事业局供水提供必要条件；

（b）公用事业局认为合适时,有权使用第(a)项下提供或构建的场所、房间、建筑或建筑物结构。

（3）公用事业局在其自由裁量权下,可拒绝、中断向下列某一场所的供水——

（a）场所的建造违反成文法规定；

（b）场所毁坏或处于危险状态；或

（c）供水设备的安装不能达到合格条件。

（4）在不违背第(3)项的情况下,公用事业局依据自由裁量权,可以——

（a）拒绝达成供水协议；或

（b）达成减少供水的协议,

上述行为针对场所中非供人使用的供水,且公用事业局认为向这些场所供水不实际且不经济。

（5）公用事业局对因以下事项造成的个人损失或损坏不负责任——

（a）第(3)项下公用事业局拒绝或中断供水；或

（b）第(4)项下公用事业局拒绝达成供水协议或达成减少供水的协议。

第22条(公用事业局可要求担保)

（1）依据本条规定,公用事业局可以要求向其申请供水的人提供担保,用以全额担保可能对公用事业局产生的债务——

（a）供水；或者

（b）供水装置的供应。

（2）若无法提供担保,公用事业局在认为适当时,可在无法提供担保期间,拒绝向其提供水或水装置。

（3）若当事人无法提供第(1)项中的担保,或提供的担保无效或不足——

（a）公用事业局可告知其自收到通知的7日内,向其提供担保,用以全额担保其因供给而可能形成的债务；

(b) 若当事人无法提供担保,公用事业局在认为适当时,可在此期间继续拒绝供应。

(4) 公用事业局对因第(3)项下切断供水而造成的损失或损坏不承担任何责任。

第 23 条(公用事业局可在未付款时切断供水)

(1) 若某人根据第 21 条所签订的协议享有取得供水的权利,但违约未支付合同约定应支付的金额,则公用事业局可中断供水,其方式包括关闭或断开水管(无论水管是否在公用事业局的控制或管理下),或关闭或断开其他供水所需工程。在当事人支付应支付的金额以及公用事业局中断供水时发生的费用之前,公用事业局可一直中断供水。

(2) 若公用事业局认为,某人滥用或浪费公用事业局的供水,则公用事业局可书面呼吁其在通知规定的时间内停止滥用或浪费行为。若超过规定时间仍未停止,则公用事业局可通过关闭或断开水管或其他合适的方式,中断对其供水。

(3) 公用事业局对因第(1)项和第(2)项而中断供水所导致的损失,不承担责任。

第 24 条(有权进入场所进行调查、检查)

(1) 公用事业局为实现本法目的,为调查、检查或执行本法授权的工程,其雇员、代理人或者承包商可在合理时间段内进入任何场所,或在场所的所有人、占有人同意的时间段进入该场所。公用事业局无须支付任何费用或支出,也无须经任何法定程序,也不会对进入或在场所内所作行为而产生的干扰负责。

(2) 根据第(3)项之规定,公用事业局除非得到占有者的同意,且提前 6 小时通知占有者,其员工、代理人或者承包商不得进入正在使用中的住宅。

(3) 依据本法规定,部长可宣布所控制和管理的各类经营场所应随时接受检查,经公用事业局以书面形式正式授权的雇员、代理人或承包商无须通知,可随时进入所规定的各类经营场所进行调查或检查,且必要时可使用武力。

第 24A 条(有权进入场所安装管道、水装置等)

(1) 为实现本法之目的,公用事业局的雇员、代理人、承包商可在任何合理的时间段进入场所,或在所有者或占有者同意的时间段进入,以完成下列目的:

(a) 公用事业局认为供水所必需的,在该场所地上、地下、凌空或穿过,以铺设或安装管道、水管、供水设备等;

(b) 检查、维护、调整、修复或更换第(a)项中涉及的管道、水管、供水设备;

(c) 完成第(a)项或第(b)项的工程所必需或附带的工作,包括——

(i) 挖掘场所、下水道或排水沟;

(ii) 挖隧道或在场所、下水道或排水沟下钻孔;

(iii) 移除或使用场所、下水道或排水沟下的泥土或材料;及

(iv) 在场所内或之上、架设、放置或安装设备或器具。

（2）为完成本条中的工程，公用事业局应尽可能减小损失，并对场所所遭受的损失进行修理或作出合理补偿。

（3）除了第（2）项中的规定，公用事业局不对基于本条规定进入场所或对该场所实施的行为，向任何人支付费用、代价。

（4）为完成第（1）项中列举的事项，公用事业局应至少在进入场所前14日书面通知场所的所有人或占有人，并尽可能准确、详细地表明预计工程的性质和范围。

（5）场所的所有人或占有人在收到第（4）项中的书面通知后的14日内，可向部长提出书面异议。

（6）若场所的所有人或占有人在第（5）项规定的时间内未提出异议，则公用事业局可立刻进入场所，并进行第（4）项下书面通知中所列明的工程。

（7）若存有异议，并在审理时间确定前未收回，则部长应当介入调查，给双方当事人以申辩的机会。在部长的调查得出官方结论前，公用事业局不得进入场所，并实施第（4）项下书面通知中列明的工程。

（8）在官方调查结果的基础上，部长可无条件或基于其认为合适的条件、条款授权公用事业局进入场所并实施第（4）项下书面通知中列明的工程。部长的决定为最终决定。

（9）公用事业局可向天然气、电力、水或电信的所有者或供应商，送达通知，以——

（a）改变属于这些所有者或供应商的或由其维护的导线、线、电缆、管材、管、套管、导管、支柱、结构或其他器具的线路或位置。前提是公用事业局认为为达到第（1）项之目的，相应改变是必须的。

（b）修复因此而妨碍的场所，若相应改变需得到法定机关的批准，则依批准行事。

（10）若公用事业局认为，为实现第（1）项中列明的目的，需要移除某些物品或结构，则应当通知其所有者或占有者移除场所中建造的、附着的或延伸的物件或结构。

（11）所有者、占有者或供应商因第（9）项、第（10）项中的通知，而遭受的合理费用和开支，由公用事业局承担。

第24B条（公用事业局可在紧急情况下采取措施）

无论第24条、第24A条、第31条、第32条、第33条如何规定，公用事业局认为下列情况有必要采取紧急措施——

（a）发生紧急情况、火灾或极端干旱；

（b）供水质量低于公用事业局制定的标准；

（c）为了便于修理、变更、替换或维护任何水管、装置或供水设备；

（d）避免不适当地干涉对客户的供水；

（e）为水源涵养；或

(f) 为了公共安全的利益或为其他影响公共利益的原因,

只要公用事业局认为对公众服务或社会安全是必要的,其可以立刻、不经通知地进入任何场所,并实施或指挥实施任何本条中授权的工程或行动。

第 25 条(偿还对公用事业局的债务)

(1) 任何人若未在规定时间内缴纳或偿还本法中的税款或其他费用,则应通知违约者在收到通知 7 日内,支付原金额及通知费用——

(a) 因公用事业局向其所有或占有的场所供水;

(b) 因随即完成与之相关的施工或提供与之相关的材料;或

(c) 因公用事业局提供或出租供水配件、装置、器具、零件或设备附件。

(2) 若上述金额和费用未在 7 日内支付,则公用事业局可向其雇员颁发授权书,指示文件上的雇员通过扣押、拍卖违约者的动产的方式,索取该金额以及追偿费用。

(3) 授权书指定的人为扣押动产以完成授权书的任务,可以在白天进入任何房屋或建筑。

(4) 所规定的费用应可支付本条下所发放的授权书中应当归还的欠款。

(5) 授权书指定的人应当编制扣押财产的目录,并同时书面通知其所有人,告知其财产扣押后将会被卖出。

(6) 依授权书而被扣押的财产,应当由授权书指定的人或公用事业局指定的其他人员在扣押 7 日后通过公开拍卖的方式售出,除非在 7 日内债务和费用得到偿还。

(7) 若拍卖所得款项扣除债务和费用后仍有余额,应返还财产所有者。

(8) 卖出后 12 个月内无人认领余款,则应归于公用事业局基金,之后无人再有权要求获取余款。

第 26 条(供水装置的迁移)

经供水设备所占用场所的所有者或占有者申请,若公用事业局认为迁移供水设备是合理的,且所有者或占有者满足公用事业局附加的条件和条款,包括支付迁移的必要费用和开支,则公用事业局可实施迁移。

第 27 条(公用事业局可停止或中断供水)

(1) 尽管与客户订立供水合同,公用事业局仍可基于下列原因停止、关闭或改道或部分改道水管内的供水或其他受其控制或管理的工程——

(a) 若出现紧急情况、火灾或严重干旱;

(aa) 若水质达不到公用事业局要求的标准;

(b) 若为了修理、替换管道、设施或供水设备、新工程的建设、改变或维护现有工程、安装、变更或拆除仪表;

(c) 若为避免给其他顾客带来不便或过分干涉其他顾客的供水;

(d) 若为了水源涵养;或

(e)若为了公共安全的利益或基于公共利益而为的行为。
(2)公用事业局对下列原因导致的损失不负责任——
(a)随之导致的停止或延迟供应水或其他器具;或
(b)供水的停止、中断、暂停或限制。

第 28 条(公用事业局可减少供水)

当公用事业局认为水资源难以满足公众正常供应量时,可以在其认为合适的情况下减少供水量。公用事业局这一减少供水的行为,除应在其所同意收取的供水服务总费用中进行适当扣除外,不应引起任何其他法律责任。

第 29 条(公用事业局财产豁免扣押或被执行)

为了供水,公用事业局将其所有的水管或设备安装在不由其控制的场所时,如基于法院司法程序或个人破产程序,需扣押或强制执行占有人财产,上述水管或设备不在被法院扣押或执行之列。

第 30 条(公用事业局出租的水装置、器械等豁免扣押或被执行)

公用事业局用于出租的水装置、器械、附件、零件以及附属物,被安装在不由其控制的场所时,如基于法院司法程序或个人破产程序,需扣押或强制执行占有人财产,上述财产不在被扣押或执行之列。

第 31 条(有权进入场所检查管道等)

(1)公用事业局可通过派遣雇员、代理人或承包商,在合理的时间段(无论日夜)或与场所的所有者或占有者协商的时间段内,进入由其供水的场所,为实现以下全部或部分目的:

(a)对归属于公用事业局的供水管道进行检测,若有必要的话,修理、更新或替换管道、水表、配件、设备或器具;

(b)查明消费或提供的水量;

(c)当公用事业局被授权中断对此场所的供水时,移除归属公用事业局的管道、配件、设备或器具;

(d)修理任何因介入、检查或移除而导致的毁坏。

(2)公用事业局可派遣雇员、代理人或承包商,在合理的时间段,或与场所的所有者或占有者协商的时间段内,进入或穿过那些内置、途经、铺设了主要管道、水管或其他设备的场所——

(a)依情况所需,检查和(若必要的话)修理、更换、重新铺设、重新安排或处理上述物件;及

(b)修理由于第(a)项中的进入或其他行为所导致的损失。

(3)公用事业局对基于本条进入场所的行为或其他行为,不负担任何人费用或支出,也不应被诉讼,且不对骚扰负责。

第 32 条(有权进入与工程毗邻的场所)

(1)公用事业局无需提前支付、招标或提供保证金,即可通过派遣雇员、代理人

或承包商的方式,进入毗邻或距本法所涉及工程 100 米的任何场所——
（a）在用以储藏土壤、砾石、砂、石灰、砖或其他材料的指定场所;或
（b）为连接工程的其他目的。
（2）公用事业局在行使第（1）项的权力时,应尽量减少损失,并予以合理补偿——
（a）当临时占有或临时损毁土地时,应向所有者或占有者补偿土地的临时占有或临时损坏;及
（b）向所有者补偿场所受到永久损害的损失,若有的话。
（3）在公用事业局行使第（1）项的权力时,应在 7 日前将意图书面通知场所所有者或占有者,并用围墙将所需场所与毗邻场所隔离开。

第 33 条（疏通现有水管或连接管道的阻塞）
（1）公用事业局认为存在于水管或连接管道之上的某些结构、物件或物质堆积阻碍、阻塞或可能阻碍、阻塞水管或连接管道的通畅,则公用事业局可通过书面通知指令——
（a）结构、物件或物质堆积的所有人;
（b）致使结构、物件或物质堆积存在于此处的人;或
（c）结构、物件或物质堆积所在场所的所有人或占有人,
在通知给定的时间内,移除上述结构、物件或物质堆积。
（2）若某人收到第（1）项下的通知但未能遵守——
（a）应被认作犯罪行为并处以不超过 10000 元的罚金或不超过 12 个月的监禁或并罚;及
（b）公用事业局可以——
（i）采取一切其认为必要的方法,确保移除结构、物件或物质堆积;或
（ii）重新部署或将水管或连接管道转向,
并就上述行为所产生的合理损失对当事人进行补偿。

第 34 条（就管道或其他器具的阻塞通知公用事业局）
（1）为给场所占有者供水,安置于该场所中的供水管道或设施由于堵塞或损坏而导致水资源浪费时,占有者应当在知晓该事件后立刻通知公用事业局。
（2）若占有者在知晓上述情况后,疏于通知公用事业局,则应被视为违法,并处以不超过 5000 元的罚款。在损坏被修复前,公用事业局可下达快速命令以中断供水。

第 35 条（罚款或滞纳金）
公用事业局经部长批准,对于本法下逾期未付费用或应付税款的,可处以罚金或滞纳金(若罚金或滞纳金未支付,则可认为是对公用事业局的债务并可追究赔偿)。

第 36 条(为供水而支出的资本)

(1)若政府认为某地区(住宅或非住宅)有必要得到供水,而公用事业局认为若政府不作贡献(资本)则供水项目不经济,政府可提供供水所必需的资本支出,具体金额由公用事业局估算,且需经过政府同意。

(2)若土地所有者提出在其地上建房屋(住宅或非住宅)需要供水,而公用事业局认为供水项目不经济,则可要求所有者贡献供水所必需的资本支出,具体金额由公用事业局估算,且需经过所有者同意。

(3)住宅供水不包括——

(a)牛、马或机动车被销售、租用或用作一般运输工具,为养牛或养马,或为了清洗机动车所用的供水;

(b)供水大部分用于浇灌土地、花园或喷水池或为其他装饰性用途;或

(c)对某些场所的供水,其中部分场所用于贸易、制造或商业。

第 37 条(关于停止供水的一般性规定)

(1)当公用事业局依照本法中断对某场所的供水,事后发现未经公用事业局允许供水被恢复,且正在被场所内的人员使用,则场所的占有者应当被认定(除有相反证据)为违法,并被处以不超过 10000 元的罚款,并且对违法行为持续期间,每天另处不超过 250 元的罚款。

(2)公用事业局依本法中断供水后,可在失职当事人处于下列状况时,在合理时间内恢复供水——

(a)成功弥补失职行为;及

(b)支付了中断、再次连接供水的合理费用。

第 38 条(公用事业局施工时应提供便捷的通道等)

(1)公用事业局在实施被指示或授权的施工时,应当在因施工而受到打扰、损坏或变为无用的地方提供便捷的通道、水道、排水系统和渠道。

(2)基于相同的原因,公用事业局应对受到损失的人予以合理补偿。

第 39 条(未经同意等进入公用事业局场所)

(1)无论其他成文法如何规定,无公用事业局事先的书面同意,任何人不得进入或使用公用事业局的场所,或者预留给公用事业局铺设管道的场所。

(2)任何人的电缆、管道、水管或其他财产处于第(1)项所涉及的场所之上、之中或穿过上述场所时,公用事业局可书面通知要求其在指定的时间内移除。

(3)执行通知所要求事项的费用由当事人承担。

(4)违反第(1)项之规定,则作违法处理。

第 40 条(向供水工人颁发执照)

(1)除适用第(3)项的规定外,任何人不得——

(a)私自操作或执行供水服务,或提供、承担此类活动;或

(b)对外宣传或自称是供水工人或特许供水工人,或宣传或自称具有提供供水

服务的能力、资质和法定权限，

除非此人持有供水服务工作的供水服务工人执照。

（2）公用事业局可以——

（a）授予、暂停、取消、更换、延期、更新或取代任何本条下所授予的供水工人执照；

（b）决定供水工人所持执照的分类；

（c）明确供水工人执照中供水服务的性质，并且将某些工程限制到部分种类的供水服务或供水设备安装中；

（d）明确授权供水工人执行、完成工作时的环境和规范；或

（e）对某些供水工人执照附加豁免或附加条款、条件或限制。

（3）公用事业局可间或在政府公告上刊登通知，列明可以由不具有本条授予的执照的工人实施的供水服务工程。

（4）违反第(1)项的人，属犯罪行为，处以不超过10000元的罚金或不超过3年的监禁，或并罚。

（5）【根据2012年第9号法案删除。】

（6）本条不适用于公用事业局的雇员履行职责，或依据职业工程师法注册的职业工程师。

第四部分 提供居民用水

第41条（经公用事业局同意提供居民用水）

（1）除了公用事业局，或得到公用事业局书面批准的机构，任何人不得提供居民用水。

（2）违反第(1)项规定的人应认定为犯罪行为，并处以不超过50000元的罚金或不超过5年的监禁或并罚。

（3）公用事业局的书面批准，应按照公用事业局规定的格式作出，有效期间及条件由公用事业局决定。

（4）公用事业局的书面批准，除经公用事业局事先书面同意，否则不得转让。

（5）任何谣传的有关书面批准的转让是无效的。

（6）若取得书面批准的人违反书面批准的条件和条款，或违反第42条之规定，则公用事业局可以要求其递交书面理由，言明为何公用事业局不应为下列行为：

（a）依公用事业局认为合适的形式及数额提供担保，以确保其履行书面批准中的条件和条款，或服从第42条之规定；

（b）对其处以不超过50000元的罚金；或

（c）撤回批准，或在公用事业局认为适合的一段期间暂停对其的批准。

（7）若公用事业局对第(6)项中被要求递交书面理由的当事人所作的书面辩护

或解释不满意,公用事业局可——

（a）要求当事人提供公用事业局认为合适的形式及数额的担保,以确保其履行书面批准中的条件和条款,或服从第42条之规定；

（b）对其处以不超过50000元的罚金；或

（c）撤回批准,或在公用事业局认为适合的一段期间暂停对其的批准。

（8）对第（7）项下的罚金,公用事业局可作为债务回收。

（9）若不满公用事业局依第（7）项所作的决定,可以在收到决定的14日内,向部长上诉。部长的决定是终局决定。

（10）本章不适用于仅向公用事业局供应的居民用水供应。

第42条（获得授权的要求）

获得第41条中的书面批准的人都应当——

（a）确保其提供的水符合水质量标准中针对居民用水的标准；

（b）确保其为供水所使用的设备、供水设备、供水服务设备和配件,符合本法中的规定以及公用事业局制定的具体适用标准和实施准则；

（c）在供水时,采取一切合理措施,确保其雇用的雇员的健康和安全；

（d）确保使用其供水的顾客,不受水中污染的危害；

（e）不从事任何导致其供水会侵害消费者健康的行为；及

（f）在供水的过程中,采取一切合理措施,保护消费者的健康和利益。

第43条（暂停审批）

（1）出于公共利益或公共安全的考虑,公用事业局可以在其认为合理的时间段内暂停第41条所涉及的审批。

（2）公用事业局对暂停所造成的损失不负责任。

第44条（公用事业局责任的排除）

即使公用事业局根据第41条作出书面批准,公用事业局对任何情况下因为违约、过失、个人的（被批准的人员及其代理或员工）不法行为或疏漏而导致的损失、损害或费用不承担责任。

第五部分 违 规

第45条（维护供水设备安装）

（1）负责维护供水设备的人应当确保供水设备得到妥善维护,保持合适、安全的状态、无任何缺陷。

（2）负责维护装有标准流量装置和蓄水池的住宅场所、工商业场所的供水设备的人员,当公用事业局提出要求时,应当聘用供水工人（注册于职业工程师法）前去检查并且证实——

（a）供水设备正适合、安全地运作；

(b) 供水设备得到适当的维护,供水设备中的水没有被污染,或不存在被污染可能;及

(c) 供水设备无渗漏或渗漏可能。

(3) 依第(2)项被雇用的职业工程师应确保供水设备达到所列出的要求。

(4) 若第(2)项所规定的要求未达到,职业工程师应当立刻通知——

(a) 负责维护供水设备的合适人员;及

(b) 公用事业局,

告知未达到的事实,及应由上述人员采取的补救措施。

(5) 接到职业工程师的通知后,第(4)(a)项中提及的人员应当立即采取补救措施。

(6) 若第(2)项中的所有要求被达到,则职业工程师应向负责维护供水设备的人员颁发检测合格证明。

(7) 任何人违反本条之规定,应认作违法行为。

第 46 条(铺设管道人的职责)

(1) 任何人在其他管道周围铺设管道的,若其中一条管道正在或即将传送居民用水,而别的管道正在或即将用作其他供水或者运送其他物质,铺设者应作出明确标记,确保他们被区别开来。

(2) 任何人铺设、修理、变更或替换任何其他管道附件的管道,若其中一条管道正在或即将传送居民用水,而别的管道正在或即将传送其他用水或运送其他物质,应确保管道之间相互不连接或交叉。

(3) 任何违反第(1)、(2)项的,应作违法行为处理。

第 47 条(损坏公用事业局的财产)

(1) 任何人,无论是否故意,移动、损坏或损毁任何归属于公用事业局或由其控制和管理的财产或阻碍财产的使用,或妨碍其按照计划被使用,属犯罪行为,并处不超 10000 元的罚金或不超过 3 年的监禁或并罚。

(2) 针对第(1)项所订立的犯罪行为而进行的法律程序,被诉的违规者可辩护,证明其采取了一切合理预防措施,并尽一切努力防止违规的发生。但是,上述辩护无法对抗对第 56A 的违规责任。

(3) 若公用事业局认为出现违反第(1)项规定的情形,则应书面通知违反者(包括违反第(1)项或第 56A 的规定),要求其在通知要求的时间内采取必要措施以恢复原状或进行替换。

(4) 若公用事业局认为立即采取行动是必要、便利的,或违约者无法恢复原状,公用事业局可不发出第(3)项中的通知,而是——

(a) 采取必要措施恢复原状或更换财产;及

(b) 通过有管辖权的法院,从违约者处收回所有合理范围内的费用,以作为对公用事业局的债务。

（5）若在第（3）项通知的时间内未遵循要求，公用事业局可以其认为合理的方式，自行实施通知中的工程，并通过有管辖权的法院，从违约者处收回所有合理范围内的费用，以作为对公用事业局的债务。

（6）在不影响公用事业局行使第（5）项权力的情形下，任何人无合理理由不遵守第（3）项通知中的要求，属犯罪行为。

47A.【损坏水管和设备等】

（1）任何人，无论是否故意，移动、损坏或损毁任何归属于公用事业局或受其管理控制的财产，或引起或同意为上述行为的，属犯罪行为，并承担——

（a）不超过 40000 元的罚金或不超过 3 个月的监禁或并罚；或

（b）若水管直径超过（含）300 毫米，则不超过 200000 元的罚金或不超过 3 年的监禁或并罚。

（2）任何人，无论是否故意，移动、损坏或损毁，或引起或同意为他人移动、损坏或损毁下列设备的部分——

（a）向公用事业局供水的设备或供水装置；或

（b）归属于公用事业局或受其控制的设备或供水装置，

并因此干扰了上述设备或供水装置的供水，属犯罪行为，并处以不超过 200000 元的罚金或不超过 3 年的监禁或并罚。

（3）针对第（1）项、第（2）项所订立的犯罪行为而进行的法律程序，被诉的违规者可辩护，证明其采取了一切合理预防措施，并尽一切努力防止违规的发生。但是，上述辩护无法对抗对第 56A 的违规责任。

（4）若公用事业局认为出现违反第（1）项、第（2）项规定的情形，则应书面通知违反者（包括违反第（1）项、第（2）项或第 56A 的规定），要求其在通知要求的时间内采取必要措施以恢复原状或进行替换。

（5）若公用事业局认为立即采取行动是必要、便利的，或违约者无法恢复原状，公用事业局可不发出第（4）项中的通知，而是——

（a）采取必要措施恢复财产原状或更换财产；及

（b）通过有管辖权的法院，从违约者处收回所有合理范围内的费用，以作为对公用事业局的债务。

（6）若在第（4）项通知的时间内未遵循要求，公用事业局可以其认为合理的方式，自行实施通知中的工程，并通过有管辖权的法院，从违约者处收回所有合理范围内的费用，以作为对公用事业局的债务。

（7）在不影响公用事业局行使第（6）项权力的情形下，任何人无合理理由不遵守第（4）项通知中的要求，属犯罪行为。

第 48 条（破坏公用事业局财产的补偿）

（1）任何人，无论是否故意，移动、损坏或损毁归属于公用事业局的财产或阻碍财产的使用，或妨碍其按照计划被使用，属违法行为，并赔偿所造成损害。可通过有管辖权的法院提起民事诉讼进行赔付。

（2）审理法院可评估应付赔偿的金额，并按此金额作出判决。

（3）任何依据第（2）项所作出的判决，可如民事判决一样被执行。

第49条（假冒公用事业局雇员）

通过假冒公用事业局雇员的方式试图进入场所，属于犯罪行为。

第50条（未经授权连接水管、污染、浪费等）

（1）任何人——

（a）未征得公用事业局同意，铺设或致使铺设任何管道或线路，并连接至任何公用事业局管理或控制下的水管、管道、立管、消火栓或线路；

（b）浪费水资源；

（c）污染公用事业局的供水；或

（d）无论是否故意，干扰或扰乱公用事业局的供水，

属犯罪行为，并处以不超过50000元的罚金或不超过3年的监禁或并罚。若为持续犯罪，则在定罪后的持续犯罪期间，每天另处不超过1000元的罚金。

（2）任何人——

（a）不诚实或欺诈地提取、使用或消耗，或不诚实或欺诈地转接或致使转接由公用事业局供给的水资源；

（b）未经公用事业局书面许可，而将公用事业局（无论基于何种目的）向其所供之水以对价的方式提供给他人；或

（c）更改或篡改公用事业局提供的水表，

属犯罪行为，并处以不超过50000元的罚金或不超过3年的监禁或并罚。若为持续犯罪，则在定罪后的持续犯罪期间，每天另处不超过2500元的罚金。

（3）任何人将面临起诉，若其违反第(2)(c)项——

（a）其使用任何工具改变水表指数或阻止仪表准确登记公用事业局所供水量；

（b）公用事业局提供的水表电镀表盖存在缺陷；或

（c）水表的封条存在缺陷，

当水表由被诉者保管或控制时，应有初步证据表明被诉者已经更改或干扰了水表。

（4）在基于违反第（1）项、第（2）(b)项或第（2）(c)项而提起的诉讼中，被诉者可作出辩护（依据除第56A条以外的条文），证明其采取一切合理预防措施，并尽一切努力防止犯罪行为的发生。

第51条（阻碍公用事业局履职的惩罚）

任何人——

（a）阻碍或阻止公用事业局、其雇员、代理人或承包商、授权官员或其他公用事业局授权的人，履行、执行本法下的职责或其他有权或被要求做的事务；或

（b）干涉本法下授权完成的事务，

属违法行为。

第 52 条（虚假陈述等）

（1）当任何人向公用事业局提供任何信息或依本法提出申请时，明知或罔顾后果地错误陈述重要内容，应作违规处理。

（2）任何人——

（a）制作任何假冒或欺诈的表达或声明（无论口头或书面），故意或欺诈地为自己或他人获取或试图获取本法下的执照或许可证；或

（b）明知仍帮助、协助，

属违法行为。

第 53 条（总经理的证明作为特定事实的证据）

基于本法中的犯罪行为而提起的诉讼中，名义上有总经理签署的证明，证明中显示了任何人获得或未获得本法下的执照，或获得或未获得本法下的许可，此陈述可作为被证明事项的充足证据。

第 54 条（法院管辖权）

即使与刑事程序准则有不同规定，区域法院以及地方法院仍对任何本法下的犯罪行为有管辖权，并且有权对其行为施加处罚或刑罚。

第 55 条（特定情况下警官、被授权官员或被授权个人可能要求提供身份证明）

（1）任何警官、被授权官员或其他被公用事业局依据本条授权的个人（即本条所称的被授权个人），根据本法合理地相信某人有违法行为，并要求其提供身份证明，则违规者应提供警官、被授权官员或被授权个人（视情况而定）所要求的相应身份证明。

（2）场所的占有者，若被警官、被授权官员或被授权个人要求，则应提供其姓名和场所所有者的姓名和地址（若知道的话）。

（3）任何人——

（a）拒绝提供警官、被授权官员或被授权个人依本条要求提供的信息；或

（b）故意错误地提供上述信息，

应作违法行为处理，并处以不超过 5000 元的罚款。

第 55A 条（有权检查、确保出席）

（1）一名授权官员可为下列全部或部分事务——

（a）根据本法，向新加坡境内任何可能知晓事实和情况的人，发布书面命令，要求其接受当面询问；

（b）根据本法，口头调查任何看上去知晓事实和情况的人——

（i）此人或他人在事前或事后是否被指控存在与此事有关的违法行为；及

(ii)此人是否在任何与此事有关的调查、庭审或其他程序中,被传唤作证;

(c)要求任何人提供信息或出示此人所拥有的与此事有关的文件,并可调查、扣押、免费复印或摘录这些文件。

(2)根据本条被调查的任何人,应真实陈述其所知晓的、与事件有关的事实和情况,除非该事实会使他受到刑事起诉、罚款或罚金。

(3)根据本条被调查的个人所作出的陈述应——

(a)形成书面稿;

(b)读给他听;

(c)如果他不懂英语,应翻译成他懂的语言;及

(d)如果有必要,可作修正、更改后签字。

(4)如果某人未按照第(1)项中通知的要求当面接受询问,则公用事业局可向治安官报告,由治安官依据自由裁量权,发布授权令,要求此人当面接受询问。

第 55B 条(有权进入调查)

如被授权的官员有合理的理由认为发生了本法中的违规行为,他可以不经通知,在任何时候进入任何场所,并为调查被怀疑的违规行为实施下列全部或部分行为:

(a)搜查场所,扣押其中有理由相信与违规行为有关的物品;

(b)要求出示有理由相信与违规行为有关的记录、证明、通知或文件,无论在何处,无论由谁保管,并扣押、摘录或复印上述文件;

(c)为了进行分析,扣押或保留任何找到的材料(无论固体、液体、气体);

(d)拍摄被授权官员认为对调查有必要的照片;

(e)为了调查,要求场所内的人提供其身份证件或其他证明文件。

第 56 条(法人团体等违规)

当一个公司、社会团体或其他团体实施了本法中的违法行为,而这一行为被证明是受到违法行为实施时公司、社会团体或其他团体的主管、经理、秘书或其他类似的职员或合伙人的授权、同意或纵容,则这些人同样应被认为违规而受到控告和相应的处罚。

第 56A 条(代理人或雇员违规的责任)

任何人作为他人的代理人、雇员或受他人监督或指令而做出的违规行为,应与他人承担相同方式、相同程度的违规后果,如同其自己单独实施的一样;除非他可以证明他并未同意或纵容违规行为且过失不应归责于他并被法院采纳。

第 57 条(挖掘前的询问义务)

(1)任何人使用机械设备、工具或炸药挖空、钻洞、挖掘、建隧道或破土,或允许其雇员或代理人为此行为,而未事先——

(a) 从公用事业局取得相关计划或记录以明确由公用事业局拥有、管辖或控制的、可能会受到施工影响的水管和管道的地点；

(b) 实施试验性挖掘以实际确认上述管道和水管的位置；及

(c) 遵守为保护工程周边的水管或管道,公用事业局所具体指明的要求,

应被视为犯罪行为,并处以不超过50000元的罚金或不超过3年的监禁或并罚。

(2) 为达第(1)(a)项之目的,任何人可以支付规定费用后,有权查看、复印公用事业局持有或代表公用事业局持有的相关计划或记录。

第58条（一般性惩罚）

若未有明确规定的惩罚,则本法下的违规者应被处以不超过10000元的罚金或不超过12个月的监禁或并罚。对于持续犯罪,在持续犯罪期间,每天另处不超过250元的罚金。

第59条（违规的复核）

(1) 公用事业局可依自由裁量权,复核任何本法可以复核的犯罪行为,即同一人被判处总和不超过3000元的罚金或附件三下第10段中可复核的犯罪行为且总数不超过500元。

(2) 经部长批准,公用事业局可以制定规章,规定可以复核的犯罪行为。

(3) 本条下的罚金应支付给公用事业局。

第六部分　向公用事业局转入财产、责任和雇员

第60条（向公用事业局转入财产、资产和责任）

(1) 自2001年4月1日,无需进一步的确认、法令或契约,由财政部长决定、污水部门和排水部门经营的归属政府的动产及不动产,以及政府中与污水部门和排水部门相关的全部资产、利息、权利、特权、责任和义务都转入公用事业局。

(2) 对某些资产、利息、权利、特权、责任和义务是否转入公用事业局存有疑问时,财政部长签发的有关财产是否转移的确认书为决定性证据。

(3) 任何依第(1)项转入公用事业局的财产,应由公用事业局持有土地保有权并受制于总统决定的条件和条款。

(4) 所有由政府发起或针对政府的、与污水部门和排水部门相关的诉讼程序,待2001年4月1日后由公用事业局继续、完成和执行。

(5) 每个有关转让资产的协议,并且污水部门和排水部门在2001年4月1日的前一刻仍为协议当事人,则无论此等权利和责任是否可以被分配,其效力如同——

(a) 公用事业局自始是协议当事人;及

(b)关于在本条例生效时或生效后须由污水部门和排水部门在2001年4月1日或之前完成的事项,凡有提及污水部门和排水部门之处,均视为提及公用事业局。

第61条(雇员调动)

(1)自2001年4月1日,原任职于污水部门和排水部门的人员应转为为公用事业局服务,并且其待遇不得低于原先所享有的待遇。

(2)直到公用事业局制定出工作条件和条款,原政府制定的工作计划和条款仍然继续适用于每个第(1)项下调职的员工,就像仍然受雇于政府一样。

第62条(保留政府雇员的退休金等权利)

(1)公用事业局制定条款和条件时,应考虑原本员工享有并因第61条调职至公用事业局而随之转移的工资、条件和条款(包括积存假期)。

(2)当由政府调职至公用事业局,与为公用事业局服务的年限相关的条件或条款应对服务年限予以确认。

(3)关于养老金、报酬或津贴,公用事业局所拟定的条款和条件不得损害调入公用事业局工作的员工原本根据《养老金法》应适用的条件。

(4)当个人根据第61条调职至公用事业局工作,在此人退休时,对其为公用事业局和政府服务期间有资格领取的退休金报酬总额,政府应当支付公用事业局一定的退休金、酬金或津贴,其数额根据为政府服务的期间占总服务期间的比例确定。

(5)当个人在为公用事业局服务期间、退休或在工作期间死亡或退役(但不属于领取退休金的范畴或本条所规定的其他计划),公用事业局可以决定是否给予其本人或完全或部分依赖其生存的其他人一定的津贴或养老金(数额为公用事业局认为合适的数额)。

第63条(不得因办公机构移除或重组而获益)

尽管有《退休金法》之规定,因第61条调职至公用事业局的人员不得因其退休是由于公用事业局重构所导致的办公机构移除或重组而请求利益。

第64条(现存合同)

2001年4月1日前的所有的契约、计划、债券、协议、设备和安排,政府为其中一方当事人,且事关污水部门和排水部门或事关第61条下调职到公用事业局的人员,则仍然继续执行,且公用事业局取代政府,视作自始的当事人。

第65条(处分程序的继续与完成)

(1)2001年4月1日时,任何未裁决的纪律处分程序,随着原供职于政府的当事人员工依照第61条调职至公用事业局,程序交由公用事业局执行和完成。

(2)2001年4月1日,任何仍处于审理、调查,或由委员会依其适当权限审理或调查,但未作出命令、裁决或决定的事件,委员会应继续审理或调查,并依照该日以前的权限作出命令、裁决或决定。

(3) 委员会依照本条所作出的命令、裁决或决定,应被视为公用事业局所作出,并且具有与公用事业局依照本法下的权限作出的命令、裁决或决定同等的效力。

第 66 条(调职前员工的不当行为或失职)

对于某人在其任职于政府期间的任何失当行为或玩忽职守,并因此需要承担训诫、降级、使之退休、解雇或其他方式的惩罚,公用事业局有权对其训诫、降级、使之退休、解雇或用其他方式进行惩罚,如同其仍继续就职于政府且本法未制定一样。

第七部分 其 他

第 67 条(不固定的公用事业局财产)

所有由公用事业局执行、建造或附着在场所之上的工程、器具、固定装置和设备,或由公用事业局取得的上述物件,应继续归公用事业局所有,并不会归于场所的所有者。

第 68 条(有权扣留)

(1) 警官或经由总经理书面授权的人,在特定情况下,可扣留任何其认为或有理由相信实施了本法下的应被处罚的犯罪行为,如果——

(a) 他不知道此人的姓名和地址;

(b) 此人拒绝提供他的姓名和地址;或

(c) 有理由怀疑所提供的姓名和地址的准确性。

(2) 根据本法被扣留的人,可被拘留直至其姓名和地址被正确地查明。

(3) 根据本法被扣留的人,拘留期不得超过起诉所需的必要时间,除非获得法院延长拘留的判令。

第 68A 条(地方法院或区域法院决定的赔偿、损失、花费和费用)

(1) 除另有规定,在所有需要支付赔偿、损害、费用、成本或花费的案件中,若有必要,数额、数额的比例和责任的问题应由治安法庭或地区法庭(若数额超过治安法庭的权限)概括性地查明和决定,以防争议或拒绝支付。

(2) 在第(1)项的程序中,治安法院或地区法院有权——

(a) 询问这些费用是否应由被告以外的其他人全部或部分承担;

(b) 就费用和比例,从法庭的角度作出公正的判决;及

(c) 对于公用事业局根据第 33 条第(2)(b)项、第 47 条第(4)项或第(5)项、第 47A 条第(5)项或第(6)项之规定实施工程而发生的费用,询问是否是实施工程的合理支出。

(3) 治安法庭或地区法庭不得就被告以外的其他人全部或部分承担的费用作出判令,除非法庭相信其他人收到正式通知,并有机会进行申辩。

（4）若有责任支付赔偿、损害、费用、成本或花费的一方未在规定时间的7日内支付，未支付的数额可上报治安法院或地区法院，并按照治安法院或地区法院收取罚款的方式收回费用，视具体情况而定。

（5）对任何治安法院或地区法院依据本条所作的决定，可上诉至高级法院。刑事程序规则的条文经必要修改，适用于所有上诉程序。

第69条（一般性豁免）

经部长同意，公用事业局可永久或在一段时间内，豁免特定人或特定场所或某一类人或某一类场所适用本法或本法中的部分规定。

第70条（文书送达）

（1）本法所要求或授权送达给某人的通知、命令或文件，以及法院发布的与本法中犯罪行为相关的传票可通过以下方式送达——

（a）送达至其最后已知的住所中，并由其本人或家中的成年成员或由家中的雇员接收；

（b）装入信封，写好其姓名，留在其通常或最后已知的住所或单位；

（c）贴在其最后已知住所的显著之处；

（d）写好其姓名，以挂号信寄到其通常或最后已知的住所或单位；或

（e）当被传达人为法人团体——

（i）送至法人团体的秘书或其他类似高级职员处，地址为注册办事处或总部；或

（ii）通过挂号信寄至法人团体的注册办事处或总部。

（2）根据第（1）项的要求，通过挂号信寄送通知、命令、文件或传票时，当上述文件按照正常邮寄程序被寄出之时视为合法送达。为证明上述文件被送达，需证明包含上述文件的信件被正确地书写地址、贴邮资，并挂号寄出。

第71条（证据）

（1）除有相反证据，根据本法寄出、发布或送达的文件，其内容应推定为正确。任何账簿的制作，若其声称含有本法中的分配内容，除有其他证据，应作为证明分配有效的表面证据。

（2）所有由公用事业局或授权官员基于本法目的所保管的记录、登记和其他文件，应视作公共文件。其副本或摘录经由负责保管的官员证明其真实性（视具体情况而定），并由其签署姓名和职位，则应当作证据采纳，用作证明该文件或其摘要所包含的内容。

第72条（规章）

（1）经部长批准，公用事业局出于必要的或有利于执行本法的目的，可制定规章。

(2) 在不影响第(1)项中一般性规定的情况下,经部长批准,公用事业局可就下列事项制定规章:

(a) 规定本法要求或同意规定的事项;

(b) 规定供水的用途;

(c) 防止或抑制水资源的污染、毒害、浪费、不当使用或滥用;

(d) 防止不当使用、损坏与水的收集、生产或供应相连的、归属于公用事业局的器具或工程;

(e) 水表的控制和适用,以及禁止干扰或损坏水表及其密封;

(f) 禁止干扰、损坏公用事业局提供的供水设备及其上的平板或标记;

(g) 保护、保存集水区及其中的财产;

(h) 规制供水设备的安装和变更,以及就此提出计划和规范;

(i) 规定管道和其他器具、连接供水的配件所用的材料,以及其尺寸、形状、配件、安排、连接、技术要求、检测、试验、位置和清洁方式;

(j) 规定器具或供水设备的可使用的型号,及禁止的特定型号;

(k) 规定器具或供水设备的安装,及其维护、移除或运输;

(l) 规定当水表非正常情况下,向顾客收取水费的方式;

(m) 与供水工人执照有关事宜——

(i) 颁发执照的类型,其形式和有效期间,附加的条款和条件,以及授予、持有、中止、取消、更改、延期、更新或取代执照的情况,及其相关费用;

(ii) 申请执照者的资格和其他要求,测试或考试,考试或测试的应付费用,以及何种情况下申请者免于参加测试或考试;及

(iii) 特许供水工人的职责和义务;

(n) 关于在公用事业局维护下的水库和水道中或在其周围活动的规定——

(i) 使用水库和水道的方式,标出区域及同意上述使用方式;

(ii) 水库和水道中使用的船只的种类,实施上述操作所需的批准,以及授权、持有、中止、取消、更改、延期、更新或取代批准的条款和条件及其情况,以及相关应付费用;

(iii) 搬运上述船只所需的设备,和船只的保险和安全要求;

(iv) 船只操作者的资质;

(v) 航行安全,防止冲撞和报告水库和水道上的事故;及

(vi) 在水库或与水库相连的地方,使用船类转运设备,以及相关应付费用;

(o) 公用事业局赋予的任何为达本法或成文法之目的或为了履行公用事业局职责而规定的收费。

(3) 公用事业局可制定规章,违反规章即为犯罪行为,可处以不超过10000元

的罚金或不超过12个月的监禁,可并罚;对持续犯罪,可在持续犯罪期间,每天另处不超过250元的罚金。

(4)上述所有规章,应在政府公报刊登的同时递交国会。

第73条(过渡性条文)

(1)公用事业局2001年4月1日以前的所有行为,仍然继续保持有效性和适当性,与公用事业局依据本法作出的行为具有同等效力,直至公用事业局使其无效、撤销、取消或另行作出决定。

(2)2001年4月1日以前公用事业局着手或代表公用事业局执行的事务,应由公用事业局或经其授权下继续实施和完成。

(3)针对第(5)项,根据已废止的原《公共事业法》(1996年版),公用事业局所准备、作出、颁发或许可的任何计划、合同、文件、执照、许可或决议,只要与本法不冲突,应继续有效,且被视作是依据本法的相应条文而准备、作出、颁发或许可的。

(4)任何已废止的原《公共事业法》的附属法例,且在2001年4月1日前仍有效的,除非依据本法的附属法例被撤销或废止,否则应继续有效,如同依照本法被制定的一样。

(5)尽管原《公共事业法》被废止,自2001年4月1日起,在由贸易与工业部部长决定的一段期间内——

(a)原法的第2条和第四、五、七、八、九、十部分,以及根据第130条制定的附属法例中,与电力、天然气供应或使用有关的部分,经适当修改后,继续有效,其效力如同原法未被废止;

(b)2001年4月1日以前,根据原法第38条和第八部分颁发的执照继续有效;

(c)就本项而言,提及"部长"和"公用事业局"——

(i)在原法的第2条和第四、五、七、八、九、十部分,以及根据第130条制定的附属法例中,且与电力、天然气供应或使用有关的部分;及

(ii)2001年4月1日以前,根据原法第38条和第八部分颁发的执照,

应分别被视作提及"贸易和工业部长"和"新加坡能源市场管理局";及

(d)就本项而言,贸易和工业部长有权对因原法废除而引起的过渡性、偶发性或重要的事件,制定相关规定。

(6)尽管原《公共事业法》被废止,自2001年4月1日起,原法的第62条至第65条继续有效,对于这些条文中提及的继任公司,条文效力如同原法未被废止一样。

(7)根据《污水处理和排水系统法》,由污水处理和排水系统部门主管所实施或代表其实施的所有行为,2001年4月1日前仍有效力的,应继续保持有效性和适用性,如同由公用事业局基于本法所为的行为一样,直至公用事业局使之无效、撤销、

取消或另行作出决定。

（8）2001年4月1日以前污水处理和排水系统部门主管着手或代表执行的事务，应由公用事业局或经其授权，继续实施和完成。

（9）由污水处理和排水系统部门主管作出或颁发的通知、命令、决定、指示、证明或批准，在2001年4月1日前仍有效的，应继续保持有效，且被视作公用事业局根据本法作出或颁发的一样，直至公用事业局使之无效、撤销、取消或另行作出决定。

（10）掌管环境的部长有权对因原法废除而引起的过渡性、偶发性或重要的事件，制定相关规定。

第74条（在其他成文法中的引用）

在任何成文法中——

（a）引用已废止的《公共事业法》应被视为引用本法。

（b）引用污水处理和排水系统部门主管，或污水处理部门或排水系统部门，应被视为引用本法。

附件一　公用事业局的构成和程序

第1条（主席和成员的任命）

（1）公用事业局的主席和其他成员由部长任命，其供职的期间及条件由部长决定。

（2）部长可任命总经理为成员。

第2条（副主席的任命）

（1）部长可依其自由裁量权任命任一公用事业局成员为副主席。

（2）无论基于何种原因主席无法履职或主席之位空缺，副主席行使、承担本法所赋予主席的全部或部分权力和职责。

第3条（临时主席、副主席或成员）

主席、副主席或任一成员因病或其他暂时丧失能力或暂时离开新加坡，部长可任命任何人作为临时的主席、副主席或成员，视具体情况而定。

第4条（撤回任命）

若部长认为，撤回任命是公用事业局在本法下或公共利益下有效地、经济地履职之必需，则可在任何时候撤回其对主席、副主席或任一成员的任命。

第5条（辞职）

成员辞职需至少提前一个月通知部长。

第 6 条（职位空缺）

某一成员的职位在以下情况下为空缺——

（a）死亡；

（b）无正当理由连续三次不参加公用事业局会议（理由是否正当由公用事业局决定）；

（c）以任何方式被取消公用事业局成员资格；

（d）被判决破产；

（e）辞职；

（f）任命被撤回。

第 7 条（职务空缺的填补）

若公用事业局职位出现空缺，基于第 1 条和第 8 条之规定，部长可任命任何人填补职位空缺，其任期为原职位的剩余任期。

第 8 条（成员资格的取消）

在以下情况下，成员将不得被任命或保有成员资格——

（a）其为债务未清偿的破产者或其与债权人达成任何约定；

（b）被判处 6 个月以上监禁且未获赦免；或

（c）因生理、心理疾病而丧失能力。

第 9 条（成员获利的披露）

（1）成员无论通过何种途径、直接或间接地与公用事业局的业务或项目有利害关系，则应当在知晓后的第一次公用事业局会议上披露其获益的性质。

（2）依第（1）项规定进行的披露，披露内容应记录在公用事业局会议备忘录，一经披露，此成员——

（a）不得参加公用事业局对该业务或项目的审议或决议；及

（b）不计入审议或决定该业务或项目的法定人数。

（3）公用事业局的行为或程序不会因为成员违反本段落而受质疑。

（4）为达本段之目的，成员的配偶、父母、子、养子、女或养女与第（1）项提及的业务或项目有利害关系的，应作有利害关系处理。

第 10 条（文件的盖章）

（1）所有需盖章的公用事业局契约、文件和其他文书，需在两名经公用事业局授权的官员的见证下加盖公用事业局公章，并由这两名官员签字确认。

（2）签字可用于证明公用事业局公章的加盖正式、妥善，且印章为合法的公用事业局公章。

（3）公用事业局可以通过决议或其他方式任命雇员或其他代理人。在一般或特殊情况下，上述人员可在不加盖公章的情形下，代表公用事业局签立或签署属于公用事业局权力范围内事务的协议或文书。

(4)《协议登记法》第 12 条不适用于任何声称第(1)项下执行的协议。

第 11 条(公用事业局成员的应付工资和费用)

工资、费用和津贴由部长决定,并应从公用事业局基金支付。

第 12 条(法定人数)

(1)每次公用事业局会议的法定人数须有总成员的三分之一和三人中人数较高者构成,否则不得作任何交易。

(2)主席或副主席(主席缺席时)主持公用事业局会议,若主席或副主席皆缺席会议或部分会议,到场会员可选举一名会员主持会议或部分会议。

(3)达到到场且投票会员的简单多数,则公用事业局会议决议通过。若票数持平,则会议的主席除原本一票外还获得决定性的一票。

第 13 条(职务空缺)

成员职位即使空缺,公用事业局仍可运作。

第 14 条(会议程序)

(1)主席或其授权的任一官员应当基于公用事业局根据本条第(2)项所制定的程序,召集所有的公用事业局会议。

(2)除本法另有规定,公用事业局一般可颁布命令来调整其程序,尤其是会议的主持、会议的通知及其进程,备忘录的保管及其监管、制作和检阅,以及账户的开立、持有、关闭和审计。

第 15 条(委员会的任命以及代表的权力)

(1)公用事业局可依自由裁量权任命本局成员或非成员成立若干委员会,如其认为由本局成员或其他人员组成的该类委员会能更好地控制和管理公用事业局事务。

(2)公用事业局可根据其认为合适的条件或限制,将其全部或部分依本法或其他成文法所获得的权力、职能和职责授予委员会或主席,但不包括制定规章、规定或征收费用和费率以及借款的权力。

(3)公用事业局可根据其认为合适的条件或限制,将其全部或部分依本法或其他成文法所获得的权力、职能和职责授予公用事业局雇员或任何人,但不包括制定规章、规定或征收费用和费率、借款的权力,且得以公用事业局的名义、代表公用事业局行使。

(4)即使依本段落,公用事业局授予了权力、职能或职责,公用事业局仍可继续行使已授予的权力、履行其职能或职责。

附件二 公用事业局的权力

1. 【根据2012年第9号法案删除。】
2. 为连接供水,在街道或地区建造设备,同时在其中安装水表、闸门、龙头;或者为了衍生服务的线路或管道,或为了检查、检测、测量、引导控制供水或测试管道状况或测试工程的其他部分,安装其他合适的设备。
3. 运营生产水或供应水所用的设备或工厂。
4. 征收、管理价款和费用。
5. 形成或参与——
   (a) 为履行公用事业局的全部或部分职责,组建公司;
   (b) 经部长同意,为实现部长批准的目的而组建公司;及
   (c) 加入合资或合伙企业。
6. 当得到部长同意,且公用事业局认为对履行本法下公用事业局职权有必要且便利时,可以卖出固定资产。
7. 通过公用事业局间或任命的受托人、代理人或律师,履行全部或部分公用事业局的职责和权力。
8. 制定员工培训规定,向公用事业局认为合适的人选授予奖学金和助学金。
9. 向公用事业局的雇员发放贷款,贷款用途须由公用事业局特别批准。
10. 制定对公用事业局的雇员或原雇员(或其家属)的福利、酬金、养老金、公积金、津贴或其他退休金福利的规定。
11. 对被允许供应供人使用的自来水的人,发布或批准其应遵守的操作标准和准则。
12. 履行其义务和职责附带的任何事务。

附件三 财务规定

第1条(财务年度)

公用事业局的财务年度从每年的4月1日开始,次年的3月21日截止。例外是,公用事业局2006年的财务年度从2006年1月1日开始,2007年3月31日截止。

第2条(公用事业局账簿)

(1) 公用事业局应当保持交易和事项的账目和记录清晰,采取必要措施确保付款被正确地支出、得到合适的授权,确保持续有效地控制公用事业局的财产或其保管的财产以及公用事业局的花销。

(2）公用事业局应对供水事业、污水处理和废水处理业务分开记账。

第3条（审计员）

公用事业局的账目应由审计长审计或由部长每年经与审计长协商后任命的审计员审计。

第4条（审计员的任命）

只有依据《公司法》被任命为公司审计员，才有资格依第3条之规定被任命为审计员。

第5条（审计员的报酬）

审计员的报酬从公用事业局的基金中支出。

第6条（年度财务说明）

财务年度结束后一旦可行，公用事业局就应当准备并向审计员递交其当年的财务说明，由审计员审计并对此作出报告。

第7条（审计员的职责）

审计员在其报告中应当报告——

（a）财务报告是否公正地报告了公用事业局的金融交易和公用事业局的状况；

（b）是否正确地记账，是否有其他记录（包括对公用事业局全部资产的购买、捐赠或其他操作的记录）；

（c）公用事业局当年的收据、支出和投资，以及资产的收购和出售是否符合本法的要求；及

（d）其他审计中他认为有必要报告的事务。

第8条（审计员的报告）

当收到递交的账目，一旦可行，审计员就应当向部长和公用事业局递交其审计报告，同时递交的还有（若他认为有必要递交，或部长或公用事业局提出要求）阶段性和特别报告。

第9条（审计员的权力）

（1）审计员及其授权的个人，在任何合理时间对公用事业局交易直接或间接相关的全部账目及其他记录，享有充分、自由的权限。

（2）审计员及其授权的个人有权复印、摘录上述账目和记录。

（3）审计员及其授权的个人若认为对其履行本法中的职权有必要，可要求任何人提供其占有或有权限获取的任何信息。

第10条（阻碍审计员工作的惩罚）

无合理理由，任何人违背审计员及其授权的个人依照第9条所提出的要求，或者阻碍、妨碍或拖延审计员及其授权的个人履行本法下的职责，应作犯罪行为处理，并处以不超过1000元的罚金。对于持续性犯罪，在持续犯罪期间，每天另处不超过

250 元的罚金。

第 11 条（递交审计财务说明和审计员报告）

一旦公用事业局的账目及其财务报告根据本法完成审计,经审计的财务报告的副本应交由主席和总经理签字,与审计员的报告副本一并递交给部长。

第 12 条（审计长的审计员报告副本）

若审计长未被任命为审计员,则经审计的财务报告的副本以及审计员的任何报告都应在递交公用事业局的同时,转发至审计长处。

第 13 条（递交国会）

一旦可行,部长应当安排一份经审计的财务报告副本和审计员报告的副本递交给国会。

电力法(节选)

2002 年修订版本
(2002 年 7 月 31 日)

　　本法旨在为电力行业创造竞争性的市场框架,对电力行业的发电、传输、供给和使用制定安全的、高科技的、经济性的规范,废止《电力工人和承包商执照法》(1985 年第 89 章修正版本),以及对特定成文法作出重要修正。

第二部分　管理部门

第 3 条(主管机关的权力)
　　(1) 主管机关应负责本法的总体执行,实施本法赋予的职能和义务。
　　(2) 主管机关可授权任何人协助其执行本法的职能和义务,无论一般事务或特定的项目。
　　(3) 依据本法,主管机关的职能和义务包括——
　　(a) 保护客户的如下利益——
　　(i) 供电的价格和其他条款;
　　(ii) 供电的可靠性、可用性和持续性;及
　　(iii) 所接受的电力服务的质量;
　　(b) 促进——
　　(i) 客户对电力的高效使用;及
　　(ii) 电力行业中的经济效率及其持续性;
　　(c) 对电力行业进行经济、技术管理,包括对发电及电力的传输、进口、出口、交易、零售的许可和监管职能,市场支持服务的提供,电力批发市场的运作和建立与其相关的履行标准和实践准则;
　　(d) 确保持电力执照者(其价格受主管机关控制)能够提供有效率的服务,且保持财务活力;
　　(e) 确保对客户供电的安全,并依照市场规范或其他实践准则安排电力传输系统的安全运行;

(f) 保护公众免受因发电、传输、供电或电力使用而产生的危险;

(g) 针对发电及电力的传输、进口、出口、交易、零售,市场支持服务的提供,以及电力批发市场的运行,创建经济监管框架,以此——

(i) 促进和保护竞争和公平效率的市场行为,或在缺乏竞争的市场中防止垄断或市场权力的滥用;及

(ii) 向电力批发市场、传输服务和市场支持服务提供非歧视性渠道;

(h) 就关于发电及电力的传输、进口、出口、交易、零售,市场支持服务的提供,和电力批发市场的运作的所有问题向政府提出建议;及

(i) 实施本法要求的事宜,并采取必要或便利的措施用以有效地履行本法赋予的职能和义务。

(4) 主管机关在履行职能、实施权力时,应当——

(a) 对电力行业特定领域内从事同类活动的执照持有者,采取合理措施且以非歧视性的方式进行规则适用和相关管理;及

(b) 在任何情况下以合理方式行事。

(5) 本节中的任何规定不得理解为直接或间接地强加给主管机关,任何形式的职责或责任只能通过法院程序强制执行。

(6) 就本条而言,"客户"包括电力现存的和未来的客户。

第 4 条(获取信息的权力)

(1) 主管机关或其他授权官员可以通知要求任何人在通知要求的合理时限内,提供与主管机关为履行本法赋予的职能或义务而提出的合理要求相关的文件和信息(文件和信息应在当事人知晓范围内或处于其控制下)。

(1A) 第(1)项中要求他人提供任何文件或信息的权力,包括——

(a) 要求当事人或现任或曾任当事人的高级人员或职员,提供对文件或信息的解释;

(b) 若未提供文件或信息,则可要求当事人尽其所知陈述文件或信息的地点;及

(c) 若该信息非阅读形式,可要求当事人将信息转为可阅读模式提供给主管机关。

(2) 任何人无合理理由不履行第(1)项中通知要求的内容,应被认作违法行为。

(3) 任何人——

(a) 故意更改、隐瞒或损坏第(1)项中通知要求提供的文件或信息;或

(b) 在提供第(1)项中通知要求提供的文件或信息时,明知或疏忽大意地就重要情节作出不实的陈述,

属违法行为。

任何人不遵循第(1)项中通知的要求,经主管机关申请,法院可作出其认为合适的命令以确保当事人遵循通知内容,且该命令可规定上述申请所产生或附带的所

有成本或费用由对上述违法行为负有责任的个人或公司官员或其他团体来承担。

（5）主管机关通过一个授权官员可在第（1）项中通知要求的到期日后的任一时间，进入主管机关有理由相信可找到通知要求的文件或信息的地点，并可扣留、摘录或复印该文件或信息。

（5A）对根据第（1）项或第（5）项得到的文件或信息，主管机关有权扣留、复印或摘录而无需付费。

（6）除履行其职能或义务或被法庭或成文法要求外，主管机关（现任或曾任）的成员、官员、雇员、代理人或是主管机关委员会的委员不得泄露任何与主管事务相关的或履职期间获得的信息。

（7）违反第（6）项的，属犯罪行为，处以不超过5000元的罚金或不超过12个月的监禁或并罚。

第5条（披露机密信息的限制）

（1）本条适用于——

（a）根据本法（除第七部分外）提交给主管机关的任何信息或文件；及

（b）提交上述信息或文件时，提交者书面告知主管机关其包含机密或商业敏感内容。

（2）主管机关不得向任何人披露适用本条的信息或文件内容，除非——

（a）主管机关认为——

（i）披露该信息或文件内容不会损害其提供者，或损害其他知晓信息或文件的人；或

（ii）尽管披露该信息或文件内容损害其提供者，或损害其他知晓信息或文件的人，但披露的公共利益大于损害；

（b）主管机关向如下主体发出书面通知——

（i）信息或文件的提供者；及

（ii）任何主管机关知晓的向第（i）项中的提供者提供信息或文件者，且主管机关知晓该提供者的身份，

通知上述对象主管机关希望披露信息或文件内容，具体说明披露的目的，详细说明主管机关希望披露的原因，同时附上本条的副本；及

（c）经通知后7日内未根据第（3）项向部长提出上诉。

（3）不服第（2）（b）项通知的人，可在收到通知后7日内根据第98条第（1）项向部长提出上诉。

（4）第（2）项不妨碍主管机关向下列对象披露信息或文件内容——

（a）主管机关的成员、官员或雇员，或依主管机关指令行事的代理人、顾问、委员会或专门小组；

（b）部长或依部长的指令行事的代理人、顾问、委员会或专门小组；

（c）上诉委员会；

(d) 经法庭或成文法要求时;或
(e) 为了实施刑事程序。
(5) 就本条而言,主管机关希望披露时,该信息或文件内容已进入公众领域,则披露不会导致第(2)(a)项中的损害。

第三部分 电力相关活动的执照许可

第 6 条(禁止未经授权的电力相关活动)
(1) 任何人不得——
(a) 从事发电;
(b) 从事电力传输;
(ba) 为或代表传输执照持有者传输(而非作为传输执照持有者的员工);
(c) 从事电力零售;
(d) 进口或出口电力;
(e) 提供任何市场支持服务;
(f) 在任何电力批发市场中交易;或
(g) 经营任何电力批发市场,
除非依据第 9 条获得电力执照的授权,或依据第 8 条被豁免。
(2) 违反第(1)项的,属违法行为,处以不超过 500000 元的罚款,该行为处于持续状态的,持续期间内每日另处不超过 12500 元的罚款。

第 7 条(执照、延期或豁免的申请)
(1) 依据本条申请电力执照,或申请执照延期或豁免,应——
(a) 向主管机关书面申请,格式由主管机关决定;及
(b) 同时依主管机关决定,递交相关信息和文件和费用。
(2) 主管机关决定是否向特定人颁发或延期电力执照时,应考虑——
(a) 其是否有能力筹措资金进行特定活动;
(b) 其开展活动的经验,和其是否有履行承担本法和电力执照(假设取得执照)赋予的义务;
(c) 其是否与《煤气法》中的煤气输送人有关联;
(d) 其是否与任何电力执照持有者或被第 8 条豁免者有关联;及
(e) 第 3 条中主管机关的职能和义务。

第 8 条(豁免)
(1) 依据本条第(6)项、第(7)项的规定,经部长批准并通过政府公报发布之后,主管机关可豁免某人或某类人在特定期间不受第 6 条第(1)项的约束——
(a) 从事指令中规定的全部或部分活动;及
(b) 无附加条件或符合指令中明确的条件。

(2) 除被废除,豁免在指令规定的期限内持续有效。

(3) 根据本条颁发豁免,主管机关不得歧视特定群体中的不同成员。

(4) 在不违反第(1)(b)项一般性规定的前提下,依该款赋予的条件可要求任何人所开展的活动应遵循豁免要求——

(a) 对于豁免指令中明确或明确描述的事宜,应遵循主管机关的指示;

(b) 为或不为豁免指令中明确或明确描述的事宜,除非主管机关同意为或不为该事宜;及

(c) 就豁免指令中明确或明确描述的内容所产生的问题,征求主管机关决定。

(5) 当被赋予豁免条件的群体中有任何个体无法满足豁免条件时,主管机关应向该人作出指令,以说明与该人相关的豁免在某种程度被撤销且从指令规定的日期开始生效。

(6) 不得依据本条向传输执照持有者、传输代理执照持有者和市场支持服务执照持有者授予豁免。

(7) 电力执照持有者经授权经营电力批发市场的,不得依据本条授予豁免。

第 9 条(电力执照)

(1) 经部长批准,主管机关可无条件地或以主管机关在执照上明确的条件颁发或延期电力执照,并指明是否可以废除,用以授权他人——

(a) 发电;

(b) 传输电力;

(ba) 为了或代表传输执照持有者传输电力;

(c) 零售电力;

(d) 进口或出口电力;

(e) 提供任何市场支持服务;

(f) 在电力批发市场中交易;或

(g) 经营任何电力批发市场。

(2) 电力传输执照持有者、电力传输代理执照持有者或市场支持服务执照持有者,不得获取其他电力执照开展传输电力、代表执照持有者传输电力或提供市场支持服务以外的活动。

(3) 对《煤气法》中的煤气运输者,不得授予第(1)(a)、(1)(c)、(1)(d)或(1)(f)项中的电力执照。

(4) 被授权经营电力批发市场的执照持有者不得被授予经营除电力批发市场以外的其他电力执照。

(5) 依据本条颁发或延期的电力执照应采书面形式,在执照明确的时间范围内有效,除非依据本部分规定被废除或临时剥夺。

(6) 电力执照可包含对主管机关来说是必需的或便于实施其第 3 条中的职能和义务的限制或条件(无论是否与电力执照授权的活动有关)。

(7) 在不损害第(1)项、第(6)项基本原则的情况下,电力执照可包含下列条件——

(a) 要求电力执照持有者——

(i) 向主管机关支付电力执照的费用或在持照期间定期支付费用,或两者同时支付,支付额度依执照而定;

(ii) 就特定条款,或与其交易或经营有关的特定类型条款,或为了连接、使用由电力执照持有者或其他协议或约定方拥有或经营的电缆或发电厂,订立协议或约定;

(iii) 遵守经主管机关修改或免除后的特定的实践准则和市场规则;

(iv) 根据特定的原则保持财务会计记录、编制财务账目;

(v) 根据主管机关指令的时间间隔和条件,任命独立的技术稽核员;

(iv) 就公共紧急事件中执照持有者必须遵守的程序制定准则,以取得主管机关批准;

(vii) 为或不为电力执照中明确或明确描述的行为;及

(viii) 传输执照持有者应开展与传输系统发展或向场所供电有关的工作。

(b) 控制或固定传输执照持有者、市场支持服务执照持有者或被授权经营电力批发市场的电力执照持有者提供服务的价格,包括——

(i) 固定价格或价格涨跌幅度的比例;

(ii) 固定最高价格或最高价格的最高增长比例或最低下降比例;

(iii) 固定平均价格或平均价格的涨跌平均比例;

(iv) 制定定价政策或原则;

(v) 根据一般价格指数、生产成本、可选用资产的回报率或任何具体因素定价;及

(vi) 根据数量、地点、周期或其他与执照授权的活动有关的因素定价。

(c) 对于传输执照持有者、市场支持服务执照持有者或经营电力电力批发市场的执照持有者——

(i) 直接或间接地控制或限制执照者股份的发行、持有或出售,或控制或限制其股东,或控制或限制执照持有者经营期间全部或部分权益的发行、持有或出售;及

(ii) 限制执照持有者开展与执照授权的业务无关的交易或业务。

(d) 在电力执照中明确规定一个或多个条件,上述条件明确了电力执照失效的时间、方式或情形。

(8) 主管机关应书面通知电力执照颁发或延期的申请者,告知其准予或拒绝颁发或延期的决定,对拒绝的情况还需告知决定的理由。

(9) 【根据2006年第18号法被删除。】

第10条(市场支持服务执照中的特殊条款)

在不违反第9条第(1)项和第(6)项一般条款的情况下,市场支持服务执照持

有者所遵循的电力执照可规定,执照持有者向竞争客户提供市场支持服务的条款应获得主管机关的批准,该规定旨在确保当发生下列情形时,客户可通过执照持有者向任何电力批发市场间接购买电力——

(a)竞争客户不能或不愿从零售市场中,或直接从电力批发市场中购买电力;或

(b)零售电力执照持有者不能或拒绝向竞争客户零售电力(无论基于何种理由)。

第 11 条(转让电力执照的限制)

(1)除有主管机关书面批准,任何电力执照不得转让。

(2)电力执照的任何转让均无效。

第 12 条(电力执照中条件的修改)

(1)依据本条规定,主管机关可修改电力执照的条件。

(2)除非主管机关认为修改条件是必须的或便利于履行第 3 条中主管机关的职能和义务,否则主管机关不应修改电力执照的条件。

(3)在依据本条修改电力执照的条件之前,主管机关应通知相关的电力执照持有者和其他可能受到修改影响的电力执照持有者——

(a)表明主管机关计划以通知中明确的方式修改条件;

(b)表明主管机关计划修改条件的原因,包括是否需要修改是第三方或相关电力执照持有者的事前提议;及

(c)明确自发出通知后,接受有关该修改的书面申述的期限(不少于 28 日)。

(4)主管机关收到第(3)项中的书面申述时,应仔细考虑该申述并可——

(a)拒绝该申述;或

(b)根据申述或其他原因撤回或修订原修改提议。

无论那种情况,主管机关应向相关的电力执照持有者作出书面指令,规定通知中的修改提议发生效力,或该修改在随后的合理期限内由主管机关修订。

(5)因第(4)项中主管机关的决定而受到侵害的电力执照持有者,可在收到主管机关决定的 14 日内,根据第八部分向上诉委员会上诉。

(6)下列情况下,主管机关不得执行第(4)项中的指令——

(a)第(3)(c)项规定的期间内,除非相关电力执照持有者在第(3)(a)项规定的生效期限前同意修改;及

(b)在上诉委员会审议电力执照持有者上诉期间。

(7)如果在第(3)(c)项规定的期间内,主管机关没有收到书面申述,或者如果申述作出后又被撤回,主管机关可立刻完成本款通知中明确的修改。

第 13 条(电力执照的撤销或临时剥夺)

(1)若主管机关认为有如下情况,可适用第(2)项——

(a)电力执照持有者被强制清算或主动清算,除非为了合并或重组;

(b) 任何电力执照中明确的、给予主管机关撤销或临时剥夺现有执照的权力；
(c) 电力执照持有者不遵守主管机关根据第 14 条发布的指令或要求；
(d) 电力执照持有者不再有能力遵守本法或电力执照的条款和条件；或
(e) 新加坡公用利益或公共安全的要求。
(2) 主管机关可通过书面通知且无需任何补偿——
(a) 在主管机关认为合适的期间内，撤销或暂时剥夺电力执照；及
(b) 对第(1)(b)或(1)(c)项的情况，可要求支付罚款，另加第 14 条的处罚，金额不超过电力执照持有者的执照业务部分的年成交量的 10%（依据执照持有者最近经审计的财务），或不超过 100 万元，两者取高。

第 14 条（执行）

若主管机关认为电力执照持有者正在违反或很可能违反或已经违反了电力执照的条件、实施准则或其他适用于执照持有者的履行标准、本法的条文或任何主管机关发布的、适用于电力执照持有者的指令（包括根据第(a)项发出的指令），主管机关可书面通知电力执照持有者为下列一项或多项行为：

(a) 指令电力执照持有者为或不为指令中明确的行为；
(b) 要求电力执照持有者按照主管机关决定的条款和条件，提供履约保证金、作出保证或提供其他形式的担保；及
(c) 要求电力执照持有者支付不超过其执照业务部分的年成交量的 10%（依据执照持有者最近经审计的财务），或不超过 100 万元作为罚款，两者取高。

第 15 条【根据 2006 年第 18 号法被删除。】

第 16 条（实践准则）

(1) 为规范电力行业中的活动和行为，主管机关可颁布或批准一个或多个实践准则和其他履行标准。
(2) 本条中颁布或批准的实践准则，可由主管机关依照相关实践准则进行修改，其发布应确保足够的公开程度。
(3) 主管机关颁布或批准的实践准则中，若其部分条款与规章矛盾，该矛盾部分的条款——
(a) 应按照规章发生效果；或
(b) 考虑到规章，不发生效力。
(4) 主管机关依据本条颁布或批准的实践准则不应被视作附属法例。
(5) 在本条中，参考一种行为准则应包含一种履行标准。

第 17 条（主管机关的指令）

(1) 根据实践准则和其他履行标准，以及电力执照持有者和其他人需遵守的程序，主管机关可以指令——
(a) 确保向公众供应电力的可靠性；
(b) 确保电力系统的安全性；

(c) 保持传输系统的电压或动力反应流；
(d) 考虑公共安全的利益；或
(e) 根据第3条的规定,应由主管机关履行的职能和义务。
(2) 主管机关依据第(1)项发出指令时,应考虑市场规则、市场规则的影响和目的,以及该指令可能对市场规则引发的后果。
(3) 违反第(1)项中指令的,应被视为违法行为。

第 18 条(符合实践准则)
(1) 所有电力执照持有者应遵循实践准则和其他根据第16条颁布或批准的履行标准及第17条中的指令。
(2) 电力执照持有者须确保发电及电力的传输、进口、出口、交易、零售,市场支持服务的提供遵守适当的实践准则或其电力执照的条件中明确的履行标准,以及规章和主管机关的指令。

第 19 条(免除主管机关的责任)
尽管向其颁发了电力执照,对于因电力执照持有者或其代理人或其雇员的违约、疏忽或其他不法行为或疏漏而导致的电力执照持有者的损失、损害或费用,无论何种情况下,主管机关均不承担责任。

第 20 条(电力执照持有者的义务)
(1) 发电执照持有者有义务根据市场规则和其适用的实践准则及主管机关根据第16条颁布或批准的其他履行标准,开发和维持一个可靠的、有效的、协调的和经济的发电系统。
(2) 传输执照持有者的义务为——
(a) 根据其适用的实践准则和主管机关根据第16条颁布或批准的其他履行标准,开发和维持一个可靠的、有效的、协调的和经济的传输系统；
(b) 为促进电力生产和销售的竞争,向经授权的发电者、交易或零售电力者提供电力传输系统,或基于不妨碍、不限制竞争的条款提供市场支持服务；
(c) 依据本法、传输执照和市场规则,为供电或使用电力提供公平的使用传输系统的渠道。
(3) 零售电力执照持有者有义务依据其适用的实践准则和主管机关根据第16条颁布或批准的其他履行标准,开展和维持一个可靠的、有效的、协调的和经济的电力零售业务。
(4) 市场支持服务执照持有者的义务为——
(a) 依据其适用的实践准则和主管机关根据第16条颁布或批准的其他履行标准,开展和维持一个可靠的、有效的、协调的和经济的市场支持服务；
(b) 依据不阻碍、不限制竞争的条款,向客户和零售电力执照持有者提供市场支持服务,来促进电力零售市场的竞争；及
(c) 依据本法、市场支持服务执照和市场规则,为促进电力零售市场的竞争,提

供公平的使用市场支持服务的渠道。

(5) 电力执照持有者有义务保证将不会从事或不会忽略某些行为:该行为会对其(或他人)向客户供电的安全性和可靠性产生直接或间接的不利影响。

第21条(非竞争客户)

(1) 市场支持服务执照持有者应根据本法和执照,依照主管机关批准的条款和条件,向非竞争客户提供市场支持服务。

(2)【根据2006年第18号法被删除。】

(3)【根据2006年第18号法被删除。】

(4) 除非根据其执照,市场支持服务执照持有者不得中断向非竞争客户提供市场支持服务。

(5) 不得根据本条中的内容,要求市场支持服务执照持有者向非竞争客户所在场所提供电力,若——

(a) 形势(超出其控制范围)阻止其实行;

(b) 形势存在的原因是实行该行为会或可能牵涉到市场支持服务执照持有者或其他电力执照持有者违反本法,且市场支持服务执照持有者或其他电力执照持有者采取了所有合理措施防止形势的出现和产生影响;或

(c) 任何在违反成文法的场所上建造的建筑,或处于损毁或危险状态的建筑。

第22条(市场支持服务执照持有者向非竞争性客户的收费表)

(1) 依据本条规定,市场支持服务执照持有者所收取的费用和非竞争性客户为供电支付的费用,应依据由市场支持服务执照持有者根据电力执照的条件、经主管机关批准的收费表确定。

(2) 市场支持服务执照持有者根据第(1)项制定的收费表,应公开以确保透明。

(3) 在根据第(1)项制定收费表时,市场支持服务执照持有者在考虑到供电场所、时间及供电量后,不应对类似客户提供不当优惠或进行不当歧视。

第23条(要求抵押物的权力)

(1) 依据本条规定,当某人要求供电,市场支持服务执照持有者或传输执照持有者可视具体情况要求其(或零售电力执照持有者代替其客户)提供合理的抵押物以保证到期支付下列款项——

(a) 供电;或

(b) 提供全部或主要的电力装置。

(2) 若某人根据第(1)项无法提供抵押物,市场支持服务执照持有者或传输执照持有者若认为合适,可在未提供抵押物期间,拒绝向其供电或提供全部或主要的电力设备。

(3) 若某人根据第(1)项未能提供抵押物,或其所提供的抵押物无效或不足——

(a) 市场支持服务执照持有者或传输执照持有者可通知其在收到通知7日内,

对可能欠市场支持服务提供者或传输执照持有者的供电款项,提供合理的抵押物;及

(b) 若某人未提供该抵押,市场支持服务执照持有者或传输执照持有者若认为合适,可在未提供抵押物期间,中断对其供电。

第 24 条(追讨费用)

(1) 依据第(2)项规定,若市场支持服务执照持有者有充足的理由指令传输执照持有者中断传输系统对非竞争客户的供应,理由包括未支付账款,市场支持服务执照持有者可向传输执照持有者发布指令,命令其中断传输系统对客户的供应。

(2) 市场支持服务执照持有者不得因为未支付账款而指令传输执照持有者中断传输系统对住宅场所的供应,如果未支付是因为所供电的客户或经常居住于该住宅场所的其他人缺乏足够的收入,直到——

(a) 市场支持服务执照持有者向客户建议支付账户的选择方案;及

(b) 客户——

(i) 在市场支持服务执照持有者规定的期限内(不少于7日)拒绝或未接受其提出的建议;或

(ii) 接受建议,但拒绝在市场支持服务执照持有者规定的期限内(不少于7日)采取合理手段支付该款项。

(3) 传输执照持有者依据第(1)项规定,接到市场支持服务执照持有者指令后,应当尽快遵守该指令。

(4) 依据本条规定,若竞争客户在到期日前未向传输执照持有者支付所有的费用,执照持有者可——

(a) 根据执照和市场规则,中断传输系统对客户的供应;

(b) 中断向该场所或执照持有者有理由认为被该客户占据的其他场所的电力供应;及

(c) 向客户追讨实施上述活动的费用。

(5) 当传输执照持有者由于客户欠款而中断向场所供电,在不违反市场规则的情况下,若客户违约有如下情况,执照持有者应在一段合理时间内继续供电——

(a) 补足欠款;

(b) 支付了中断和恢复供给的费用;及

(c) 提供了传输执照持有者合理要求的抵押品。

(6) 当市场支持服务执照持有者收到客户的付款,而客户未在支付中向市场支持服务执照持有者明确是何款项,执照持有者可将收到的款项按规定的比例和方式支付各账款。

第 25 条(供电的附加条款)

(1) 某人申请供电时,市场支持服务执照持有者或传输执照持有者(或电力零售执照持有者)要求其就供电问题接受下列条件——

（a）要求其提供足够的场地，并基于供电目的，建造执照持有者认为容纳电力电器设备之必要的房屋或建筑物；
（b）赋予执照持有者基于供电目的，使用第（a）项中的场所、房屋或建筑物的权利；及
（c）为使执照持有者能遵守本法及其执照要求，而附加在申请人身上的限制。
（2）若规定电力零售执照持有者应保证能实现或接受第（1）项中所提及的一项或多项条件或限制，则在任一特定情形下，电力零售执照持有者都应作出必要的行为以保证其能实现或是接受上述条件或限制。

第26条（主管机关的争议解决）
（1）客户和市场支持服务执照持有者之间就是否向客户供电产生的争议——
（a）双方皆可提交给主管机关以申请解决；及
（b）对该争议申请，由主管机关决定，该决定为最终的决定性决定。
（2）尽管客户和市场支持服务执照持有者之间的争议已经向主管机关递交，执照持有者应根据第21条第（5）项和第41条第（13）项继续向客户供电，直到主管机关对争议作出决定。

第27条（燃料库存）
（1）主管机关可以对任何经营发电站的电力执照持有者发出指令，要求——
（a）安排燃料库存放置在或靠近发电站，为了其经营能够——
（i）确保库存可在特定时间内运至，并在其后维持在特定的水平；及
（ii）确保库存不低于该水平，除非第（2）项中指令的条款允许；及
（b）创建该库存并在作安排时考虑做库存，
同时，库存数量参照时间段，确保发电站能够维持运营。
（2）主管机关在紧急情况下可对发电站发出指令——
（a）授权或要求经营发电站的电力执照持有者动用放置在或靠近发电站的特定库存；及
（b）要求电力执照持有者在特定时间内运营或不运营发电站，依照特定的产能，或使用特定的燃料。
（3）在本条中，"特定的"是指主管机关指令的指定，且该指令可以——
（a）明确在特定的情况和形势中如何处理放置在或靠近发电站的库存；
（b）明确指令被遵守的程度；
（c）明确决定第（1）、（2）项中的期限；及
（d）明确指令所列的人和事项的特定范围。
（4）第（1）项或第（2）项中的指令可要求指定的人以指令规定的方式履行指令明确的职能。

第四部分　特别行政命令

第 28 条（特别行政命令）

（1）特别行政命令是指部长根据第 29 条作出的关于电力执照持有者的命令，要求由主管机关在命令规定的有效期间，直接或间接地管理电力执照持有者的事务、业务和财产——

（a）为了确保第（2）项中明确的一个或多个目的；及

（b）为了保护电力执照持有者的股东和债权人的利益。

（2）第（1）（a）项所称的目的是——

（a）向公众供电的安全性和可靠性；

（b）电力执照持有者的生存，或作为一个持续经营的机构，执照授权其开展的全部或部分业务；

（c）作为一个持续经营的机构，为能确保执照所授予的职能和义务可有效开展而进行的必要转让，其转让对象可为另一家公司，或（电力执照持有者所持执照相关领域的不同部分，或其业务或事业的不同部分）两个或多个不同公司；或

（d）电力执照持有者开展被赋予的职能和义务阻碍了该职能和义务向其他公司的转让和授予。

（3）部长可以制定规章——

（a）落实本条和第 29 条，包括制定第（2）（c）项中电力执照持有者转让其业务或事业的规章；及

（b）当特别行政命令作出后，对《公司法》第八 A 部分条款的相关应用、忽略或修改。

第 29 条（作出特殊行政命令的权力等）

（1）如主管机关向部长提出申请，且部长认为电力执照持有者满足第（2）项中的一个或多个理由，则主管机关可作出如下一个或多个命令——

（a）关于电力执照持有者的特殊行政命令；

（b）命令电力执照持有者立刻采取行动，为或不为与其业务或事业部分相关的行为，该行为部长认为与电力执照相关且必需；或

（c）任命某人向电力执照持有者就与执照相关的业务或事业的行为，提出适当建议。

（2）第（1）项所称理由包括——

（a）电力执照持有者无力偿还或可能无力偿还债务；

（b）公共紧急事件的发生；

（c）部长认为符合向公众供电的安全性和可靠性；或

（d）基于公共利益。

(3) 第(1)项通知应由主管机关立刻发出,发出方式由主管机关决定。
(4) 部长基于第(1)项作出的指令的方式必须公开,确保足够的透明度。
(5) 部长基于第(1)项作出的决定具有最终效力。
(6) 为本条之目的,电力执照持有者作为一个公司,若根据《公司法》第254(2)条之规定被认为无法偿还的,即为不能偿还债务。
(7) 除非成文法另有规定——
(a) 未经主管机关同意,电力执照持有者不得自愿清盘;
(b) 不得对电力执照持有者作出《公司法》中第八A部分的司法管理指令;
(c) 任何人不得就电力执照持有者的财产进行强制担保,除非此人在采取措施前14日向主管机关送达通知。
(8) 任何与电力执照持有者有关的,基于《公司法》的清算事务中,主管机关皆是参与一方。

第30条(主管机关及他人的报酬和费用)

(1) 依据第29条第(1)(a)项作出的特殊行政命令(无论命令是否仍有效力),主管机关可在任何时间确定电力执照持有者向其支付报酬和费用。
(2) 主管机关可在任何时间(无论指定人员的任命是否已经结束),确定电力执照持有者向部长依据第29条第(1)(c)项规定任命的、为执照持有者适当地履行与执照相关的业务或事业而提供建议的人员支付报酬和费用。

第四A部分 电力传输系统中执照发放及利益实体的控制

第30A条(本部分的解释)

在本部分,除另有规定——
合伙人:依据第30C条制定的规章进行定义。
商业信托:与《商业信托法》第2条中的定义相同。
公司:与《公司法》第4条第(1)项的定义相同。
指定的商业信托:指为实现第30B条的目的,依托全部或部分的传输系统建立,由主管机关认可并在政府公报上公布的商业信托。
指定的电力执照持有者:指依照第9条第(1)(b)或(ba)项被授予执照的人。
指定的法律实体:指基于第30B条的目的,虽非指定的电力执照持有者,但拥有传输系统(或部分传输系统),由主管机关认可并在政府公报上公布的法律实体。
法律实体:包括公司和有限责任合伙。
权益:依据第30C条制定的规章进行定义。
有限责任合伙:指根据《有限责任合伙法》第4条(1)项设立的有限责任合伙。
受托管理人:与《商业信托法》第2条中的定义相同。

第 30B 条(控制指定的电力执照持有者等的权益取得)

(1) 如果有人通过一段时间内的一系列交易或其他方式,取得指定的执照持有者、指定的法律实体或指定的商业信托的权益,当该人取得的权益达权益总数的5%以上且少于12%时,指定的电力执照持有者、指定的法律实体或指定的商业信托的受托管理人应书面通知主管机关。

(2) 在未事先取得主管机关的书面批准前,任何人无论是通过一段时间内的一系列交易或其他方式,均不得成为指定的电力执照持有者、指定的法律实体或指定的商业信托的持股12%的控制人、持股30%的控制人或间接控制人。

(3) 任何人不得作为一个经营中的机构,取得——

(a) 指定的电力执照持有者根据执照经营的业务;或

(b) 指定的法律实体从事的与传输系统或部分传输系统相关的业务,

除非该人、指定的执照持有者或指定的法律实体事先取得主管机关的书面批准。

(4) 主管机关可根据第(2)项批准某人的申请,如果主管机关认为——

(a) 该人是适当人选;

(b) 将该人潜在影响力纳入考虑后,指定的电力执照持有者、指定的法律实体或指定的商业信托的受托管理人仍将继续谨慎地、符合本法要求地经营其业务;及

(c) 公共利益的需要。

(5) 主管机关可根据第(3)项批准某人的申请,如果主管机关认为——

(a) 取得业务者是适当人选;

(b) 取得业务不会影响到向公众供电的安全性和可靠性;及

(c) 公共利益的需要。

(6) 主管机关根据本条作出的批准,应符合主管机关认为合适的条件。

(7) 无论其他成文法的条文或团体的备忘录或章程、信托协议或其他执照持有者、法律实体或商业信托的章程的规定,主管机关根据本条而要求的任何条件都发生效力。

(8) 主管机关根据本条作出的批准,不得损害第七部分的经营。

(9) 在本条中——

"持股12%的控制人"是指,某人单独或与其合伙人——

(a) 持有总权益的12%或以上;或

(b) 控制12%或以上的投票权。

在执照持有者、法律实体和商业信托中,"持股30%的控制人"是指,某人单独或与其合伙人——

(a) 持有总权益的30%或以上;或

(b) 控制30%或以上的投票权。

在执照持有者、法律实体和商业信托中,"间接控制人"是指,某人单独或与其

他人，无论是否在执照持有者、法律实体和商业信托中持有股权或控制投票权——
　　(a) 执照持有者的董事、法律实体的董事或其他管理人员、商业信托的受托管理人，通常或有义务(无论正式与否)依据其指令、指示或希望行事；或
　　(b) 能够决定执照持有者、法律实体和商业信托的政策，
但不包括——
　　(i) 对执照持有者而言，该人为经主管机关根据第30G批准的行政总裁、董事或董事会主席；或
　　(ii) 执照持有者的董事、法律实体的董事或其他管理人员、商业信托的受托管理人仅仅因为专业能力，而根据其建议行事的人。

第 30C 条 (第 30B 条的实施规章)
　　(1) 经部长批准，主管机关可制定对实施第30B条必要且有利的规章。
　　(2) 在不损害第(1)项一般性规定的情况下，规章可规定——
　　(a) 权益的含义，以及某人被认为持有指定的执照持有者、指定的法律实体或指定的商业信托的总权益的一定比例的情形；
　　(b) 某人被认为能够控制指定的执照持有者、指定的法律实体或指定的商业信托的一定比例的投票权的情形；
　　(c) 某人被视作第30B条第(3)项中的一个经营机构的情形；
　　(d) 某人被视作第30B条、第30D条和第30F条中的合伙人的情形；
　　(e) 主管机关根据第30B条予以批准时赋予的条件；及
　　(f) 第30B条第(1)项中向主管机关发出通知的期间。

第 30D 条 (发布指令的权力)
　　(1) 如果主管机关认为有下列情况，主管机关可根据第(2)项或第(3)项向个人发布指令——
　　(a) 其违反第30B条第(2)项或(3)项的规定；
　　(b) 根据第30B条赋予其的批准条件没有被遵守；
　　(c) 在关于第30B条的申请中，提供了虚假或误导性的信息或文件；或
　　(d) 若主管机关审批时知晓与其申请相关的情况，就不会根据第30B条作出批准。
　　(2) 若某人取得指定的执照持有者、指定的法人实体或指定的商业信托的权益，主管机关可以——
　　(a) 指令其或其合伙人在主管机关认为合适的期限和条件下转让或出售全部或部分权益(本条和第30E条中指特定的权益)；
　　(b) 限制特定股权的转让或出售；或
　　(c) 制定主管机关认为合适的其他指令。
　　(3) 若某人取得第30B条所提及的某一持续经营的业务，主管机关可以——
　　(a) 指令其在主管机关认为合适的期间和条件，转让或出售全部或部分业

务;或

(b) 作出主管机关认为合适的指令。

(4) 在根据第(2)项或第(3)项规定发布指令前,除非主管机关认为发出通知不可行或不利,否则应向其发出书面通知,通知其主管机关发布指令的意图,明确其可提交相关书面申述的最后时间。

(5) 在收到第(4)项中的书面申述后,主管机关应将其纳入是否发布指令的考虑范围。

(6) 本条中指令的接受者应当遵守指令。

(7) 主管机关可改变或撤回根据本条发布的指令。

第30E条(指令的效力)

(1) 根据第30D条颁布的指令,无论其他成文法、协会的备忘录或章程、信托契约或其他指定的电力执照持有者、指定法律实体或制定的商业信托的章程如何规定,皆发生效力。

(2) 根据第30D条第(2)(a)或(b)项条颁布的指令,无论其他成文法、协会的备忘录或章程、信托契约或其他指定的电力执照持有者、指定法律实体或制定的商业信托的章程如何规定——

(a) 除非主管机关明确同意,否则不得就特定权益行使表决权;

(b) 除非主管机关明确同意,否则执照持有者、法律实体或商业信托的特定股权不得(以认购新股、分红或其他方式)予以发行或报价;及

(c) 除对执照持有者、法律实体或商业信托进行清算外,在转让或处理符合指令而生效之前或指令在具体情况下被予以撤销之前,除非主管机关明确授权,否则执照持有者、法律实体或商业信托的受托管理人不得(以股息或其他方式)就特定股权支付任何款项。

第30F条(犯罪行为、处罚和抗辩)

(1) 任何人违反第30B条、第30D条的,应被认作犯罪行为,并加以定罪——

(a) 对个人,处以不超过500000元的罚金,或不超过3年的监禁,或并罚,持续性犯罪的,对定罪后持续犯罪期间,每日另处不超过50000元的罚金;或

(b) 其他情况下,处以不超过100万元的罚金,持续性犯罪的,对定罪后持续期间每日另处不超过100000元的罚金。

(2) 若某人被判处违反了第30B条第(2)项之规定,其抗辩需证明——

(a) 他当时并不知道自己违反了第30B条第(2)项的规定;及

(b) 在知道自己违反了第30B条第(2)项规定之日后的14日内,就违反事实通知了主管部门,并在主管机关决定的期间内,采取主管机关指令的,与其持有执照持有者、法律实体或商业信托的权益、投票控制权有关的措施。

(3) 若某人被判处违反第30B条第(2)项之规定,尽管其当时知晓违反事实,其抗辩需证明——

(a)违反是由于其合伙人控制的权益、投票控制权增持造成的；

(b)在与执照持有者、法律实体或商业信托有关的事项上,其与合伙人没有就取得、持有或出售权益,或就共同实施投票控制权,达成口头或书面、明示或暗示的协议或约定；及

(c)他在违反之日的14日内,就违反事实通知了主管部门,并在主管机关决定的期间内,采取主管机关指令的,与其持有执照持有者、法律实体或商业信托的股权、投票控制权有关的措施。

(4)除非符合第(2)项、第(3)项的规定,被判处违反第30B条第(2)项规定的人,声称他不打算或不知道违反该规定的,不能视为有效抗辩。

第30G条(任命指定的电力执照持有者的行政总裁、董事等)

(1)除非事先取得主管机关书面批准,指定的电力执照持有者不得任命某人作为其行政总裁、董事或董事会主席。

(2)违反第(1)项规定,被指定的电力执照持有者任命为行政总裁、董事或董事会主席的人,主管机关可发布指令,要求执照持有者将其免职。

(3)不论其他成文法、备忘录或社团章程或指定的电力执照持有者的章程如何规定,本条皆发生效力。

(4)在本条中——

与指定的电力执照持有者相关的"行政总裁",指(无论其职位名称)——

(a)与指定的电力执照持有者有直接的雇佣关系、代理关系或协议关系；及

(b)原则上负责电力执照持有者的经营和任何类型的商业行为,

包括暂时履行全部或部分行政总裁的职能和义务者；

"董事"与《公司法》第4(1)条中的"董事"含义相同。

第五部分 与电力执照持有者相关的事务

第31条(电力执照持有者的施工)

(1)依据本法规定,发电执照持有者、市场支持服务执照持有者或传输执照持有者为了开展电力执照授权或要求的活动,可以——

(a)在任何地面、场所、街道或桥梁之上、之下、沿着或穿过的地方安装,并间或检查、维护、调整、修理、更改、替换或移除——

(i)电力线路或电气装置；

(ii)为该电力线路或装置而建造的房屋或遮盖物；

(iii)为延伸电力线路或其他分配导管,或为了检测、测试、测量、指令或控制供电或检测总干线的情况或工程其他部分的情况,而设置的仪表、开关和其他适当的设备；及

(b)为了或附带为了第(a)项中的工程,执行任何工作,包括——

(i) 挖掘土地、街道或排水沟；
(ii) 在地面、街道、下水道或排水沟下挖隧道或钻洞；
(iii) 移除、使用土地、街道、下水道或排水沟下的泥或材料；
(iv) 在地面、建筑、街道、桥梁上或下面，建造、放置或安装设备、器具或其他电气装置；及
(v) 在地面或街道上移除、放置或安装柱子。
(1A)第(1)项中的执照持有者应取得主管机关的书面批准——
(a) 在发布第(5)项的通知之前；或
(b) 在第(5)项明确的紧急事件中，在采取任何行动前，
如果根据本条开展的任何工程与第(1)(a)(i)、(ii)、(iii)项明确的工程有关，并由电力执照持有者拥有或经营。
(1B)尽管其他协议阻碍工程的开展，执照持有者根据本条仍然有权开展工程。
(2) 所有的工程，包括外表或遮盖物，无论是其表面不平整或由其他原因所致，第(1)项所提及的执照持有者在建造和维护时所使用的材料应不会造成潜在危险；执照持有者在铺设可能触及主道、管道、电缆或其他设备的电缆时，电缆的导电部分应当作绝缘处理。
(3) 第(1)项的执照持有者，应向任何因其第(1)项中的工程而遭受损害或财产损失的人作出赔偿，数额可由双方商定，该赔偿可包括为执照持有者而使用土地、不动产的年费。
(4) 第(1)项的执照持有者除为安装电缆或电器装置或执行本条中的工程而在地面或财产之下、之上，或沿着、穿过地面或财产而享有地面或财产的使用权外，不得取得其他权利。
(5) 除因电缆或电气设备故障而导致紧急情况，第(1)项的执照持有者为了第(1)项中的目的而进入土地前，应提前14日向土地所有者或占有者发出书面通知，尽可能完整、准确地陈述将开展的工程的性质和范围。
(5A)依据第(6)项的规定，土地的所有者或占有者接到通知后，应遵循通知，采取合理措施使通知中的工程顺利进行。
(6) 土地的所有者或占有者在接到第(5)项中通知的14日内，可向主管机关提出书面异议，主管机关应明确展开调查该异议的具体时间。
(7) 若在第(6)项规定的期限内没有异议，则执照持有者可进入土地并实施通知中明确的全部或部分工程。
(8) 若第(6)项中的异议在展开调查前未撤回，则主管机关应主持调查，给各方以听证的机会。
(9) 在调查结论中，主管机关可无条件或附加其认为合适的条款、条件，授权开展第(5)项通知中明确的工程。
(10) 主管机关就第(1A)项和第(9)项所作决定为最终决定。

(11) 第(1)项中的执照持有者应尽可能减少在履行该项中的权力时造成的损害,并应在可行情况下尽快弥补损害。

(12) 就执照持有者是否充分地弥补了在履行第(1)项赋予的权力时所造成的损害而产生的争议——

(a) 可由双方提交给主管机关解决;及

(b) 主管机关由此作出的决定对双方而言是终局性的和决定性的。

(13) 第(1)项中的执照持有者应履行第(1)项赋予的权力,确保其安装的设备不会危害公用安全。

(14) 第(1)项中的执照持有者在履行第(1)项赋予的权力时,无需因进入土地或场所而向任何人支付酬金或费用。

(15) 第(1)项中的执照持有者在没有取得政府主管部门或立法部门的书面批准时,不得为了履行第(1)项赋予的权力,进入或使用归属于政府主管部门或立法部门的土地或场所。

第32条(砍树等权力)

(1) 若电力执照持有者认为,临近电力设备或电厂附近的树木或植物可能存在妨碍或干扰供电的危险或潜在危险,或危及电力设备或电厂,则电力执照持有者可将树木或植物砍伐或按照其认为能避免危险的方式处理。

(2) 电力执照持有者在根据第(1)项行使其权力时,应遵守《国家公园法》和《公园与树木法》之规定。

(3) 根据第(1)项被砍伐或处理的树木或植物,若是在电力执照持有者的设备或电厂建立前就存在的,执照持有者应根据第(4)项、第(5)项之规定就产生的不利影响支付赔偿,数额由执照持有者与受偿者达成协议,未达成协议的,可由主管机关决定。

(4) 自支付了第(3)项的补偿款后,树木或植物仍在生长或被允许生长的,若为了维护电力执照持有者的设备或电厂而砍伐、修剪或清除必要的该树木或植物,则无需另支付补偿款。

(5) 对第(3)项中被砍伐的树木或植物,若其位于政府建设维护的道路中线20米内,则电力执照持有者无需支付补偿款,除非被证明树木或植物在道路建设前就存在。

(6) 若土地的所有者或占有者要砍伐、修剪或清除临近电力设备或电厂附近的树木或植物,应提前14日就其意图书面通知执照持有者,并采取执照持有者所要求的合理预防措施以保护电力设备或电厂。

(7) 若土地的所有者或占有者未根据第(6)项提前发出通知,或发出通知但未采取执照持有者要求的合理预防措施,则其有责任向执照持有者弥补因此而对电力设备或电厂造成的损失。若产生争议,由主管机关决定。

(8) 若在电力执照持有者的电力设备或电厂临近处砍伐、修剪或清除树木或植物,除有相反证据,则推定是土地的所有者或占有者或其雇员、代理人的行为。

第 33 条(电力执照持有者为调查而进入场所)

(1) 依据本条规定,在不损害其他进入场所的权利的前提下,经传输执照持有者或市场支持服务执照持有者的书面授权,被授权人可在合理的时间内,为了查清该场所是否适合实施执照持有者被授权的行为,而进入场所并调查。

(2) 本条中经授权进入场所者,不得主张实施权利,除非——

(a) 提前 7 日将其意图书面通知占有者;且

(b) 提供主管机关的证明。

(3) 本条所赋予的调查场所的权力,包括为确认底土的性质而调查和挖孔,但不得为了该目的而开展工程,除非——

(a) 在第(2)项的通知中包括了对计划工程的通知;及

(b) 若该场所由法定机构持有,且其因该工程对地面上事业有严重的不利影响而反对时,则需经部长批准。

(4) 实施本法赋予的权力,作出授权的执照持有者应修复对场所所造成的损害。

(5) 电力执照持有者未经政府主管机关或法定主管机关的书面批准,不得授权他人为履行第(1)项的权力而进入或使用政府主管机关或法定主管机关所有的场所。

第 34 条(在持续供电期间的进入)

经传输执照持有者或市场支持服务执照持有者授权,被授权者在任何合理时间内、出示主管机关正式认证的文件后可进入正在为下列目的的供电的场所:

(a) 检查执照持有者的供电线路或电气设备;

(b) 确认电表的登记;

(c) 移除、检查或再次安装电表或安装替代的电表;及

(d) 开展所有维护供电所必要的工程。

第 35 条(在中断供电期间的进入)

(略)

第 36 条(为替换、修理或更换供电线路或电气设备而进入)

(1) 经电力执照持有者书面授权者,在提前 7 日通知场所占有者或所有者(未占用该场所)后,可在任何合理时间内,出示主管机关正式认证的文件后进入场所,为了——

(a) 在已有供电线路或电力设备上增添或置换新的线路或设备,原线路或设备已被合法替换,并归属于执照持有者;或

(b) 维护、检查、维修、移除或更改已有的线路或设备。

(2) 当线路或设备发生故障导致紧急情况出现,可不经通知,依据第(1)项进入场所,但在紧急情况发生后应尽快发出通知。

第37条（搬迁设备）

（1）若电力执照持有者在地面或地下安装了设备，而土地所有者或占有者意图使用土地，并认为搬迁设备是必须的或便利的，则可向执照持有者申请搬迁相关设备。

（2）经土地所有者或占有者申请，电力执照持有者若认为搬迁设备是合理的，同时占有者或所有者遵守了执照持有者赋予其的条款和条件，包括关于支付搬迁所必要的费用，则可将设备搬迁。

（3）若地面或地下安装的设备不再用来为土地占有者或他人传输或供电，则执照持有者可自主决定或经由土地所有者的合理要求而移除设备，费用由电力执照持有者负担。

（4）就本条而言，"所有者"包括对土地或场所享有尚余不少于7年的租赁权的人。

第38条（电气设备不是固定附着物、不得被扣押）

电力执照持有者拥有的、出租的或借来的电器设备、供电线路、电表、设备、附件、配件和从属物，若安装在场所上——

（a）仍是执照持有者的财产，不得被视作固定附着物或归属于场所的所有者；及

（b）不得因法庭命令或因占有者破产而被扣押或执行。

第39条（在紧急情况下中断供电的权力等）

（1）当电力执照持有者认为针对紧急情况的发生，基于公共安全或为避免对供电产生不必要的干扰或出于公共利益的考虑，有必要立刻采取行动时，电力执照持有者——

（a）可立刻中断向某人的供电；

（b）应中断后立即书面通知被中断者；及

（c）不是市场支持服务执照持有者的，应立刻就中断事宜通知市场支持服务执照持有者。

（2）电力执照持有者对因中断供电而造成的损失不承担责任。

第40条（应急预案）

（1）主管机关可要求电力执照持有者向其准备、递交根据执照或市场规则制定的应急预案。

（2）经部长批准，主管机关可指令一个电力执照持有者在一个或多个场合实施一个应急预案，并且部长可以随时作出必要修改。

第41条（竞争性客户）

（1）经部长批准，主管机关可制定规章，规定被归为竞争性客户而必须符合的条件。

（2）市场支持服务执照持有者应根据本法和执照的规定，依照主管机关批准的

条款和条件,向竞争性客户提供市场支持服务。

(3)竞争性客户应根据下列任何一项选择,购买电力用于其自有场所——

(a)根据双方同意的条款和条件,从电力零售执照持有者处购买电力;

(b)依据第(4)项规定,以现行市场价格从电力批发市场直接购买电力;或

(c)以现行市场价格通过市场支持服务执照持有人从电力批发市场间接购买电力。

(4)除非主管机关颁发执照并根据市场规则登记为市场参与者,竞争性客户不得从电力批发市场直接购买电力。

(5)客户有权自根据第(1)项被归为竞争性客户之日后的30日内(或主管机关决定的更长时间内),选择——

(a)以合同形式,向电力零售执照持有者购买电力;或

(b)直接从电力批发市场购买电力。

(6)若客户依照第(5)(a)或(b)项开始购买电力,且根据原协议另有他人向该客户供给并销售电力,则原协议自客户作出相关选择购买电力之日起失效。

(7)若客户没有根据第(5)(a)或(b)项购买电力,则应当被认为是通过一个市场支持服务执照持有者以现行市场价从电力批发市场间接地购买电力,于该项规定的期间届满后立刻生效。

(8)若适用第(7)项,且同时还存在一个他人向客户供给、销售电力的合同,该合同自第(5)项中规定的期限届满后立刻失效。

(9)尽管有第(5)项、第(7)项的规定,竞争性客户可在第(5)项规定的期限届满后的任何时间,基于第(3)项的选择权订立合同,以购买电力供应其场所。

(10)当——

(a)竞争性客户没有、不能或不再希望从零售电力执照持有者处或直接从电力批发市场中购买电力;或

(b)零售电力执照持有者因各种原因,不能或拒绝向竞争性客户零售电力,

市场支持服务执照持有者应向竞争性客户提供从电力批发市场获得电力的渠道,使其可以从执照持有者处以现行市场价格间接地购买到电力。

(11)第(6)项和第(8)项的规定不可消灭现有协议中任何当事人的权利或责任,鉴于现有协议中的权利或责任在上述条款所规定的失效日期前已经产生。

(12)市场支持服务执照持有者除非依据其执照,不得中断向竞争性客户提供市场支持服务。

(13)本条不得解释为要求市场支持服务执照持有者为竞争性客户的场所提供电力,如果——

(a)非受其控制的情况阻碍其供电;

(b)当前情形可能牵涉到市场支持服务执照持有者或其他电力执照持有者违反本法,而市场支持服务执照持有者或其他电力执照持有者已经采取了所有合理手

段防止发生该情况或上述结果;或

(c) 场所中的建筑物是违反成文法建造或是损坏的或处于危险状态。

第六部分　电力批发市场

第 42 条(本部分的解释)
(1) 在本部分中——
"组织章程文件"指市场公司的备忘录和章程。
"市场公司"指持有电力批发市场执照的公司。
(2) 若存在不一致——
(a) 在构成文件与本法或市场规则之间,不一致处依本法或市场规则;或
(b) 在市场规则与本法之间,不一致处依本法。
(3) 本部分不得被解释为赋予市场公司经营电力批发市场的独家权利或特权。

第 43 条(市场公司的职能和义务)
(1) 根据且不违背本法、电力执照和组织章程文件规定的情况下,市场公司的职能是——
(a) 经营和管理执照中明确的电力批发市场;
(b) 安排发电机组、负荷和传输系统;
(c) 促进传输系统的规划和扩容;
(d) 提供信息和其他服务,以便作出电力行业投资和资源配置的决策;及
(e) 实施和履行本法、执照、市场规则和其他实践准则赋予市场公司的其他权利和义务。
(2) 市场公司可参与其履行职能附带的业务、事业或活动。

第 44 条(部长的批准)
(1) 下列情况下,要求部长的书面批准——
(a) 出售市场公司全部或实质全部的事业或财产;
(b) 市场公司的自愿清盘;及
(c) 增加、减少或更改组织章程文件的条文。
(2) 第(1)项中的要求应附加到《公司法》中的相关要求。
(3) 违反第(1)项的行为或协议无效且不具有法律强制力。

第 45 条(市场公司的责任)
(1) 对市场公司的董事、高管人员、雇员、代理人,或其他按照市场公司指令行事的人,在履行市场公司职能时,善意的作为或不作为不得被提起诉讼或其他法律程序。
(2) 第(1)项并不免除市场公司对本项中所规定的因其行为或疏忽而导致的责任。

第 46 条（市场规则）

（1）主管机关可制定最初的市场规则——

（a）建立、管理下列事项——

（i）任何电力批发市场；及

（ii）与交易有关的协议或约定；

（b）管理与电力批发市场相关的市场公司和市场参与公司的活动；及

（c）管理电力系统的运营。

（1A）为免生疑问，基于第（1）（a）项制定的规则可对市场支持服务执照持有者在有关电力批发市场的活动进行管理。

（2）市场公司——

（a）可根据市场规则修改市场规则；且

（b）可根据主管机关的指令修改市场规则。

（3）根据本条制定或修改的市场规则，应由市场公司发布以确保公开性。

（4）市场公司根据第（2）项修改的市场规则，由主管机关批准。除非出现下列事项，否则主管机关应批准修改——

（a）根据第（2）（a）项的修改，不公正地优待或歧视了市场参与者、市场支持服务执照持有者、市场参与者群体或市场支持服务执照持有者群体；或

（b）与主管机关在第 3 条中的职能和义务不一致。

（5）市场规则不应被视作附属法例。

第 47 条（根据市场规则的惩罚）

在不限制第 46 条第（1）项一般性规定的情况下，市场规则应包括对市场参与者、市场公司和市场支持服务执照持有者进行财务惩罚的授权和管理。

第 48 条（根据市场规则的行为限制）

（1）如果市场规则包括下列条款——

（a）规定了市场规则或涉及市场规则的争议解决方式；及

（b）限制诉诸法庭，除非穷尽所有市场规则的争议解决程序，

诉诸法庭应被限制在市场规则规定的形式内，包括除非涉及法律和司法权，限制向法庭上诉。

（2）本条不得被解释为——

（a）除与事实相关，绝对限制向法庭上诉；或

（b）限制寻求法庭临时强制令救济的权利。

第 49 条（市场规则对合同的影响）

（1）市场规则对于市场参与方和市场公司之间的合同具有约束力。

（2）市场参与方和市场公司订立合同，应视为双方均同意履行和遵守市场规则，只要所制定的市场规则对市场参与方和市场公司都可适用。

第七部分 竞 争

第 50 条（阻止、限制或破坏竞争的协议等）

（1）依据第 52 条规定，旨在阻止、限制或破坏电力批发市场和零售市场竞争的协议、决定或一致行动均被禁止。

（2）第（1）项规定特别适用于如下协议、决定或一致行动——

（a）直接或间接地固定国内电力市场的买卖价格和其他交易条件；

（b）限制或控制电力批发市场及零售市场的电力生产、电力行业的技术发展或投资；

（c）分割国内电力供应市场或资源；

（d）对相似条件下不同的交易对手设置不同的交易条件，以至于使他们处于竞争劣势；

（e）通过合同条款迫使交易相对方接受附加义务，而该义务在本质上或者依据商业惯例，与合同目的无关；

（f）直接或间接规定电力执照持有者的股份或资产的取得。

（3）上述第（1）项规定，只适用于上述协议、决定或一致行动已经或打算在国内实施的情形。

（4）依据第 52 条，一项协议或决定被第（1）项所禁止的，为无效协议。

（5）除本法另有规定外，本部分明确适用于上述协议的规定，经合理修改后同等适用于任何人所作的决定或一致行动。

（6）第（1）项适用于本法实施日之前、之后及当日实施的协议、决定或一致行动。

第 51 条（滥用市场优势地位）

（1）依据第 52 条规定，在电力批发市场或零售市场对任何市场主体从事滥用市场优势地位的行为都是被禁止的，如果该行为影响到了国内市场的交易。

（2）一个行为，如果包含了下列因素，则构成上述滥用行为——

（a）直接或间接在国内电力市场施加不公平的买卖价格或者其他不公平的交易条件；

（b）限制国内电力行业中电力批发市场、零售市场的电力生产或技术发展，并损害了消费者利益；

（c）对相似交易条件下不同的交易相对人制定不同的交易条件，致使其处于竞争劣势；

（d）通过合同条款迫使交易相对方接受附加义务，而该义务在本质上或者依据商业惯例，与合同目的无关。

（3）在本条中，市场优势地位仅指在国内市场的优势地位。

第 52 条（豁免）

（1）经部长批准，主管机关可基于申请人的申请或以其职权，豁免某协议或行为适用第 50 条第（1）项或第 51 条第（1）项的规定。

（2）第（1）项中的豁免是指——

（a）豁免取得是依据主管机关所认定的合适的条件或义务；

（b）豁免期间为主管机关认为合适的期间；及

（c）由主管机关向被豁免者书面送达相关文件。

（3）主管机关根据第（1）项所作出的否定申请人的申请的决定，应以书面方式通知申请人。

（4）除非豁免被撤回，根据本条作出的豁免在豁免期限内持续有效。

（5）经部长批准，主管机关有权依据申请人申请或依据职权——

（a）延长根据第（1）项授予的豁免期限；

（b）更改或免去豁免中要求的特定条件或义务；

（c）增加取得豁免的条件或义务。

第 53 条（请求主管机关检查协议或处理行为）

经部长批准，主管机关有权——

（a）为协议或行为的各方当事人就其协议或行为向主管部门提出的申请提供指导意见，以判断该协议或行为是否有可能触犯第 50 条第（1）项和第 51 条第（1）项的规定；

（b）依据第（a）项制定适用程序；

（c）为阐明主管机关的任何决定及决定的影响而制定规章；

（d）为充分落实本部分之目标而制定规章。

第 54 条（调查权）

若主管机关有合理的怀疑，认为存在违反第 50 条第（1）项和第 51 条第（1）项的情形，有权实施调查。

第 55 条（调查时的权力）

（1）依据第 54 条的规定，为调查之目的，主管机关可通过书面形式，通知任何人要求其向主管机关提交主管机关认为与调查事项相关的特定文件，或者特定信息。

（2）根据第（1）项发出的书面通知应当表明——

（a）主要事实和调查的目的；

（b）第 61、62、62 条规定的违法本质。

（3）主管机关在通知中还可以明确如下事项——

（a）文件和信息的提交时间和地点；

（b）文件和信息的提交方式和形式。

（4）本条下要求一个人提交文件的权力包括——

(a)如果文件被提交——
(i)用于制作副本或摘要;及
(ii)要求提交者或其他人(包括现任或前任领导或现在或以前被雇佣的员工)提供对于文件的解释;
(b)如果文件未被提交,则可要求其尽可能陈述文件的所在之处。
(5)在第(1)项中,"特定的"是指——
(a)通知中明确的,或指明的;或
(b)通知中明确的,或指明的类别。

第56条(依据搜查令进入场所)
(1)主管机关可以向地区法院申请搜查令,地区法院认为符合下列条件时,可发出搜查令——
(a)有合理的理由怀疑某一场所有第55条所要求的文件;或
(b)存在合理的理由怀疑——
(i)场所内有主管机关依据第55条有权要求提供的文件;及
(ii)若要求提供文件,文件将不会被提交,并会被隐藏、移动、篡改或破坏。
(2)本条中的搜查令应当指明主管机关的一个官员为指定官员,主管机关还应书面授权另一官员为辅助官员,有权——
(a)以合理的、需要的方法进入搜查令指定的地点;
(b)搜查该地点,并将与第(1)项申请中相关的文件予以复制或摘录;
(c)取走与下列事项相关的文件——
(i)为了保护文件或防止干扰;或
(ii)在搜查地点复制文件是不可能的;
(d)为实现第(c)(i)项采取其他必要的方法;
(e)要求某人提供对相关文件的解释或尽可能地陈述该文件可在何处被发现;及
(f)要求电脑储存的信息、场所中所得信息和指定官员认为与调查相关的信息能以以下形式取得——
(i)可以被拿走;
(ii)可得的,且易读的。
(3)基于第(1)(b)项取得的搜查令,如果法院有合理的怀疑认为搜查地方存有与调查事件相关的其他文件,搜查令应当也允许通过第(2)项下的行为获得该相关文件。
(4)当指定官员计划实施该搜查令时,如果搜查地点没有人,他在搜查前必须——
(a)在任何情况下,采取合理的方式通知使用人,该地点将被搜查;及
(b)使用者被通知后,当执行搜查时,允许其自己或其法定代理人或其他代理

人有合理的机会在搜查现场。

(5) 若指定官员无法通知被搜查地点的使用者,当其执行搜查时,他必须留一份搜查令的副本在搜查地点的显著位置。

(6) 当指定官员基于本条中的搜查令进行现场搜查,而该地点没有使用者或者使用者暂时离开时,在搜查结束离开时,指定官员必须确保该场所如同开始搜查时一样安全。

(7) 本条下的搜查令自发出之日起1个月内有效。

(8) 根据第(2)(c)项占有的文件,有3个月的保留期。

(9) 在本条中——

"指定官员",是指搜查令上指明的官员;

"使用者",是指定官员合理认为的搜查地点的使用人。

第 57 条(私下交谈)

任何人不得基于本部分的规定而被要求提交或披露——

(a) 职业法律顾问与其客户间的交流;或

(b) 与法律程序相关或为了法律程序而进行的交流,

在法院庭审时将基于特别规定而不予披露。

第 58 条(调查决定)

基于第54条的调查,当主管机关认为第50条第(1)项和第51条第(1)项被违反时,并计划依据第59条的规定作出决定时,主管机关应当——

(a) 书面通知可能受其决定影响的人;

(b) 给这个人以机会与主管机关交涉。

第 59 条(执行和上诉)

(1) 对违反第50条第(1)项和第51条第(1)项规定,主管机关作出处罚决定时,针对如何停止违法行为,主管机关应当提供合适的指令。

(2) 依据第(1)项作出的指令应当特别包括——

(a) 当决定处罚的是违反第50条第(1)项规定的协议时——

(i) 要求相关人修改或终止该协议;并且

(ii) 如果属于第50条第(2)(f)项规定的协议,则要求相关人在规定的期限内(不少于指令送达后3个月),向非关联人出售全部或部分的相关股份或财产;

(b) 当决定处罚的是违反第51条第(1)项规定的行为时——

(i) 要求相关人更正违法行为;及

(ii) 要求相关人停止违法行为;

(c) 无论在上述哪种情况下,可要求相关人——

(i) 因其违法行为,向主管机关上缴罚金,罚金数额不超过100万美元或者国内年销售收入的10%(由最新的审计数据确定),二者中选高者;及

(ii) 提供一个履约保函、保证金或其他形式的担保,具体由主管机关决定。

(3)若相关人士未遵循第(2)(a)(ii)项的指令,最后登记于该人名下的股份或资产,若为收购标的物且经主管机关书面通知而未转让,则应被政府没收。

(4)依据上述第(3)项被政府没收的股份或资产,政府应尽快出售,并且出售所得在扣除合理的收缴及出售费用后的款项,返还给被收缴人。

(5)任何人认为其受到主管机关决定、指令侵害的,有权在接到第60条中的书面通知后的14天内,根据本法第八部分向上诉委员会上诉。

(5A)依据第(5)项的上诉将不会暂停决定或指令的效力,除非上诉反对的是罚金或罚金的数额。

(6)本条中——
"有关人员"与《公司法》第75D条第(14)项中的"有关人员"定义相同;
"相关股份或资产"是指某人持有的电力执照持有人的股份或资产,为停止并购行为而对上述股份或资产予以处理,进而防止电力批发市场或电力零售市场发生限制竞争或扭曲竞争的结果。

第60条(通知)
主管机关应当在作出决定的14天内,通知受该决定影响的任何人。

第61条(犯罪行为)
(1)拒绝执行第55条或第56条规定的,属于犯罪行为。
(2)如果一个人因被要求提供文件,而基于第(1)项被认为犯罪,则其可以通过如下证据予以辩护——
(a)该文件不由其占有或不在其控制之下;
(b)让其完成相关要求是不合理、不可行的。
(3)如果一个人因下列要求,基于第(1)项规定被指控违法犯罪——
(a)要求提供信息;
(b)要求提供对文件的说明;或
(c)要求陈述发现文件的地点,
只要能够合理解释其未完成相关要求的原因,则可以作为辩护。
(4)若根据第55条从事活动的人未达到该条所规定的要求,则不得将其行为认定为违法。
(5)故意阻碍政府官员执行根据第56条颁发的搜查令中的权力,应作犯罪行为处理。

第62条(破坏或篡改文件)
任何人,基于第55条、第56条的规定被要求提供相关文件时——
(a)故意或过失地破坏、篡改或隐匿文件,或
(b)造成或允许其被破坏、丢弃、篡改或隐匿的,

属犯罪行为。

第63条(信息虚假或误导)

任何给主管机关或主管机关授权官员提供信息的人,提供虚假或误导性信息,被视为犯罪行为。

日本

日本地方公营企业法[①]

最终修订:2013年9月5日法律第72号
(1952年8月1日法律第292号公布)

第一章 总 则

第一条(本法目的)
本法规定地方公共团体经营企业的组织、财务、从业职员的身份对待及其他企业经营的基本大纲,规定企业经营相关事宜决策,包括有关部分集团组合及广域的相关联合特例,以达到地方自治的目的。

第二条(适用本法的企业范围)
1. 本法适用于地方公共团体经营的企业中的如下列举的事业,包括与此附带的事业(以下称"地方公营企业"):
  (1)水道事业(简易水道事业除外);
  (2)工业用水道事业;
  (3)轨道事业;
  (4)汽车运输事业;
  (5)铁道事业;
  (6)电力事业;
  (7)天然气事业。
2. 除前项规定的场合外,下条至第六条、第十七条至第三十五条、第四十条第二项及第三项至第四十一条的规定(以下称"财务规定等")以及附则的第二项及第三项适用于地方公共团体经营的企业中的医院事业。
3. 除前两项规定的场合外,地方公共团体可以根据政令或条例(《地方自治法》(昭和二十二年法律第六十七号)第二百八十四条第一项的部分事务组合(以下称"部分事务组合")包括广域联合(以下称"广域联合"))的规定适用本法。

[①] 说明:日本法律中的条、项、号分别对应我国法律中的条、款、项。

第三条（经营的基本原则）

地方公营企业在发挥经常的经济性目的的同时，必须为增进公共福利的本来目的而运营。

第四条（地方公营企业的设置）

地方公共团体必须通过条例规定地方公营企业的设置及与经营相关的基本事项。

第五条（地方公营企业相关的法令等的制定及施行）

地方公营企业相关的法令、条例、规则及其他规程，均必须与本法第三条规定的基本原则保持一致。

第五条之二（国家的保障）

国家的行政机关首长在处分地方公营企业的业务及执行其他业务时，应考虑采取迅速适当的措施等，保障地方公营企业健全运营。

第六条（地方自治法等特例）

关于地方公营企业的经营，本法应规定对《地方自治法》和《地方财政法》（昭和二十三年法律第一百零九号）及《地方公务员法》（昭和二十五年法律第二百六十一号）的特例。

第二章 组 织

第七条（管理者设置）

为使经营地方公营企业的地方公共团体执行地方公营企业的业务，第二条第一项的各项事业均设置管理者。但根据条例的规定，对政令规定的地方公营企业不设置管理者，经营两项以上事业的可以设置一名管理者。并且，兼营水道事业（除简易水道事业外）及工业用水道事业的场合和兼营轨道事业、汽车运输事业及铁道事业中的两项以上事业的场合，该等兼营事业应以设置一名管理者为常例。

第七条之二（管理者的选任及待遇）

1. 管理者应由地方公共团体首长从对经营地方公营企业有见识之人士中任命。

2. 有符合如下任一项者，不得成为管理者：

（1）成年被监护人或被保证人和破产后未能恢复权利者；

（2）被处以监禁以上刑罚，其刑期尚未结束或其刑罚尚未取消者。

3. 管理者不得兼任众议院议员、参议院议员、地方公共团体议会的议员或专职的职员或《地方公务员法》第二十八条之五第一项规定的短期工作职位的职员。

4. 管理者的任期为四年。

5. 管理者可以连任。

6. 管理者应为专职。

7. 地方公共团体首长认为管理者因身心障碍不能胜任履行职务的场合,或认为管理者因不适合执行业务致使经营状况恶化的场合,或认为管理者对该职位缺少必要的适合性的场合,可以予以罢免。

8. 地方公共团体首长认为管理者有违反职务上的义务或其他不适宜管理者的不当行为的场合,可以对其处以警告、降薪、停职和免职的惩戒处分。

9. 除前两项规定的场合外,管理者不得违反其意愿被罢免或受惩戒处分。

10. 管理者发生第二项各号的任一项时,应失去其职务。

11. 《地方自治法》第一百五十九条、第一百六十五条第二项及第一百八十条之五的第六项至第八项和《地方公务员法》第三十条至第三十七条及第三十八条第一项的规定适用于管理者。

第八条(管理者地位及权限)

1. 管理者执行除以下所列事项外的地方公营企业的业务,并就该业务的执行代表该地方公共团体。但法令另有规定的,不在此限。

(1)调整预算;

(2)对应经地方公共团体议会决议的事项,提出议案;

(3)交付决算给监查委员审查及议会认定;

(4)《地方自治法》第十四条第三项和第二百二十八条第二项及第三项规定的科处过错金。

2. 依据第七条但书的规定,在不设置管理者的地方公共团体中,管理者的权限由该地方公共团体首长行使。

第九条(管理者职责)

基于前条的规定,管理者执行地方公营企业的业务,主要承担以下职责:

(1)为分管所属权限的事务进行必要的科室设置;

(2)掌管职员的任免、工资、劳动时间及其他劳动条件、惩戒、研修及其他与身份对待相关的事项;

(3)作成预算方案,并向地方公共团体首长提交;

(4)作成预算相关说明书,并向地方公共团体首长提交;

(5)调整决算,并向地方公共团体首长提交;

(6)就应经议会决议的事件,将该议案作成相关资料并向地方公共团体首长提交;

(7)取得、管理及处分供该企业使用的资产;

(8)签订合同;

(9)收取费用和费用以外的使用费、手续费、分担费或其他加入费;

(10)为预算内支出短期贷款;

(11)进行出纳及其他会计业务;

(12)保管证书及公文文件;

(13）签订劳动合同；

(14）接受与该企业相关的行政当局的许可、认可、资质、其他处分及政令规定的事项；

(15）除前面各号所列之外，依据法令和该地方公共团体的条例或规则规定的属于其权限的事项。

第十条（企业管理规定）

管理者在不违反法令、该地方公共团体的条例及规则和其机构制定的规则的情况下，可以制定与业务相关的管理规程（以下称"企业管理规程"）。

第十一条（删除）

第十二条（删除）

第十三条（代理及委任）

1. 管理者因事故时或缺席时，在取得该地方公共团体首长同意后，可以事前指定上位的职员履行其职务。

2. 管理者可以将其所属权限事务的一部分委任给第十五条规定的职员，或使其临时代理该职务的一部分。

第十三条之二（委任范围）

管理者可以将其所属权限事务的一部分委任给该地方公共团体经营的其他地方公营企业的管理者。

第十四条（行政组织）

为使经营地方公营企业的地方公共团体处理管理者所属权限的事务，条例中应设置必要的组织。

第十五条（辅助）

1. 辅助管理者所属权限事务执行的职员（以下称"企业职员"）由管理者任免。但任免该地方公共团体的规则中规定的主要职员的场合，必须事前取得该地方公共团体首长的同意。

2. 企业职员由管理者指挥监督。

第十六条（管理者和地方公共团体的关系）

地方公营企业业务的执行对该地方公共团体的居民的福利如有重大影响，在有必要确保其福利时，或为调整该管理者以外的地方公共团体机关所属权限事务的执行和该地方公营企业业务之间的执行时，地方公共团体首长可以就该地方公营企业业务的执行对该管理者作出必要的指示。

第三章 财 务

第十七条（特别会计）

地方公营企业的财务应根据第二条第一项所列事业分别设置特别会计。但经营同条同项所列两个以上事业的地方公共团体,根据政令的规定,对条例规定的两个以上的事业可以设置一个特别会计。

第十七条之二(经费的负担原则)

1. 政令规定的以下所列地方公营企业的经费,在地方公共团体的一般会计或其他的特别会计上,以出资、长期贷款、负担金的支出或其他方法予以负担。

(1) 其性质上不适于以该地方公营企业的经营收入当作经费的;

(2) 该地方公营企业性质上即使进行了高效的经营,但仅以其经营收入被认为客观地当作经费比较困难的。

2. 在地方公营企业特别会计上,除前项规定的地方公共团体的一般会计和其他特别会计负担的以外,其经费必须以该地方公营企业的经营收入而使用。

第十七条之三(补助)

在因灾后重建或其他特别的理由而有必要的场合,地方公共团体可以从一般会计或其他的特别会计中补助地方公营企业的特别会计。

第十八条(出资)

1. 除依据第十七条之二第一项的规定外,地方公共团体可以从一般会计或其他的特别会计向地方公营企业的特别会计出资。

2. 地方公营企业的特别会计在接受前项规定的出资的场合,根据利润状况,应向一般会计或该其他的特别会计支付纳付金。

第十八条之二(长期贷款)

1. 除依据第十七条之二第一项的规定外,地方公共团体可以从一般会计或其他的特别会计向地方公营企业的特别会计进行长期贷款。

2. 地方公营企业的特别会计在接受前项规定的长期贷款场合,必须向一般会计或该其他的特别会计支付适当的利息。

第十九条(事业年度)

地方公营企业的事业年度,依从地方公共团体的会计年度。

第二十条(会计方法)

1. 为明确其经营业绩,地方公营企业中所有的费用及收益必须基于其所发生的事实予以列入,并且正确地分配到其发生的年度。

2. 为明确其财政状态,地方公营企业中所有的资产、资本及负债的增减及变动必须基于其所发生的事实,并且按照适当的区分及顺序基准和一定的评价基准进行整理。

3. 前项的资产、资本及负债必须根据政令的规定明确其内容。

第二十一条(费用)

1. 地方公共团体可以就地方公营企业的给付收取费用。

2. 前项的费用必须公正、妥当,且必须以高效经营下适当的原价为基础,确保地方公营企业的健全运营。

第二十二条（企业债务）

为确保地方公营企业的健全运营，国家认为有必要时，对地方公共团体用于地方公营企业的建设、改良等所需的资金发行的地方债（以下称"企业债"）的偿还延期、借新还旧等，在法令的范围内及资金允许的情况下，应予以特别的照顾。

第二十三条（未规定偿还期限的企业债）

地方公共团体可以对企业债中用于地方公营企业建设所需资金不规定偿还期限。在此场合，可以根据该地方公营企业的每个事业年度的利润状况规定特别利息。

第二十四条（预算）

1. 地方公营企业的预算，应制定地方公营企业每个事业年度业务的预定量和与此相关的收入及支出的大纲。

2. 地方公共团体首长必须根据该地方公营企业管理者作成的预算方案，制定每个事业年度地方公营企业的预算，并于年度开始前经议会决议。

3. 因业务量的增加致使地方公营企业业务所需的直接必要经费发生不足时，管理者可以使用因该业务量的增加而增加的收入相当的金额作为该企业业务所需的直接必要经费。在此场合，管理者应毫不延迟地向该地方公共团体首长报告该事项，接受其报告的地方公共团体首长必须在下次的会议上向议会报告该事项。

第二十五条（说明）

地方公共团体首长在向议会提交地方公营企业预算的场合，必须同时提交该地方公营企业管理者作成的政令规定的与预算相关的说明书。

第二十六条（预算的结转）

1. 预算规定的地方公营企业的建设或改良所需经费，在年度内未发生支付义务的场合，管理者可以将该金额结转到下一年度使用。

2. 除前项规定的场合外，每个事业年度的支出预算金额不得在下一事业年度中使用。但是，如支出预算金额在年度内进行了支出义务的合同行为或其他行为，因难以避免的事故使得年度内未发生支付义务的，管理者可以将该金额结转至下一事业年度使用。

3. 依据前两项规定结转预算的场合，管理者应向地方公共团体首长报告结转金额使用的相关计划，接受其报告的地方公共团体首长必须在下次会议上向议会汇报该事项。

第二十七条（出纳）

地方公营企业业务相关的出纳由管理者进行。但在地方公营企业业务执行上有必要的场合，管理者可以让地方公共团体首长同意指定的政令规定的金融机构处理该地方公营企业业务相关的公金的一部分出纳事务。

第二十七条之二（公金收纳等的监查）

1. 监查委员在认为有必要时，或管理者有要求时，可以监查依据前条规定被指定的金融机构处理的地方公营企业业务相关的公金的收纳或支付事务。

2. 监查委员在依据前项的规定进行监查时,必须向地方公共团体的议会及议长或管理者提交相关监查结果的报告。

第二十八条(企业出纳)

1. 为使经营地方公营企业的地方公共团体掌管该地方公营企业业务相关的出纳及其他会计事务,设置企业出纳员及现金经办员。但是,也可以不设置现金经办员。

2. 企业出纳员及现金经办员由管理者从企业职员中任命。

3. 企业出纳员接受管理者命令,掌管出纳及其他会计事务。

4. 现金经办员接受上司的命令,以企业管理规程规定的金额为限度,掌管该地方公营企业业务相关的与现金出纳相关的事务。

第二十九条(短期贷款)

1. 管理者为进行预算内的支出,可以进行短期贷款。

2. 前项规定的贷款必须在该事业年度内偿还。但是,因资金不足不能偿还的场合,可以以不能偿还的金额为限借新还旧。

3. 前项但书规定的借新还旧的贷款必须在一年以内偿还。但是,不得以贷款进行偿还。

第三十条(决算)

1. 管理者必须在每个事业年度结束后两个月以内制作该地方公营企业的决算,并向该地方公共团体首长提出有关证书、该年度事业报告书及政令规定的其他文件。

2. 地方公共团体首长必须将决算及前项的文件交付监查委员审查。

3. 监查委员在进行前项审查中必须特别留意地方公营企业的运营是否遵从第三条规定的主旨。

4. 地方公共团体首长必须将依据第二项规定交付监查委员审查的决算附上监查委员意见后,最迟在该事业年度结束三月后的最初召集的定期议会会议上交付认定(在《地方自治法》第一百零二条之二第一项的议会、最迟于该事业年度结束后经过三月后的最初的定期日(同条第六项规定的定期)召开的会议上议会认定)。

5. 前项规定的意见应由监查委员合议决定。

6. 地方公共团体首长依据第四项规定交付决算给议会认定时,必须与第二项规定的交付监查委员审查的该年度的事业报告书及政令规定的其他文件一并提交。

7. 关于第一项的决算应作成的文件是指根据该年度预算的区分作成的决算报告书和损益计算书、利润计算书和亏损计算书、剩余金处分计算书和亏损处理计算书以及借贷对照表,其格式由总务省令规定。

第三十一条(会计报告)

为明确该企业的会计状况,管理者应于每月末日作成试算表及其他必要的文件,并于次月二十日前向该地方公共团体首长提出。

第三十二条(剩余金)

1. 地方公营企业在每个事业年度产生利润的场合,在有前一事业年度结转的亏损时,该利润必须用于填补该亏损。

2. 除依据前项规定的场合外,每个事业年度产生的利润必须根据条例的规定并经议会的决议进行处分。

3. 每个事业年度产生的资本剩余金必须根据条例的规定并经议会的决议进行处分。

4. 资本金的金额经议会的决议可以减少。

第三十二条之二(亏损)

地方公营企业在每个事业年度发生亏损的场合,在前一事业年度有结转的利润时,必须用该利润填补该亏损。

第三十三条(资产)

1. 供地方公营企业使用的资产,由管理者取得、管理及处分。

2. 前项资产中的种类及金额、依据政令规定的基准条例规定的重要事务的取得及处分,必须在预算中规定。

3. 供地方公营企业使用的行政资产,依据《地方自治法》第二百三十八条之四第七项的规定使用的场合,其征收使用费的事项由管理者规定。

第三十三条之二(公积金)

管理者在认为有利于增进确保收入及居民方便的场合,根据政令的规定,可以将地方公营企业业务相关的公积金的征收和收纳事务委托给私人。

第三十四条(赔偿责任)

《地方自治法》第二百四十三条之二的规定适用于从事地方公营企业业务的职员的赔偿责任。在此场合,除同条第一项中所称的"规则"可以替换为"规则和企业管理规程"和同条第八项中所称"经议会同意"可以替换为"在条例规定的场合,经议会同意"之外,对从事第七条规定的设置管理者的地方公营企业业务的职员的赔偿责任适用的场合,同法第二百四十三条之二第三项中所称的"普通地方公共团体首长"可以替换为"管理者";同条第八项中所称的"普通地方公共团体首长"可以替换为"管理者";"事前听取监查委员的意见,其意见"可以替换为"管理者事前听取监查委员的意见,普通地方公共团体首长该意见";同条第十项中所称"对处分不服的"可以替换为"对处分不服的,该普通地方公共团体首长可以请求审查,对该裁决不服的";"处分"可以替换为"裁决";"可以请求审查。在此场合,可以申请异议"可以替换为"可以请求再审查";同条第十二项中所称的"申请异议"可以替换为"请求审查"。

第三十四条之二(管理者权限)

根据第二条第二项和第三项的规定,在地方公共团体经营企业适用财务规定等场合,管理者的权限由该地方公共团体首长行使。但根据条例的规定,管理者权限中与该企业的出纳、其他会计事务及决算相关的全部或一部分事项,可以由该地方公共团体的会计管理者执行。

第三十五条(委任)
除本章规定外,与地方公营企业财务相关的必要事项由政令规定。

第四章 企业职工

第三十六条(劳动关系)
企业职员的劳动关系,遵从与地方公营企业等劳动关系相关的法律(昭和二十七年法律第二百八十九号)规定。

第三十七条(职务级别制)
1. 对于企业职员,可以实施职务级别制度。
2. 在前项的职务级别制度中,必须根据职务的种类、复杂程度和责任程度,将企业职员的工作进行分类整理。

第三十八条(工资)
1. 企业职员的工资由薪资及补贴组成。
2. 企业职员的工资应与其职务必要的技能、职务履行的困难程度等职务内容和责任相适应,并必须充分考虑到职员效能的发挥。
3. 企业职员的工资必须考虑到生活费、同一或类似职种国家及地方公共团体的职员和民营事业的从业人员的工资、该地方公营企业的经营状况和其他情况。
4. 企业职员的工资的种类及基准由条例规定。

第三十九条(其他法律的适用)
1. 对于企业职员,不适用《地方公务员法》第五条、第八条(除第一项第六号、第三项及第五项)、第十四条第二项、第二十三条至第二十六条之三、第二十六条之五第三项、第三十七条、第三十九条第四项、第四十条第二项、第四十六条至第四十九条、第五十二条至第五十六条及第五十八条(同条第三项中《劳动基准法》第十四条第二项及第三项相关部分和同法第七十五条至第八十八条及《船员法》第八十九条至第九十六条相关部分,仅适用《地方公务员灾害补偿法》(昭和四十二年法律第一百二十一号)第二条第一项规定者的场合)),《地方公务员的育儿休业等相关法律》(平成三年法律第一百十号)第四条第二项、第七条、第八条、第十四条、第十五条及第十九条,《地方公共团体的一般职位附任期研究员的采用等相关法律》(平成十二年法律第五十一号)第六条和《行政复议法》(昭和三十七年法律第百六十号)的规定。
2. 对于企业职员(除根据政令规定的基准,地方公共团体首长规定的有职务者外),不适用《地方公务员法》第三十六条的规定。

3. 关于对企业职员的《地方公务员的育儿休业等相关的法律》第十条第一项及第十七条规定的适用,同项中所称"以下各号所列的任一个工作形态(适用一般职位职员的工作时间、休假等相关的法律(平成六年法律第三十三号)第六条规定的国家公务员和同样工作形态的工作职员以外的职员,第五号所列的工作形态)"为"五分之一工作时间(该职员的每一周间通常的工作时间(以下该项称"一周间工作时间")乘以五分之一所得时间进行小数处理(五分钟作为最小的单位,不满于此的小数进一位。以下该项相同。)所得时间)乘以二所得时间加上十分之一的工作时间(一周间工作时间乘以十分之一所得时间进行小数处理所得时间)的时间至八分之一的工作时间(一周间工作时间乘以八分之一所得时间进行小数处理所得时间)乘以五所得时间的范围内的时间为地方公营企业的管理者规定的工作形态",同法第十七条中所称的"第十三条至前条"为"第十三条及前条"。

4. 关于对企业职员的《地方公共团体的一般职位的附任期职员的采用相关法律》(平成十四年法律第四十八号)第五条第三项规定的适用,同项中所称"承认(第二号中,承认及其他处分)"为"承认及其他处分",同项第一号中所称"承认"为"与承认相当的承认及其他处分",同项第二号中所称"依据条例的规定的承认及其他处分"为"依据管理规程的承认及其他处分(在未制定该管理规程的场合,依据同法第六十一条第七项的规定替换适用同条第五项规定的承认)",同项第三号中所称的"承认"为"与承认相当的承认及其他处分"。

第五章 集团组合及相关特例

第三十九条之二(组织管理)

1. 共同处理地方公营企业经营相关事务的组合部分(以下称"企业团")的管理者的名称为企业长。

2. 不受第七条的规定,对企业团不设置同条的管理者,该管理者的权限由企业长行使。

3. 企业团规约中没有其他规定的,企业长应由组织企业团的地方公共团体共同从对地方公营企业经营胜任者中任命。

4. 第七条之二第二项及第四项至第十项、《地方自治法》第一百八十条之五第六项至第八项和《地方公务员法》第三十四条的规定适用于企业长。在此场合,第七条之二第七项及第八项中所称"地方公共团体首长",适用前项规定的方法被选任的企业长的场合应替换为"组织企业团的地方公共团体首长共同",适用前项其他规定被选任的企业长的场合应替换为"企业团规约规定的,从其规约规定"。

5. 经企业团的议会的同意,企业团的监查委员由企业长从人格高尚纯洁、对事业经营管理有优秀见识之人士中选任。

6. 关于处理地方公营企业的经营相关事务的广域联合(以下称"广域联合企业团")第七条规定的适用,同条但书中所称"政令规定的地方公营企业的管理者"为"管理者"。

7. 在设置企业团和广域联合企业团的场合,企业长选任的时期及其他必要事项由政令规定。

第三十九条之三(财务)

1. 在企业团和广域联合企业团中,地方公营企业财务以外的财务也适用第十七条至第三十五条及附则第二项的规定。

2. 第十七条之二至第十八条之二的规定适用于组织企业团和广域联合企业团的地方公共团体对该企业团和广域联合企业团的经费的负担、补助、出资及长期贷款。

3. 前两项的规定适用于根据第二条第二项和第三项的规定处理适用财务规定等与企业经营相关事务的一部分组合和广域联合。

第六章　附　　则

第四十条(地方保护)

1. 不受《地方自治法》第九十六条第一项第五号至第八号及第二百三十七条第二项及第三项的规定,地方公营企业业务相关的合同的订立和财产的取得、管理及处分不需要条例或议会决议。

2. 除条例规定外,对于地方公营企业业务相关的附义务的捐赠和赠与的接受、地方公共团体对其当事者的审查请求及其他不服申诉、诉讼的提起、和解、斡旋、调解及仲裁和法律上属于地方公共团体义务的损害赔额的决定,不适用《地方自治法》第九十六条第一项第九号、第十二号及第十三号的规定。

第四十条之二(业务)

1. 管理者根据条例的规定,每个事业年度必须最少两次以上向该地方公共团体首长提交说明该地方公营企业的业务的状况的文件。在此场合,地方公共团体首长必须毫不延迟进行公布。

2. 前项规定的公布视为该地方公营企业相关的《地方自治法》第二百四十三条之三第一项规定的普通地方公共团体首长进行的公布。

第四十条之三（建议等）

1. 总务大臣为了使地方公营企业符合本法第三条规定的基本原则进行经营,可以对经营地方公营企业的地方公共团体进行建议和劝告。

2. 总务大臣在认为有必要进行前项建议和劝告的场合,依据政令的规定,可以向经营地方公营企业的地方公共团体要求报告该地方公营企业相关的经营事项。

第四十一条(国家和地方公共团体等的关系)

关于地方公营企业的经营,在地方公共团体相互间不能达成协议的场合,相关地方公共团体提出申请时,根据政令的规定,总务大臣或都道府县知事可以进行必要的斡旋或调解,或进行必要的劝告。

第四十二条(地方公共企业体)

地方公共团体根据其他法律规定,可以设置为经营地方公营企业的地方公共企业体。

独立行政法人邮便储金和简易生命保险管理机构法

颁布:2005年10月21日法律第101号
最新修订:2012年5月8日法律第30号

第一章 总 则

第一条(目的)
　　本法的目的是规定独立行政法人邮便储金和简易保险管理机构的名称、目的和业务范围等相关事项。

第二条(名称)
　　根据本法和《独立行政法人通则法》(1999年法律103号,以下称为《通则法》)的规定设立的《通则法》第2条第1项所规定的独立行政法人的名称为独立行政法人邮便储金和简易保险管理机构。

第三条(机构的目的)
　　独立行政法人邮便储金和简易保险管理机构(以下称为"本机构")的目的是稳妥地管理从日本邮政公社承继过来的邮便储金和简易生命保险业务,确实履行与此有关的债务,以资实现邮政民营化。

第四条(事务所)
　　本机构的总部设在东京都。

第五条(资本金)
　　1. 本机构的资本金为根据《邮政民营化法》(2005年法律第97号)第154条第3项规定视为政府出资的金额。
　　2. 政府认为必要时,在预算规定的范围内可以对本机构进行追加出资。
　　3. 本机构在取得前项规定的政府出资之际,以其出资额为增加资本金。

第二章 负责人以及职员

第六条（负责人）

1. 本机构设理事长和两名监事作为负责人。
2. 本机构也可以设理事一人。

第七条（理事的职责及其权限等）

1. 理事根据理事长的规定辅佐理事长掌管本机构的业务。
2. 根据《通则法》第19条第2项的个别法规定的负责人为理事。但是，不设理事的，则为监事。
3. 在前项但书的场合，根据《通则法》第19条第2项的规定能够代行理事长的职务或者行使其职务的监事，在此间不得行使监事的职务。

第八条（负责人的任期）

理事长的任期为四年，理事和监事的任期为两年。

第九条（负责人的欠缺资格条项的特例）

1. 除《通则法》第22条规定以外，符合以下任一号者不能担任负责人：

（1）日本邮政股份有限公司或者其子公司（是指《公司法》（2005年法律第86号）第2条第3号规定的子公司）的董事（不问其名称如何，是指拥有与此同等以上的职权或者支配力的人。次号以及第3号中亦同样）。

（2）经营银行业、信托业、金融商品交易业、生命保险业以及其他金融业务（包括与此类似或者与此密切关联的业务），与本机构在交易上有密切联系的利害关系人，当其为法人时，担任其董事的。

（3）前号所述经营者团体的负责人。

2. 有关本机构负责人解任的《通则法》第23条第1项规定的适用，同项中有"前条"的，解读为"前条以及《独立行政法人邮便储金和简易保险管理机构法》（2005年法律第101号）第9条第1项"。

第十条（负责人及其职员的注意义务）

本机构的负责人及其职员必须认识到第19条第1号规定的属于邮便储金账目上的资产（供事务用以及日常支出中必要的部分除外，以下称为"邮政储金资产"）以及同条第2号规定的简易生命保险账目上的资产（供事务用以及日常支出中必要的部分除外，以下称为"简易生命保险资产"）运用的重要性，进行慎重并且细心的注意，竭尽全力完成其职务。

第十一条（负责人及其职员的保密义务）

本机构的负责人及其职员对因职务而知晓的秘密不得泄露以及盗用，退职后也同样如此。

第十二条(负责人及其职员的地位)

关于本机构的负责人及其职员的《刑法》(1907 年法律第 45 号)以及其他罚则的适用,视为根据法律从事公务的职员。

第三章 业 务

第一节 通 则

第十三条(业务的范围)

1. 本机构为达成第 3 条的目的,进行以下业务:

(1) 经营根据《关于伴随邮政民营化法律等施行相关法律整备法》(2005 年法律第 102 号,以下称为"《整备法》")附则第 5 条第 1 项规定仍然有效的《整备法》第 2 条规定的,废止前的《邮便储金法》(1947 年法律第 144 号,以下在本号以及第 28 条第 1 号 2 项中称为"旧《邮便储金法》")规定,《整备法》附则第 5 条第 3 项规定仍然有效的《关于整备应用公有资金提供住宅以及住宅用地体制的〈公营住宅法〉等部分修订法》(2005 年法律第 78 号)附则第 7 条第 2 项的规定仍然有效的同法附则第 6 条的规定,修订前的旧《邮便储金法》的规定以及《整备法》附则第 6 条第 1 项的规定仍然有效的旧《邮便储金法》规定的邮便储金业务。

(2) 经营根据《整备法》附则第 16 条第 1 项规定仍然有效的《整备法》第 2 条规定的废止前的《简易生命保险法》(1949 法律第 68 号,以下在本号以及第 16 条第 1 号中称为"旧《简易生命保险》")的规定,《整备法》附则第 17 条第 1 项规定仍然有效的同项各号所定的法律规定以及根据《整备法》附则第 18 条第 1 项的规定仍然有效的旧《简易保险法》规定的简易生命保险业务。

(3) 经营前两号业务的附属业务。

2. 本机构除前项业务以外,为了达成第 3 条的目的,还可以从事以下业务:

(1) 接受株式会社日本政策金融公库的委托,进行《株式会社日本政策金融公库法》(2007 年法律第 57 号)附则第 39 条第 1 项规定的贷款申请的受理以及贷款交付的业务。

(2) 接受冲绳振兴开发金融公库的委托,进行《整备法》附则第 100 条第 1 号规定的贷款申请的受理以及贷款交付的相关业务。

(3) 进行前两号业务的附属业务。

第十四条(中期计划的记载事项)

1. 本机构在《通则法》第 30 条第 1 项规定的中期计划(第 4 项中也称为"中期计划")中规定下列事项:

(1) 邮便储金资产的运用计划;

(2) 简易生命保险资产的运用计划。

2. 前项第 1 号的邮便储金资产的运用计划必须以妥当、确定地实施前条第 1 项第 1 号以及第 2 项第 2 号业务及其附属业务(以下称为"邮便储金管理业务")为目的,不断减少对市场的影响,实现确定、有利地运用。

3. 第 1 项第 2 号的简易保险资产的运用计划必须以妥当、确定地实施前条第 1 项第 2 号及其附属业务(以下称为"简易生命保险管理业务")为目的,不断减少对市场的影响,实现确定、有利地运用。

4. 关于本机构的中期计划的《通则法》第 30 条第 2 项规定的适用,同项中有"其次"的,则为"《独立行政法人邮便储金和简易保险机构管理法》第 14 条第 1 项各号所列事项以外,其次";"六,剩余金的用途,七,其他主管省令规定的业务运营相关事项"则为"六,其他主管省令规定的业务运营相关事项"。

第二节 邮便储金管理业务

第十五条

1. 本机构必须通过与银行以及他人之间的合同将该部分邮便储金管理业务予以委托。

2. 前项合同的缔结、变更与解除非经总务大臣的认可,不发生法律效力。

3. 总务大臣在有前项的认可申请时,必须审查是否符合以下标准:
(1) 该委托从邮便储金的存款者保护的角度是妥当的;
(2) 接受该委托者预期确实能公正、有效地完成该委托相关业务;
(3) 接受该委托者为日本邮便股份有限公司以外者时,根据次项规定再委托日本邮便股份有限公司。

4. 第 1 项的合同中规定再委托事项的,根据该合同接受委托者,经本机构的同意,将根据该合同接受委托的邮便储金管理业务可以部分再委托他人。

5. 前项规定也准用于根据同项规定接受再委托者接受再委托的邮便储金管理业务再委托他人。

6. 银行不管其他法律如何规定,根据第 1 项的规定接受委托或者第 4 项(包括前项的准用情况)的规定接受再委托,可以从事该业务。

第三节 简易生命保险管理业务

第十六条(再保险合同)

1. 本机构以生命保险公司(是指《保险业法》(1995 年法律第 105 号)第 2 条、第 3 条规定的生命保险公司以及同条第 8 项规定的外国生命保险公司,下同)为相对方,对基于旧简易生命保险合同(是指旧《简易生命保险法》第 3 条规定的简易生命保险合同,下同)的本机构所负保险责任,本机构可以和该生命保险公司签订成立再保险关系的合同。

2. 前项合同的缔结、变更或者解除,非经总务大臣的认可,不发生法律效力。

3. 第1项的合同中,必须规定关于再保险关系的再保险金额、再保险期间、再保险费率、必须支付的再保险金金额、再保险费的收受、再保险金的支付、再保险费的返还、该合同的变更以及解除、该合同有关的资产的运用、与保险责任相关的再再保险合同缔结的可否以及其他总务省令规定的事项。

第十七条(先取特权)

1. 根据旧简易生命保险合同本机构所负责事项,本机构和生命保险公司之间缔结成立再保险关系的合同时,本机构就可请求返还的再保险费请求权、再保险金的请求权以及其他因该再保险关系而发生的债权额,对该生命保险公司的全部财产享有先取特权。

2. 前项的先取特权的顺位仅次于《民法》(1896年法律第89号)第306条第1号所列原因之上产生的债权的先取特权之后,并且,与《保险业法》第117条之二第1项规定的先取特权处于同等顺位。

第十八条(业务的委托)

1. 本机构必须通过与生命保险公司或者其他人之间的合同将该简易生命保险业务的部分予以委托。

2. 前项合同的缔结、变更或者解除非经总务大臣的认可,不发生法律效力。

3. 总务大臣在有前项的认可申请时,必须审查是否符合以下标准:

(1)该委托从投保者(是指保险合同人、被保险人以及保险受益人,在第22条第4项中也同样)保护的角度看是妥当的;

(2)接受该委托者预期确实能公正、有效地完成该委托相关业务;

(3)接受该委托者为日本邮便股份有限公司以外者时,根据次项规定再委托日本邮便股份有限公司。

4. 第1项的合同中规定再委托事项的,根据该合同接受委托者,经本机构的同意,将根据该合同接受委托的简易生命保险业务可以部分再委托他人。

5. 前项的规定也准用于根据同项规定接受再委托者将接受再委托的简易生命管理业务再委托他人。

6. 不管其他法律如何规定,生命保险公司根据第1项的规定接受委托或者第4项(包括前项的准用情况)的规定接受再委托,可以从事该业务。

第四章 财务以及会计

第十九条(分类记账)

本机构将下列各号所列业务分类记账,设立各号规定的账目进行整理。

(1)邮便储金业务:邮便储金账目;

(2)简易生命保险业务:简易生命保险账目。

第二十条（政府保证）

尽管有关于限制政府对法人的财政援助的法律（1946年法律第24号）第3条的规定，政府依然对本机构的下列债务进行保证：

（1）作为邮便储金存入的存款的取款以及存款利息的支付；

（2）根据旧简易生命保险合同支付保险金、年金等。

第二十一条（简易生命价格变动准备金）

1. 本机构在每个事业年度末，由于属于简易生命保险账目中的有价证券及其他价格变动可能产生损失，对总务省令规定的资产（次项中称为"有价证券等"），根据总务省令的规定计算得出的金额，必须在简易生命保险账目中累积简易生命保险价格变动准备金。但是，对其全部或者部分金额不进行累积之事取得总务大臣的认可的，该认可限度内的金额不在此限。

2. 前项的准备金，在简易生命保险账目中，当有价证券等买卖发生的损失（是指因买卖、评估发生变化以及外汇汇率变动造成的损失以及债券偿还损失）的金额超过有价证券等买卖等产生的利益（是指因买卖、评估发生变化以及外汇汇率变动产生的利益以及债券偿还产生的收益）金额，除了补充该差额以外，不得动用。但是，取得总务大臣认可时不在此限。

第二十二条（简易生命保险责任准备金的计算方法书）

1. 本机构必须制作简易生命保险责任准备金的计算方法书，取得总务大臣的认可。变更也同样如此。

2. 前项的计算方法书中的必要记载事项由总务省令规定。

3. 在有第1号的认可申请时，总务大臣必须审查是否符合以下标准：

（1）简易生命保险责任准备金的计算方法根据保险数理是合理妥当的；

（2）其他总务省令规定的标准。

4. 总务大臣认为有必要通过情事变更保护投保者的，可以命令本机构变更第1号认可的简易生命保险责任准备金计算书中的记载事项。

第二十三条（简易生命保险责任准备金）

根据总务省令的规定，本机构在每个事业年度末，为了预备履行根据旧简易生命保险合同所发生的债务，必须在简易生命保险账目中累积简易生命保险责任准备金。

第二十四条（简易生命保险支付准备金）

本机构在每个事业年度末，有根据旧简易生命保险合同产生支付义务（包括总务省令规定照此办理的）的保险金等（是指保险金、年金、返还金以及其他给付金）的，没有计入保险金等支出的，根据总务省令的规定，必须在简易生命保险账目中累积简易生命保险支付准备金。

第二十五条（利益和损失处理的特例等）

1. 在《通则法》第29条第2项第1号规定的中期目标的期间（以下本项中称为

"中期目标期间")的最后的事业年度中,进行该《通则法》第44条第1项本文以及第2项规定的整理后,有同条第1项规定的累积金的,本机构可以将与其相当的金额中被总务大臣许可的金额作为该中期目标起的次期中期目标期间的累积金进行整理。

2. 总务大臣在准备进行前项的许可之际,预先要听取总务省的独立行政法人评价委员会的意见。

3. 本机构从第1项所定的根据《通则法》第44条第1项规定的累积金额相当的金额中扣除根据第1项规定能够取得许可的金额后有剩余的,必须将剩余额缴纳国库。

4. 对本机构,不适用《通则法》第44条第1项但书、第3项和第4项的规定。

5. 除前面各项规定外,关于缴款的缴付手续以及与其他累积金的处理关联的必要事项由政令规定。

第二十六条(长期借款)

1. 本机构为了筹措邮便储金管理业务和简易生命保险管理业务所必要的费用,经总务大臣的认可,可以借入长期借款。

2. 总务大臣在准备进行前项认可之际,预先要听取总务省的独立行政法人评价委员会的意见。

第二十七条(偿还计划)

1. 本机构在每个事业年度必须制定长期借款的偿还计划,并取得总务大臣的认可。

2. 总务大臣在准备进行前项认可之际,预先要听取总务省的独立行政法人评价委员会的意见。

第二十八条(邮便储金资产的运用)

1. 本机构除用以下方法以外,不得运用邮便储金资产:

(1) 根据《整备法》附则第5条第1项的规定仍然有效的旧《邮便储金法》第64条规定的对储户的贷款。

(2) 下列债券(本金和利息的返还以外国货币进行的除外)的买卖:

(a) 国债;

(b) 地方债;

(c) 政府担保债(是指对本金返还和利息支付由政府担保的债券,次条第3号中的(8)也同样)中,不属于(2)的部分。

(3) 对金融机构(是指银行、株式会社商工组合中央金库、农林中央金库以及以全国作为区域的信用金库联合会。次条第3号中的(5)、第4号以及第5号中也同样)的存款(不包括外汇存款)。

(4) 委托给信托公司(仅限于取得《信托业法》(2004年法律第154号)第3条或者第53条第1项的许可证者,次条第10号中也同样)或者经营信托业务的金融机关(是指取得《关于金融机关兼营信托业务的法律》(1943年法律第43号)第1条第1项的认可,同项所定的金融机关。同号中也同样)进行前2号方法的运用。

2. 本机构适用前项第3号方法进行邮便储金资产的运用时,根据总务省令规定,必须要求担保。但综合考虑该储蓄金额和其他情况,总务大臣认为没有关系给予认可的,不在此限。

第二十九条(简易生命保险资产的运用)

本机构除用以下方法外,不得运用简易生命保险资产:

(1) 对保险合同人的贷款。

(2) 根据第18条第1项的规定本机构向进行委托业务的生命保险公司的保证金交付。

(3) 下列有价证券以及其他资产的买卖:

(a) 国债(包括金融商品交易所(是指《金融商品交易法》(1948年法律第25号)第2条第16项规定的金融商品交易所,在9号以及第7号中同样)根据章程的规定,就国债为了进行债券期货交易进行利率、偿还期限等条件进行标准化设定的标准券);

(b) 根据法律的规定,必须由国会审议通过其预算的法人所发行的债券;

(c) 地方债;

(d) 根据特别法设立的法人(第2号规定的法人除外),没有国家和第2号规定的法人以及地方公共团体以外者出资的,根据特别法可以发行债券者所发行的债券;

(e) 金融机关发行的债券(次条中称为"金融债");

(f) 由政令规定的公司债;

(g) 由政令规定的特定公司债(是指《关于资产流动化的法律》(1998年法律第105号)第2条第7项规定的特定公司债,次条中也同样);

(h) 第2号至第7号列举的债券以外的政府担保债;

(i) 外国政府、外国的地方公共团体以及国际机关(在第12号以及次条中称为"外国政府等")发行的债券以及其他外国法人发行的由政令规定的债券(包括金融商品交易所根据章程的规定对外国政府发行的债券为进行债券的期货交易对利率、偿还期限以及其他条件进行标准化设定所生成的标准券,同条中称为"外国债券");

(j) 贷款信托的受益证券;

(k) 总务省令规定的法人为筹集经营所需资金所发行的期票;

(l) 外国政府或者外国法人发行的具有第11号规定的期票性质的证券或者证书。

(4) 在金融机关的存款。

(5) 通过第3号中所列方法取得的债券,为对由政令规定的对金融机关以及其他政令规定的法人的贷款。

（6）债券期权（是指由政令规定的，因当事人单方面的意思表示能够使当事人之间的债务（包括第3项第1号以及第9号规定的标准券）买卖交易成立的权利或者与此类似的权利）的取得或者赋予。

（7）外汇期货（以外国货币表示和支付，据此买卖合同所发生债权的发生、变更或者消灭有关的交易在该买卖合同签订日后一定时期根据一定的外汇汇率所履行的交易（根据政令的规定，在开设金融商品交易所的市场进行的交易或者与此类似的交易除外））的买卖。

（8）外汇期权（是指可以根据当事人单方面的意思表示使当事人之间用外国货币表示并作为支付手段的买卖交易（属于前号的政令规定的交易除外）成立的权利）取得或者赋予。

（9）头寸的拆借。

（10）向信托公司或者经营信托业务的金融机关的信托，但仅限于通过下列特定的运用方法进行的运用。

（a）从第3号到前号所列的方法；

（b）与金融商品交易者（是指《金融商品交易法》第2条第9项规定的金融商品交易者）签订全权委托投资合同（是指同条第8项第12号第2目规定的合同，仅限于以将同号第2目规定的投资判断的权利全部委托为内容的合同）。

第三十条（运用的限制）

1. 本机构以邮便储金资产取得第28条第1项第2号第2目或者第3号所列的债券的，或者以简易保险资产取得前条第3号第2目至第9目所列的债券的，必须采取认购或者回购的方法。

2. 本机构运用到金融债券中的简易生命保险资产的额度不得超过简易生命保险资产总额的20%。

3. 本机构将简易生命保险资产运用到金融债时，取得的金融债不得超过单个法人发行的金融债的1/2或者单个法人单次发行的金融债的3/5的比例。

4. 本机构以简易生命保险资产取得的金融债在利率、担保、偿还方法、期限以及其他条件方面，必须与机构以外者所取得的属于同一种类。

5. 前三项的规定也准用于本机构将简易生命保险资产运用于公司债、特定公司债、外国债券或者贷款信托的受益债券的情况。在此情况下，本机构将简易生命保险资产运用于外国债券场合的准用，将第3项中的"比例"置换成"比例（运用于外国政府等发行的外国债券以及其他政令规定的外国债券时，单个外国政府等或者外国法人发行的外国债的1/2的比例）"。

第五章 杂 则

第三十一条（报告和检查）

1. 总务大臣认为实施本法必要时，对接受第 15 条第 1 项规定的委托和同条第 4 项规定（包括同条第 5 项的准用）的再委托以及第 18 条第 1 项规定的委托和同条第 4 项规定的再委托（包括同条第五项的准用）者，可以要求其报告接受委托或者再委托的业务，或者让其职员进行现场检查，对其接受委托或者再委托的业务的状况或者账簿、文件以及其他物件进行检查。

2. 根据前项规定进行检查的职员，必须携带证明其身份的证件，向有关人员出示。

3. 第 1 项规定的现场检查权不得被解释为犯罪侦查手段。

第三十二条（特有必要情况下的总务大臣的要求）

1. 为了妥当、确实地实施邮便储金管理业务和简易生命保险管理业务，总务大臣在认为特有必要时，可以要求本机构对邮便储金管理业务和简易生命保险业务采取相关的必要措施。

2. 总务大臣有前项要求的，没有正当理由的，本机构必须回应其要求。

第三十三条（与有关大臣的协商）

总务大臣在以下各号情况下，必须与各号规定的大臣进行协商：

（1）在准备进行第 16 条第 2 项规定的认可时，要与内阁总理大臣和财务大臣协商。

（2）在准备制定第 16 条第 3 项的总务省令时，要与内阁总理大臣和财务大臣协商。

（3）在准备进行第 18 条第 2 项规定的认可时（仅限于同条第 1 项的合同相对人为生命保险公司的情况），要与内阁总理大臣协商。

（4）在准备进行第 25 条第 1 项和第 28 条第 2 项规定的认可时，要与财务大臣协商。

（5）在准备进行第 26 条第 1 项和第 27 条第 1 项规定的认可时，要与财务大臣协商。

（6）在准备制定第 28 条第 2 项的省令时，要与财务大臣协商。

第三十四条（主管大臣）

与本机构有关的通则法上的主管大臣、主管部门和主管省令分别是总务大臣、总务省以及总务省令。

第三十五条（权限的委托）

1. 总务大臣根据政令的规定，可以将第 31 条第 1 项和与机构相关的《通则法》第 64 条第 1 项规定的现场检查权限部分委托给内阁总理大臣。

2. 内阁总理大臣根据前项的委托,根据第 31 条第 1 项或者与机构相关的《通则法》第 64 条第 1 项进行现场检查时,必须及时将结果报告总务大臣。

3. 内阁总理大臣可以将第 33 条第 1 号至第 3 号规定的权限、根据第 1 项规定被委托的权限以及前项规定的权限(除政令规定的以外)委托给金融厅长官。

4. 金融厅长官根据政令的规定,可以将根据前项规定接受委托的权限部分委托给财务局长或者财务支局长。

第三十六条(《国家公务员宿舍法》适用除外)

《国家公务员宿舍法》(1949 年法律第 117 号)的规定不适用于本机构的负责人以及职员。

第六章 罚 则

第三十七条

违反第 11 条的规定泄露或者盗用秘密者,处 1 年以下有期徒刑和 50 万日元以下罚金。

第三十八条

不进行第 31 条第 1 项规定的报告或者进行虚伪的报告以及拒绝、妨碍或者回避同项规定的检查的,对违反者处 20 万日元以下的罚金。

第三十九条

有以下各号行为之一的,对从事违反下列行为的负责人处 20 万日元以下行政罚款:

(1) 根据本法规定必须取得总务大臣的认可或者批准的情况,未取得认可或者批准;

(2) 从事第 13 条规定业务以外的业务的;

(3) 违反第 21 条第 1 项或第 2 项的规定未累积简易生命保险价格变动准备金,或者动用该资金的;

(4) 违反第 23 条的规定未累积简易生命保险责任准备金的;

(5) 违反第 24 条的规定累积简易生命保险支付准备金的;

(6) 违反第 28 条第 1 项的规定运用邮便储金资产的;

(7) 违反第 29 条规定运用简易生命保险资产的。

附 则

第一条(施行日期)

本法自《邮政民营化法》施行之日起施行。但是,第 34 条的规定自同法附则第

1条第1项规定之日起施行。

第二条（业务的特例）

1. 本机构在当前除了第13条规定的业务以外，从事下列业务：

（1）根据《整备法》附则第10条第1项规定仍然有效的根据《整备法》第2条规定废止前的《邮便汇款法》（1948年法律第59号）规定的邮便汇款业务。

（2）根据《整备法》附则第14条第1项的规定仍然有效的依据《整备法》第2条规定废止前的《邮便转账法》（1948年法律第60号，以下本号中称为"旧《邮便转账法》"）规定以及《整备法》附则第14条第3项规定仍然有效的旧《邮便转账法》所规定的邮便转账业务。

（3）前两号业务的附属业务。

2. 本机构在当下，除第13条以及前项规定的业务以外，可以从事以下业务：

（1）根据《整备法》附则第20条至第22条的规定以及《整备法》附则第23条第1项的规定仍然有效的《整备法》第2条规定废止前的《关于废止前的邮便储金的利息对民间海外援助事业的赞助委托的法律》（1990年法律第72号）所规定的赞助金处理相关业务。

（2）根据《整备法》附则第25条规定仍然有效的《整备法》第2条规定废止前的《关于邮便汇款的保管金对民间灾害救援事业赞助委托的法律》（1996年法律第72号，以下本号中称为"旧《邮便汇款保管金赞助委托法》"）的规定，《整备法》附则第26条的规定和根据《整备法》附则第27条第1项的规定仍然有效的旧《邮便汇款保管金赞助委托法》的规定以及同条第3项、第4项的规定关于赞助金处理的业务。

（3）前两号业务的附属业务。

3. 根据前两项的规定经营本机构的业务时，第14条第2项的"的业务"置换成"以及附则第2条第1项第1号、第2号以及第2项第1号、第2号的业务"，第39条第2号中的"第13条"置换成"第13条以及附则第2条第1项以及第2项"。

第三条（政府担保）

尽管有《关于政府对法人的财政援助的限制的法律》第3条的规定，政府对作为邮便转账存入账户中的存款的取款关联本机构所负债务提供担保。

附　　则（节选）

2006年6月14日法律第66号

本法自2006年《证券交易法修订法》的施行日起施行。

附　　则（节选）

2007年5月25日法律第58号

第一条（施行日期）

本法从2008年10月1日起施行。

第八条（关于罚则的过渡措施）

对在本法施行前行为的罚则适用前例。

第九条（政令委托）

除附则第2条至前条规定的以外，关于本法施行所必要的过渡措施由政令规定。

第十条（调整规定）

对本法和《株式会社商工组合中央金库法》（2007年法律第74号）、《株式会社日本政策投资银行法》（2007年法律第85号）以及《地方公营企业等金融机构法》（2007年法律第64号）的同一法律规定有修订的，该修订规定在同日施行的，则该法律规定首先由《株式会社商工组合中央金库法》《株式会社日本政策投资银行法》以及《地方公营企业等金融机构法》修订，其次由本法修订。

附　　则（节选）

2007年6月1日法律第74号

第一条（施行日期）

本法从2008年10月1日起施行。但是，下列各号从各该号规定之日起施行：

1. 从附则第3条至第22条、第25条至第30条、第101条至102条从公布之日起不超过六个月范围内由政令规定之日起。

第一百条（关于处分等的过渡措施）

在本法施行前，根据修订前的各法律（包括据此发布的命令，本条以下同）所为的处分、程序以及其他行为，在修订后的各法律中各有相应规定的，除非在本附则中有特别规定，视为根据修订后的各法律的相应规定所为。

第一百零一条（关于罚则适用的过渡措施）

本法（如为附则第1条各号所列规定，则为该规定，本条以下同）施行前的行为与根据本附则的规定从前例的情况以及根据该附则的规定被认定依然有效的情况，在本法施行后行为的罚则适用，从前例。

第一百零二条（其他过渡措施的政令委托）

除本附则规定以外，伴随本法施行所必要的过渡措施由政令规定。

附　　则（节选）

2012 年 5 月 8 日法律第 30 号

第一条（施行日期）

本法从公布之日起不超过一年的范围内由政令规定之日起施行。但第 1 条规定（《邮政民营化法》目录中"第六章邮便事业股份有限公司，第一节设立等（第 70 条至第 72 条），第二节关于设立的邮便事业股份有限公司法的特例（第 73 条、第 74 条），第三节关于转型期间的业务的特例（第 75 条至第 79 条），第七章日本邮局股份有限公司"修订为"第六章删除，第七章日本邮便股份有限公司"）的修订规定，同法第 19 条第 1 项第 1 号以及第 2 号、第 26 条、第 61 条第 1 号以及第六章的修订规定，同法中"第七章邮便局股份有限公司"修订为"第七章日本邮便股份有限公司"的修订规定，同法第 79 条第 3 项第 2 号以及第 83 条第 1 项的修订规定，同法第 90 条至 93 条的修订规定，同法第 105 条第 1 项、同项第 2 号以及第 110 条第 1 项第 2 号的修订规定，同法第 110 条之后增加一条的修订规定，同法第 135 条第 1 项、同项第 2 号以及第 138 条第 2 项第 4 号的修订规定，同法第 138 条之后增加一条的修订规定，同法在第十一章增加一节的修订规定（仅限于关于第 176 条之五部分），同法第 181 条第 1 项第 1 号以及第 2 号以及第 196 条的修订规定（除删除第 12 号的部分）以及同法附则第 2 条第 2 号的修订规定除外，第 2 条中《日本邮政股份有限公司法》附则第 2 条以及第 3 条的修订规定，第 5 条（仅限于关于第 2 项的部分）的规定，次条的规定，附则第 4 条、第 6 条、第 10 条、第 14 条以及第 18 条的规定，附则第 38 条的规定（《关于伴随邮政民营化法律等施行整备相关法律的法律》（2005 年法律 102 号）附则第 2 条第 1 项、第 49 条、第 50 条以及第 79 条第 2 项的修订规定，删除附则第 90 条之前的标题，给该条加上标题的修订规定附则第 91 条以及第 95 条的修订规定除外，附则第 40 条至第 44 条的规定，附则第 45 条中《总务省设置法》（1999 年法律第 91 号）第 3 条以及第 4 条第 79 号的修订规定以及附则第 46 条和第 47 条的规定，从公布之日起施行。

第四十六条（关于罚则的过渡措施）

本法（附则第 1 条但书中有规定的，则为该规定）施行前的行为与根据该附则的规定从前例的情况下，该法施行后行为的罚则的使用，从前例。

第四十七条（其他过渡措施的政令委托）

除该附则规定以外，关于本法施行必需的过渡措施（包括关于罚则的过渡措施）由政令规定。

日本邮便股份有限公司法

颁布:2005年10月21日法律100号
最新修订:2012年5月8日法律第30号

第一章 总 则

第一条(公司目的)

日本邮便股份有限公司(以下称为"本公司")是以经营邮便业务、银行窗口业务和保险窗口业务以及灵活运用邮便局以资增进当地居民的便利业务为目的的股份有限公司。

第二条(定义)

1. 本法中所谓"邮便窗口业务"是指《简易邮便局法》(1949年法律第213号)第2条所规定的邮便窗口业务。

2. 本法所谓"银行窗口业务"是指与本公司签订包括如下事项在内合同(以下称为"银行窗口业务合同"),以《银行法》(1981年法律第59号)第2条第1项规定的银行(以下称为"关联银行")为所属银行(同条第16项规定的所属银行)所经营的银行代理业(仅限于属于同条第14项第1号以及第3号所列的行为,本公司为履行第5条所规定的职责必需经营而由总务省令规定的业务。本项下同):

    (1) 本公司为履行第5条所规定的职责经营银行代理业;
    (2) 本公司经营银行代理业务的具体内容和方法;
    (3) 本公司的营业所中经营银行代理业的名称和所在地;
    (4) 其他总务省令所规定的事项。

3. 本法所谓"保险窗口业务"是指与本公司签订包括如下事项在内的合同(以下称为"保险窗口业务合同"),以《保险业法》(1995年法律第105号)第2条第3项规定的生命保险公司(仅限于股份有限公司,以下称为"关联保险公司")为所属保险公司等所经营的涉及保险募集和关联保险公司的事务代理(是指与同法第3条4项1号所列的保险(第5条中是指生命保险)有关,本公司为履行第5条所规定的职责必需经营而由总务省令规定的业务。本项下同）：

（1）本公司为履行第 5 条所规定的职责经营保险募集和关联保险公司的事务代理；

（2）本公司经营的保险募集和关联保险公司的事务代理的具体内容和方法；

（3）本公司的营业所中经营保险募集和关联保险公司的事务代理业的名称和所在地；

（4）其他总务省令所规定的事项。

4. 本法所谓"邮便局"是指本公司的营业所中，经营邮便窗口业务、银行窗口业务以及保险窗口业务的单位。

5. 本法所谓"银行代理业"是指《银行法》第 2 条第 14 项规定的银行代理业。

6. 本法所谓"所属保险公司等"或者"保险募集"是指分别根据《保险业法》第 2 条第 24 项和第 26 项规定的所属保险公司等和保险募集。

第三条（商号的使用限制）

非本公司者不得在其商号中使用"日本邮便股份有限公司"字样。

第二章 业 务 等

第四条（业务范围）

1. 本公司为实现其目的，经营以下业务：

（1）根据《邮便法》（1947 年法律第 165 号）规定经营的邮便业务；

（2）银行窗口业务；

（3）为了维持前号所定业务的健全、适当、稳定的运营所进行的银行窗口业务合同的缔结以及根据该银行窗口业务合同对关联银行的权利行使；

（4）保险窗口业务；

（5）为了维持前号所定业务的健全、适当、稳定的运营所进行的保险窗口业务合同的缔结以及根据该保险窗口业务合同对关联保险公司的权利行使；

（6）接受国家的委托进行印花税票的销售；

（7）前述各号业务的附带业务。

2. 本公司除经营前项规定的业务以外，为达成其目的，可以经营以下业务：

（1）《关于有奖贺年明信片等的法律》（1949 年法律第 224 号）第 1 条 1 项规定的有奖贺年明信片等和同法第 5 条第 1 项规定的附带捐款明信片等的发行；

（2）《关于地方公共团体的特定事务在邮便局的处理的法律》（2001 年法律第 120 号）第 3 条第 5 项规定的事务处理邮便局所进行的同条第 1 项第 1 号所定的邮便局处理事务相关业务；

（3）除前号规定的以外，灵活运用邮便局以资增进当地居民便利的业务；

（4）前述三号业务的附带业务。

3. 本公司除了前两项规定的业务以外,在不影响前两项业务执行的范围内还可以从事前两项规定以外的业务。

4. 本公司在经营第2项第3号所列业务与附带业务以及前项规定业务时,要预先将总务省令规定的事项报总务大臣备案。

5. 第1项的规定对本公司根据同项第2号规定经营银行窗口业务以外的银行代理业务或者根据同项第4号规定经营的保险窗口业务以外的保险募集或者所属保险公司等事务代理,不妨碍本公司根据第2项或者第3项的规定经营。

第五条(职责任务)

本公司在业务运营中,对邮便业务、简易储蓄、汇款和债权债务的结算服务以及简便实用的生命保险服务,有职责从利用者的立场出发以简便的方法由邮便局提供一体化并且覆盖全国范围的公平利用。

第六条(邮便局的设置)

1. 本公司根据总务省令的规定,设置邮便局必须以在全国各地都能利用为宗旨。

2. 本公司根据总务省令的规定,在开始业务之际,必须将下列事项报总务大臣备案。变更之际也同样处理。

(1) 邮便局的名称和所在地;

(2) 本公司的营业点中经营邮便窗口业务而不经营银行窗口业务和保险窗口业务的单位的名称和所在地。

第七条(银行窗口业务合同与保险窗口业务合同内容的备案)

本公司根据总务省令的规定,在缔结银行窗口业务合同与保险窗口业务合同内容之前,要将其内容报总务大臣备案。变更之际也同样处理。

第八条(一般担保)

1. 本公司的公司债债权人对本公司的财产享有先于其他债权人受偿的权利。

2. 前项所述的先取特权的顺序位于《民法》(1896年法律第89号)规定的一般先取特权之后。

第九条(股份)

1. 本公司在募集《公司法》(2005年法律第86号)第199条第1项规定发行的股份(第23条第4号中称为"新股")或者同法第238条第1项规定的募集新股预约权(同号中称为"募集新股预约权")的认购人或者在换股之际交付股份或者新股预约权的,必须经总务大臣认可。

2. 本公司因新股预约权的行使而发行股份后,要立即报总务大臣备案。

第十条(事业计划)

本公司在每个事业年度开始之前,必须根据总务省令的规定制定该事业年度的事业计划,报总务大臣认可。变更时也同样处理。

第十一条(重要财产的转让等)

本公司要将总务省令规定的重要财产进行转让或者提供担保的,必须经总务大臣认可。

第十二条(章程变更等)

关于本公司章程变更、合并、公司分割以及解散的决议未经总务大成的认可不生效。

第十三条(财务报表)

本公司必须根据总务省令的规定,将每事业年度的资产负债表、利润表和事业报告书以及其他表明公司的财产、资产负债或者业务状况的总务省令规定的文件资料提交总务大臣。

第十四条(收支状况)

本公司必须根据总务省令的规定,在每个事业年度将记录下列各类收支状况的材料提交总务大臣:

(1) 第4条第1项第1号以及第6号以及第2项第1号所列业务及其附带业务;

(2) 第4条第1项第2号以及第3号所列业务及其附带业务;

(3) 第4条第1项第4号以及第5号所列业务及其附带业务;

(4) 前三号以外的业务。

第三章 杂 则

第十五条(监督)

1. 本公司由总务大臣根据本法以及下列各法的规定进行监督:

(1)《邮便法》;

(2)《关于以印花税票方式缴纳税费的法律》(1948年法律第142号);

(3)《关于邮票销售场所等的法律》(1949年法律第91号);

(4)《简易邮便局法律》;

(5)《关于有奖贺年明信片等的法律》;

(6)《邮便物运送委托法》(1949年法律第284号);

(7)《关于地方公共团体的特定事务在邮局处理的法律》(仅限于第5条规定)。

2. 为实施本法以及前项所列各法,总务大臣认为确有必要时可以对本公司发布业务监督上必要的命令。

第十六条(报告和检查)

1. 为实施本法以及前条第1项各号所列各法,在总务大臣认为确有必要时,可以要求本公司提交业务关联报告,或者让工作人员进入本公司的经营场所检查账簿、文件以及其他物品。

2. 前项所定的现场检查工作人员必须携带身份证明并向有关人员出示。

3. 第1项规定的现场检查的权限不得被解释为与刑事侦查相同。

第十七条（与财务大臣的协议）

总务大臣要进行第10条、第11条或者第12条（关于章程变更的决议除外）所定的认可时，必须要与财务大臣进行协商。

第十八条（信息公开）

1. 本公司必须综合考虑《金融商品交易法》（1948年法律第25号）第24条第1项第1号规定的有价证券的发行人根据同法第25条第2项规定必须供公众阅览的文件复印件中登记的信息，将总务省令规定的信息根据总务省令规定进行公开。

2. 除前项规定以外，符合以下各号条件时，本公司必须根据总务省令规定进行信息公开：

（1）根据第4条第4项、第6条第2项或者第7条的规定进行备案的；

（2）取得第10条规定的认可的；

（3）根据第14条规定提交报告的。

第四章　罚　　则

第十九条

1. 本公司的董事、执行者、会计参与（会计参与为法人的，是指行使其职责的员工）、监事或者职员，收受或者要求以及约定与其职务关联的贿赂的，处三年以下有期徒刑。因此从事不正当行为的或者不作为的，处五年以下有期徒刑。

2. 前项情况下，没收犯人所收受贿赂。全部或者部分不能没收时，追征其价款。

第二十条

1. 提供或者要约以及约定提供前条第1项的贿赂者，处三年以下有期徒刑或处百元日元以下罚金。

2. 犯前项罪行者自首的，可以减轻或者免予刑罚。

第二十一条

1. 第19条第1项之罪也适用于在日本国外犯此罪者。

2. 前条第1项的罪根据《刑法》（1907年法律第45号）第2条之例处理。

第二十二条

不按第16条第1项的规定进行报告或者作虚假报告以及拒绝、妨碍或者回避同项规定的检查的，对违法的本公司董事、执行者、会计参与（会计参与为法人的，是指行使其职责的员工）、监事或者职员处30万日元的罚金。

第二十三条

符合以下规定之一的,对违法的本公司董事、执行者、会计参与(会计参与为法人的,是指行使其职责的员工)以及履行该职务的职员与监事处100万日元的行政罚款:

(1)违反第4条第4项的规定,未作该项所定的备案或者作虚假的备案的;

(2)违反第6条第2项的规定,未作该项所定的备案或者作虚假的备案的;

(3)违反第7条的规定,未作该条所定的备案或者作虚假的备案的;

(4)违反第9条第1项的规定,募集新股或者募集新股预约权的认购人或者在换股之际交付股份或者新股预约权的;

(5)违反第9条第2项的规定,发行股份未作备案的;

(6)违反第10条的规定,事业计划未经认可的;

(7)违反第11条的规定,转让财产或者提供担保的;

(8)违反第13条的规定,未提交资产负债表、利润表和事业报告书以及同条总务省令规定的材料,或者作虚假记载、记录并提交的;

(9)违反第14条的规定,未提交同条所规定的材料或者作虚假记载、记录并提交的;

(10)违反第15条第2项的命令的;

(11)未作第18条第1项或第2项的公开或者作虚假的公开。

第二十四条

违反第3条规定者处10万日元以下行政罚款。

附 则

第一条(施行日期)

本法从《邮政民营化法》(2005年法律第97号)施行之日起施行。但第3条、第4条第5项、第11条(仅限于章程变更决议有关的部分)以及第21条的规定,从同法附则第1条第1号规定的施行之日起施行。

第二条(业务的特例)

1. 本公司在当前,除第4条第1项规定的业务以外,经营以下业务:

(1)接受《独立行政法人邮便储金和简易生命保险机构管理法》(2005年法律第101号)第15条第1项规定的委托或者同条第4项规定的再委托业务;

(2)接受《独立行政法人邮便储金和简易生命保险机构管理法》第18条第1项规定的委托或者同条第4项规定的再委托业务;

(3)前两项业务的附带业务。

2. 根据前项规定经营本公司业务中,下表中栏的字句替换为同表右栏中的字句。

第2条第4项	以及保险窗口业务	保险窗口业务、附则第2条第1项第1号规定的业务（以下称为"受托邮便储金管理业务"）以及同项第2号规定的业务（以下称为"受托简易生命保险管理业务"）
第4条第2项	前项	前项以及附则第2条第1项
第4条第3项	前两项	前两框以及附则第2条第1项
第6条第2项第2号	或者保险窗口业务	保险窗口业务、受托邮便储金管理业务或者受托简易生命保险管理业务
第14条第2号	第3号	第3号以及附则第2条第1项第1号
第14条第3号	第5号	第5号以及附则第2条第1项第2号

附　则（节选）

2005年11月2日法律第106号

第一条（施行日期）

本法从公布之日不超过一年范围由政令规定之日（以下称为"施行日"）起施行。

第三十八条（处分等的效力）

本法施行之前根据各法（包括据此发布的命令）规定所进行的处分、手续等其他行为，修订后的法律有相应规定，除非本附则有特别规定的，视为根据修订后法律相应规定所进行的行为。

第三十九条（关于罚则适用的过渡措施）

对于本法施行前以及依据本附则规定依然从前例的情况下，针对本法施行后所实施行为的罚则的适用，从前例。

第四十条（权限的委托）

1　内阁总理大臣将本附则规定的权限（政令规定的除外）委托给金融厅长官。

2　根据前项的规定委托给金融厅长官的权限以及根据本附则规定农林水产省大臣和厚生劳动大臣的权限，根据政令规定可以部分委托给财务局长或者财务支局长（关于农林水产大臣和厚生劳动大臣的委托给地方分支局长）。

第四十一条（其他过渡措施的政令委托）

除本附则规定的以外，伴随本法施行所必要的过渡措施由政令规定。

第四十二条（研究探讨）

本法施行五年后，政府要考量本法修订后规定的实施状况、社会经济状况的变化等，对依据本法改革后的金融诸制度进行研究探讨，在认为必要时，根据其结果采取必要的措施。

附　　则（节选）

2012年5月8日法律第30号

第一条（施行日期）

本法从公布之日起不超过一年的范围由政令规定之日起施行。但第1条的规定（《邮政民营化法》目录中"第六章邮便事业股份有限公司 第一节设立等（第70条至第72条）第二节关于设立的邮便事业股份有限公司法的特例（第73条、第74条）第三节关于转型期间业务的特例（第76条至第78条），第七章邮便局股份有限公司"修订为"第六章删除，第七章日本邮便股份有限公司"的修订规定，同法第19条第1项第1号以及第2号、第26条、第61条第1号以及第六章的修订规定，同法中"第七章邮便局股份有限公司"修订为"第七章日本邮便股份有限公司"的修订规定，同法第79条第3项第2号以及第83条第1项的修订规定，同法第90条至第93条的修订规定，同法第105条第1项、同项第2号以及第110条第1项第2号之5的修订规定，同法第110条后增加一条的修订规定，同法第135条第1项、同项第2号以及第138条第2项第4号的修订规定，同法地138条之后增加一条的修订规定，同法第十一章增加一节的修订规定（仅限于关于第176条之五部分），同法180条第1项第1号以及第2号以及第196条的修订规定（删除第12号的部分除外）以及同法附则第2条第2号的修订规定除外），第2条中《日本邮政股份有限公司法》附则第2条以及第3条的修订规定，第5条（仅限于关于第2号的部分）的规定，次条的规定，附则第4条、第6条、第10条、第14条以及第18条的规定，附则第38条的规定（《关于伴随邮政民营化法等施行关联法律整备等的法律》（2005年法律102号）附则第2条第1项、第49条、第55条以及第79条第2项的修订规定，删除附则第90条以前的标题，为同条赋予标题的修订规定以及附则第91条以及第95条的修订规定除外），附则第40条至第44条的规定，附则第45条中《总务省设置法》（1999年法律第91号）第3条以及第4条第79号的修订规定以及附则第46条以及第47条的规定，从公布之日起施行。

第四条（伴随《邮便局股份有限公司法》部分修订的过渡措施）

施行日包含在此期间中的《邮便局股份有限公司法》第6条第1项规定的实施计划相关期间，尽管有同项的规定，在此施行日之前日终了。

第五条

1. 根据施行日的前日包含在此期间中的第3条的规定，对修订前的《邮便局股份有限公司法》（第3项中称为"旧法"）第6条第6项所规定的地域贡献业务计划实施报告书的提交和公开，日本邮便股份有限公司从前例进行。

2. 对包含邮便局股份有限公司的施行日前日在内的事业年度的资产负债表、利润表以及事业报告书的提交，日本邮便股份有限公司从前例进行。

3. 根据第1条的规定,修订后的《邮政民营化法》第89条之二至第89条之五规定的以外,根据旧法的规定对邮便局所进行或者由邮便局所进行的处分、手续以及其他行为,根据第3条的规定视为根据修订后的《日本邮便股份有限公司法》(次项中称为"新法")的相应规定对日本邮便股份有限公司进行的或者由日本邮便股份有限公司所进行的处分、手续以及其他行为。

4. 新法第3条的规定,对在本法施行之际其商号中使用"日本邮便股份有限公司"字样者,在本法施行六个月内不适用。

第四十六条(关于罚则的过渡措施)

对于本法(对于附则第1条但书中有规定的规定,则为该规定)施行前所进行的行为以及依据附则规定依然从前例的情况下,针对本法施行后行为的罚则适用,从前例。

第四十七条(其他过渡措施的政令委托)

除本附则规定的以外,关于本法施行有关的必要的过渡措施(包括与罚则有关的过渡措施)由政令规定。

日本邮政股份有限公司法

颁布:2005 年 10 月 21 日法律第 98 号
最新修订:2012 年 5 月 8 日法律第 30 号

第一章 总 则

第一条(公司的目的)
　　日本邮政股份有限公司(以下称为"本公司")是为全数持有日本邮便事业股份有限公司已发行的股份,经营管理日本邮便股份有限公司以及对日本邮便股份有限公司的业务进行支援的股份有限公司。

第二条(政府持有股份)
　　政府必须始终持有本公司三分之一以上的已发行股份(不能对股东大会的所有决议事项行使表决权的股份除外,包括根据《公司法》(2005 年法律第 86 号)第 879 条第 3 项规定视为有表决权的股份。本条下同)。

第三条(商号的使用限制)
　　非本公司者,不得在其商号中使用"日本邮政股份有限公司"字样。

第二章 业 务 等

第四条(业务的范围)
1. 本公司为了达成其目的,进行以下业务:
(1) 取得并持有日本邮便股份有限公司发行的股份;
(2) 策划、决定日本邮便股份有限公司的经营基本方针并确保其实施;
(3) 除前述两号所记载以外,行使作为日本邮便股份有限公司股东的权利;
(4) 前述三号业务的附带业务。
2. 除前项规定的业务以外,本公司可以在总务大臣的许可下开展为达成其目的所必要的业务。

第五条（职责任务）

1. 本公司在其业务运营之际，有责任以利用者本位的简便方法在邮便局提供一体并且全国到处都能公平利用的邮便服务、简易储蓄、汇款和债权债务结算服务以及可以简便利用的生命保险服务。

2. 前项的"生命保险"和"邮便局"是指《日本邮便股份有限公司法》（2005年法律第100号）第2条第3项和第4项规定的生命保险和邮便局。

第六条（持有日本邮便股份有限公司的股份）

本公司必须始终全数持有日本邮便股份有限公司已发行的股份。

第七条（一般担保）

1. 本公司的公司债债权人就本公司的财产有优先于其他债权人受偿的权利。

2. 前款规定的先取特权的顺位位于《民法》（1896年法律第89号）规定的一般先取特权之后。

第八条（股份）

1. 本公司招募《公司法》第199条1项规定的募集股份（是指第22条第3号规定的募集股份）或者同法第238条第1项规定的募集新股预约权（是指同号规定的新股募集预约权）的认购人的或者换股之际交付股份或者新股预约权的，必须经总务大臣的认可。

2. 本公司因新股预约权的行使而交付股份后，必须立即报总务大臣备案。

第九条（董事选任等决议）

关于本公司董事的选任、解职以及监事的选任、解职的决议未经总务大臣的认可不能生效。

第十条（事业计划）

本公司在每个事业年度开始前，必须根据总务省令规定制定好当年的事业计划，并经总务大臣的认可。变更之际也同样处理。

第十一条（修改章程等）

本公司关于修改章程、剩余金的分配以及其他剩余金的处分（不包括损失处理）、合并、分立以及解散的决议未经总务大臣的认可不发生法律效力。

第十二条（财务报表）

本公司必须根据总务省令的规定，将每个事业年度的资产负债表、损益表以及事业报告书以及其他总务政令规定可以表明公司的财产、损益或者业务状况的文件提交总务大臣。

第三章　杂　　则

第十三条（监督）

1. 本公司由总务大臣根据本法规定监督。

2. 为施行本法,总务大臣认为确有必要时,可以对本公司发布业务监督中必要的命令。

第十四条(报告以及检查)

1. 为施行本法,总务大臣认为确有必要时,可以要求本公司提交业务报告或者派员进驻本公司的经营场所、事务所或者其他工作场所,检查账簿、文件以及其他物件。

2. 根据前项规定进驻检查的职员必须携带表明其身份的证明文件,并向有关人员出示。

3. 第 1 项规定的进驻检查的权限不得被解释为用于犯罪侦查的权限。

第十五条(与财务大臣的协商)

总务大臣要进行第 8 条第 1 项、第 10 条或者第 11 条(关于章程变更的决议,仅限于修改本公司可以发行的股份总数)的认可之际必须和财务大臣进行协商。

第十六条(信息公开)

1. 本公司在其股票不符合《金融商品交易法》(1948 年法律第 25 号)第 24 条第 1 项第 1 号规定的有价证券时,必须斟酌同号规定的有价证券发行人根据同法第 25 条第 2 项规定的必须提供公众阅览的文件的复制件中所记载的信息,根据总务省令的规定将总务省令规定的信息予以公开。

2. 除前项规定外,本公司在得到第 4 条第 2 项、第 9 条或者第 10 条所规定的认可后,必须根据总务省令的规定将其公开。

第四章 罚 则

第十七条

1. 本公司的董事、管理者、会计参与人(会计参与人为法人的,为履行其职责的职员)、监事或者职员利用职务之便收受贿赂、作有关要求或者约定的,处三年以下有期徒刑。因此从事不正当行为或者没有进行相当行为的,处五年以下有期徒刑。

2. 在前项情况下,犯人收受的贿赂没收。其全部或者部分无法没收时,追缴其价款。

第十八条

1. 提供、要约提供或者约定提供前条第 1 项所定贿赂者,处三年以下有期徒刑或者 100 万日元以下罚款。

2. 犯前项之罪者自首的,可以减轻或者免予刑罚。

第十九条

1. 第 17 条第 1 项之罪对在日本国外犯罪者也同样适用。

2. 前条第 1 项之罪根据《刑法》(1907 年法律第 45 号)第 2 条之例处理。

第二十条

没有进行第14条第1项规定的报告或者进行虚假的报告以及拒绝、妨碍或者回避同项规定的检查的,对从事违法行为的本公司的董事、管理者、会计参与(会计参与人为法人的,为履行其职责的职员)、监事或者职员处30万日元以下的罚金。

第二十一条

有以下情况之一的,对从事违法行为的本公司的董事、管理者、会计参与(会计参与人为法人的,为履行其职责的职员)、监事或者职员处100日元以下的罚款。

(1) 违反第4条第2项的规定经营业务的;

(2) 违反第6条的规定处分日本邮便股份有限公司股份的;

(3) 违反第8条第1项的规定募集募集股份或者募集新股预约权的认购人或者在换股之际交付股份或者新股预约权的;

(4) 违反第8条第2项的规定没有进行股权交付的备案报告的;

(5) 违反第10条的规定事业计划未经认可的;

(6) 违反第12条的规定未提交资产负债表、损益表、事业报告书以及同条总务省令规定的文件的,或者提交文件中有虚伪的记载或者记录的;

(7) 违反第13条第2项规定的命令的;

(8) 未进行第16条第1项、第2项规定的公开或者虚假公开的。

第二十二条

违反第3条规定者,处10万日元以下的罚款。

附　　则

第一条(施行日期)

本法从《邮政民营化法》(2005年法律第97号)第36条第9项的政令规定之日起开始施行。但是,以下各号所载规定从各号规定之日起施行。

(1) 第3条、第9条、第11条(仅限于关于章程修改的决议部分)以及第23条的规定,从《邮政民营化法》附则第1条1号规定的施行日起。

(2) 次条的规定从《邮政民营化法》的施行之日起。

第二条(业务的特例)

1. 本公司在当前,除第4条规定的业务以外,在不妨碍完成同条规定业务的范围内,还可以进行下列业务:

(1) 运营、管理下列设施:

(a) 根据承继计划(是指《邮政民营化法》第166条第1项规定的承继计划)的规定,本公司承继的《伴随邮政民营化法实施的有关法律整备的法律》(2005年法律102号,以下简称《整备法》)第2条规定的废止前的《邮便储金法》(1947年法律第144号)第4条第1项规定的设施;

(b) 根据承继计划规定,本公司承继的《整备法》第2条规定的废止前的《简易生命保险法》(1949年法律第68号)第101条第1项的设施。

(2)前号所载业务的附带业务

2. 本公司在进行前项规定的业务之际,必须考虑不得不当地损害经营同种业务的经营者的利益。

第三条(政府持有的股份的处理)

政府对其持有的本公司的股份(是指第2条规定的已发行股份,不包括同条规定的必须持有的已发行股份)必须努力尽早处理。

第四条(《公司法》施行日之前的条文替换)

《公司法》的施行日在本法施行日之后的,在《公司法》施行日之前,关于下表中栏所列字句各自换读为同表中右栏所列字句。

第2条	不能对股东大会的所有决议事项行使表决权的股份除外,包括根据《公司法》(2005年法律第86号)第879条第3项	《商法》(1899法律第48号)第211条之2第4项规定的股份种类以外,包括同条第5项
第8条第1项	本公司招募《公司法》第199条第1项规定的募集股份(是指第22条第3号规定的募集股份)或者同法第238条第1项规定的募集新股预约权(是指同号规定的新股募集预约权)的认购人的或者换股之际交付股份或者新股预约权的,必须经总务大臣的认可	本公司要发行新股、新股预约权或者附带新股预约权的公司债的,或者要处分自己的股份的,必须经总务大臣认可。但因行使新股预约权而发行新股或者要转让自己的股份的,不受此限
第8条第2项	因新股预约权的行使而交付股份后	在前项但书的情况下,发行新股或者转让自己的股份后
第10条	事业年度	营业年度
第11条	剩余金的分配以及其他剩余金的处分(不包括损失处理)	利益的处分
第12条	事业年度	营业年度
	事业报告书	营业报告书
第13条第2项以及第3项	事业年度	营业年度
第18条第1项以及第21条	管理者、会计参与人(会计参与人为法人的,为履行其职责的职员)	管理者
第22条	管理者、会计参与人(会计参与人为法人的,为履行其职责的职员)	管理者
第22条第3号	募集募集股份或者募集新股预约权的认购人或者在换股之际交付股份或者新股预约权的	发行新股、新股预约权或者附带新股预约权的公司债的,或者要处分自己的股份的
第22条第6号	事业报告书	营业报告书

附　则（节选）

2012年5月8日第30号

第一条（施行日期）

本法从公布之日起不超过一年的范围由政令规定之日起施行。但第1条的规定（《邮政民营化法》目录中"第六章邮便事业股份有限公司 第一节设立等（第70条至第72条）第二节关于设立的邮便事业股份有限公司法的特例（第73条、第74条）第三节关于转型期间业务的特例（第76至第78条），第七章邮便局股份有限公司"修订为"第六章删除，第七章日本邮便股份有限公司"的修订规定，同法第19条第1项第1号以及第2号、第26条、第61条第1号以及第六章的修订规定，同法中"第七章邮便局股份有限公司"修订为"第七章日本邮便股份有限公司"的修订规定，同法第79条第3项第2号以及第83条第1项的修订规定、同法第90条至第93条的修订规定，同法第105条第1项、同项第2号以及第110条第1项第2号之（5）的修订规定，同法第110条后增加一条的修订规定，同法第135条第1项、同项第2号以及第138条第2项第4号的修订规定，同法第138条之后增加一条的修订规定，同法第十一章增加一节的修订规定（仅限于关于第176条之五部分），同法第180条第1项第1号、2号以及第196条的修订规定（删除第12号的部分除外）以及同法附则第1条第2号的修订规定除外），第2条中《日本邮政股份有限公司法》附则第2条以及第3条的修订规定，第5条（仅限于关于第2号的部分）的规定，次条的规定，附则第4条、第6条、第10条、第14条以及第18条的规定，附则第38条的规定（《关于伴随邮政民营化法等施行关联法律整备等的法律》（2005年法律第102号）附则第2条第1项、49条、第55条以及第79条第2项的修订规定，删除附则第90条以前的标题，为同条赋予标题的修订规定以及附则第91条以及第95条的修订规定除外），附则第40条至第44条的规定，附则第45条中《总务省设置法》（1999年法律第91号）第3条以及第4条第79号的修订规定以及附则第46条以及第47条的规定，从公布之日起施行。

第三条（伴随《日本邮政股份有限公司法》的部分修订的过渡措施）

根据第2条的规定，根据修订前的《日本邮政股份有限公司法》（以下本条中称为"旧法"）的规定对日本邮政股份有限公司所进行的或者日本邮政股份有限公司所进行的处分、手续以及其他行为（包括根据《邮政民营化法》第52条的规定被视为取得旧法第4条第2项认可的业务有关的《邮政民营化法》第163条第3项的认可），视为根据第2条的规定修订后的《日本邮政股份有限公司法》相应规定对日本邮政股份有限公司所进行的或者日本邮政股份有限公司所进行的处分、手续或者其他行为。

第四十六条（关于罚则的过渡措施）

对于本法（对于附则第1条但书中有规定的规定,则为该规定）施行前所进行的行为以及依据本附则规定依然从前例的情况下,针对本法施行后行为的罚则适用,从前例。

第四十七条（其他过渡措施的政令委托）

除本附则规定的以外,关于本法施行有关的必要的过渡措施（包括与罚则有关的过渡措施）由政令规定。

韩国

地方公企业法[1]

1969年1月29日 法律第2101号
最近修改:2013年6月4日 法律第11852号

第一章 总 则

第一条(目的)

为规范地方自治团体或法人的设立、经营等企业运营所需的事项,推动企业经营合理化,促进地方自治的发展,提高居民福利,制定本法。

第二条(适用范围)

(一)本法适用于符合下列各项[2]的事业(包括其附带事业,下同)中,根据本法第五条规定由地方自治团体设立、经营,且达到总统令规定之标准以上的事业(以下称"地方直营事业"),以及本法第三章和第四章规定的地方公社和地方公共团体经营的事业。

1. 水道事业(居民区水道事业除外);
2. 工业用水道事业;
3. 轨道事业(包括城市铁路事业);
4. 汽车运输事业;
5. 地方公路事业(仅限收费公路事业);
6. 下水道事业;
7. 房地产事业;
8. 土地开发事业。

---

[1] 该法自颁布至今共有20次修改,有些是全部修订,有些是部分修订,其修订年度分别有1969.1.29/ 1980.1.4/ 1991.5.31/ 1992.12.8/ 1996.12.30/ 1999.1.29/ 2002.3.25/ 2004.12.30/ 2005.3.24/ 2005.3.31/ 2005.7.13/ 2006.10.4/ 2007.1.19/ 2007.5.11/ 2007.5.17/ 2008.2.29/ 2009.4.1/ 2011.8.4/ 2013.3.23/ 2013.6.4。本文为最近修改版本之翻译文。

[2] 韩国法条的基本组成单位为条,条之下设项,项之下设号。为方便理解,本文遵照中国法条的习惯,条之下设款(以括号内中文数字表示),款之下设项(以阿拉伯数字表示),下同。

（二）由地方直营事业、地方公社或地方公共团体经营的,符合下列各项且将经商经费的百分之五十以上充当经商经费经常性收入的事业,依条例规定,此地方自治团体可适用本法。

1. 作为民营资本难以经营的企业,被认定为可以提高国民福利、促进地方经济活跃及地区开发的事业；

2. 本条第一款规定的各项事业中,同款各项外的达不到总统令规定之标准的事业；

3.《关于体育设施的设置与利用法》规定的的体育设施业；

4.《观光振兴法》规定的观光事业(旅游业与赌博业除外)。

（三）地方自治团体首长针对第一款的行业中虽未达到大总统令规定的标准,但根据大总统令规定可以适用的行业,准用本法第二十二条。

第三条(经营基本原则)

（一）地方直营企业、地方公社及地方公共团体(以下称"地方公共企业")的运营应当坚持促进经济性、提高公共福利。

（二）地方自治团体设立、经营地方公共企业时,不得危害民间经济、扰乱经济秩序、破坏经济环境。

第四条(关于地方公共企业的法令等的制定及实施)

关于地方公共企业的法令、条例、规则及其他规定应当遵循本法第三条规定的基本原则。

第二章　地方直营企业

第一节　通　　则

第五条(地方直营企业的设立)

地方自治团体设立、经营地方直营企业时,其设立、运营的基本事项由条例规定。

第六条(其他法令的适用)

对于地方直营企业,除本法规定外,均适用《地方自治法》《地方财政法》及其他相关法令。

第二节　组　　织

第七条(管理员)

（一）为管理、执行地方直营企业的业务,地方自治团体对每项事业均设管理员。但根据条例的规定,对于两个以上性质相同或相似的事业,可仅设一名管理员。

（二）根据总统令规定，由地方自治团体首长在相关地方自治团体内，任命具有地方直营企业经营知识和经验的公务员为管理员。对于管理员，可采用任期制度。

第八条（管理员的权限）

管理员不得管理、执行下列各项地方直营企业业务，但法令有特别规定的除外：

1. 向议会提出预算案的事项；

2. 向议会请求结算的事项；

3. 向议会提出表决案的事项；

4. 根据《地方自治法》第一百三十九条第二款处以罚款的事项。

第九条（管理员业务）

根据本法第八条规定，管理员的主要业务如下：

1. 制定并向地方自治团体首长提交有关地方直营企业的条例案及规定案的事项；

2. 制定并向地方自治团体首长提交地方直营企业的事业运营计划及预算案的事项；

3. 制定并向地方自治团体首长提交结算的事项；

4. 取得、管理、处分地方直营企业资产的事项；

5. 缔结合同的事项；

6. 收取使用费、手续费等费用的事项；

7. 支出预算内资金时，因缺乏现金而临时借入资金的事项及有关执行预算的其他事项；

8. 出纳及有关会计事务的其他事项；

9. 保管证明书及公文档案的事项；

10. 有关地方直营企业的组织、人事运营的事项以及其他根据法令或相关地方自治团体的条例、规定由管理员管理的事项。

第十条（管理员与地方自治团体首长的关系）

地方自治团体首长就下列各项事项，对管理员进行指挥和监督：

1. 有关地方直营企业基本经营计划的事项；

2. 对相关地方自治团体的居民福利有重要影响的地方直营企业业务执行事项；

3. 调整地方直营企业的业务与其他业务关系的事项。

第十条之二（企业职员）

为了促进地方直营企业运营专业化，根据《地方公务员法》的规定，可为地方直营企业所属公务员设专门职业系统。

第十一条（企业管理规定）

管理员在不违反法令、条例或规则的条件下，可就地方直营企业的业务，制定企业管理规定。

第十二条（权限委托等）

（一）管理员因不可抗力的事由无法执行业务时，根据相关地方自治团体的规则，由相关地方直营企业的高层公务员代理该业务。

（二）管理员可向相关地方直营企业的公务员、地方自治团体或地方自治团体经营的其他地方直营企业的管理员部分委托其权限。但是，向地方自治团体或地方自治团体经营的其他地方直营企业的管理员委托时，应当事先取得地方自治团体首长的许可。

第三节 财 务

第十三条（特别会计）

地方自治团体应当对符合本法第二条的各项事业设立特别会计。但是，根据本法第十七条第一款但书规定，对两个以上事业仅设一名管理员的，对该两个以上的事业可仅设一名特别会计。

第十四条（独立资产）

（一）地方直营企业的特别会计应当以相关企业的收入充当相关企业的经费。但下列各项经费，根据总统令规定，应当由地方自治团体的一般会计或特别会计以分摊金或其他方法承担：

1. 性质上不适合以地方直营企业的收入充当的经费；
2. 从地方直营企业的性质考虑，仅以其经营所产生的收入充当，客观上有难度的经费。

（二）发生救灾或其他特别事由时，根据预算的规定，地方直营企业的特别会计可从相关地方自治团体的一般会计或特别会计处获得财政支援。

第十五条（事业年度）

地方直营企业的事业年度应当与地方自治团体的一般会计年度一致。

第十六条（会计处理原则）

（一）为明确经营成果及财务状况，地方直营企业的特别会计应当将财产增减及变动（以下称"会计往来"）根据相关事实进行会计处理。

（二）地方直营企业的会计往来应当根据总统令规定区分会计年度所属。

（三）地方直营企业的特别会计应当设定对差对照表账户的资产、负债及资本账户损益计算书账户的收益及费用账户，并进行会计处理。

（四）符合本条第三款规定的资产、负债及资本，根据总统令规定，应当明确其内容。

（五）地方直营企业的特别会计应当根据总统令规定设立辅助账户。

第十七条（出资等）

（一）地方自治团体的一般会计或其他特别会计可向地方直营企业的特别会计

出资。

（二）地方直营企业的特别会计根据本条第一款规定获得出资时，考虑利益状况，可依预算向出资会计支付全年度的部分收益金。

（三）经营本法第二条第一款第七项、第八项规定事业的地方直营企业的特别会计，如遇救灾、社会间接资本设施的建设及总统令规定的其他事由时，可依预算向地方自治团体的一般会计转出全年度的部分收益金。

第十八条（长期贷款）

（一）根据预算，地方自治团体的一般会计或其他特别会计可向地方直营企业的特别会计提供长期贷款。

（二）地方直营企业的特别会计接受符合本条第一款规定的长期贷款时，应当向提供贷款的大部分会计支付适当的利息。

第十九条（地方债券等）

（一）符合下列各项情形的，地方自治团体可在相关地方直营企业特别会计的承担下发行地方债券：

1. 为充当经常性运营资金；
2. 为充当回建基金财源；
3. 为充当建设费、改良费或类似事业收买资金。

（二）特别市、广域市、道及特别自治道（以下称"市、道"）或除特别市、广域市之外但人口达100万以上的大城市（以下称"大城市"），为保障本法第二条规定的事业的投资财源或组成地域开发基金，经地方议会许可，可不依本条第一款规定，发行地域开发债券。

（三）符合下列各项及条例规定者，应当购买地域开发债券：

1. 从地方自治团体处获得执照、许可、认可，或向地方自治团体申请登记或申报注册者；
2. 与地方自治团体或由地方自治团体出资、捐助资本金全额的法人签订建筑工程承包合同者；
3. 与地方自治团体或由地方自治团体出资、捐助资本金全额的法人签订劳务合同或买卖、修理、制作合同者。

（四）地域开发债券的买入程序、不同对象的买入金额、证券登记方法、利率与偿还以及其他必要事项由市、道或大城市的条例规定。

第二十条（一次性借入金）

（一）管理员支出预算内金额时缺乏现金的，可从相关地方直营企业的特别会计处一次性借入资金。

（二）符合本条第一款的一次性借入资金应当在相关年度偿还。

第二十条之二（预收金）

根据总统令规定，对于希望转让相关企业组成财产、利用相关企业的设施或从相关企业获得劳务提供者,地方直营企业可预先收取全部或部分费用。

第二十一条(成本计算)

为提高事业效率、促进经营管理及降低成本,地方直营企业的特别会计应当根据总统令规定,以功能和给付为标准进行成本计算。

第二十二条(费用)

(一)地方自治团体对于地方直营企业的给付,可根据条例的规定征收费用。

(二)符合本条第一款规定的费用应当合理适当,结合不同地区的费用标准,补偿给付成本,保持企业继续性。

(三)符合本条第一款规定的费用应当考虑营业费用、资本费用等,并根据总统令规定进行计算。

(四)以地方税为例收取费用。

第二十三条(预算编制)

(一)地方直营企业应当以合理的成本标准预估经费,并将其列入预算。

(二)预算的收入与支出应当根据相应年度企业的财政执行状况合理记账。

(三)地方自治团体首长应当独立于一般会计及其他特别会计,根据安全行政部长官制定的标准,每年制定地方直营企业的预算编制基本方针,并于每年7月31日前告知地方直营企业。

第二十四条(预算的区分)

地方直营企业的预算应当根据事业运营计划及功能进行区分。

第二十五条(预算的内容)

地方直营企业的预算内容包括根据预算总则和相关地方直营企业的事业运营计划规定的下列各项内容:

1. 相关事业年度的收益、关于费用的收益性收入及关于支出的预算(以下称"产业预算");

2. 相关事业年度的资产、负债、关于资本新增减额的资本性收入及支出的相关预算(以下称"资本预算");

3. 关于产业预算及资本预算的资金运营计划。

第二十六条(预算案的提出)

(一)地方自治团体首长应当在事业年度开始前,调整并向议会提交地方直营企业管理员制定的预算案,以进行表决。

(二)地方自治团体首长调整管理员制定的预算案时,应当听取管理员的意见。

(三)地方自治团体首长向议会提交地方直营企业预算案时,应同时提交管理员制定的事业运营计划及总统令规定的其他书面材料。

第二十七条(收益金的准备及支出)

管理员因事业量增多而经费不足时,可将因此多出的收益用于增量金额相关业务的直接费用。在此种情形下,管理员应当向地方自治团体首长及议会报告。

第二十八条(预算的执行)

(一)管理员应当根据相关年度的预算执行业务。

(二)购买库存资产、承包公社等与资金支出直接相关的,应当根据以相关年度的产业预算及资本预算为基础而制定的资金运营计划执行。

(三)根据本条第二款规定执行预算时,根据总统令规定,应当设立预算管理账户。

第二十九条(预算转用)

管理人员为执行预算所必要时,除预算总则规定的科目外,可转用岁出预算(年度总支出预算)的各细项及目的经费。

第三十条(预算的结转)

(一)每个事业年度的岁出预算不可结转至下一个年度使用,但符合下列各项的经费金额可结转至下一个会计年度使用:

1. 未在相关年度实施支出原因行为,但已获得地方自治团体首长许可的地方直营企业的设施建设及改良所需经费;

2. 在相关年度已实施支出原因行为,但因不可抗力的事由未在相关年度执行的经费及为实施支出原因行为而附带的经费。

(二)[2002年3月25日删除]

(三)[2002年3月25日删除]

(四)继续费(跨年度费用)的年度所需经费中,相关年度未支出的金额,管理员可依次结转至事业完成年度使用。

(五)根据本条第一款及第四款规定结转预算时,各科目结转的金额视为分配为结转预算。

第三十一条(预算费)

为充当预算之外不可预测的支出或超出预算的支出,地方直营企业的特别会计应当将适当金额作为预算费计入预算。

第三十二条(非现金经费支出特例)

(一)管理员可不依本法第二十三条第一款的规定,未经预算将非现金支出计入经费。

(二)关于本条第一款规定的非现金支出经费的范围,应当由总统令规定。

第三十三条(出纳及现金保管)

(一)管理员负责地方直营企业业务的相关出纳。但是,管理员管理及执行地方直营企业业务过程中,可允许符合《银行法》的银行、根据其他法律和总统令规定开展金融业务的机关(以下称"金融公司"等)中由管理员指定并经地方自治团体首长许可的金融公司等(以下称"指定金融公司")执行部分现金出纳业务。

(二)管理员应当将地方直营企业相关现金保管于指定金融公司。但是,管理员可自行保管不超过地方自治团体首长规定额度的现金;为增加利息,可将多余资金寄存于其他金融公司。

（三）地方自治团体首长根据本条第一款规定许可金融公司的指定时，应当进行公告。

（四）根据总统令规定，管理员可检查指定金融公司的现金出纳情况，必要时可以要求指定金融公司修正。

第三十四条（会计总管）

（一）管理员总管地方直营企业的会计业务。

（二）为处理会计事务，管理员可设企业出纳员、现金出纳员及总统令规定的其他会计相关公务员。

（三）本条第二款规定的会计相关公务员由管理员从地方直营企业的公务员中选任。

第三十五条（结算）

（一）管理员应当在每个事业年度的最后一日之前完成所有账簿的结算。

（二）管理员应当在每个事业年度结束后两个月内制定地方直营企业的结算书，并将该结算书与相关年度的事业报告书及由总统令规定的其他书面材料一并提交给地方自治团体首长。

（三）地方自治团体首长应当在本条第二款的结算书、事业报告书及其他书面材料上附加注册会计师的审计报告书，并将其一同提交下一年度的议会以取得认可。

第三十六条（会计处理情况报告）

管理员应当以每月最后一日为准制作计算表、资金运用报告书以及其他足以证明相应企业会计处理状况的相关书面材料，并且在下一月20日之前提交相关地方自治团体首长。

第三十七条（利益的处理）

（一）地方直营企业在相关事业年度有余利时，先以其弥补结转自前一年度的亏损金；弥补亏损后仍有余金的，则根据总统令规定将其十分之一以上的金额存为利益积金；仍有余金的，则根据条例规定将其存为减债积金或建设改良积金，或根据本法第十七条第二款、第三款规定作为缴纳金、转出金支出。

（二）本条第一款规定的利益积金只能用于弥补亏损。

（三）本条第一款规定的减债积金只能用于偿还地方负债。

（四）本条第一款规定的建设改良基金只能用于建设改良。

（五）每个事业年度所产出的盈余资金应当积累到标记分类科目。

（六）本条第五款规定的盈余资金只能根据总统令规定进行处分。

第三十八条（损失的处理）

地方直营企业在相关事业年度有亏损时，可以使用结转自前一年度的盈余资金弥补亏损;仍无法弥补的,则应当根据总统令规定进行结转。

第三十九条(周转基金)

(一)地方直营企业为有效运营事业,根据条例规定,可设立周转基金。

(二)根据本条第一款规定设立的周转基金可根据相关地方直营企业特别会计的预算规定进行调整。

(三)根据本条第一款规定设立的周转基金不能以事业预算及资本预算为依据,而应当根据条例进行运用。

第四十条(重要资产的取得及处分)

(一)地方直营企业的资产中根据总统令规定属于重要资产的,其取得及处分应当计入预算,并经地方议会表决。

(二)根据本条第一款规定获得地方议会的表决通过时,视为根据《公共财产及物品管理法》第十条第一款及《地方自治法》第三十九条第一款第六项获得议会的表决通过。

第四十一条(企业资产的管理)

地方直营企业所有并管理的共有财产、物品,相关企业保有的债权、有价债券以及现金,视为企业的资产,其管理运营所涉及的事项由总统令规定。

第四十二条(合同)

管理员签订买卖、借贷或承包等合同应当根据总统令规定进行公告后参与公开竞争。但是,也可以根据总统令规定进行指定投标或签订自由合同。

第四十三条(委托规定)

经营该节规定外事项的地方直营企业,其财务所涉及的相关事项由总统令规定。

第四节 地方自治团体的工会相关特例

第四十四条(地方自治团体工会设立特例)

地方自治团体为全面处理地方直营企业相关事务,可通过制定规则,与其他地方自治团体共同设立地方自主团体工会(以下称"工会")。

第四十五条(组织的特例)

(一)对于工会经营的地方直营企业,可不依本法第七条第一款的规定,不设管理员,由工会长行使管理员权利。

(二)工会长由相关地方自治团体首长共同任命,其资格及任期适用本法第七条第二款的规定。

第五节 附 则

第四十六条（业务情况的公布等）

（一）管理员应当根据条例的规定在每个事业年度至少两次向地方自治团体首长提交地方直营企业业务情况说明材料。地方自治团体首长应当及时将其进行公示。

（二）管理员应当根据总统令规定将结算书、财务报表、年度经营目标、经营实绩评价及其他相关经营事项向区域居民公示。

（三）安全行政部长官应当根据本条第二款规定将各个地方直营企业公示的事项中，将主要事项标准化后将其整合公示（以下称"整合公示"）。

（四）安全行政部长官为进行整合公示，可要求地方直营企业提交必要材料。如无特别事由，地方直营企业应当提交材料。

（五）对于地方直营企业不诚实履行本条第二款规定的经营公示义务、第四款规定的整合公示义务或公示内容，或者公示虚伪事实或提交虚伪资料的，安全行政部长官可向有关地方自治团体首长告知该事实并责令改正。

（六）整合公示的标准及方法等相关事项由总统令规定。

第四十七条（事业调整）

（一）地方自治团体之间对于地方直营企业的经营未达成协议而相关地方自治团体申请调整的，市、郡、自治区由特别市长、广域市长、道知事（以下称"市、道知事"）调整，市、道由安全行政部长官调整。

（二）安全行政部长根据本条第一款规定进行调整时，应当与州务部长官进行协商。

第四十八条（赔偿责任）

（一）管理员及其代理人或分任者实施税收、作为支出原因的合同行为及其他行为或者物品管理及其他支出行为时，因故意或重大过失给地方自治团体造成重大损失的，应当承担赔偿责任。

（二）管理员及其代理人或分任者因懈怠善良管理人的注意义务导致其保管的现金、物品丢失或毁损的，应当承担赔偿责任。

第三章 地方公社

第一节 设 立

第四十九条（设立）

（一）地方自治团体为有效履行本法第二条规定的事业，可设立地方公社（以下称"公社")。但是,市长、郡守、区厅长(指自治区的区厅长)在设立公社前应当与管辖市、道知事进行协商。

(二)地方自治团体设立公社时,应当以条例制定与设立、业务及运营有关的基本事项。

(三)地方自治团体设立公社时,应当根据总统令规定考虑居民福利、对区域经济的影响、事业性及作为地方公共企业的适当性。

第五十条(共同设立)

(一)地方自治团体可与其他地方自治团体制定相互条约,共同设立公社。

(二)[1999年1月29日删除]

(三)本条第一款规定的相互条约应当包括下列事项:

1. 公社的名称;
2. 公社的住址;
3. 参与设立的地方自治团体;
4. 事业内容;
5. 共同处理事项;
6. 决议机关代表的选任方法;
7. 出资方法;
8. 其他事项。

第五十一条(法人格)

公社性质为法人。

第五十二条(事务所)

(一)公社的主要事务所住址以章程制定。

(二)经地方自治团体首长许可,公社可设立分公社或代表处。

第五十三条(出资)

(一)公社的资本金全额由地方自治团体以现金或实物出资。

(二)为保证公社的运营,除本条第一款规定外,地方自治团体外的人(包括外国人及外国法人)在不超过资本金二分之一的范围内也可对公社出资。

(三)符合本条第二款规定的情形时,公社的资本金以股份的形式发行。其股份种类、每股金额、股份发行时期、发行总数以及股额的纳入时期和纳入方法,由条例规定。

(四)公社根据本条第二款规定从相关地方自治团体设立的其他公社得到出资,或根据本法第五十四条向相关地方自治团体设立的其他公社出资的,视为该地方自治团体出资。

第五十四条(对其他法人的出资)

(一)公社为有效履行相关事业,经地方自治团体首长许可,可向地方自治团体外的其他法人出资,出资额度由总统令规定。

(二)为了第一款的出资,公社社长依据总统令规定的方法及程序,检讨出资的必要性及妥当性,向地方自治团体首长报告后经议会决议。

(三)第一款的出资限额,由总统令规定。

第五十五条(地方自治团体的股权行使)

地方自治团体的股权由地方自治团体首长或地方自治团体首长指定的公务员行使。

第五十六条(章程)

(一)公社的章程应当包括以下事项:

1. 目的;
2. 名称;
3. 事务所的所在地;
4. 有关经营事业的事项;
5. 有关高级管理人员的事项;
6. 有关董事会的事项;
7. 有关财务会计的事项;
8. 有关公告的事项;
9. 有关资本金的事项;
10. 有关发行债券的事项;
11. 有关变更章程的事项;
12. 其他总统令规定的事项。

(二)符合本法第五十三条第二款规定的公社,其章程除本条第一款各项之外还应当包括以下事项:

1. 有关股票发行的事项;
2. 有关股东大会的事项。

(三)公社变更章程时应当经地方自治团体首长许可,但根据本法第五十条第一款规定设立的公社变更章程依照地方自治团体间的规章制度。

第五十七条(登记)

(一)公社在其主要事务所所在地进行设立登记时成立。

(二)公社设立登记及其他登记事项由总统令规定。

第二节 高级管理人员及职员

第五十八条(高级管理人员的任免等)

(一)公社的高级管理人员由包括社长在内的董事(区分常任董事与非常任董事)及监事组成,并以章程规定其人数。

(二)根据总统令规定,社长和监事由地方自治团体首长在具备相关地方公共企业经营专业性知识及能力的人员中任免。但是,根据本法第五十条第一款规定设立的公社,依照地方自治团体间的规章制度规定。

(三)本条第二款规定的社长和监事(根据条例或章程必将被选任为监事者除外),由地方自治团体首长在总统令规定的高级管理人员推荐委员会(本条以下称"高级管理人员推荐委员会")推荐的人选中任免。但根据本条第四款规定社长连任时,应当经过高级管理人员推荐委员会的审议。

(四)地方自治团体首长根据社长的经营成果,可以将其在任期内解任或者将其在任期结束后连任。此种情形下,应当考虑下列事项:

1. 根据本法第五十八条第二款规定的经营成果合同的履行实绩;
2. 根据本法第七十八条第一款、第二款规定的经营评价结果;
3. 根据本法第七十八条第三款规定的社长业务成果评价的结果。

(五)本条第四款规定的社长的连任及解任的标准等事项由总统令规定。

(六)董事(根据条例或规定必将被选任为董事者除外)应当在高级管理人员推荐委员会推荐的人选中任命。其中常任董事由社长任免,非常任董事由地方团体长任免。在此种情形下,任免董事所需的事项由总统令规定。

(七)高级管理人员推荐委员会推荐高级管理人员候选人时应当根据总统令规定公开招募候选人。

第五十八条之二(与社长的经营成果合同)

(一)地方自治团体首长任命社长时应当与其签订经营成果合同。

(二)根据本条第一款规定签订的经营成果合同应当包括在任期间社长应当履行的经营目标、权限以及根据成果的补偿和责任。

(三)本条第一款和第二款规定的经营成果合同,其签订方法及步骤等事项由安全行政部令规定。

第五十九条(任期及职务)

(一)公社的社长、董事及监事的任期为三年。在此情形下,地方自治团体首长可根据总统令规定使任期届满的高级管理人员在其接任的高级管理人员确定之前继续履行之前的职务。

(二)公社的社长、董事及监事可以一年为单位连任。

(三)公社的社长、董事及监事的职务由章程规定。

第六十条(高级管理人员的缺格事由)

(一)符合下列各项之一的,不能担任公社的高级管理人员:

1. 非大韩民国公民;
2. 未成年人、无行为能力人、限制行为能力人;
3. 宣告破产且尚未复权者;
4. 受到禁锢以上徒刑且自执行完毕(包括视为执行完毕的情形)或执行被免责之日起尚未经过两年;

5. 因违反本法受处罚金不到两年；

6. 根据法院的判决停止或丧失资格。

（二）公社的高级管理人员任命时符合或任职期间内出现本条第一款规定的各项情形的，应当退职。

（三）根据本条第二款规定退职的高级管理人员在退职前实施的行为有效。

第六十一条（高级管理人员的兼职限制）

公社的高级管理人员及职员不得从事本职之外的任何以营利为目的的业务，且高级管理人员未经地方自治团体首长许可，职员未经社长许可，不得兼职；但非常勤者除外。

第六十二条（董事会）

（一）公社设立董事会表决有关业务的重要事项。

（二）董事会由社长和其他董事组成。

（三）有关董事会的权限及运营事项，由章程规定。

第六十三条（职员的任免）

（一）公社职员根据章程的规定由社长任免。

（二）公社职员应当根据考试成绩、考勤成绩及其他能力的实际情况任用。

第六十三条之二（职员培训）

根据本法第三条规定的经营基本原则，公社的社长应当对职员进行培训。

第六十三条之三（职员报酬）

职员报酬应当反映公社的经营成果。

第六十三条之四（行使权利及选任代理人）

公社的社长根据章程规定选任的职员可实施与公社业务有关的裁判等其他各种行为。

第三节 财 务 会 计

第六十四条（事业年度）

公社的事业年度与地方自治团体一般会计的会计年度相同。

第六十四条之二（会计处理原则等）

（一）为明确经营成果及财务状况，公社应当根据事实依企业会计标准处理会计交易。

（二）公社根据不同事业进行不同的会计处理。

（三）公社缔结合同时，对必将危害公平竞争及合同正常履行者，可以两年以下为期限，限制其参与投标的资格。

（四）公社签订合同时，对于判断为危害公平竞争或者合同正常履行者，以两年为期限可以限制其投标资格。

（五）公社不得与根据第四款被限制投标资格者签订合同。但除了根据第四款被限制投标资格者外，不存在适当的施工者、生产者等，不得已的情形则除外。

（六）本条第一款至第五款规定的会计处理、合同标准及程序、参与投标资格的限制等必要事项由总统令规定。

第六十四条之三

（一）考虑资产、负债规模等，符合大总统令规定标准的公社的社长每年应确立包含本年度在内的五个会计年度以上的中长期财务管理计划（以下称"中长期财务管理计划"），经由理事会决议确定后，在总统令规定的期限内，提交地方自治团体的首长及议会。

（二）中长期财务管理计划应包括以下各项内容：

1. 五个会计年度以上的中长期的经营目标；
2. 事业计划及投资方向；
3. 财务预期及其依据以及管理计划；
4. 包括负债增减的预期及其依据以及管理计划等在内的负债管理计划；
5. 较与前一年度中长期财务管理计划的变更事项、变更原因及管理计划等的评价及分析。

第六十五条（预算）

（一）公社的社长应当在每年事业年度开始前制定该年度事业计划及预算。

（二）根据本条第一款规定制定预算或因不可抗力的事由变更预算的，均以董事会表决确定。

（三）根据本条第二款规定预算成立或变更的，公社的社长应当及时向地方自治团体首长报告。

第六十五条之二（预算不成立时的预算执行）

（一）公社因不可抗力的事由在会计年度开始前尚未确立预算的，应当根据前一年度的预算执行。

（二）根据本条第一款规定执行预算的，在该年度的预算确立后应当根据新成立的预算执行。

第六十五条之三（新投资项目的可行性分析）

公社的社长欲建设超过总统令规定的规模以上投资新项目时，应根据总统令规定的方法及程序就项目的必要性及项目计划的可行性等进行分析，并报告地方自治团体的首长，取得议会决议。

第六十六条（结算）

（一）公社应当在每个事业年度结束后两个月内完成该事业年度的结算。

（二）公社在结算完成后应当及时制定结算书及总统令规定的书面材料，连同地方自治团体首长指定的注册会计师的审计报告书一同提交给地方自治团体首长，并获得其许可。

第六十六条之二(对预算和结算的共同标准)
(一)安全行政部长官可制定对公社的预算及结算均适用的共同标准并予以公告。
(二)公社的预算、结算的提出和运营事项,由地方自治团体首长在本条第一款规定的共同标准范围内制定。

第六十七条(损益金的处理)
(一)公社的结算结果有盈利时,根据以下各项的顺序处理:
1. 先弥补结转自前一年度的亏损金;
2. 根据总统令规定将其存为剩余金;
3. 根据总统令规定将其存为减债存储金;
4. 存后仍有余额的,分利或者根据章程规定存储。
(二)第一款第三项的减债存储金限于偿还公社债务。
(三)公社的结算结果有亏损时,则以第一款第四项的存储金进行弥补;存储金不足以弥补亏损的,则根据本条第一款第二项的剩余金弥补或将其结转至下一年度。

第六十八条(债券发行及资金借入)
(一)公社经地方自治团体首长许可发行债券或从国外借入资金时,债券的发行量由总统令规定。
(二)[2002年3月25日删除]
(三)根据本条第一款规定发行的债券超过总统令规定的标准时,地方自治团体首长在根据本条第一款规定作出许可之前,应当经安全行政部长官的许可。在此情形下,根据总统令规定的标准应当考虑负债率、经营成果等。
(四)地方自治团体可保证债券的偿还。
(五)[2002年3月25日删除]
(六)债券的发行、出售及偿还等事项由条例规定。
(七)以城市铁道建设、运营或居民区建设事业等为目的设立的公社,根据本条第一款至第六款规定发行的债券适用《证券交易法》时,视为该法第二条第一款第三项规定的债券。

第六十九条(盈余的运营)
公社除下列各项方法外不得运用盈余:
1. 国债或地方债券的取得;
2. 根据《韩国银行法》存入韩国银行或其他金融公司等。

第七十条[1996年12月30日删除]

第七十一条(代理事业的费用负担)
(一)公社可代理国家或地方自治团体的事业,其费用由国家或地方自治团体承担。
(二)本条第一款规定的有关费用负担的事项,除根据总统令规定的事项外,均根据条例规定。

第七十一条之二（财政支援）

为运营事业，地方自治团体可给予公社补贴或长期贷款。

第七十一条之三（购货及公社合同的委托）

公社可向调达厅长委托购货或与其缔结设施公社合同。

第七十一条之四（物品管理）

为合理管理物品，公社应当将使用的物品标准化，根据使用和处分的目的进行分类，并制定包括物品供求计划在内的物品管理计划。

第七十二条（预收款）

对于公社转让财产、利用设施及提供劳务的预收款，准用本法第二十条之二的规定。

第四节　监　　督

第七十三条（监督）

地方自治团体首长监督公社的业务。

第七十四条（报告及检查等）

安全行政部长官及地方自治团体首长可检查公社的业务、会计及关于财产的相关事项，并可责令提交公社所必要的报告。

第五节　附　　则

第七十五条（《商法》的准用）

对于公社，除本法规定的事项外，在不违反其性质的条件下，可准用《商法》中有关股份公司的规定；但《商法》第二百九十二条的规定除外。

第七十五条之二（业务状况的公告等）

对于公社业务状况的公告等事项，准用本法第四十六条的规定。在此情形下，"管理员"视为"社长"。

第七十五条之三（公务员的派遣、兼任）

为支援公社履行业务，地方自治团体首长可将其所属公务员派遣至公社或使其在公社兼任。

第七十五条之四（权限委托）

为完成设立公社的目的，根据条例规定，本法规定的地方自治团体首长之权限可部分委托给公社社长。

第七十五条之五（民营化公社的股份公司登记）

公社依本法第五十三条第二款、第三款规定被出售时，无需经过《商法》规定的清算程序，买受人即可申请股份公司的设立登记。但是，在此情形下，股份公司的商号不得使用"公社"的字样。

第七十五条之六（公社与公共机关的合并）

（一）公社根据《公共机关运营法》第十四条第一款的规定,可以不经被列为民营化对象之公共机关(包括根据相同计划解除公共机关指定的机关)和《商法》上规定的清算程序而合并。

（二）公社欲进行第一款规定的合并,应与企划财政部长官进行协商,并在合并登记之前取得地方自治团体首长的承认。但是,与解除公共机关指定的机关合并的,可以省略协商程序。

第四章 地方公共团体

第七十六条（设立、运营）

（一）地方自治团体为有效履行本法第二条规定的事业,可设立地方公共团体(以下称"公共团体")。

（二）对于公共团体的设立、运营,准用本法第四十九条至第五十二条、第五十三条第一款、第五十六条第一款及第三款、第五十七条、第五十八条、第五十八条之二、第五十九条至六十三条、第六十三条之二至六十三条之四、第六十四条、第六十四条之二、第六十五条、第六十五条之二、第六十六条、第六十六条之二、第六十八条、第六十九条、第七十一条、第七十一条之二至第七十一条之四、第七十二条至第七十四条、第七十五条之二至第七十五条之四的规定。在此情形下,"公社"视为"公共团体","社长"视为"董事长","债券"视为"公共团体债券"。

第七十七条（费用负担）

经地方自治团体首长批准,公共团体可要求相关事业的受益者承担事业费用。

第七十七条之二（解散）

（一）公共团体因下列各项事由而解散：

1. 设立目的已达成,存续期限届满,或者章程规定的事由发生；
2. 合并；
3. 破产；
4. 法院的命令或判决；
5. 董事会决议。

（二）对于公共团体的解散,准用《商法》中有关股份公司解散的规定。

第四章之二 地方公社及地方公共团体以外出资法人等

第七十七条之三（设立）

（一）为有效履行本法第二条第二款规定的事业,地方自治团体可以资本金或财产的二分之一以下进行出资或捐助,同地方自治团体以外的人(包括外国人和外国法人)共同设立、运营《商法》规定的股份公司(以下称"出资法人")或者《民法》规定的财团法人(以下称"捐助法人")。

(二)根据本条第一款规定设立出资法人或者捐助法人时(还包括出资或者捐助的情形),根据总统令规定,应当考虑居民福利、对区域经济造成的影响、事业性、出资或捐助的妥当性等事项。

(三)根据本条第一款规定认定地方自治团体出资或捐助的份额时,该地方自治团体设立的公社的出资或捐助,视为该地方自治团体的出资或捐助。

第七十七条之四(对出资法人等的指导等)

(一)地方自治团体首长可以针对根据第七十七条之三设立的株式会社(以下称"出资法人")或者财团法人(以下称为"出捐法人")中,由地方自治团体出资或者投入的资产占法人资本金或者资产四分之一以上的,要求出资法人或者出捐法人提交经营相关报告及材料,或者审查与地方自治团体出资或者出捐相关业务、会计或者财产,并就出资法人或者出捐法人的经营进行评估。

(二)第一款规定的经营评估的对象、方法及程序等,由相关地方自治团体的条例规定。

(三)地方自治团体首长可以根据第一款规定的审查及经营评估的结论,为改善出资法人或者出捐法人的经营,提出指导、建议或者劝告。

(四)地方自治团体的首长欲将持股比例降低为四分之一以下的情形,须经议会决议。

第七十七条之五(债券发行及偿还保证)

出资法人发行债券或从金融公司等借入资金(包括外国贷款)时,地方自治团体可保证债券或者借款的偿还。在此情形下,除为了救灾或发生总统令规定的其他事由外,地方自治团体不能超过其出资份额进行保证。

第七十七条之六(出资法人的解散等)

(一)出资法人因经营不善而自行取得股份并注销,或地方自治团体收购他人的股份导致其出资额超过资本金的二分之一以上时,地方自治团体应当及时采取处分其拥有的股份或者解散出资法人等必要措施。

(二)因出资法人合并其他法人或出售地方自治团体所有的股份等事由,地方自治团体的出资额达不到资本金的十分之一时,地方自治团体应当及时采取处分其所拥有的所有的股份或受让其他股份等必要措施。

(三)根据本法第七十七条之四规定的检查结果,认为出资法人符合下列各项时,地方自治团体首长可采取股份转让、请求解散等必要措施:
1. 设立以后三年内仍未能开始营业的;
2. 连续五年以上发生本期纯亏损的;
3. 无特别事由,连续两年以上营业收入持续显著减少的。

第七十七条之七(准用规定)

(一) 关于出资法人或者出捐法人的经营公示及整合公示等,准用第四十六条第二款至第六款的规定。

(二) 对于地方自治团体以资本金或者财产的四分之一以上进行出资或捐助的出资法人或捐助法人,准用本法第五十五条、第六十四条、第七十一条、第七十五条之三及第七十五条之四的规定。

第五章 附 则

第七十八条(经营评价及指导)

(一) 安全行政部长官考虑本法第三条规定的地方公共企业经营的基本原则,根据总统令规定,对地方公共企业的经营进行评价,并根据其结果采取措施。但安全行政部长官认为必要的情形,可以由地方自治团体首长进行经营评价。

(二) 根据本条第一款规定的经营评价,应当包括对地方公共企业经营目标的完成度、业务效率、公益性、顾客服务等的评价。

(三) 为了实施第一款的经营评价,安全行政部长官必要时可以向地方公共企业要求提交顾客名册等相关资料。地方公共企业无正当理由,不得拒绝。

(四) 安全行政部长官根据总统令规定,独立于本条第一款和第二款规定,可以对社长进行业务成果评价。此时,应考虑公益性。

(五) 为维护地方公共企业(市、道知事限定为市、郡、自治区的地方公共企业)的有效经营,安全行政部长官或者市、道知事(特别自治市长及特别自治道知事除外),可提供指导、建议、劝告。

第七十八条之二(对不良地方公共企业的措施)

(一) 地方自治团体首长根据本法第七十八条第一款的但书规定进行经营评价时,应当在该评价结束后一个月内将经营评价报告书、财务报表及总统令规定的书面材料提交给安全行政部长官。

(二) 安全行政部长官根据本法第七十八条第一款的规定进行经营评价,或分析本条第一款所列书面材料后,认为应当采取特别措施,符合下列各项的地方公共企业,可根据总统令规定进行经营诊断,并公开其结果:

1. 连续三个营业年度以上发生本期存亏损的地方公共企业;

2. 无特别事由,营业收入较前一年度显著减少的地方公共企业;

3. 鉴于经营条件,认为应当缩小经营规模、清算或实施民营化等改组经营结构的地方公共企业;

4. 总统令规定的其他地方公共企业。

(三) 安全行政部长官对于本条第二款规定的经营诊断结果,认为有必要时,可以责令地方自治团体首长、公社的社长或者公共团体的董事长采取有关地方公共企业高级管理人员免职、组织的改组等改善经营所必要的措施。

（四）如无特别事由，根据本条第三款规定接受责令通知的地方自治团体首长、公社的社长或者公共团体的董事长应当及时处理责令内容。

第七十八条之三（经营指导法人）

（一）为了专门支援地方公共企业的经营指导、经营咨询以及评价业务，地方自治团体可以同其他地方自治团体共同设立、运营经营指导法人（本条以下称"法人"）。

（二）地方自治团体设立法人应当附章程并取得安全行政部的设立许可。

（三）地方自治团体可以为法人提供捐助或者补贴。

（四）关于法人的设立、运营及地方自治团体提供捐助或补贴的事项由总统令规定。

（五）除本法规定的事项以外，法人适用《民法》中有关财团法人的规定。

第七十八条之四（地方公共企业政策委员会）

（一）为审议地方公共企业主要关联政策、经营评价、经营诊断及关于改善经营的其他事项，安全行政部长官可组织由关系专家组成的地方公共企业政策委员会。

（二）地方公共企业政策委员会由包括一名委员长在内的十五名以下的委员组成。

（三）地方公共企业政策委员会的组成及运营等事项由总统令规定。

第七十八条之五（向国会的报告）

安全行政部长官应当在每年实施经营诊断及经营改善措施后三个月内，将根据本法第七十八条的经营评价、第七十八条之二的经营诊断结果及为改善经营而采取的措施等事项反映在地方公共企业报告书内，并将其提交至国会所管常任委员会。

第七十九条（国库支援）

为了维护地方公共企业的良好运营，国家可对地方自治团体出资的资本金或其他经费给予适当补贴。

第七十九条之二［2001年3月25日删除］

第七十九条之三（权限的委托）

根据总统令规定，本法规定的安全行政部长官的权限可部分委托给市、道知事或特别道知事。

第八十条［2002年3月25日删除］

第六章　处　罚

第八十一条（处罚）

公社或者公共团体的高级管理人员（监事除外）违反本法第六十五条或第六十六条第二款（包括第七十六条第二款中准用的情形）规定时，处五百万元以下的罚款。

第八十二条(罚款)

(一)无正当理由拒绝、妨害或逃避本法第七十四条(包括第七十六条第二款中准用的情形)规定之检查者,处二百万元以下的罚款。

(二)本条第一款规定的罚款中,拒绝、妨害或逃避安全行政部长官之检查者,根据总统令规定,由安全行政部长官课处、征收罚款;拒绝、妨害或者逃避地方自治团体首长之检查者,根据条例规定,由地方自治团体首长课处、征收罚款。

第八十三条(适用处罚时公务员拟制)

公社和公共团体的高级管理人员和职员,适用《刑法》第一百二十九条至第一百三十二条的规定时,视为公务员。

附　则

本法自公布之日起施行。

公共机构运营法[①]

2007年1月19日 法律第8258号
最近修订:2013年3月23日 法律第11690号

第一章 总 则

第一条(目的)
本法旨在通过制定公共机构的运营基本事项和自律经营及责任经营体制所必要的事项,实现公共机构的经营合理性和透明性,从而提高公共机构对国民的服务质量。

第二条(适用对象)
(一)本法适用于本法第四条至第六条指定、告示的公共机构。
(二)其他法律对公共机构另有规定的,除本法有特殊规定外,优先适用本法。

第三条(对自律经营的保障)
政府为确立公共机构的责任经营体制,应当保障公共机构的自律经营。

第四条(公共机构)
(一)企划财政部长官可以指定不属于国家、地方自治团体的法人、团体或机构(以下统称"机构")符合下列各项之一的为公共机构:
  1. 根据其他法律直接设立且由政府出资的机构;
  2. 政府资助金额(根据法律直接受托政府业务或被授予垄断经营的机构,包括其受托业务和垄断经营所产生的收益,下同)占收入总额二分之一以上的机构;
  3. 政府持有百分之五十以上的股份,或持有百分之三十以上的股份且通过行使人事任命权等,对该机构的决策享有事实上的支配力的机构;

[①] 本法自制定至今共有九次修订(2007.12.14,2008.2.29,2008.12.31,2009.1.30,2009.3.25,2009.12.29,2010.5.17,2011.7.25,2013.3.23),其中最近修订是2013年3月23日的《政府组织法》的修订,其在本法中反映仅有第九条第一款第一项中的"国务总理室"改为"国务调整室",将"国务总理室长"改为"国务调整室长"。本译文为2011年7月修订版。

4. 符合本款第一项至第三项之一且与政府合计持有百分之五十以上的股份,或与政府合计持有百分之三十以上的股份且通过行使人事任命权等事实上对该机构的决策享有支配力的机构;

5. 符合本款第一项至第四项规定的,单独或两个以上机构合计持有百分之五十以上的股份,或合计持有百分之三十以上的股份且通过行使人事任命权等,对该机构的决策享有事实上的支配力的机构;

6. 由符合本款第一项至第四项之一规定的机构设立,且由政府或设立机构出资的机构。

(二)即使符合本条第一款规定,但企划财政部长官对于属于下列各项之一的机构,不得指定为公共机构:

1. 以成员间互助、增进福利、提高权益、维持经营秩序为目的而设立的机构;
2. 由地方自治团体设立并参与管理的机构;
3. 《广播电视法》规定的韩国广播电视公社和《韩国教育广播电视公社法》规定的韩国教育广播电视公社。

(三)关于本条第一款第二项规定的政府资助金额与总收益金额的计算标准和方法,以及本条第一款第三项至第五项规定的事实上对该机构的决策享有支配力之标准,由总统令规定。

第五条(公共机构的划分)

(一)企划财政部长官将公共机构区分为公企业、准政府机构及其他公共机构。公企业和准政府机构在拥有五十名以上职员的公共机构中指定。

(二)企划财政部长官根据本条第一款规定指定公企业和准政府机构的,公企业应在自有收入额占总收益金额二分之一以上的机构中指定,准政府机构应在非公企业中指定。

(三)企划财政部长官,将对本条第一款、第二款规定的公企业和准政府机构,根据下列各项标准进行分类:

1. 公企业

市场型公企业:资产规模为两万亿韩元以上,总收益金额中的自有收入额符合总统令规定标准的公企业。

准市场型公企业:非市场型公企业。

2. 准政府机构

基金管理型准政府机构:根据《国家财政法》管理基金或受托管理基金的准政府机构。

委托执行型准政府机构:非基金管理型准政府机构。

(四)企划财政部长官指定本条第二款规定的公企业和准政府机构以外的机构为其他公共机构。

(五)关于本条第二款、第三款规定的自有收入额和总收益金额的具体计算标准和方法,由总统令规定。

第六条(公共机构等的指定程序)

(一)企划财政部长官应在每个会计年度的第一个月内新指定、解除指定或者变更原划分而重新指定公共机构。但是,有下列情形之一的,即使在会计年度中,亦可新指定、解除指定或变更原划分而重新指定公共机构:

1. 属于本法第四条第一款各项规定之一的机构新设立的,由企划财政部长官新指定;

2. 被指定为公共机构的机构,被民营化、合并、解散、分立或者因相关法律的修订、废止无需适用本法,或者有必要变更指定的情形,由企划财政部长官解除指定或变更原划分而重新指定。

(二)企划财政部长官根据本条第一款规定新指定、解除指定或变更指定公企业、准政府机构和其他公共机构时,应根据相关法律,与主管该公企业、准政府机构和其他公共机构业务的行政机关首长(以下称"主管机关首长")进行协商后,经本法第八条规定的公共机构运营委员会的审查和议决。

(三)企划财政部长官根据本条第一款、第二款规定新指定、解除指定、变更指定公企业、准政府机构和其他公共机构时,应予以告示。必要时,应将原公企业、准政府机构和其他公共机构同时予以告示。

(四)关于公企业、准政府机构和其他公共机构的指定(包括变更指定)、解除指定及告示程序等必要事项,由总统令规定。

第七条(对机构的审查)

(一)主管机关首长依法新设符合下列各项之一的机构的,应当在立法预告之前,向企划财政部长官请求审查新设机构的适当性:

1. 在法律草案中规定政府出资依据的机构;

2. 预计政府资助金额占总收益金额二分之一以上的机构;

3. 法律草案规定政府单独出资额或与公共机构合计出资额占其资本金百分之三十以上的机构。

(二)企划财政部长官根据本条第一款规定受理审查时,须经本法第八条规定的公共机构运营委员会的审查和议决,对机构的新设及财政扶持的必要性和效果进行审查,并将该结果通报主管机关首长。

(三)关于本条第一款和第二款规定的关于机构新设适当性审查的必要事项,由总统令规定。

第二章 公共机构运营委员会

第八条(公共机构运营委员会的设置)

为了审查、议决运营公共机构所必要的下列各事项,设置隶属于企划财政部长官的公共机构运营委员会(以下称"运营委员会")。

1. 有关本法第四条至第六条规定的公企业、准政府机构和其他公共机构的指定、解除指定和变更指定的事项；

2. 有关本法第七条规定的对机构新设的审查事项；

3. 有关本法第十一条第一款第十三项规定的公共机构经营公示的事项；

4. 有关本法第十二条第三款规定的对违反公示等义务的人事处理等事项；

5. 有关本法第十四条规定的对公共机构的职能调整等事项；

6. 有关本法第十五条规定的对公共机构的改革扶持等事项；

7. 有关本法第二十一条第二款但书规定的任命市场型公企业和准市场型公企业的非常任理事的事项；

8. 有关本法二十五条、第二十六条规定的任命公企业、准政府机构的高级管理人员等事项；

9. 有关本法第三十三条规定的薪酬方针的事项；

10. 有关本法第三十五条第二款规定的对公企业、准政府机构的高级管理人员进行免职或免职建议等事项；

11. 有关本法第三十六条规定的对非常任理事、监事的职务履行状况进行业绩评价等事项；

12. 有关本法第四十八条规定的公企业、准政府机构的经营业绩评价等事项；

13. 有关本法第五十条规定的公企业、准政府机构的经营方针等事项；

14. 有关本法第五十一条第四款规定的对公企业、准政府机构监督的适当性进行检验和改善的事项；

15. 其他由总统令规定的公共机构经营相关事项。

第九条(运营委员会的组成)

(一)运营委员会由一名委员长和下列委员组成，委员长由企划财政部长官担任：

1. 由国务总理室长提名的国务总理室次官级公务员一名；

2. 总统令规定的相关行政机构的次官、次长或其他相应级别的公务员；

3. 本款第二项规定以外的主管机构的次官、次长或其他相应级别的公务员；

4. 由企划财政部长官推荐、受总统委托，对公共机构的经营和经营管理具有丰富的学识和经验并保持中立态度，在法律实务界、经济界、舆论界、学界及劳动界等多种领域的十一人中担任。

(二)本条第一款第四项规定的委员，任期三年，可连任。

(三)为了确立公共机构的自律经营、责任经营体制，提高经营效率，本条第一款第四项规定的委员应认真、诚实地履行职务。

(四)本条第一款第四项规定的委员，符合下列各项规定之一的，可以被解除委托：

1. 因身心障碍,无法履行职务的;
2. 因职务怠慢、品行受损等事由,被认定为不再适合担任委员职务的;
3. 因与职务相关的刑事案件被提起公诉的。

(五)本条第一款第四项规定的委员,符合本条第四款第二项、第三项规定的,委员长可建议总统解除其职务。但符合本条第四款第一项规定的,必须建议总统解除其职务。

(六)关于运营委员会组成的必要事项,由总统令规定。

第十条(运营委员会会议)

(一)运营委员会会议,由包括委员长在内的二十名以下委员组成。委员长根据案件类型,在符合第九条第一款第二项、第三项的委员中指定参加运营委员会会议的委员,符合同款第四项的委员应占会议组成人员的半数以上。

(二)组成人员出席过半数,运营委员会会议即可举行,会议所作决议须经出席委员半数以上同意,方可通过。

(三)对于运营委员会的审查、议决,监事委员长和相关行政机关首长认为必要时,可向运营委员会提出意见,并可于运营委员会委员长邀请或运营委员会提出议决时,派遣所属公务员出席运营委员会并进行发言。

(四)设置干事一名,处理运营委员会事务,干事由委员长提名的高级公务员团所属公务员担任。

(五)关于运营委员会的经营所必要的事项,由总统令规定。

第三章 公共机构的经营公示等

第十一条(经营公示)

(一)公共机构应将下列事项予以公示。但为了国家安保,主管机关首长认为必要时,与企划财政部长官协商后,可以将部分内容不予公示。
1. 经营目标、预算及经营计划;
2. 结算单;
3. 高级管理人员及运营职员现状;
4. 薪资预算和执行现状;
5. 与子公司的交易情况及人员交流现状;
6. 根据第十三条第二款规定进行的顾客满意度调查结果;
7. 第三十六条第一款规定的监事或监事委员会之监事委员职务履行状况的业绩评价结果;
8. 第四十八条规定的经营业绩评价结果(限于公企业、准政府企业);
9. 章程、债券存根簿及理事会会议记录,但理事会会议记录中涉及经营秘密相关事项的可根据《公共机构信息公开法》不予公开;

10. 监事或监事委员会的审计报告书(包括问责事项、处分要求事项以及相关应对举措计划);

11. 主管机关首长对公共机构的监督结果(包括问责事项、处分要求事项以及相关应对举措计划);

12. 根据《监事院法》第三十一条(赔偿责任的判定等)至第三十四条之二(劝告等)的规定,判定赔偿责任,或受到惩罚、纠正、整改等要求的,或者根据《关于政府机构的监事及调查的法律》第十六条(对监事或调查结果的处理)的规定,受到纠正要求的,该要求内容及公共机构的相应举措;

13. 经运营委员会审查、议决,企划财政部长官要求予以公示的,与公共机构经营相关的其他重要事项。

(二)公共机构应通过互联网主页公示本条第一款各项规定的事项,并在办事处备置必要文件。

(三)对于要求查阅或复印本条第一款各项规定的事项者,公共机构应当安排查阅或向其提供复制件。费用的承担,准用《公共机构信息公开法》第十七条(费用的承担)的规定。

(四)关于公共机构的经营公示所必要的事项,由总统令规定。

第十二条(统一公示)

(一)企划财政部长官可将本法第十一条第一款规定的公共机构公示事项中的主要事项单独予以标准化,并进行统一公示(本条以下称"统一公示")。

(二)为进行统一公示,企划财政部长官可要求公共机构提供必要材料,公共机构应予以配合,但有特别事由的除外。

(三)公共机构不诚实履行本法第十一条规定的经营公示义务和本条第一款规定的统一公示义务,或者公示虚假事实的,企划财政部长官可命令该机构公告相关事实、纠正虚假事实;且经运营委员会审查、议决,可以要求主管机构的长官或有关公共机关首长对有关人员采取人事处理措施。

(四)关于统一公示的标准和方法等必要事项,由总统令规定。

第十三条(顾客宪章和顾客满意度调查)

(一)直接向国民提供服务的公共机构,应当制定包括以下各项事项的顾客宪章,予以公布:

1. 基本任务;
2. 服务内容和满意服务标准;
3. 对服务不满的处理、纠正程序及赔偿等责任;
4. 为提高服务质量的努力及计划等。

(二)直接向国民提供服务的公共机构,应当对接受其服务的国民进行每年一次以上的顾客满意度调查。企划财政部长官可以要求公共机构统一进行顾客满意度调查,综合公布其结果。

（三）关于制定顾客宪章或进行顾客满意度调查的公共机构的范围、顾客宪章的制定及公布、顾客满意度调查的程序和范围等必要事项,由总统令规定。

第十四条(对公共机构职能的调整)

（一）企划财政部长官,应当与主管机关首长协商后,经运营委员会的审查、议决,检验公共机构履行职能的合理性,并制定机构的整顿、职能调整及民营化等相关计划。

（二）主管机关首长应执行根据本条第一款规定制定的计划,并向企划财政部长官提交执行业绩报告书。

（三）企划财政部长官分析根据本条第二款规定提交的报告书的内容后,确认、检验执行状况,为保证计划的顺利执行,必要时可经运营委员会审查、议决,要求主管机关首长采取必要措施。

（四）关于本条第一款至第三款规定的计划的制订及执行等必要事项,由总统令规定。

第十五条(公共机构的改革)

（一）公共机构为提高经营效率、改善公共服务质量,应持续推进经营改革。

（二）为资助第一款规定的经营改革,企划财政部长官经运营委员会审查、议决,可采取制定指导方针、分析改革水准等必要措施。

第四章　公企业、准政府机构的经营

第一节　章　程

第十六条(章程的记载事项)

（一）公企业、准政府机构的章程应记载以下各项事项,但不符合公企业、准政府机构的形态、特性及业务内容的事项可不予记载:

1. 目的;
2. 名称;
3. 主要办事机构所在地;
4. 资本金;
5. 股份或出资证券;
6. 高级管理人员及职员的相关事项;
7. 股东大会或出资人总会;
8. 理事会的经营;
9. 经营范围、内容及其执行;
10. 财会;
11. 公告方法;

12. 债券的发行；
13. 章程的变更；
14. 由总统令规定的其他事项。

（二）根据本法第六条指定的公企业、准政府机构，对于根据本条第一款规定的章程，必须在三个月之内取得主管机关首长的认可。变更已被认可的章程之记载事项的，亦同。

第二节 理 事 会

第十七条（理事会的设置与职能）

（一）为审查、议决下列各项事项，在公企业、准政府机构设置理事会：

1. 经营目标、预算、经营计划及中长期财务管理计划；
2. 准备金的使用和预算结转；
3. 结算；
4. 基本财产的取得和处分；
5. 长期借款的借入和债券的发行及其偿还计划；
6. 生产的产品和服务的销售价格；
7. 利润的处分；
8. 对其他企业组织的出资、捐款；
9. 对其他企业组织的债务担保，但根据其他法律履行保证业务的公企业、准政府机构为履行该业务而设立的债务担保除外；
10. 章程的变更；
11. 内部规章的制定和变更；
12. 高级管理人员的报酬；
13. 公企业、准政府机关首长（以下称"机关首长"）认为有必要要求理事会审查、议决的事项；
14. 理事会认为特别必要的其他事项。

（二）机关首长应当将以下各项事项报告理事会：

1. 政府机构监察，包括根据本法第四十三条第一款规定实施的会计监察和根据本法第五十二条规定由监察院实施的监察中所指出的事项以及所采取的相应措施和成果；
2. 公企业、准政府机构集体合同的签订结果及其预算所估情况（限于签订集体合同的情形）；
3. 理事会要求机关首长报告的其他事项。

（三）关于公企业、准政府机构的设置、经营等，其他法律规定公企业、准政府机构不设理事会，而设置履行本条第一款职能的其他机构的，不论名称，将其视为本法规定的理事会,其组成人员应视为本法规定的理事,适用本法。

第十八条(组成)

(一)理事会由包括机关首长在内的十五名以下理事组成。但是,符合下列各项之一的,可超过十五名:

1. 有股东大会或出资人总会等社员大会,根据其他法律由地域、行业类别不同的机构联合设立的公企业和准政府机构;

2. 根据本法第六条规定被指定为公企业、准政府机构时,理事人数超过十五名的情形,但根据本法第二十八条第一款但书规定,被指定为公企业、准政府机构的,限于在职理事的任期被保障的期限内;

3. 根据本法第二十五条第三款规定,因选任非常任理事而超过十五名的。

(二)由市场型公企业和资产规模为两万亿以上的准市场型公企业的理事会议长担任本法第二十一条规定的首席非常任理事。但是,理事会议长因特别事由不能履行职务的,根据章程规定,由一名非常任理事代为履行。

(三)适用本条第二款规定,但根据本法第六条规定被指定为市场型公企业或准市场型公企业时,无非常任理事的,根据本法第二十五条第三款规定,在非常任理事选举产生之前,理事会议长由市场型公企业或准市场型公企业被指定时法令规定所指定的人担任。

(四)资产规模不足两万亿的准市场型公企业和准政府机构的理事会议长由机关首长担任。但是,其他法律规定禁止机关首长兼任理事会议长的,依其规定。

第十九条(会议)

(一)理事会会议应由理事会议长或三分之一以上在职理事提请召集,由理事会议长主持。

(二)理事会议决由在职理事过半数同意通过。

(三)机关首长或理事与理事会的案件有特别利害关系的,不能参与相关案件的议决。此时,相关理事不纳入本条第二款规定的在职理事的人数内。

(四)监事可出席理事会并陈述意见。

(五)理事会通过通信手段产生的议决和会议记录等,准用《商法》第三百九十一条(理事会的决议方法)第二款和第三百九十一条之三(理事会的议事记录)第一款、第二款的规定。

第二十条(委员会)

(一)公企业理事会可根据公企业章程,在理事会设置委员会。有关委员会的组成和权限等事项,准用《商法》第三百九十三条之二(理事会内的委员会)的规定。

(二)市场型公企业和资产规模为两万亿以上的准市场型公企业应设立本条第一款规定的委员会及理事会监事委员会,履行本法第二十四条第一款规定的监事职责。但应在理事会设置监事委员会的公企业已设有监事的,应在该监事任期届满后新设监事委员会。

（三）资产规模不足两万亿的准市场型公企业和准政府机构可根据其他法律设置监事委员会。

（四）有关监事委员会的组成及权限等事项，除本法规定外，准用《商法》第五百四十二条之十一及第五百四十二条之十二第三款至第六款的规定。

（五）监事委员会根据本法第三十二条第五款的规定对业务和会计进行监督并向理事会报告。

第二十一条（选拔非常任理事）

（一）公企业、准政府机构应设首席非常任理事一名。

（二）首席非常任理事在非常任理事中选任。但市场型公企业和资产规模为两万亿以上的准市场型公企业的首席非常任理事，经运营委员会审查、议决，由企划财政部长官在非常任理事中任命。

（三）关于首席非常任理事的资格和职务履行等事项，由总统令规定。

第二十二条（免职请求等）

（一）机关首长因违反法令、章程或者不认真履行职务等，被认为对履行职务有明显妨碍的，理事会可经过议决，向主管机关首长请求或建议对该机关首长予以免职。

（二）非常任理事认为必要的，可以由两名以上非常任理事联名向监事或监事委员会就公企业、准政府机构的经营相关特别事项请求监查。监事或监事委员会无特别事由的，应予以配合。

（三）非常任理事作为理事可以要求机关首长提供履行职务所必需的资料。机关首长无特别事由的，应予以提供。

第二十三条（基金经营审议会）

（一）基金管理型准政府机构可以不考虑《国家财政法》第七十四条（基金经营审议会）第一款的但书规定，应当设置独立于准政府机构理事会的基金经营审议机构（以下称"基金经营审议会"）。但是，根据其他法令，在主管机构设置其他审议基金管理型准政府机构基金经营的机构的，不再设置基金经营审议会。

（二）本条第一款规定的基金经营审议会的职能、组成及经营的相关事项，适用《国家财政法》相关规定。

（三）基金管理型准政府机构根据本条第一款规定设置基金经营审议会，但根据其他法令，将本法第十七条第一款的部分事项规定为基金经营审议会审查、议决事项时，可将其排除于第十七条第一款规定的审查和议决事项之外。

第三节　高级管理人员

第二十四条（高级管理人员）

（一）公企业、准政府机构设置包括机关首长在内的理事和监事作为高级管理人员。但是,根据本法第二十条第二款、第三款的规定设监事委员会的,不另设监事。

（二）理事包括常任理事与非常任理事。

（三）公企业与规模超过总统令规定的标准或者业务内容特殊的准政府机构,其常任理事人数应为包括机关首长在内的理事人数的二分之一以下。但是,根据本法第六条被指定为公企业、准政府机构时,常任理事人数为包括机关首长在内的理事人数的二分之一以上的,根据本法第二十八条第一款的但书规定,在高级管理人员的任期保障期间内,常任理事人数可为包括机关首长在内的理事人数的二分之一以上。

（四）本条第三款规定的准政府机构以外的其他准政府机构,其常任理事人数应为包括机关首长在内的理事人数的三分之二以下。但是,根据本法第六条被指定为准政府机构时常任理事人数为包括机关首长在内的理事人数的三分之二以上的,根据本法第二十八条第一款的但书规定,在高级管理人员的任期保障期间内,常任理事人数可为包括机关首长在内的理事人数的三分之二以上。

（五）根据其他法令或章程的规定,监事包括常任监事与非常任监事。

第二十五条（公企业高级管理人员的任免）

（一）公企业长官,由主管机关首长提请,再由本条第二十九条规定的高级管理人员推荐委员会（以下称"高级管理人员推荐委员会"）差额推荐并通过运营委员会审查、议决后,由总统任命。但是,机构规模低于总统令规定的标准的公企业长官,由主管机关首长提请,再由高级管理人员推荐委员会差额推荐并通过运营委员会审查、议决后,由主管机关首长任命。

（二）公企业非常任理事,由公企业长官任命。但是,本法第二十条第二款、第三款规定的监事委员会的监事委员常任理事（以下称"常任监事委员"）,根据本条第四款规定的程序,由总统或企划财政部长官任命。

（三）公企业非常任理事,在高级管理人员推荐委员会差额推荐的具备丰富经营知识和经验的人选中指定（非国、公立学校教员的公务员除外）,并通过运营委员会审查、议决,由企划财政部长官任命。

（四）公企业监事,由企划财政部长官提请,再由高级管理人员推荐委员会差额推荐并通过运营委员会审查、议决,由总统任命。但是,机构规模低于总统令规定的标准的公企业的监事,由高级管理人员推荐委员会推荐并通过运营委员会审查、议决后,由企划财政部长官任命。

（五）公企业长官除根据本法第二十二条第一款、第三十五条第三款及第四十八条第八款的规定或章程规定的事由经任命权者免职外,任期内不被免职。

第二十六条（准政府机构高级管理人员的任免）

（一）准政府机关首长,由主管机关首长在高级管理人员推荐委员会差额推荐的人选中任命。但是,规模超过总统令规定的标准或者业务内容特殊的,总统令规定的准政府机关首长,应由主管机关首长在高级管理人员推荐委员会差额推荐的人选中指定,由总统任命。

（二）准政府机构的常任理事,由准政府机关首长任命,根据其他法令规定另设常任理事推荐委员会的,常任理事的推荐相关事项依其规定。但是,根据本条第四款规定的程序,常任监事委员由总统或企划财政部长官任命。

（三）准政府机构的非常任理事(根据其他法令或准政府机构章程必然被选为非常任理事的人除外,本款下同),由主管机关首长任命。但是,规模超过总统令规定的标准或者业务内容特殊的,总统令规定的准政府机构的非常任理事,由主管机关首长在高级管理人员推荐委员会差额推荐的人选中任命。但是,其他法令就准政府机构非常任理事另行规定推荐程序的,依其规定。

（四）准政府机构的监事,在高级管理人员推荐委员会差额推荐并通过运营委员会审查、议决的人选中指定,由企划财政部长官任命。但是,规模超过总统令规定的标准或者业务内容特殊的,总统令规定的准政府机构监事,由企划财政部长官提请总统,在高级管理人员推荐委员会差额推荐并通过运营委员会审查、议决的人选中任命。但是,其他法令就准政府机构非常任理事另行规定推荐程序的,依其规定。

（五）有关准政府机关首长的任期保障,适用本法第二十五条第五款规定,将"准政府机关首长"视为"公企业长官"。

第二十七条（关于设置社员大会的公企业、准政府机构高级管理人员选任的特例）

设置股东大会或出资人总会等社员大会的公企业、准政府机构,其他法令规定其高级管理人员的选任应经过社员大会议决的,依其规定。

第二十八条（任期）

（一）根据本法第二十五条、第二十六条规定任命的机关首长,任期为三年,理事和监事任期为两年。但是,根据本法第六条规定被指定为公企业、准政府机构时,其在职高级管理人员视为根据本法第二十五条及第二十六条的规定任命,任期适用任期开始时的法令等规定。

（二）公企业、准政府机构的高级管理人员可以一年为单位连任,在此种情形下,任命权者可根据下列各项事项,决定高级管理人员是否连任：

1. 机关首长:根据本法第四十八条规定的经营业绩评价结果；

2. 常任理事:根据本法第三十一条第六款规定签订的成果合同之履行业绩的评价结果和其他职务之履行业绩；

3. 非常任理事及监事:本法第三十六条规定的职务之履行业绩的评价结果和其他职务之履行业绩。

（三）公企业、准政府机构高级管理人员根据本条第二款规定连任的,无须高级管理人员推荐委员会推荐。

（四）机关首长根据本条第二款规定连任的,应当根据本法第三十一条第三款的规定重新签订合同,且无须经本法第三十一条第二款规定的高级管理人员推荐委员会协商。

（五）高级管理人员任期届满的,应在下任人员任命前,继续履行职务。

第二十九条（高级管理人员推荐委员会）

（一）为了推荐根据本法第二十五条、第二十六条规定的公企业、准政府机构的高级管理人员候选人和执行根据第三十一条第二款规定与机关首长候选人协商、签订合同等,在公企业、准政府机构设置高级管理人员推荐委员会。

（二）高级管理人员推荐委员会由公企业、准政府机构的非常任理事和理事会选举的委员组成。

（三）公企业、准政府机构的任职人员和公务员不得担任高级管理人员推荐委员会委员。但是,该公企业、准政府机构的非常任理事、适用《教育公务员法》的教师及准政府机构主管机构所属公务员不在此限。

（四）理事会选举的委员人数应少于高级管理人员推荐委员会委员人数的二分之一。但是,组成高级管理人员推荐委员会时仅有一名非常任理事的,理事会选举的委员人数可以占委员总数的二分之一。

（五）高级管理人员推荐委员会委员长,应由高级管理人员推荐委员会委员在高级管理人员推荐委员会所属公企业、准政府机构的非常任理事中选举产生。

（六）公企业、准政府机构在组成高级管理人员推荐委员会时没有非常任理事的,由理事会选举外部委员组成高级管理人员推荐委员会,委员长应在外部委员中选举产生。

（七）关于高级管理人员推荐委员会的组成及经营等事项,由总统令规定。

第三十条（高级管理人员候选人推荐标准等）

（一）高级管理人员推荐委员会应推荐对于企业经营和公企业、准政府机构的业务具有丰富知识和经验并具备最高经营者能力的人为机关首长候选人。

（二）高级管理人员推荐委员会应推荐对于公企业、准政府机构理事或监事业务具有丰富业务履行知识、经验和能力的人为公企业、准政府机构的理事或监事候选人,而非机关首长候选人。

（三）高级管理人员推荐委员会推荐高级管理人员候选人的,可根据总统令的规定,公开招募候选人。

第三十一条（与机关首长的合同等）

（一）关于本法第二十五条第一款及第二十六条第一款规定的机关首长的任命,理事会应就机关首长在任期内完成的具体经营目标和奖金等事项制作合同草案,并通报高级管理人员推荐委员会。机关首长可参与制作该合同草案。

（二）高级管理人员推荐委员会就本条第一款规定所通报的合同草案,与可能被推荐为机关首长候选人的当事人协商合同内容和条件等,并向主管机关首长通报该结果。在此情形下,因与机关首长候选人的协商所需,高级管理人员推荐委员会在必要时可变更合同草案的部分内容或条件。

（三）主管机关首长就本条第二款规定协商的合同草案与机关首长当选人签订合同，但与公企业长签订合同时应事先与企划财政部长官协商。主管机关首长与机关首长当选人经协商，可签订不同于本条第一款、第二款所确定的合同的内容及条件。

（四）机关首长与主管机关首长根据本条第三款规定签订合同后，发生不可抗力的事由时，可协商变更合同的内容或条件。变更合同内容或条件的，应事先与企划财政部长官协商。

（五）根据本法第六条规定指定公企业、准政府机构后三个月内，主管机关首长应与指定当时的机关首长根据本条第三款的规定签订合同。但是，主管机关首长剩余任期不满六个月的，不得根据本条第三款规定签订合同。

（六）机关首长可与该机构常任理事（常任监事委员除外，本款下同）签订绩效合同，评价业绩。业绩评价结果中，常任理事业绩表现低下的，可免除其职务。

第三十二条（高级管理人员的职务等）

（一）机关首长代表公企业、准政府机构，总揽业务，并对任期内的公企业、准政府机构的经营成果负责。

（二）自身利益与公企业、准政府机构利益冲突时，机关首长不能代表公企业、准政府机构。此时，由监事或者监事委员会代表公企业、准政府机构。

（三）机关首长因不可抗力的事由不能履行职务的，根据章程规定由一名常任理事代履行其职务；没有常任理事或常任理事无法代履行其职务的，由章程规定的高级管理人员代履行其职务。

（四）理事审议提请理事会的事项并参与议决。

（五）监事根据企划财政部长官制定的监事标准监督公企业、准政府机构的业务和会计，并向理事会提出意见。监事院可向企划财政部长官就监事标准提出意见。

（六）对于监事或监事委员履行任务所需的工作人员的聘用和安排等，机关首长应当提供必要支援。

第三十三条（高级管理人员的报酬标准）

（一）关于公企业、准政府机构的高级管理人员报酬标准，考虑下列各项事项，由企划财政部长官提请运营委员会审查、议决后制定报酬方针，再由理事会确定。

1. 机关首长：公企业、准政府机构的经营成果，根据本法第三十一条第三款及第四款规定签订的合同内容及履行程度。

2. 常任理事（常任监事委员除外）：根据本法第三十一条第六款规定签订的绩效合同之履行业绩的评价结果。

3. 常任监事及常任监事委员：根据本法第三十六条规定的职务履行业绩的评价结果。

（二）根据本条第一款的规定确定高级管理人员报酬标准的理事会决议，存在利害关系的高级管理人员不得参加。

（三）符合本条第一款规定，但根据本法第六条规定被指定为（变更指定除外）公企业、准政府机构的，指定时的高级管理人员报酬，适用指定时的法令等。

第三十四条（欠缺资格事由）

（一）符合下列各项之一的，不得担任公企业、准政府机构的高级管理人员：

1. 属于《国家公务员法》第三十三条（拒绝事由）各项之一者；

2. 根据本法第二十二条第一款、第三十一条第六款、第三十五条第二款及第三款、第三十六条第二款、第四十八条第四款及第八款的规定被免职后，未逾三年者。

（二）高级管理人员在任期内出现或者任命时符合第一款各项之一的，当然辞去职务。

（三）根据本条第二款规定辞职的高级管理人员，其辞职前所参与的行为，仍然有效。

第三十五条（理事和监事的责任等）

（一）公企业、准政府机构的理事，准用《商法》第三百八十二条之三（理事的忠实义务）、第三百八十二条之四（理事的保密义务）、第三百九十九条（对公司的责任）、第四百条（对公司责任的免除）及第四百零一条（对第三人的责任）的规定。公企业、准政府机构的监事（包括监事委员会监事委员，本条下同），准用《商法》第四百一十四条（监事的责任）及第四百一十五条（准用规定）规定中有关公司免责事项的规定。

（二）非常任理事（准政府机构的非常任理事除外，本款下同）及监事（包括常任监事委员，本款下同）不履行或怠于履行本条第一款规定的义务和责任、第三十二条规定的职务时，企划财政部长官可经运营委员会审查、议决，免除非常任理事及监事的职务，或向具有任命权者建议免职，并可要求公企业、准政府机构向其请求损害赔偿。

（三）机关首长、常任理事（常任理事委员除外，本款下同）及准政府机构非常任理事不履行或怠于履行本条第一款规定的义务和责任、第三十二条规定的职务时，主管机关首长可免除机关首长、常任理事及准政府机构非常任理事的职务，或向具有任命权者建议免职，并可要求公企业、准政府机构向其请求损害赔偿。但免除公企业机关首长的职务或向具有任命权者建议免职时，应当经运营委员会审查、议决。

第三十六条（对非常任理事和监事的职务履行业绩评价）

（一）企划财政部长官认为有必要时，可对公企业、准政府机构的非常任理事和监事或监事委员会监事委员的职务履行业绩进行评价。

（二）根据本条第一款规定得出的职务履行业绩评价结果中，对业绩不良的非常任理事、监事或监事委员会监事委员，企划财政部长官可经运营委员会审查、议决，免除其职务，或向具有任命权者建议免职。

（三）关于本条第一款规定的职务履行业绩的评价标准和方法，经运营委员会审查、议决，由企划财政部长官制定。

第三十七条（任职员的竞业限制）
（一）公企业、准政府机构的常任高级管理人员和工作人员不得从事职务以外的、以营利为目的的业务。
（二）公企业、准政府机构的常任高级管理人员取得其任命权者或提请权者的许可，或公企业、准政府机构的工作人员取得机关首长的许可时，可兼任以非营利为目的的业务。
（三）关于本条第一款规定的"以营利为目的"的业务范围，由总统令规定。

第四节 预算会计

第三十八条（会计年度）
以政府会计年度作为公企业、准政府机构的会计年度。

第三十九条（会计原则等）
（一）公企业、准政府机构的会计，为明确表示经营成果和财产的增减、变动状态，根据其发生事实进行会计处理。
（二）公企业、准政府机构明确认为自然人、法人或团体等有害于公平竞争及合同的适当履行的，可以两年为期限，限制其投标参加资格。
（三）关于本条第一款、第二款规定的会计处理原则和投标参加资格的限制标准等必要事项，由企划财政部令规定。

第三十九条之二（制定中长期财务管理计划等）
（一）符合下列各项之一的机关首长，应每年制定包括本年度在内的五个会计年度以上的中长期财务管理计划（以下称"中长期财务管理计划"），经理事会议决后，于每年6月30日之前提交企划财政部长官和主管机关首长：
1. 资产规模为两万亿以上的公企业、准政府机构；
2. 除本款第一项外，资产、债务规模等符合总统令规定的标准的其他公企业和准政府机构。
（二）中长期财务管理计划应包括以下事项：
1. 本法第四十六条规定的经营目标；
2. 经营计划及投资方向；
3. 财务预期、依据及管理计划；
4. 包括对负债增减的预期、依据及管理计划等在内的债务管理计划；
5. 前一年度中长期财务管理计划的变动事项、变动原因及对管理计划等的评价和分析；
6. 其他由总统令规定的事项。

(三) 关于中长期财务管理计划的具体制作方法等事项,由总统令规定。

第四十条(预算编纂)

(一) 公企业、准政府企业预算由预算总则、预期收益表、预期资产负债对照表和资金计划书等部分组成。

(二) 机关首长根据本法第四十六条规定的经营目标和第五十条规定的经营方针编纂下一会计年度的预算案,并在下一会计年度开始之前提交公企业、准政府机构理事会。

(三) 根据本条第二款规定编纂、提交的预算案,经理事会议决。但是,其他法律规定公企业、准政府机构的预算应当经过股东大会、出资人总会等社员大会议决或本法第二十三条规定的基金经营审议会议决等其他程序的,经理事会议决后,应经过该程序予以确定。就准政府机构的预算,其他法律规定应取得主管机关首长承认才确定的,经理事会议决后,应取得主管机关首长的承认。

(四) 根据本法第六条规定被指定为公企业、准政府机构时,已确定的预算应视为根据本条第一款至第三款规定编纂、确定的预算。

(五) 公企业、准政府机构的预算确定后,因公企业、准政府机构经营目标的变更或其他不可抗力的事由而准备变更预算的,机关首长应制作变更预算案提交理事会。在此种情形下,新预算案的确定准用本条第三款的规定。

(六) 根据本条第三款至第五款规定确定或变更预算时,公企业、准政府机构应立即向企划财政部长官、主管机关首长及监事院长报告其内容。但是,根据本条第三款但书规定,取得主管机关首长承认的,视为已报告主管机关首长。

第四十一条(准预算)

(一) 公企业、准政府机构因自然灾害以外的不得已事由,在会计年度开始之前未确定公企业、准政府机构预算的,可以前一会计年度的预算为准编制预算(以下称"准预算"),并予以运用。

(二) 该会计年度预算确定时,准预算失去效力。根据准预算执行的预算视为根据该会计年度预算执行的预算。

第四十二条(经营计划的订立)

(一) 根据本法第四十条第三款及第四款规定确定预算后,公企业、准政府机构应立即经理事会议决,订立该会计年度预算经营计划。但是,根据本法第六条规定被指定为公企业、准政府机构时已订立经营计划的,视为根据本法已订立经营计划。

(二) 根据本法第四十条第五款规定变更已确定的预算时,公企业、准政府机构应立即经理事会议决,根据本条第一款规定变更已订立的经营计划。

(三) 公企业、准政府机构应当将根据本条第一款、第二款规定订立的该会计年度经营计划,在根据本法第四十条第三款至第五款规定确定预算后的两个月内,提交企划财政部长官(限于公企业)和主管机关首长。

第四十三条（决算书的提交）

（一）公企业、准政府机构在会计年度结束时，应立即制作该会计年度的决算书，并根据监事院规则，接受会计审计人的会计审计。此时，公企业、准政府机构应当在每个会计年度结束后，在监事院规则规定的期间内，向会计审计人提交决算书。会计审计人从符合下列各项之一的人选中选任：

1. 《注册会计师法》第二十三条规定的会计法人（以下称"会计法人"）；
2. 《关于股份公司外部监事的法律》第三条第一款第三项规定的监事班（以下称"监事班"）。

（二）在下一会计年度的二月末之前，公企业、准政府机构分别向企划财政部长官和主管机关首长提交根据本条第一款规定制作的下列各项决算书，在三月末之前得到承认并确定决算。但设有股东大会、出资人总会等社员大会的公企业、准政府机构，由社员大会议决并确定决算。

1. 财务报表（包括会计审计人的监事意见书）及其附件；
2. 其他明确决算内容所需的文件。

（三）企划财政部长官和主管机关首长应在每年5月10日之前向监事院提交根据本条第二款规定确定的公企业、准政府机构的决算书和其他必要文件（本条以下内容称"决算书等"）。

（四）根据本条第三款规定收到决算书等的监事院，检查符合《监事院法》第二十二条第一款第三项规定的法人及其他监事院规则规定的公企业、准政府机构的决算书等，并将结果于每年7月31日前提交企划财政部长官。

（五）关于本条第一款规定的可实施会计审计的会计法人和监事班的选定标准及会计审计程序、第四款规定的监事院决算审计的相关必要事项，由监事院规则规定。

（六）企划财政部长官在本款第三项规定的决算书等中附上本款第四项规定的监事院的审计结果，向国务会议报告，并于每年8月20日之前提交国会。

（七）符合本条第一款至第六款规定，但根据本法第六条规定被指定为公企业、准政府机构的，指定时实施的决算适用指定时的法令。

第四十三条之二（公企业资本金转入协商等）

（一）公企业将利润准备金、业务扩展储备金及其他准备金或储备金转入资本金时，在经理事会、股东大会等相关程序之前，应事先与企划财政部长官协商。

（二）公企业根据本条第一款规定将利润准备金、业务扩展储备金及其他准备金或储备金转入到资本金时，应向主管机关首长报告。

第四十三条之三（会计审计人的选任等）

（一）为选任会计审计人，公企业、准政府机构应组成、经营确保专业性和独立性的会计审计人选任委员会（设有本法第二十条规定的监事委员会的，视其为会计审计人选任委员会）。公企业、准政府机构的非常任理事应全部为该委员会委员。

（二）关于本条第一款规定的会计审计人选任委员会的组成、经营事项，由总统令规定。

（三）关于会计审计人的拒绝事由、资格、选任、权限等，准用《关于股份公司外部监事的法律》第三条第三款至第五款和第七款、第四条第七款至第六条第一款的规定。此时，"审计人"视为"会计审计人"，"公司"视为"公企业、准政府机构"，"审计人选任委员会"视为"会计审计人选任委员会"。

（四）会计审计人及其所属注册会计师、工作人员等不得泄露通过职务获知的有关公企业、准政府机构会计审计的秘密，但其他法律或本法第四十三条第五项规定的监事院规则另有特别规定的除外。

第四十三条（损害赔偿责任）

会计审计人、理事、监事或监事委员会委员等对于公企业、准政府机构或者第三人的损害赔偿责任，准用《关于股份公司外部监事的法律》第十七条第一款至第五款及第七款的规定。此时，"审计人"视为"会计审计人"，"公司"视为"公企业、准政府机构"，"第四条"视为"第四十三条"。

第四十四条（物品采购和施工合同的委托）

（一）公企业、准政府机构购买《中小企业产品的购买促进及渠道扶持法》第六条规定的中小企业间的竞争产品，超过《关于国家作为合同当事人的法律》第四条第一款规定的由企划财政部长官告示的金额的，应向调配厅厅长委托购买，或根据《调配业务法》第五条规定的合同签订方法购买。但是，考虑到所购买产品的特殊性、专业性或安全性等，由企划财政部令规定的除外。

（二）公企业、准政府机构认为有必要时，可向调配厅厅长委托购买需要的物资或签订设施施工合同。

第四十五条（出资方法）

政府为公企业、准政府机构的资本金出资时，由企划财政部长官规定缴纳的时间和方法，并予以实行。

第五节 经营评价和监督

第四十六条（经营目标的订立）

（一）机关首长应考虑经营内容、经营环境及根据本法第三十一条第三款及第四款规定签订的合同内容等，设定包括下一年度在内的五个会计年度以上的中长期经营目标，并经理事会议决后，于每年10月31日之前提交企划财政部长官和主管机关首长。

（二）符合本条第一款规定，但根据本法第六条规定被指定（变更指定除外）为公企业、准政府机构的，机关首长仍需在被指定后的三个月内设定包括该年度在内的三个会计年度以上的中长期经营目标，并经理事会议决后，提交企划财政部长官和主管机关首长。

（三）机关首长变更根据本条第一款、第二款规定设定的经营目标时，经理事会议决后，应立即提交企划财政部长官和主管机关首长。

（四）考虑到公企业、准政府机构的经营环境、经济条件及国家政策方向等，企划财政部长官可向公企业长，主管机关首长可向准政府机关首长要求变更经营目标。

第四十七条（经营业绩等报告）

（一）公企业、准政府机构应在每年3月20日之前，制作记载前一年度经营业绩的报告书（以下称"经营业绩报告书"）和本法第三十一条第三款及第四款规定的由机关首长签订的合同的履行报告书，并提交企划财政部长官和主管机关首长。

（二）本条第一款规定，不适用于根据本法第六条规定被指定（变更指定除外）为公企业、准政府机构时的年份。

（三）经营业绩报告书应附有本法第四十三条第一款规定制作的决算书。

第四十八条（经营业绩的评价）

（一）企划财政部长官以本法第三十一条第三款及第四款规定的合同的履行报告书、本法第四十六条规定的经营目标和经营业绩报告书为基础，评价公企业、准政府机构的经营业绩。但根据本法第六条被指定（变更指定除外）为公企业、准政府机构的，不评价被指定年度的经营业绩。

（二）企划财政部长官，根据本条第一款规定评价公企业、准政府机构的经营业绩时，对根据《国家财政法》第八十二条（基金经营的评价）规定接受基金经营评价的机构和根据《科学技术基本法》第三十二条（政府出资的研究机构等的育成）第二款规定接受评价的机构，使用该评价结果。

（三）根据本条第一款规定评价经营业绩时，企划财政部长官认为有必要的，可要求公企业、准政府机构提交相关资料。

（四）公企业、准政府机构不提交本法第三十一条第三款及第四款规定的合同的履行报告书、经营业绩报告书及其附件，或制作、提交虚假文件的，经运营委员会审查、议决，企划财政部长官可修正经营业绩评价结果和绩效等级，并对有关机构采取注意、警告等措施，或者要求主管机关首长或机关首长对相关人员采取人事处理措施。在此种情形下，监事或监事委员会之监事委员不履行或怠于相关职务的，经运营委员会审查、议决，企划财政部长官可免除监事或监事委员会之监事委员的职务，或者向具有任命权者建议免职。

（五）本条第一款规定的经营业绩的评价标准和方法，经运营委员会审查、议决，由企划财政部长官规定。该规定应客观地测定公企业、准政府机构的业务内容、特性、经营目标的完成情况和效率。

（六）为有效履行本条第一款规定的经营业绩评价，并对经营业绩评价进行专业性、技术性的研究或咨询，企划财政部长官可组成、经营公企业、准政府机构经营评价团(以下称"经营评价团")。

（七）经运营委员会审查、议决，企划财政部长官应在每年的6月20日之前完成公企业、准政府机构的经营业绩评价，并向国会和总统报告。

（八）企划财政部长官根据本条第七款规定评价经营业绩后，对于经营业绩不佳的公企业、准政府机构，经运营委员会审查、议决，可向本法第二十五条及第二十六条规定的机关首长、常任理事的任命权者建议或要求免职。

（九）企划财政部长官根据本条第一款规定评价经营业绩后，对于因超额人力成本及违反本法第五十条第一款规定的经营方针而导致经营不佳的公企业、准政府机构，为确保经营责任性、改善经营，经运营委员会审查、议决，可要求其采取必要的人事或预算措施等。

（十）关于本条第一款规定的经营业绩评价的程序、对经营业绩评价结果采取的相关措施及经营评价团的组成、经营等必要事项，由总统令规定。

第四十九条（年度报告书的制作）

企划财政部长官每年可以经营业绩报告书和本法第四十八条规定的经营业绩评价结果为基础，制作有关公企业、准政府机构经营情况等的年度报告书，并予以公布。

第五十条（经营方针）

（一）对于公企业、准政府机构经营的日常事项，经运营委员会审查、议决，企划财政部长官可就下列各项制定方针(以下称"经营方针")，并通报公企业、准政府机构及主管机关首长：

1. 有关组织经营和人数、人事管理的事项；
2. 有关预算和资金经营的事项；
3. 其他为确保公企业、准政府机构的财务健全性，企划财政部长官认为有必要的事项。

（二）为保证公企业、准政府机构人事经营透明、公正及经营道德等，必要时，主管相关政策的行政机关首长可向企划财政部长官就本条第一款规定的经营方针提出意见。

第五十一条（对公企业、准政府机构的监督）

（一）为避免妨害公企业、准政府机构的自主经营，企划财政部长官和主管机关首长在本法或其他法令明确规定的内容和范围内进行监督。

（二）企划财政部长官对履行公企业经营方针的相关事项进行监督。

（三）主管机关首长就下列各事项，对公企业、准政府机构进行监督：

1. 主管机关首长依照法令委托给公企业、准政府机构的业务，或者与其所管业务直接相关的事业适当履行的事项，以及其他相关法令规定的事项；
2. 履行准政府机构经营方针的相关事项。

（四）企划财政部长官和主管机关首长依照本条第二款及第三款规定进行的监

督是否妥当，根据总统令的规定进行检验，并经运营委员会审查、议决，采取必要措施予以改善。

第五十二条（监事院的审计）

（一）监事院可根据《监事院法》对公企业、准政府机构的业务和会计进行审计。

（二）监事院可要求有关行政机关首长等委托或代行本条第一款规定的审计。

（三）关于根据本条第二款规定接受委托或代行对公企业、准政府机构审计的相关行政机关首长的范围、审计结果的报告和处理等必要事项，由监事院规则规定。

第五十二条之二（向国会提出审计结果等）

（一）公企业、准政府机构，对于符合下列各项之一的，应立即向国会所管常任委员会提出：

1. 综合监事或监事委员会审计结果的审计报告书；

2. 监事院根据本法第五十二条进行的审计中被指责的事项、处分要求事项及其措施计划。

（二）企划财政部长官应立即向国会提出根据本法第三十六条第一款规定进行的审计的结果或监事委员会委员之职务履行业绩的评价结果。

第五章　附　　则

第五十三条（罚则适用中的公务员拟制）

公企业、准政府机构的高级管理人员、运营委员会委员和高级管理人员推荐委员会委员作为非公务员，在适用《刑法》第一百二十九条（受贿、事前受贿）至第一百三十二条（斡旋受贿）时，视为公务员。

第五十四条（少数股东权的行使等）

股份未在有价证券市场上市时，公企业、准政府机构的少数股东权的行使和股东的提案，准用《商法》第五百四十二条之六的规定。

第六章　罚　　则

第五十五条（罚则）

（一）会计审计人及其注册会计师、监事或会计审计人选任委员会委员（设监事委员会时，为监事委员会委员），利用职务上的便利，接受不正当请托，收受、约定收受、索要财物或不正当利益的，处三年以上有期徒刑或三千万元以下的罚金。但是，处以罚金刑时，利用职务之便获取的经济利益的五倍金额超过三千万元的，处相当于利用职务之便获取经济利益的五倍金额以下的罚金。

（二）对于本条第一款规定的财物或利益，约定、提供或表达提供的意思的，适用本条第一款规定。

(三)没收本条第一款和第二款所规定的财物或利益时,不能将其全部或部分没收的,追征其价额。

第五十六条(处罚)

(一)《商法》第六百三十五条第一款规定者,或其他在公企业、准政府机构负责会计业务者,违反本法第三十九条第一款规定的会计处理原则,制作、公示虚假财务报表的,处五年以下有期徒刑或五千万元以下罚金。

(二)《商法》第六百三十五条第一款规定者,或其他在公企业、准政府机构负责会计业务者、会计监事人及其注册会计师,实施符合下列各项行为之一的,处三年以下有期徒刑或三千万元以下罚金:

1. 无正当事由,不选任会计监事人的;
2. 不记载应记载在审计意见书中的事项,或记载虚假事项的;
3. 违反本法第四十三条之三第四款的规定,泄露秘密的;
4. 未制作决算书的。

(三)《商法》第六百三十五条第一款规定者,或其他在公企业、准政府机构负责会计业务者,实施符合下列各项行为之一的,处两年以下有期徒刑或两千万元以下罚金:

1. 向会计审计人及其注册会计师提供虚假资料,或以虚假、其他不正当方法妨害会计审计人正常进行会计审计的;
2. 无正当事由,拒绝、妨害、躲避本法第四十三条之三第三款规定的会计审计人的阅览、复印、资料提交等要求,或者不提交相关资料的;
3. 违反本法第四十三条第一款的规定,不向会计审计人提交决算书的。

附　则

本法自公布之日起实行。